汪耀楠 著

注释学

外语教学与研究出版社 北京

图书在版编目（CIP）数据

注释学／汪耀楠著. -- 北京 ：外语教学与研究出版社，2010.9（2021.8 重印）

ISBN 978-7-5135-0183-5

Ⅰ. ①注… Ⅱ. ①汪… Ⅲ. ①注释－研究 Ⅳ. ①G256.3

中国版本图书馆 CIP 数据核字（2010）第 189132 号

出 版 人 徐建忠
责任编辑 孙 可
封面设计 姚 军
出版发行 外语教学与研究出版社
社　　址 北京市西三环北路 19 号（100089）
网　　址 http://www.fltrp.com
印　　刷 北京捷迅佳彩印刷有限公司
开　　本 880×1230 1/32
印　　张 14.5
版　　次 2010 年 9 月第 1 版 2021 年 8 月第 2 次印刷
书　　号 ISBN 978-7-5135-0183-5
定　　价 56.00 元

购书咨询：（010）88819926 电子邮箱：club@fltrp.com
外研书店：https://waiyants.tmall.com
凡印刷、装订质量问题，请联系我社印制部
联系电话：（010）61207896 电子邮箱：zhijian@fltrp.com
凡侵权、盗版书籍线索，请联系我社法律事务部
举报电话：（010）88817519 电子邮箱：banquan@fltrp.com
物料号：201830101

目　　录

融汇与创新（代序）

锐　声

我和汪耀楠先生相友善，已三十余年，他的《注释学纲要》就是由我责编在语文出版社出版的。后来我在《古汉语研究》1993 年第 3 期发表《融汇与创新——评〈注释学纲要〉》书评，承耀楠先生厚爱，将这篇文章作为代序列于再版书首。现在作者增补了义理、考据、辞书三章，改书名为《注释学》，让我再写几句，于是我在原代序前加上“一”，以“二”作为补充的内容。

一

《注释学纲要》是一部开创性的、值得推介的好书。作者汪耀楠在本书《后记》中说明了写作动机和宗旨，即“把训诂学和古籍整理实践结合起来，开设一门新的课程——注释学”。又说：

> 古籍整理和研究的范围十分广泛，而其基础是注释。如果能将古今学人整理古籍所做的注释工作在理论上加以探讨，能够介绍有关的较为系统的知识，并能揭示其内部规律……也许是一件有意义的工作。

有了这样的写作动机和宗旨，就可以从以下三个方面看出本书的特色了。

（一）开创性

在我国文献的整理与传播中，注释训诂是功德无量的。只是在理论上对这些实践活动所作的系统概括却少而晚。从汉代到清末，注释、训诂方法理论的阐述只是零章碎句，清代出现的高邮二王（王念孙、王引之父子）的名著《广雅疏证》《读书杂志》《经义述闻》《经传释词》，在训诂理论和实践上作出了杰出的贡献，但是也没有构成训诂理论的系统。在我们的文化史上，像《文心雕龙》那样的系统理论著作真是太少了。

就我们所知，早期训诂系统理论著作大约是 1933 年何仲英的《训诂学引论》，1939 年又有胡朴安的《中国训诂学史》，1942 年有张世禄的《中国训诂学概要》，1943 年有齐佩瑢的《训诂学概论》。新中国成立以后，早一点的有陆宗达的《训诂简论》。20 世纪 80 年代以后，训诂学著述纷纷问世，这是与全国古籍整理形势相关的传统学术在新形势下复苏的反映。在这一背景下写作《注释学》，则是独辟蹊径。以“注释学”名书，并非在语词上翻新，《诗经·周南·关雎》孔颖达疏云：“诂训传者，注解之别名。”注释与训诂有时是同义的。从本书头一章“注释学概说”讨论“注释与注释学”“注释学与训诂学”中就可以看到，撰写《注释学》，乃是古籍整理实践所提出的课题。古今学人把《尔雅》《方言》之属和对文籍的注释、整理叫做训诂，而训诂的定义无非是“通古今之异辞，辨物象之形貌”（孔颖达语），“研究用语言解释语言的方法、条例，进而探讨语言文字的系统和根源”（黄侃语义）之类，实则训诂学是被作为“释古今之异言，通方俗之殊语”的古语义学研究的一部分，因而训诂理论著作研究的重点基本上是《尔雅》《方言》《广雅》一类的词典。古籍整理与注释不仅仅是古语义学的问题，所涉内容要比训诂学界说和一般训诂学理论著作所讨论的问题宽泛得多，也丰富得多。可以说《注释学纲要》一书是针对训诂学著作的不足与缺陷而作，是首次将关涉文籍注释整理的诸多问题，如版本、句读、释词、通假、今译、章句结构乃至注释历史等融汇于一体，重新作了理论阐述而形成的一门新的理论学科。

本书对注释实践所涉及的广泛问题，对训诂学界说和目前训诂著述偏重于讨论雅学的倾向所作的分析及所提出的问题，具有一定的深度，有些是发前人所未发。还有在“注释的种类”一章中，对传、注、笺、疏、诂、训、音义、章句等计18种注释异名作出诠释后，将历代注释作品按内容分为文字注释类、章句类、义理类、综合类；按性质分为首注（自为）类、补述类、辨证类、校订类、纂集类；按所提供的知识信息量则分为简注类、详注类、集注类。可以说，这些“类”都是极为普通的常识，而一经作者带有理论色彩的划分和说明，就令人耳目一新了。

（二）兼收并蓄，杂糅众学

只有将涉及这一学科的实践活动各个方面的知识构成一个互相联系、层层递进的系统，并对这一系统的丰富实践活动所提出的问题作出理论性的概括，揭示其内部规律，这一门学科的学术思想体系才能形成。古籍整理与注释有一套完整的程序，而从版本开始。在历代学人的众多著作中，有的专讲版本，有的专讲校勘，有的专讲语义（训诂），有的专讲文法结构。现在我们从《注释学纲要》一书中看到的却是集众学之长的“全家福”。作者以其独特的眼光和深层的思考将这些各自独立的学科，像版本学、校勘学、文字学、词汇学、翻译学、文章学、文法学等融汇成了一个相互联系的整体。

版本学、校勘学都是相对独立的学科，在本书中作为注释的基础加以阐释，就十分自然地使它们成为注释学的有机组成部分。有了好的版本，文字校勘问题得到解决，我们才能从句读开始，一步一步加以注释。而这时则是以释词语、扫清语言障碍为基础为重点的。为此，本书安排了三个章次来研讨这个问题。语词问题解决了，接着就是将通篇译成今语，再接着就是对作品的章句、结构进行分析。

（三）理论与实践的统一

本书所讨论的差不多都是从事这一领域教学和研究工作人人尽知的问题。可是在司空见惯的实践中所蕴含的理论及其内部规律，却不一定是人人能够注意到的，或者说不是人人都能发现和总结的。比如“句读”，这看来是再简单不过的问题，但本书作者除了分析句读对阅读古籍的重要作用，分析造成句读失误的原因，还以大量篇幅讨论了“整理古书标点符号的使用”，从四个方面分析了所存在的问题：1. 同一段文字的不同标点符号问题；2. 书名号问题；3. 冒号和引号问题；4. 破折号、括号、专名号问题。

这些问题的讨论都是以具体的剖析为基础的。如《文心雕龙•辨骚》从“自风、雅寝声”到“虽与日月争光可也”仅104字，总共才18处句读。范文澜注本和陆侃如、牟世金译注本标点符号不同竟有七处之多。又如古人引用书名有相当大的随意性，《春秋左传》简称《左传》《春秋传》《左氏》等，出篇章为《左传某公×年》。清儒引用不出篇章有《左传》《春秋传》《左氏》等，出篇章有《左传某×年》（段玉裁）、《左某×年》（朱骏声）、《左氏某×年传》（阮元）、《左某×年传》（王先谦）、《左氏某×年传》《某×年传》《左氏某×年》（以上郝懿行）。本书先提出这些问题，然后从理论上加以说明，对于古书的标点，称引书目的统一是有所裨益的。

对于古文今译的研讨也是本书的特色之一。本书对于信、达、雅作了全面的辩证的分析，指出“信讲译文与原文含义相合；达讲文章前后贯通，语言晓畅；雅讲译文富有原文情趣，文辞优美”。同时又指出：“三条标准，信是前提，是基础。不能准确表达原文含蕴，则达与雅便失去了依托，我们要求的译文是以信为基础的三者统一。”饶有意味的是，本书以《左传》中“郑伯克段于鄢”这段著名故事为例，比较了许啸天《古文观止》、沈玉成《左传译文》及周大璞等《古文观止注译》译文，对许啸天的误译、妄添、当省不省、妄改、别扭及译文不通等进行了分析，这些问题在一定程度上是有共性的。作者在这里列举了大量的例证来讨论翻译的方法，由于这种方法是建立在古汉语与现代汉语，亦即文言和白话的比较研究基础上的，因此，本书作者将语言史的研究和古书注释规律的研究结合起来了。例如古今词语的等值对译问题，古汉语句子成分的省略问题，词序问题，某些名词、术语问题。作者一方面列举出古汉语的众多实例，分析这些现象，另一方面指出今译应遵循的原则，或译或不译，或添补，或省略，或颠倒等等，交代得清清楚楚，让读者看后，一目了然。

关于古诗歌的今译，本书作了专门的讨论，因为这是比古代散文的今译困难得多的工作。正如本书作者所说：

> 诗歌的语言可以说是受到诗人强力制约和改造的语言，在词语的运用上，它常常有一些出奇制胜的用字；在修辞手法上它常常有一些令人扑朔迷离的比喻、借代、反诘和省略；在句法上，它常常有一些不可思议的词语搭配和颠倒；而它的用典，在不熟悉这一典故的人看来，就如同走进了一座迷宫。要使这样的艺术品成为用白话写出的为今人所能懂得的东西，谈何容易！

从对古典诗歌这一特殊语言艺术的特点的深刻认识中，我们能够想象到，本书在具体探讨诗歌的今译问题时会怎样给读者以启迪。

本书虽然是分章分节，但和一般的章节体不大相同，多数章都可以独自成篇。像“古代注释史”章，作者将眼光从经学史中扩展开来，对子、史、集部文籍的注释和各个历史时期的文籍注释特点作了精到的阐发，就可以作为专论看待。这一章在《文献》杂志用两期连载，《古籍整理研究学刊》曾刊载“今译”章，而“明通假”章则被收录在张舜徽先生主持的《文献学研究班讲演录》中，这些当不是偶然的吧。

关于辞书，亦即从理论上阐明词典的义项与文籍的随文释义之间的关系，从而说明在注释过程中如何看待词典的作用问题，这部分内容本书未能专章讨论。否则全书将更显得完备一些。

（原刊于《古汉语研究》1993 年 3 期）

二

《注释学》实际上是《注释学纲要》的第3版。学术著作出第2版已属不易，出第3版就更为难得。这反映了汪先生这一选题的价值和该书的学术水平。现在经作者的增补，使这部著作更具有了流传的价值。

“融汇”与“创新”是对《注释学纲要》的评价，所分别论述的“开创性”“兼收并蓄，杂糅众学”“理论和实践的统一”当然也适用于评价《注释学》。增补的三章，则使这三个特点的内容更加充实、丰富。我相信，仅凭“义理”“考据”“辞书”这三章的名称和“春秋笔法”“微言大义”这些小节，就足以引起人们的阅读兴趣。

汪耀楠教授的论著每每使人感到一种学识的渊博、思辨的精密和识断的深刻，这在辞书、训诂学界已成共识。例如《义理章》“(二）义理的不同解读——探求义理的多种可能性”，就包含着深刻的哲学内容。而“(三）诠释义理反映政治立场”，则以王安石的《诗义》为例，紧承“探求义理的多种可能性”，分析了他说诗义，往往不同于毛传、郑笺，表现了他的民本思想和爱民感情，从而有力说明了诠释义理和政治立场的关系。王安石释《小雅·正月》说：“君之剥削于民，而至于尽，犹人之侵伐林木，以至薪蒸者也。”作者写道：“[这］甚至可以看作是站在民众的立场痛斥国君的残酷剥削，和现代所说的阶级分析没有多大差别”。又如讲“微言大义”和“春秋笔法”，作者从概念的解释到具体事例的分析，都能使人获得所讲内容的基本知识，如什么是“微言大义”，微言大义在《周易》《老子》《论语》中的体现，和《文心雕龙》所讲的“隐含”是什么关系，都交代得清清楚楚。又如讲“春秋笔法”，交代春秋各国史书的情况和记事写史的“书法”义例，引杜预《春秋左氏传序》加以介绍；对“春秋一字以褒贬”，则引范宁《谷梁传序》作了生动说明。接着作者又对《春秋》三传探求微言大义的异同进行了对比。这部著作写得实实在在，和当今某些空泛的论著是不大相同的。汉唐和清代朴学的精神，在汪先生的论著中得到了充分体现。

“考据章”可以看作是古今考据学的浓缩，“辞书章”则是作者长期从事辞书编纂和文籍注释研究的经验总结。我相信，《注释学》一书，会拥有更多的读者。

2009 年 12 月中旬于北京

第一章　注释学概说

一、注释的含义

注释一词，始见于南北朝。南朝·梁刘勰《文心雕龙·论说》云：

若夫注释为词，解散论体，杂文虽异，总会是同。

北朝·北周·颜之推《颜氏家训·书证》云：

《诗》云："参差荇菜。"《尔雅》："荇，接余也。"字或为莕。先儒解释皆云：水草，圆叶细茎，随水浅深。今是水悉有之，黄花似蓴，江南俗亦呼为猪蓴，或呼为荇菜。刘芳具有注释。

刘芳，字伯文，后魏彭城人，撰《毛诗笺音义证》十卷，事见《魏书·刘芳传》。注释即解释、注解。刘芳注释，系指《毛诗笺音义证》。可见注释是为古书（包括旧注）作解释的意思，单称为"注"；用作名词，则解释性文辞称注。

此前并无注释连言之名。解释经义曰传曰注，疏通传注曰疏。《尔雅》有释诂、释言、释训、释宫、释天等十九篇，全用"释"字。清人顾炎武《日知录·十三经注疏》，记先儒释经之书名较为详明：

其先儒释经之书，或曰传，或曰笺，或曰解，或曰学，今通谓之注。《书》则孔安国传，《诗》则毛苌传、郑玄笺，《周礼》《仪礼》《礼记》则郑玄注，《公羊》则何休学，《孟子》则赵岐注，皆汉人。《易》则王弼注，魏人。《系辞》则韩康伯注，晋人。《论语》则何晏集解，魏人。《左氏》则杜预注，《尔雅》则郭璞注，《谷梁》则范宁集解，皆晋人。《孝经》则唐明皇御注。其后儒辨释之书，名曰正义，今通谓之疏。

“注”本“灌注”之注。《说文》：“注，灌也。”《诗经·大雅·泂酌》“挹彼注兹”，《荀子·宥坐》“挹水而注之”，义为灌注。灌注引申而有疏通义，故东汉郑玄用以为解释疏通经籍文献字。汉唐宋人经注字均作注。段玉裁谓至明始改为“註”字，与古义不合。《一切经音义》引《字林》：“註，解也。”《广雅·释言》：“註，疏也。”宋陆九渊《象山集》三四《语录》上：“学苟知本，六经皆我註脚。”是“注”、“註”本为异体，且由来甚古。今人仍用“注”字。“释”，《说文》云：“解也，从釆。釆，取其分别物也。”释“释”以“解”，故“注释”又名“注解”，是解释分析的意思。《后汉书·儒林传·杨伦》：“扶风杜林传古文《尚书》，林同郡贾逵为之作训，马融作传，郑玄注解，由是古文《尚书》遂显于世。”《三国志·魏书·邴原传》注：“郑玄以博学洽闻，注解典籍，故儒雅之士集焉。”

与“注”、“注释”意义相同相近的名称很多。除顾炎武所说外，又有“训故”、“故”、“解故”、“训”、“训纂”、“说”、“说义”、“微”、“章句”诸名。如《诗》有鲁申公训故，《苍颉》篇有杜林训故，为书名则为《诗鲁故》《苍颉故》。训故的异称有“解故”，如《书大小夏侯解故》。书名称“训”的有《淮南原道训》，称“训纂”的有扬雄《苍颉训纂》，称“说”的如“（丁）宽至洛阳……作《易说》三万言”，传复有传，在《春秋》则有《左氏微》《铎氏微》《张氏微》，又有《公羊章句》《谷梁章句》，《书》则有《欧阳说义》。以上所列，均见《汉书·艺文志》与《儒林传》。各名称的含义将在注释的种类一章中解释。此处仅列举数种名称，以说明先儒注释古籍，品类繁多，或为简注，或为详解；或重词语，或重义理；或重史实，或言杂说，内容与方式不尽相同。

二、注释的产生

语言有古今之异，方域之分，雅俗之别。即以文字而论，字的形、音、义随着时间和空间的改变也不断演变着。汉人读先秦典籍已经有些困难。济南人伏生曾为秦博士，能治《尚书》。汉文帝派晁错跟伏生学习。伏生传授的是今文本二十八篇（事见《史记·儒林列传》）。《儒林列传》又载孔安国事："孔氏有古文《尚书》，而安国以今文读之，因以起其家。"汉人好《楚辞》，《汉书·王褒传》载："宣帝时，修武帝故事，讲论六艺群书，博尽奇异之好；征能为《楚辞》九江被公，召见诵读。"反映了当时社会对古书注释的迫切需要。

《尚书》是春秋以前历代史官所藏政府文件和政治论文的选编，具有很高的史学、文学、语言学价值。但它文辞简奥，难以明了，以致汉文帝要派晁错跟伏生学习，孔安国因能以今文读之而起其家。唐代古文运动领袖韩愈、清末国学大师王国维都有《尚书》佶屈聱牙、难以尽晓之叹。

试读《盘庚》上篇：

盘庚五迁将治亳殷民咨胥怨作盘庚三篇盘庚迁于殷民不适有居率吁众戚出矢言曰我王来既爰宅于兹重我民无尽刘不能胥匡以生卜稽曰其如台先王有服恪谨天命兹犹不常宁不常厥邑于今五邦今不承于古罔知天之断命矧曰其克从先王之烈若颠木之有由蘖天其永我命于兹新邑绍复先王之大业厎绥四方盘庚敩于民由乃在位以常旧服正法度曰无或敢伏小人之攸箴王命众悉至于庭王若曰格汝众予告汝训汝猷黜乃心无傲从康古我先王亦惟图任旧人共政王播告之修不匿厥指王用丕钦罔有逸言民用丕变今汝聒聒起信险肤予弗知乃所讼非予自荒兹德惟汝含德不惕予一人予若观火予亦拙谋作乃逸若网在纲有条而不

紊若农服田力穑乃亦有秋汝克黜乃心施实德于民至于婚友丕乃敢大言汝有积德乃不畏戎毒于远迩惰农自安不昏作劳不服田亩越其罔有黍稷汝不和吉言于百姓惟汝自生毒乃败祸奸宄以自灾于厥身乃既先恶于民乃奉其恫汝悔身何及相时憸民犹胥顾于箴言其发有逸口矧予制乃短长之命汝曷弗告朕而胥动以浮言恐沈于众若火之燎于原不可向迩其犹可扑灭则惟汝众自作弗靖非予有咎迟任有言曰人惟求旧器非求旧惟新古我先王暨乃祖乃父胥及逸勤予敢动用非罚世选尔劳予不掩尔善兹予大享于先王尔祖其从与享之作福作灾予亦不敢动用非德予告汝于难若射之有志汝无侮老成人无弱孤有幼各长于厥居勉出乃力听予一人之作猷无有远迩用罪伐厥死用德彰厥善邦之臧惟汝众邦之不臧惟予一人有佚罚凡尔众其惟致告自今至于后日各恭尔事齐乃位度乃口罚及尔身弗可悔

这一段文字，若无古文注释，不知有几人能够句读，能够如今人读白话一样了然于心。假若我们读的是如下的文字，效果自会不同。

从商汤到盘庚有五次迁徙。盘庚要整治亳地作为都邑。殷的臣民唉声叹气，相与抱怨，于是作《盘庚》三篇。

盘庚迁都于殷，臣民都不高兴在新邑居住，于是盘庚把贵戚近臣叫来说了义正辞严的一段话，他说："我来到这里，变更了居住地方，是重视我的臣民，不使你们都遭到杀害。(久居委顿，不迁则死。) 大家既不能相匡扶以求生存，我就作了这样的决定。占卜说，应当像我这样做。自先王成汤以来，凡有所服行，敬顺天命。如此尚不能常安，不能长久地在一处建都邑，到现在已经是五次迁都了。现在不遵循先王遗则，不明白上天的决定，又怎可说他能继承先王的事业？好比伐倒的树木，枯木旧桩又萌生了新芽。这次迁徙，是上天让我们国祚在这新的都邑永存，复兴先王的大业，安定天下……

这里没有必要翻译全文，从译文中可以看出，殷王盘庚对臣民说的这一番话是相当流畅的。

《盘庚》上中下三篇，为商朝遗文，是盘庚死后，殷商的“百姓”（贵族）为追怀这位有作为的国君而作（一说是周人所制），是中国古代最早的历史文献。上篇是盘庚对执政者的谈话，告诫他们必须拥护迁都，不可煽动百姓的不满情绪，惑乱人心。

时隔三千余年，殷王的谈话确实显得简奥艰涩。不论是孔安国传还是孔颖达疏，也不论是现代的哪一种译本，都不能尽如人意。上面所翻译的一节，也还有勉强之处。但是这一篇谈话的口语化还是很明白地显露出来了。如“今汝聒聒，起信险肤，予弗知乃所讼”（现在你们大嚷大叫，生出许多邪恶浮夸的言语，我真不知你们要争辩什么），“若网在纲，有条而不紊；若农服田力穑，乃亦有秋。汝克黜乃心，施实德于民，至于婚友，丕乃敢大言，汝有积德！”（譬如把网结在纲上，才能有条理而不紊乱；譬如农夫努力耕作田地，种植庄稼，才能获得秋天的好收成。你们能除掉私心，给百姓以实实在在的好处，以至于亲友，不是就可以毫不惭愧地说，你们是有积德的吗？）“汝曷弗告朕而胥动以浮言？恐沈于众，若火之燎于原，不可向迩，其犹可扑灭？”（你们为什么不把心里话告诉我，却以浮言去煽动人心？真担心你们在百姓中造成很坏的影响。一旦人心惑动，就好像大火在原野上燃烧，靠近都不能，还能够扑灭么？）刘歆的《七略》有这样一段话：“《书》者古之号令，号令于众，其言不立具，则听受施行者弗晓。”这话不假。

具有口语性质的莫过于《诗经》的国风。其中有的歌谣，现在读起来仍明白如话：

彼狡童兮，不与我言兮，维子之故，使我不能餐兮。

彼狡童兮，不与我食兮，维子之故，使我不能息兮。

（《郑风·狡童》）

汉朝开国皇帝刘邦的《大风歌》也是这样：

大风起兮云飞扬，威加海内兮归故乡，安得猛士兮守四方！

不论古代流传下来的文字怎样地口语化，当时怎样地“立具”，但时代遥远，语言变迁，名物不同，词语多异，不加注释，后人就难以明了。加上文人作品的刻意雕饰，追求语言的含蓄和美的艺术，炫耀知识的渊博，有意增加文字的难度，逐渐使文章与口语脱离，这就使注释更为必要。这就是为什么我国文献虽多，而注释更多的缘故。这确实是古人在留给我们宝贵遗产的同时又留下的一份负担。注释就是这样产生、这样昌盛的。

《盘庚》上篇，孔安国传包括五个方面：

（1）释史实

“盘庚五迁，将治亳殷。”孔传：“自汤至盘庚，凡五迁都，盘庚治亳殷。”

“我王来，既爰宅于兹。”孔传：“我王祖乙居耿。爰，于也。言祖乙居于此。”

“不常厥邑，于今五邦。”孔传：“汤迁亳，仲丁迁嚣，河亶甲居相，祖乙居耿，我往居亳，凡五迁国都。”

（2）释人物

“迟任有言曰：人惟求旧，器非求旧，惟新。”孔传：“迟任，古贤。”

（3）释地名

“盘庚迁于殷。”孔传：“亳之别名。”

（4）释词语

“民咨胥怨。”孔传：“胥，相也。民不欲徙，乃咨嗟忧愁，相与怨上。”

“民不适有居。”孔传：“适，之也。不欲之殷有邑居。”

“重我民，无尽刘。”孔传：“刘，杀也。所以迁此，重我民无尽杀故。”

“盘庚斅于民，由乃在位，以常旧服，正法度。”孔传：“斅，教也。教人使用汝在位之命，用常故事，正其法度。”

“今汝聒聒，起信险肤，予弗知乃所讼。”孔传：“聒聒，无知之貌。起信险肤受之言，我不知汝所讼言何谓。”

“若网在纲，有条而不紊；若农服田力穑，乃亦有秋。”孔传：“紊，乱也。穑，耕稼也。下之顺上，当如网在纲，各有条理而不乱也。农勤穑则有秋，下承上则有福。”

“汝曷弗告朕，而胥动以浮言，恐沈于众。”孔传：“曷，何也。责其不请告上而相怨，欲以浮言不从，恐汝沉溺于众有祸害。”

(5) 释句意

“不能胥匡以生，卜稽曰，其如台。”孔传：“言民不能相匡以生，则当卜稽于龟以徙，曰，其如我所行。”

“先王有服，恪谨天命，兹犹不常宁。”孔传：“先王有所服行，敬谨天命，如此尚不常安，有可迁辄迁。”

“今不承于古，罔知天之断命。”孔传：“今不承古而徙，是不知天将断绝汝命。”

“矧曰其克从先王之烈。”孔传：“天将绝命尚无知之，况能从先王之业乎？”

“若颠木之有由蘖。”孔传：“言今往迁都，更求昌盛，如颠仆之木，有用生蘖哉！”

“天其永我于兹新邑。”孔传：“言天其长我命于此新邑，不可不徙。”

“绍复先王之大业，底绥四方。”孔传：“言我徙欲如此。”

作注释，应当以读者的阅读和理解该作品的可能程度为其考虑的出发点。哪些该注，哪些不必注，注者自会充分考虑到语言文字障碍、历史文物知识、作者的思想、写作目的以及其他方面的因素，然后充分估计到哪些是读者所不明白的或不甚明白的难点，有选择地加以注释，使后世读者能够与古人的思想相通。这就是注释产生的客观要求和过程。殷人文献，经这样一注，就由简奥艰涩变得较为详明易懂了。

一部典籍往往有众多的注释，有的是申发性质的，将旧注加以解释和补充；有的是纠正旧注的错误，弥补旧注的不足；有的是立足于新的出发点，反映着新的时代要求，因而采取古为今用、古为我用的方法，通过注释古书来阐发并不完全属于古书本义的思想。这一切也都属于注释的范畴，不过表现了注释的不同性质，反映了时代的不同要求罢了，其产生的原因却是一致的。

三、注释与注释学

一种科学的理论方法体系，构成这一科学的学术指导思想。而这种指导思想是从实践中来的，它的产生有赖于反复的大量实践。当它已经认识了实践中的规律，并能通过高度概括的语言揭示这些规律，形成理论方法体系时，这一学科的理论就形成了。

注释学是研究文籍注释的内容和方法，探讨注释文籍的规律的科学。

注释的产生并不等于注释学的产生。假若我们仅仅从先秦典籍中找到许多存在于文籍本身的注释；假若我们仅仅从《毛诗》中看到古人的注释，那还不能看成是注释学的成立，只能看成是注释。

注释学的成立应有五个标志：1. 能够自觉地运用文字学的原

理，辨识字的本义、引申义和假借义；2. 能够明了声音与词义的关系；3. 能够明了古今异言、方俗殊语的语言变化现象；4. 有广泛深入的注释实践，其注释内容涉及到文章的各个方面；5. 有阐发注释原理和方法的理论。

如果用以上几个标志来衡量，可以认为在汉代注释学就基本上形成了。汉朝是我国封建社会早期生产力高度发展的时期，科学文化在这一时期的发展也很快，儒家经典成为治理国家的思想指南，以注释经典为中心的注释学也随之发展起来。西汉毛亨有《毛诗故训传》。京房有《京氏易传》三卷（清马国翰《玉函山房辑佚书》另辑有《周易京氏章句》一卷）。东汉杜子春曾传《周礼》，《玉函山房辑佚书》辑有《周礼杜氏注》二卷。郑兴治《公羊传》《左传》和《周礼》，《玉函山房辑佚书》辑有《周礼郑大夫（兴）解诂》一卷。其子郑众承父学，治《左传》，兼治《易》《诗》，《玉函山房辑佚书》辑有《周礼郑司农（众）解诂》六卷、《郑兴春秋牒例章句》一卷。贾逵撰《左氏传解诂》《国语解诂》，已佚，《玉函山房辑佚书》、黄奭《汉学堂丛书》均有辑本。王逸有《楚辞章句》。许慎有《五经异义》十卷，已佚，清陈寿祺辑有《五经异义疏证》。服虔有《春秋左氏传解》，自唐孔颖达撰《五经正义》，《左传》专主杜预之说，服注遂亡。马融遍注《周易》《尚书》《毛诗》《三礼》《论语》《孝经》，并注《老子》《淮南子》，其注释范围已扩大。赵岐有《孟子章句》。郑玄遍注群经，有《毛诗笺》《三礼注》，又注《周易》《论语》《尚书》，作《发墨守》等以驳何休，作《驳许慎五经异义》。荀爽注《周易》十一卷，已佚，《玉函山房辑佚书》辑有《周易荀氏注》三卷。何休有《春秋公羊解诂》，又有《公羊墨守》《左氏膏肓》《谷梁废疾》，已佚，清王谟《汉魏遗书钞》各辑有一卷。卢植有《尚书章句》《三礼解诂》，已佚。高诱有《战国策注》（今残）、《淮南子注》（今与许慎注相杂）、《吕氏春秋注》。应劭有《汉书集解音义》，今佚。

汉朝的语言文字之学也成绩卓著，训诂注释之渊薮《尔雅》在此时已经完成，使我国有了第一部汇集古注、按义类加以排列的词书。西汉有了扬雄的《方言》。“训诂之学，发端于《尔雅》，旁通于《方言》”（王引之《经籍籑诂·序》），有了这两部专著，注释之学便开始有了工具。至东汉许慎作《说文解字》、刘熙作《释名》，则从文字构造探求本义，因而也有利于辨识文字在文籍具体语境中的引申义或假借义；从声音方面探求事物命名的由来，因而也有利于从声音这一线索探求词义（尤其是同义词）。这四部著作的产生标志着注释学基础工作和基本理论的完成。因此我们可以说，虽然“注释学”一名直到现在才开始使用，但其学术本身在汉代已经形成。汉代注家已经能够运用各种有效方法解释典籍就是明证。

中国漫长的封建社会具有相当的保守倾向。各种学科虽有大量实践经验，而理论却往往零星间见，缺乏系统的总结和归纳。古代众多学科被冠以某某学、某某学概论之名并加以系统化、专门化，大多是近现代的事情，注释学也是这样。但如果据此说注释“学”在古代不能成立，这是不公允的。

四、注释学与训诂学

（一）训诂及训诂学的界说

如篇首所说，注释与解释、注解相同，与训诂也是大致相同的。《诗经·周南·关雎》孔颖达疏云：“诂训传者，注解之别名。毛以《尔雅》之作多为释《诗》，而篇有释诂、释训，故依《尔雅》训而为《诗》立传。传者，传通其义也，《尔雅》所释十有九篇，独云诂训者，诂者，古也，古今异言通之使人知也；训者，道也，道物之貌以告人也。《释言》则《释诂》之别，故《尔雅》序篇云：‘《释诂》《释言》，通古今之字，古与今异言也；《释训》，言形貌也。’

然则诂训者，通古今之异辞，辨物之形貌，则解释之义尽归于此。”陈澧在《东塾读书记》中有类似的一段话：“诂者，古也，古今异言，通之使人知也。盖时有古今，犹地之有东西南北，相隔远则言语不同矣。地远则有翻译，时远则有训诂；有翻译则能使别国如乡邻，有训诂则能使古今如旦暮，所谓通之也。训诂之功大矣哉！”历来解释训诂之名者极多，而大要在探求古代语义，所以王应麟在《玉海》中有如下划分：“文字之学有三：其一，体制，谓点画有衡从曲折之殊，《说文》之类；其二，训诂，谓称谓有古今雅俗之异，《尔雅》《方言》之类；其三，音韵，谓呼吸有清浊高下之不同，沈约《四声谱》及西域反切之学。”清人把小学分为文字之属、音韵之属、训诂之属，则训诂就是词义之学无疑。王应麟以《尔雅》《方言》为训诂书，一为释古今雅俗之异言，一为释方俗之殊语。齐佩瑢的《训诂学概论》，正是把训诂学作为“古语义学”加以讨论的。

关于训诂学的定义，陆宗达的《训诂简论》、周大璞的《训诂学要略》均主黄侃说，训诂学不仅是“释古今之异言，通方俗之殊语”，更重要的任务在于“研究用语言解释语言的方法、条例，进而探讨语言文字的系统和根源”。《训诂学要略》又写道：“总之，训诂学的研究对象就是词义和词义系统，它的首要任务就是研究语义发展演变的规律。”强调了训诂学的研究对象和任务，进一步揭示了训诂学即古语义学的实质。

实际上，《简论》和《要略》所述内容，对这个界说是有突破的。《要略》在“注疏的内容”一节，介绍了十一个方面的内容：1. 解释词；2. 串讲文意；3. 分析句读；4. 校勘文字；5. 阐述语法；6. 说明修辞手段；7. 诠解成语典故；8. 考证古音古义；9. 叙事考史；10. 记述山川；11. 发凡起例。这些突破说明，训诂学的一般界说和事实不尽一致。

（二）注释学与训诂学的区别

为什么还要建立注释学？因为注释与训诂是有区别的：

1. 注释的范围比训诂广

在讨论注释的产生时，我们援引了《尚书·盘庚》上篇的孔安国传所包含的五方面内容，可以看出，对史实的解说、对句意的介绍都不属于语义学的范畴。比如盘庚迁于亳殷的原因、殷五次迁徙的史实都不是从词义的解释、语言的分析中可以明了的。"我王来，既爰宅于兹"，从词义学、语义学的角度我们不可能获得史实方面的知识。如果严格地按照训诂学的定义，则训诂学只能够对这一句中的各个词的词汇义加以解释，排除语言文字障碍就行了。孔传"我王祖乙居狄。爰，于也。言祖乙居于此"，解说超过语词义的范围是明显的。若以注释（即注释分析）说明孔传以及旧注中所涉及的一切方面，可以说是无往而无不适的。

2. 注释不必受时代限制

训诂简言之就是训释古字古音古义，注释则可不限于释古，对今人的作品作注应称注释；假若把注释今人著作也作为训诂学的内容加以研究，怕是没有人会同意的，因为那是名不副实的。

今人的作品一般用白话写作，即使是鲁迅的杂文，常含有深义，需要探求，但语言却是白话。毛泽东的文章是标准的白话，而里面所包含的政治、经济、军事、文化艺术的广博内容仅明了其语言文字本身是不够的。至于白话文中引用古语、典故，用文言写作的古体诗词，更需注释。翻阅《鲁迅全集》《毛泽东选集》，使人深感注释工作的重要和艰巨。没有详明的注释，即使文化素养很高的人也不可能完全理解。注释的一部分任务是排除语言文字障碍，另一部分则是告诉读者如何理解。阅读古人的作品，第一部分任务较重，阅读今人作品，则另一部分任务较重。运用注释之名就可以不受时间限制、文体限制了。

3. 注释之名浅显易懂

训诂学从来都是书斋里的学问，先是口耳相传，后是立于学官。此外，从汉至清，皓首穷经老死章句者不计其数，而取得成果流传于世的毕竟是少数。训诂之学虽有它的昌盛、中衰和复兴，乃至在清代形成鼎盛，但在现代，除了专门研究工作者和教学工作者之外，了解训诂一名的人已经不多了。一般非专攻古代汉语、古籍整理的人，都很陌生。首先，训诂一名的含义就很隔膜，更不必说研究这一门学问。假若我们建立起注释学，则一般的语文教学工作者、古籍整理工作者，就更易接受，甚至连具有中等文化程度的人也会觉得注释古书并不神秘，这对于训诂学的普及与古籍的整理无疑是有益的。

提出建立注释学，并不排斥传统的训诂学。由于注释学有比训诂学更为广泛的适应性，比如以现代汉语翻译古文，以现代诗的形式翻译古诗，都是注释学应当承担的任务，它不妨充分利用训诂学的丰硕成果来充实自己，使这一学科能够很好地为教学和古籍整理服务。

五、注释学的功用

注释学包括注释实践和注释理论两个方面，我们讨论注释学的功用，也就是它的意义，就从这两方面着手。

（一）排除阅读古书的障碍

阅读古书主要有四种障碍：1. 语言文字；2. 史实名物；3. 文言句法；4. 写作背景。注释应当帮助读者排除这些障碍，这样我们才能了解古人的思想情感，了解古代的物质文明和精神文明，达到古为今用的目的。

1. 语言文字

排除语言文字障碍，是注释的第一要义。胡适曾说："治古书之法，无论治经治子，要皆当以校勘训诂之法为初步。校勘已审，然后本子可读；本子可读，然后训诂可明；训诂明，然后义理可定。"（《胡适文存》二集卷一《论墨学》）所谓"校勘训诂"即语言文字的注释。

古书用字，难处有四：一为繁难；二为异体；三为假借；再加上历史久远，传抄刊刻讹误，使阅读古书发生困难。

(1) 繁难例

汉字繁难，而古书繁难字尤多，在现代通行的较为简化的字，在古时往往十分繁难。字有古今之别，有些人写字好古、好难，更造成阅读的困难。这与下面所说的异体有相似之处。

可乘桴以浮沧兮。

（《北魏孝文吊比干墓文》）

孔子曰：道不行，欲之九夷，椉桴浮于海，有以也。

（《说文系传·羊部》羌字注）

将二难字组合为椉桴，则今人能辨识者不多。《论语·公冶长》："子曰：'道不行，乘桴浮于海。从我者，其由与？'子路闻之喜。""椉桴"就是"乘桴"。这是简单的例子。

(2) 异体例

汉字在甲金文字时代，就产生了繁杂的异体。甲骨文能确认的不过千余字，不能确认和一时还没有定论的字更多。秦朝统一六国文字，李斯等人的《三仓》收字3300，而到了西汉扬雄作《训纂编》，收字增至5340。这两种字书大约能够反映秦汉时代的常用字、次常用字的用字量。东汉许慎作《说文解字》，收字9353，加上重文1163，字数愈万。收字总数的递增与异体字的逐渐增多是相联系的。南朝的《玉篇》收字两万多，宋朝的《类篇》收字31 000多，明朝的《字汇》收字33 000多，清朝的《康熙字典》收字46 000多，民国的《中华大字典》收字48 000多，到了现在，《汉语大字典》收字已达54 000多。

《汉语大字典》的收字是谨慎的。如果把当时不取的部分字书和一些非规范的字都收进去，总字数将超过八万。在1990年八卷本《汉语大字典》出齐后的第四年（即1994年），《中华字海》出版了，它收录的总字数为 85 000 多，其中虽有《汉语大字典》当收而漏收的字，但很大部分是本已知有这些字而不收的。

异体字究竟有多少，还无法作精确的统计。《汉语大字典》所列《异体字表》（见第八卷）“共收约 11 900 组异体字”。如“炒”，据《说文》《方言》《玉篇》《一切经音义》《广韵》《集韵》《五音集韵》和《复古编》统计，就有“焰”“煼”“鬻”“聚”等二十多个。异体字反映了造字的多元性，如“國”，今简化作“国”。异体有“囗”“国”“囯”“囶”“圀”等十七个。有一个作“𧆍”，三个秦字相叠，是秦人所造无疑。不同的形声、不同的会意和转注是造成后世异体繁多的主要原因。《汉语大字典》万余组异体少则一两个，多则好几个、十来个。其异体总数至少在两万以上。

仅存于字书和韵书，对一般的阅读和研究无大碍，而存在于文籍用例，却会产生不可忽视的研读困难。现在已经废除的、已经整理的异体只是常见的部分。浩如烟海的古籍中的繁杂异体，若不注释，则阅读古籍的文字关就不能通过。

联绵词和复合词的异写也是典籍中的普遍现象。

夫子死，必哭泣葬埋之。

（《国语·越语》）

死葬乎骊山，吏徒数十万人，为葬薶之，侈至于此。

（《汉书·贾山传》）

收敛藏埋，以慰存亡。

（《三国志·魏书·高贵乡公髦传》）

“葬埋”与“葬薶”“藏埋”音义全同。

欲报之德，昊天罔极。

（《诗经·小雅·蓼莪》）

欲报之德，皞天罔极。

（《汉书·郑崇传》）

易之者皡天不宜。

（《庄子·人间世》）

皓天不复，忧无疆也。

（《荀子·赋》）

置酒虖颢天之台。

（《汉书·司马相如传》）

“皞”“皥”异体，“昊”“皥”“皓”“颢”同音通用。至于联绵词，音小变而字形不同者最为普遍。如“逶迤”的异写极多，不胜枚举。无注释，则不知其音义实同。

（3）假借例

虽隐于穷阎漏屋，人莫不贵之。

（《荀子·儒效》）

掌肿疡、溃疡、金疡、折疡之祝药。

（《周礼·天官·疡医》）

今秦攻赵，战胜则兵罢，我承其敝。

（《史记·项羽本纪》）

王播告之脩，不匿厥指。

（《尚书·盘庚上》）

“漏”借为“陋”，“祝”借为“注”，“承”借为“趁”，“指”借为“旨”。不通经文假借，必不能读懂秦汉典籍。古人注释留意于假借，有清一代，对同音通假、声近义通的现象有更为深入的研究。他们的注释为我们阅读古书排除了不少障碍。假借问题本书将有专门的讨论，这里就不细说了。

（4）讹误例

孔子曰：“参！今之君子，惟士与大夫之言之閒也，其至于君子之言者，甚希矣。於乎！吾主言其不出而死乎；哀哉！”

虽有国焉，不教不服，不可以取千里。

（王聘珍《大戴礼记解诂·主言》）

“聘”为“闻”之误，“主”为“王”之误，“焉”为“马”之误。不辨正误，必然迂曲为说。《大戴礼记》古本讹误极多，仅《主言》一篇，文字很短，讹误就有二十余处。

此外，一字多音、一词多义和时代局限性大的俗语，也都是阅读的障碍。

（5）多音例

执豕于牢，酌之用匏。

（《诗经·大雅·公刘》）

牢中旁寸，著组系。

（《仪礼·士丧礼》）

卓纵放兵士，突其庐舍，淫略妇女，剽虏资物，谓之“搜牢”。

（《后汉书·董卓传》）

牢字三例，一读为 láo，义为关养牲畜的栏圈；一读为 lóu，义为削减；一读为 lào，义为搜括、索取。多音有至十一音者，如“敦”。《广韵》有都昆切，音 dūn；都回切，音 duī；度官切，音 tuán；都困切，音 dùn；《集韵》又有丁聊切，音 diāo；大到切，音 dào；主尹切，音 zhǔn；他昆切，音 tūn；都内切，音 duì；又有 tún、mù 二音，这许多音读都有相应的义例。此外还有杜本切、杜皓切、陈留切可隶属于它音者。“敦”为古今常用字，一般只知读 dūn，其他音读或见于文籍注释，如《汉书·礼乐志》“车千乘，敦昆仑”，颜师古注：“敦，读曰屯。屯，聚也。”又《王子侯表》“临乐敦侯光”，颜师古注：“敦字或音弋灼反，又作敫，古穆字。”《周礼·司几筵》“每敦一几”，郑玄注：“敦读曰焘。焘，复也。”或见于字书、韵书和考释性文字。

(6) 多义例

古代典籍，单音词特多，造字（词）之初每字一义，但义有引申，一字虽音读不变，而字义却不断发展演变，致使有的字（词）义多至数个乃至数十个。比如“攻”：

兼弱攻昧。(《尚书·仲虺之诰》) 孔颖达疏：“攻，谓击之。”义为攻打，攻击。

凡疗疡以五毒攻之。(《周礼·天官·疡医》) 义为攻治，治疗。

凡攻木之工七，攻金之工六，攻皮之工五。(《周礼·考工记·总序》) 郑玄注：“攻，犹治也。”义为攻治，制作。

农攻粟，工攻器，贾攻货。(《吕氏春秋·上农》) 义为研习。

攻山取铜铁，一岁功十万人已上。(《汉书·禹贡传》) 义为开采。

有云雨之山，有木名曰栾，禹攻云南，有赤石焉生栾。(《山海经·大荒南经》) 郭璞注：“攻，谓槎伐其林木。”义为砍伐。

夏祭先牧，颁马攻特。(《周礼·夏官·校人》) 郑玄注引郑司农云：“攻特，谓騬之也。”孙诒让正义：“谓割去马势也，犹今之扇马。”义为骟。

小子鸣鼓而攻之。(《论语·先进》) 义为责让，指责。

“攻”又有假借义多种。这些多义虽由“攻”的基本义（《说文》：“攻，击也。”）引申，但今人若离开旧注，或者不借助于字书、韵书，要想准确释义也不那么容易。

(7) 俗语例

正统的文言文籍，间有俗语，而俗文学作品，如歌谣、唐代变文、金元戏曲等等，则有大量方言俗语。俗语在当时人人明了，在现在却多不见使用，这也是阅读古代作品的一大障碍，没有注释和专门的研究也是不行的。陆宗达在《我所见到的黄季刚先生》一文中记述了一个故事：有一位学生注释《嵇康集》，其中有“交赊相倾”一语，历来无人讲清，请教季刚先生。季刚先生立即找出证据，说明“交赊”是六朝语，义即“远近”。使请问者惊服而去。（见《训诂学研究》第一辑）又如“作家”“作者”，在现代汉语的含义与唐宋时含义大不相同，蒋礼鸿《敦煌变文字义通释》释为“内行，高手”：

佛说阿弥陀经讲经文：“摩隨心中惊怕，今日又逢作者，脚滥步步懒行，恍惚不知高下。”

宋僧道原《景德传灯录》卷十二，兴化和尚示众云：“若是作家战将，便请单刀直入，更莫如何如何。”

2. 史实名物

不论古代文籍或今人作品，只要涉及到历史名物知识，就不易为一般读者所理解。为文章作注，要尽力帮助读者克服历史名物知识的不足，为他们提供理解作品所必须具备的知识。

《论语·公冶长》：“子曰：‘伯夷、叔齐不念旧恶，怨是用希。’”康有为注：“伯夷、叔齐，孤竹君之二子。《释文》引《少阳篇》，姓墨胎，夷名允，字公信；齐名致，字公达，恐后人所附会。孟子称其不立于恶人之朝，不与恶人言；与乡人立，其冠不正，望望然去之，其嫉恶如此。然其所恶之人能改即止，故人亦不甚怨之。”杨伯峻注：“伯夷、叔齐，孤竹君的两个儿子，父亲死了，互相让位，而都逃到周文王那里。周武王起兵讨伐商纣，他们拦住车马劝阻。周朝统一天下，他们以吃食周朝的粮食为可耻，饿死于首阳山。《史记》卷六十一有传。”

《毛泽东选集》第四卷《别了，司徒雷登》：“唐朝的韩愈写过《伯夷颂》，颂的是一个对自己国家的人民不负责任、开小差逃跑，又反对武王领导的当时的人民解放战争，颇有些'民主个人主义'思想的伯夷，那是颂错了。"注："韩愈（768—824），唐代著名的作家。《伯夷颂》是韩愈所写一篇散文。伯夷，殷末人，周武王进军讨伐殷王朝，他曾表示反对；武王灭殷后，他逃避到首阳山，不食周粟而死。"

《论语》康注、杨注，《毛泽东选集》注，都针对文句本身的需要，提供了有利于读者了解作品思想含义的知识，这样文章就较易理解了。

《洛阳伽蓝记》卷一《城内》："四月四日，此像常出，辟邪师子，导引其前。"范祥雍校注："辟邪、师子并兽名。《汉书》九十六《西域传》：乌弋山离国王'有桃拔、师子、犀牛。'孟康注：'桃拔一名符拔，似鹿长尾，一角者或为天鹿，二角或为辟邪。师子似虎，正黄有髯耏，尾端茸毛大如斗。'师子即狮子。此是百戏化装，非真兽。"

范注"此像常出"甚详，此略。

《尚书·甘誓》："启与有扈战于甘之野。"注："甘，有扈郊地，今在鄠县西。"鄠县即今陕西户县。

《左传·僖公二十四年》："甘昭公有宠于惠后。"注："甘昭公，王子带也，食于甘。"甘，在今河南宜阳县东南。

此二例录自《辞源》，无引号者为《辞源》所注。不注则不知"甘"一名而有二地。

《周礼·考工记·陶人》："陶人为甗，实二鬴，厚半寸，唇寸。"清孙诒让正义："甗，上体如甑，无底，施箅于中，容十二斗八升。下体如鬲，以承水，升气于上，古铜甗有存者，大势类此。"

古代炊器，无注也不知为何物。

《鲁迅选集》第一卷《长明灯》："这屯上的居民是不大出行的，动一动就须查黄历，看那上面是否写着'不宜出行'；倘没有写，出去也须先走喜神方，迎吉利。”注：“黄历，我国的旧历书系由朝廷颁布，用黄色纸印制，故称‘黄历’。其中载有农时节气，还杂有一些迷信的‘宜忌’，如某日‘宜祭祀’、某日‘忌出行’、某日‘诸事不宜’，以及‘喜神’每日所在的方位（‘喜神方’）等。”

现代青年已不知黄历为何物，读注方能明白小说含义。

3. 文言句法

古汉语语法不同于现代汉语语法，不明古人说话作文的习惯和法则，也不能读懂古文。今人注释古书，常留心辨析古今语法的不同，以减少阅读困难。如《论语·为政》杨伯峻译注：

子曰：“吾十有五而志于学。”杨伯峻注：“有，同又。”古人在整数和小一位数字之间多用“有”字，不用“又”字。

子曰：“攻乎异端，斯害也已。”杨伯峻注：“斯，连词，‘这就’的意思。”“已，应该看为动词，止也。因之我译为‘消灭’。如果把‘攻’字解为‘治’（按：前释为“攻击”），那么‘斯’字得看作指代词，‘这’的意思；‘也已’得看作语气词。全文便如此译：‘从事于不正确的学术研究，这是祸害哩。’一般的讲法是如此的，虽能文从字顺，但和《论语》词法和句法都不合。”**（按：杨译文：“批判那些不正确的议论，祸害就可以消灭了。”考上下文意，似以“一般的讲法”为长。）**

子曰：“《书》云：‘孝乎惟孝，友于兄弟，施于有政。’”杨伯峻注：“施于有政，‘有’字无义，加于名词之前，这是古代构词法的一种形态，详拙著《文言语法》。”

哀公问曰：“何为则民服？”孔子对曰：“举直错诸枉，则民服；举枉错诸直，则民不服。”杨伯峻注“孔子对曰”：“《论语》的行文体例是，臣下答对君上的询问一定用‘对曰’，这里是孔子答覆鲁君之问，所以用‘孔子对曰’。”“错诸枉，‘错’有放置的意思，也有废置的意思。一般人把它解为废置，说是‘废置那些邪恶的人’（把‘诸’字解为‘众’）。这种解法和古汉语语法规律不相合，因为‘枉’、‘直’是以虚化实的名词，古文中的‘众’、‘诸’这类数量形容词，一般只放在真正的实体词之上，不放在这种以虚代实的词之上。这一规律，南宋人孙季和（名应时）便已明白。王应麟《困学纪闻》曾引他的话说：‘若诸家解，何用二诸字。’这二‘诸’字只能看作‘之于’的合音，‘错’当‘放置’解。‘置之于枉’等于说‘置之于枉人之上’，古代汉语‘于’字之后的方位词有时可以省略。”按译文：“鲁哀公问道：‘要做些甚么事才能使百姓服从呢？’孔子答道：‘把正直的人提拔出来，放在邪曲的人之上，百姓就服从了；若是把邪曲的人提拔出来，放在正直的人之上，百姓就会不服从。’”

这不过是略举数例，以说明注释语法的重要。古汉语语法与现代汉语语法的比较研究、古汉语语法的规律的介绍不是本书的任务，就不细述了。

4.写作背景

排除了语言文字障碍，对于文艺作品和政治论文而言，了解写作背景，是理解作品的关键。“文章合为时而著，歌诗合为事而作”（白居易《与元九书》），文学作品、政治论文，总是和社会生活、政治斗争密切相关的。不了解作者为什么作此文，为什么发此论，为什么有此感慨，就很难深入理解作品的精髓。因此，对于某诗某文写作背景的注释，历来为注家所关注。比如《离骚》，为什么屈原那么悲愤、那么矛盾？为什么屈原要自我介绍身世，一再表白自己的美政思想及其动机？为什么屈原要以追求美女而不可得为喻来表明心志？为什么屈原在离开或者是留在祖国的问题上矛盾、彷徨？为什么他最后又决心以死报国？这一些问题读者自会提出，假若了解了屈原的生平事迹和遭遇，了解了当时楚国的国际国内环境，则这些问题就会得到解释。《史记》、班固以及王逸的《楚辞章句》都对《离骚》写作的背景作了介绍，今抄录如下：

屈平者，名平，楚之同姓也，为楚怀王左徒。博闻强志，明于治乱，娴于辞令。入则与王图议国事，以出号令；出则接遇宾客，应对诸侯。王甚任之。上官大夫与之同列，争宠而心害其能。怀王使屈原造为宪令，屈平属草稿未定，上官大夫见而欲夺之，屈平不与。因谗之曰："王使屈平为令，众莫不知，每一令出，平伐其功，曰以为非我不能为也。"王怒而疏屈平。屈平疾王听之不聪也，谗谄之蔽明也，邪曲之害公也，方正之不容也，故忧愁幽思而作《离骚》。离骚者，犹离忧也。夫天者人之始也，父母者人之本也，人穷则反本，故劳苦倦极未尝不呼天也，疾痛惨怛未尝不呼父母也。屈平正道直行，竭忠尽智以事其君，谗人间之，可谓穷矣。信而见疑，忠而被谤，能无怨乎？屈平之作《离骚》，盖自怨生也。

（《史记·屈原贾生列传》）

《离骚》者，屈原之所作也。屈原初事怀王，甚见信任，同列上官大夫妒害其宠，谗之王，王怒而疏屈原。屈原以忠信见疑，忧愁幽思而作《离骚》。离犹遭也；骚，忧也，明已遭忧作辞也。是时周室已灭，七国并争。屈原痛君不明，信用群小，国将危亡，忠诚之情，怀不能已，故作《离骚》。

（班固《离骚赞序》）

《离骚》经者，屈原之所作也。屈原与楚同姓，仕于怀王，为三闾大夫。三闾之职，掌王族三姓，曰昭、屈、景。屈原序其谱属，率其贤良，以厉国士。入则与王图议政事，决定嫌疑，出则监察群下，应对诸侯。谋行职修，王甚珍之。

同列大夫上官、靳尚，妒害其能，共谮毁之，王乃疏屈原。屈原执履忠贞而被谗邪，忧心烦乱，不知所诉，乃作《离骚》经。

（王逸《楚辞章句》）

后代注释《离骚》写作背景和动机，大体上本诸《史记》、班序和王逸注。

并不是每一种文学作品都需要介绍写作背景。有些诗人，纯系嘲咏风月，抒发闲适安乐之情愫，并无多少深义，此类作品给予读者的，无非是些闲情逸致的感受，并无社会政治意义，就不必一一注释写作背景之类。

有了以上四个方面的注释，则读者阅读的语言文字障碍和理解思想感情的障碍就被排除了。在此基础上，就使理解作品的深义具备了条件。

这几个方面同时也属于注释的范围和内容，在以后的章节将会作进一步的讨论。至于作品的篇章结构、义理，那是阅读的升华，是更高一层的注释和赏析。

（二）有助于整理古籍

注释学对于古籍整理的意义是十分明显的。我国历史悠久，典籍丰富，已经经过整理的只是少数。毛泽东在《中国共产党在民族战争中的地位》一文中曾经指出："学习我们的历史遗产，用马克思主义的方法给以批判的总结，是我们学习的另一任务。我们这个民族有数千年的历史，有它的特点，有它的许多珍贵品。对于这些，我们还是小学生。今天的中国是历史的中国的一个发展；我们是马克思主义的历史主义者，我们不应当割断历史。从孔夫子到孙中山，我们应当给以总结，承继这一份珍贵的遗产。这对于指导当前的伟大的运动，是有重要的帮助的。"

继承和总结文化遗产的第一步，是对古籍进行系统的全面的整理。整理古籍的工作历代都进行过。比如在汉武帝时代，中央政府就曾制定搜求书籍的政策："建藏书之策，置写书之官，下及诸子传说，皆立秘府。"(《汉书·艺文志》)这样使图书"积如丘山"。我国版本目录学的兴起与图书的大量搜集是同步的。有了这些图书，就需要作分类的整理和研究，刘向父子的《别录》和《七略》、班固的《汉书·艺文志》就是目录学的开创性著作。搜求群书、编纂目录，这是整理古籍的第一步。整理古籍的最重要工作还有点校注释和研究。我国的典籍据《中国丛书综录》和其他材料综合统计，大约有十五万种之多，哲学的、文学的、史学的、政治经济的、工农业生产的、军事的、医学的，无所不包。这么多的图书要一一整理是不可能，也是不必要的。但即令是各学科典籍以十分之一的可取率算，需整理的也有相当可观的数目。

注释是整理古籍的重要的工作之一。它的目的在于沟通古今，使今人读古书，如同古人与古人、今人与今人的思想交流，不会发生文字语言隔阂。而注释学的研究，则使整理古籍的注释工作有正确的理论指导，有科学的原理和方法可以遵循。从注释学研究的对象和内容上看，它包括点校、释词、释史实名物各个方面；从注释学的方法论上看，它必须说明怎样确定注释对象，采用怎样的注释方法，怎样通过注释向读者提供理解典籍最重要的、最必需的知识信息。同时，注释学还必须向读者介绍我国典籍注释的优良传统和基本理论，使我们能够充分地吸取前人的研究成果，促进我们的工作。这一切对于古籍整理都至关重要。注释学的作用和意义在这一方面是尤其明显的。做好了这一步工作，就为古籍的理论研究、史的研究奠定了厚实的基础。

（三）有助于教学

语文教学、大学各专业的古典文献的教学，一刻也不能离开注释。注释学运用于教学，已不是一般的扫除语言文字的障碍，消除古今、文白语言的差异，使学生易于理解作品。我们看到，选作教材的作品，一般都有较为详明的注释。试以《大学语文》(修订本，华东师范大学出版社出版）《采薇》为例，来分析注释学运用于教学的情况。

《采薇》是《诗经·小雅》的一首诗，共198字，6节，每节8句，每句4字。注释67字（含复音词和成语），凡属稍有疑难的词语均有注释。抄录如下：

采薇（本篇选自“小雅”，是西周后期的作品，诗中描写出征士兵在归途中回顾同猃狁作战时的艰苦情况，表现了猃狁侵扰给人民带来的灾难和诗人忧时伤事之情。薇：野生豆科植物，又名大巢菜，可食。）

采薇采薇，薇亦作止（作：生，指刚生出来。止：语助词）。曰归曰归（曰：语助词），岁亦莫止（莫：即今“暮”字）。靡室靡家（靡：无。这句意为终年在外，虽有家室，也像没有一样），猃狁之故（猃狁〔xiǎnyǔn〕：我国古代北方的一个民族。西周称猃狁〔一作“獫狁”〕，春秋时称北狄，秦、汉时称匈奴）。不遑启居（不遑：不暇。启：跪，危坐。居：安坐，安居。古人席地而坐，两膝着席，危坐（跪）时腰部伸直，臀部同足离开；安坐时则将臀部贴在足跟上）。

采薇采薇，薇亦柔止（柔：柔嫩）。曰归曰归，心亦忧止。忧心烈烈（烈烈：犹炽烈），载饥载渴（意即又饥又渴）。我戍未定（戍：防守。这句意是戍守未有定处），靡使归聘（聘：问，问候。这句意为没有人可以为自己探问家中安泰否）。

采薇采薇，薇亦刚止（刚：指薇菜将老而粗硬）。曰归曰归，岁亦阳止（阳：十月为阳。今犹称农历十月为“小阳春”）。王事靡盬（靡盬〔gǔ 古〕：无止息），不遑启处（启处：犹“起居”）。忧心孔疚（孔：甚，很。疚〔jiù 救〕：病，苦痛），我行不来（来：返，归。一说“来”作“慰抚”解。不来，谓无人慰问）。

彼尔维何（尔：借作“薾”，花盛的样子。维：语助词）？维常之华（常：即棠棣，一作“棠棣”。或谓即郁李，俗称白樱桃。华：同“花”）。彼路斯何（路：借作“辂”，大车。这里可解为车高大的样子。斯何：犹言维何）？君子之车（君子：指将帅）。戎车既驾（戎车：兵车），四牡业业（牡：雄马。业业：壮健的样子）。岂敢定居（定居：犹言安居）？一月三捷（捷：胜。一说，捷为“接”的假借字，谓接战，交战）。

驾彼四牡，四牡骙骙（骙〔kuí 揆〕：威武强壮貌），君子所依，小人所腓（腓〔féi 肥〕：庇，掩护，此言戎车是将帅所乘，兵卒为之护卫并借作掩护）。四牡翼翼（翼翼：整饬的样子。形容四匹马训练有素），象弭鱼服（象弭〔mǐ 米〕：以象牙为饰的弓弭。弭：弓两端攀弦处，饰以骨角，叫“弭”。鱼服：鱼皮制作的箭袋）。岂不日戒（日戒：日日警戒），猃狁孔棘（棘：急）。

昔我往矣（昔：指出征时），杨柳依依（依依：茂盛摇曳的样子）。今我来思（思：语助词），雨雪霏霏（雨雪：落雪。“雨”是动词。霏霏：雪盛的样子）。行道迟迟（迟迟：迟缓），载渴载饥。我心伤悲，莫知我哀！

其释题释词释句意，都相当明了。但作为教师，在备课和课堂讲授时，还需作一些补注疏通的工作，一如古人为传注作疏、作正义。无非是申发补充疏通，以使文意更为明了。

1. 可以补充说明某些字义的来源。如“作”释为“生”，“启”释为“跪，危坐”，“聘”释为“问”，均可作补充解释：

作　《说文》：“作，起也。”兴起是其本义。《老子》二章：“万物作焉而不辞。”“作”为兴起。“薇亦作止”是薇亦兴起，于植物，当为生长，故可释为生。本义既明，则生义何由来也就明白了。

启 《说文》:“启,教也。”故启有启发、开导义。“不遑启居”,何以释启为跪、危坐?《诗经·小雅·四牡》:“不遑启处。”毛传:“启,跪;处,居也。”跪义与教义终无关涉。《尔雅·释言》:“启,跪。”郭璞注:“小跽。”仅依教材注和上列材料,学生必不能明其所以,只能机械记忆。郝懿行《尔雅义疏》考辨甚详:“跪者,《说文》云‘拜也’。《释名》云,‘跪,危也,两膝隐地体危陧也’。《玉篇》及《文选·月赋》注并引《声类》云,‘跪,跽也’。启者,跽之假音也。《说文》云,‘跽,长跪也’。《史记·滑稽传》云‘帣韝鞠䐦’,《集解》:‘徐广曰:䐦与跽同,谓小跪也。’《索隐》曰:‘䐦音其纪反,与跽同音,谓小跪。’是䐦即跽也。经典借作启,《诗·四牡》《采薇》传笺并云,‘启,跪也’。《左氏襄八年》及《廿九年》正义并引李巡曰,‘启,小跪也’。是郭所本。注小跽亦当作小跪。《释名》云,‘起,启也,启一举体也’。按一举体即小跪之义。”这些考证,对于非中文专业的大学生,可以略作介绍。这些补充材料,充分利用古音通假、同音相借的原理,说明“启”的“跪,危坐”义的来源,对加深学生的理解、提高教学质量无疑是有益的。

聘 《说文》:“聘,访也。”《尔雅·释言》:“聘,问也。”聘问为古之常语,代表本国政府访问友邦谓聘问。今此义已不常用。稍加征引,说明古代此字的运用情况亦所必需。

一般的语文学习,可以不必过多地讲授文字音韵训诂知识。但教学工作本身是时时刻刻在做这方面的工作,教师掌握了这方面的基本理论和方法,并能随时加以运用,不仅能够增加所传授知识的广度和深度,并且能够激发学生的学习兴趣。有一些注释不进一步加以申说和疏通,学生所获得的知识往往凭机械记忆,就不能持久,更不能举一反三。知道了当然和所以然,明白了某一非常义的渊源所自,印象就会深刻了。

在语言文字上的补注和疏通，并不只限于上面所列举的几个字。比如《诗经》的用字特点，曰、止、思一类的实词而用为语助的现象，“载渴载饥”与“载饥载渴”的个别字序的调换，又与“载歌载舞”之“载”可训为通“再”的比较等等，都是可以以教师本人的注释学修养在课堂上加以发挥的。

2. 可以纠正教材注释中的偏颇。

注释学是一门严谨的学问。注释对象和注释本身之间应当完全一致。随便翻阅一下文籍旧注，教材注释，我们可以发现一些注释是不妥的。比如：“牡：雄马。”鸟兽之雄者为牡，雌者为牝。单独的牡或牝并不表示雄马或雌马、雄鸡或雌鸡。《现代汉语词典》：“牡，雄性的（跟‘牝’相对）：牡牛。”“牝，雌性的（指鸟兽，跟‘牡’相对）：牝牛、牝鸡。”《现汉》的解释是很有分寸的。教材的注释来自“戎车既驾”。战车驾四马，《诗》用“四牡”，故释“牡”为“雄马”。这里的“雄马”义是上下文中发生的，“牡”本身并无“雄马”词汇义。相比较而言，孔颖达疏就谨严得多。“戎车既驾矣，四牡之马业业然而壮健”，“言其所从将帅驾彼四牡之马以行，其四牡之马骙骙然甚壮健”，“其兵车所驾，四牡之马翼翼然”。（见《十三经注疏·毛诗正义》）在《诗》“四牡”为“四牡马”之省，注释应当先说明“牡”的词汇义，然后说明此处所指，那就没有问题了。“刚，指薇菜将老而粗硬”，“昔，指出征时”，也有类似问题。但有一“指”字，说明这种解释只是就这一具体语境而言，要稍好一点。不过不先释词汇义，终究是缺陷。至于“捷：胜。一说，捷为‘接’的假借字，谓接战，交战”。注释虽取客观态度，两说并列，而以前释为主要释义，则教学时何所适从，教师可以有充分的考辨自由。细审上下文意，“岂敢定居？一月三捷”，明言战事之频，不敢定居，释为胜似不如释为接。毛传、郑玄、孔疏释为“一月之中三有胜功”，即侵、伐、战，终觉过实。教师运用注释学的知识，各申其义，必能收到启发学生思考、培养学生分析能力之效。

3. 可以使学生受到实践和理论训练，为他们学习和研究古籍打下基础。

注释学知识的传授有两种渠道：一是通过平时的语文教学，使学生受到实践和理论的熏陶；一是通过专门的学科讲授完整系统的注释学理论知识。对学习中国语言文学、学习古代文献学的人来说，后一种方式是极为重要的。除专业的古籍整理和研究工作者之外，人们从事某项专业学习研究，都有可能接触到古籍。在学生时代业已具备了辨析形、音、义的综合知识，具备了句读、释词的基本能力，并且掌握了考辨疑难、征引材料的基本方法，必能提高他们的工作效率和成绩。现在，大规模地全面地整理古籍的任务已经摆在面前，培养一支浩大的能运用科学方法进行古籍整理和研究的队伍是当务之急。我们应当使训诂学、注释学具有更为广泛的群众基础，使具有中等文化程度的人都能够接受它的理论，掌握它的方法。这样的专业的业余的整理和研究古籍的队伍就会更容易形成。当代著名语言学家王力教授曾呼吁新训诂学的建立，这新的训诂学除了在观点和方法上要有时代风貌，要有历史唯物主义和辩证唯物主义作指导之外，训诂学的解放和普及也当是一个重要内容。

第二章　注释的种类

一、注释异名释名

（一）传

《论衡·正说》曰：“圣人作其经，贤者作其传。”《文心雕龙·序志》篇说：“敷赞圣旨，莫若注经。”注经就是为经书作传。作经者为圣人，注经者为贤人。传是解说经义的意思。《汉书·古今人表》：“传曰，譬如尧舜禹稷卨。”颜师古注：“传，谓解说经义者也。”对于《诗》《书》《易》《礼》等经书，孔子是“述而不作，信而好古”，其“述”就是阐发经义，也就是传。曾子曰：“传不习乎？”是说夫子所传授的知识都掌握了吗？在夫子是述，在学生是传。传授经义，不外乎语言文字的训诂与义理的分析。《诗》有《毛诗故训传》，则传与故训有别。王国维说：“故训者，大毛公所作，而传则小毛公所增益也。”（《观堂别集·书毛诗诂训传后》）《公羊传·定公元年》“主人习其读而问其传”何休注：“传谓训诂。”又以传与训诂等同。马瑞辰《毛诗传笺通释》说：“诂训，第就经文所言者而诠释之，传则并经文所未言者而引申之，此诂训与传之别也。”又说：“毛公传诗多古文，其释实兼诂、训、传三体，故名其书为故训传。”何休有《春秋公羊传解诂》。《博物志》曰：“何休注《公羊》，云何休学。”学谓解诂之义师所传授。是传与解诂（亦云诂训、训诂）有别。古人释经释传，用名似无一定。大约传重义理，诂训重释词，或者本无所轻重，如此而已。

传又有内传、外传、大传、小传、补传、集传之分。内传谓经之文，其传与经义相比附。《史记·儒林列传》：“韩生推《诗》

意而为内外传数万言。"《汉书·艺文志》载《韩诗内传》四卷、《外传》六卷，是汉韩婴所作。解《春秋》经义者有《公羊传》《谷梁传》，称为内传。《左氏春秋》(《左传》)西汉博士皆以为非解经之作，与公羊、谷梁不同，不得称内传，刘歆等古文家以为左氏实传《春秋》，于是也称《左传》为内传。韦昭《国语序》有"检之以内传""以其文不主于经，故号曰外传"之语。系以《左传》为内传，《国语》为外传。《史通·内篇·六家》："《国语》家者，其先亦出于左丘明，即为《春秋》内传。又稽其逸文，纂其别说，分周、鲁、齐、晋、郑、楚、吴、越八国，事起自周穆王，终其鲁悼公，列于《春秋》外传《国语》，合为二十一篇。"外传不主经义，是与内传的根本区别。刘熙《释名》以为《春秋》以鲁为内，诸国为外，《国语》纪外国之事，故称外传，是不对的。大传是传述大义的意思。其名始于汉代张生和欧阳生的《尚书大传》。伏生为秦博士，治《尚书》。至孝文时，年且百岁，张生、欧阳生辑录伏生的遗说编成《尚书大传》，不过是述其《尚书》大义，因名大传。其书不尽在解经，与《韩诗外传》《春秋繁露》同例。《礼记大传》孔颖达疏："郑目录云，名曰大传者，以其记祖宗人亲之大义。此于《别录》属通论。"通论就是撰其大义。小传与大传，大小相对，以小传名书名篇者多为略记其人其事之迹。补传即补注，集传即集注。

（二）说

说之名起于《说卦》。字书云：说，解也，述也。解释义理而以己意述之也。《说卦》传说为孔子赞《易》所作。《周易·说卦》孔颖达疏曰："陈说八卦之德业变化及法象所为也。"《礼记·檀弓下》："而天下其孰能说之？"郑玄注："说犹解也。"用作名词，则指经书之注释。《汉书·晁错传》"不问书说"颜师古注曰："说，谓所说之义也。"《后汉书·孔奋传》："奋晚有子嘉，官至城门校尉，作《左氏说》云。"注："说，犹今之疏也。"《汉书·艺文志》载，《易》有“《五鹿充宗略说》三篇”，“民间有费、高二家之说”。按费指费直，字长翁。治《易》，长于卦筮，本以古字，号古文《易》。高指高相，与费直同时，治《易》，由是《易》有高氏学。高、费皆未立于学官。说见姚明辉《汉志注解》。《尚书》有“《欧阳说义》二篇”。王先谦《汉书补注》云：“欧阳、夏侯《书》说，略见近人陈乔枞辑本。”汉代《尚书》之学，源于济南伏生。济南张生、千乘欧阳生从受其业。欧阳氏世传其业，至曾孙高，作《尚书章句》，为欧阳氏说。马国翰有《欧阳尚书章句》辑佚一卷。又有《大小夏侯章句》《大小夏侯解故》。大小夏侯，系指夏侯胜、夏侯建。夏侯之学源自张生、欧阳生。或名章句，或为解故，或作说义；则章句、解故、说义有别可知。而王先谦谓“欧阳、夏侯《书》说”，则又以说义与解故、章句为一。

《艺文志·六艺略》：“《诗经》二十八卷，齐、鲁、韩三家。”王应麟《汉志考证》：“《儒林传》云，言诗于鲁则申培公，于齐则辕固生，于燕则韩太傅，齐鲁以其国，所传皆众人之说也。毛、韩乃以其姓，乃专门之学也。”采众人之说以为传，则传亦说也。申公作《鲁故》二十五卷，已佚。马国翰有《鲁诗故》辑佚三卷。鲁诗有韦（贤）、张（长安）、唐（长宾）、褚（少孙）之学，《汉志》载“《鲁说》二十八卷”，为弟子所传。是知说与故有别。韩婴作《韩故》三十六卷，佚。马国翰有《韩诗故》辑佚二卷。王先谦《汉书补注》云：“此韩婴自为本经训故，以别于内外传。”《韩说》四十一卷，为徒众所为。是说与传、故有别也。

《汉志》所载，以说名者颇多，而说之义究不可定诂。钱大昕《汉书考异》引许慎《五经异义》言：“《今春秋》，公羊说；《古春秋》，左氏说。”是以说、传为一。《礼》有《中庸说》《明堂阴阳说》。《论语》有《齐说》二十九篇，《鲁夏侯说》二十一篇，《鲁安昌侯说》二十一篇，安昌侯即张禹。钱大昭《汉书辨疑》：“《张禹传》云：初，禹为师，以上难数对己问经，为《论语章句》献之。”此章句即说也。又有《鲁王骏说》《燕传说》。《孝经》有《长孙氏说》《江氏说》《翼氏说》《后氏说》《安昌侯说》。

《艺文志·诸子略》载《老子傅氏经说》三十七篇、《老子徐氏经说》六篇、刘向《说老子》四篇，皆亡佚。至于《伊尹说》《鬻子说》《黄帝说》《封禅方说》皆小说家者流，与注释无涉。

（三）解

《说文》："解，判也。""判，分也。"字本从刀判牛得义，如"庖丁为文惠君解牛"（《庄子·养生主》）疏释为"宰割之也"，亦即分解剖析之义，是用其本义。用于典籍，则为解释分析词语章句义理之义。故《玉篇》释为"释"，《广韵》释为"讲"，并皆讲解、解释之义。《礼记》有"经解"篇，孔颖达疏云："皇氏云，解者分析之名。此篇分析六经礼数不同，故名曰经解也。此于《别录》属通论。"解与注字连言为解注，荀悦《经籍论》："大司农郑众、侍中贾逵，各为《春秋左传》作解注。"解注即注解，许淑有《左氏传注解》。与诂、故字连言为解诂、解故。《后汉书·贾逵传》："并作《周官解故》。"《何休传》："休作《春秋公羊解故》。"《卢植传》："（植）作《三礼解诂》。"今人朱季海有《楚辞解故》。解诂、解故，谓以今言释古言，也就是训诂、释诂。与义字连言为解义。《晋书·郭象传》："先是注《庄子》者数十家，莫能究其指统。向秀于旧注外，而为解义，妙演奇致，大畅玄风。"又有"解说"，义为分疏。《汉书·儒林传·费直》有"解说上下经"之句。清有《皇清经解》，是汇集解说经籍的巨制。至于《管子》的《牧民解》《形势解》等等，并非解说典籍，不在介绍之列。与释字连言为解释。此为普通语词，未有作书名者。又有集解。其义有二，一为通释经传，如杜预《春秋经传集解》；一为纂集各家解说，如范宁《春秋谷梁传集解》。集解即集释、集注、集传、纂义、汇释之类。

（四）诂与故

《说文》："诂，训故言也。"段玉裁注："故言者，旧言也，十口所识前言也。训者，说教也。训故言者，说释故言以教人，是之谓诂。分之则如《尔雅》析故、训、言为三，三而实一也。汉人传注多称故者，故即诂也。《毛诗》云故训传者，故训犹故言也，谓取故言为传也。取故言为传，是亦诂也。贾谊为《左氏传训故》，训故者，顺释其故言也。”按段氏解释，以《说文》诂为动词，训属下读。《说文》本可两读。沈涛《说文古本考》说：“《后汉书》桓谭、郑兴二传注及《一切经音义》皆引云，诂训，古言也。诂训二字连文。”诂，本亦作故，作古。《尔雅·释诂》郝懿行义疏云：“诂之为言故也，故之为言古也，诂通作故，亦通作古。《释文》诂兼古故二音是也。又引樊光、李巡本‘释诂’作‘释故’，《诗·周南》释文亦云樊、孙等《尔雅》本皆为‘释故’。《说文》言部引《诗》曰诂训，《汉书·艺文志》作故训，《诗·烝民》云‘古训是式’。盖古训即故训亦即诂训，并字异而义通矣。”以故名书者多，引见前。以诂名书者则多与训、解、释等连言。如训诂、诂训之类。清黄生有《字诂》一卷。

（五）训

《说文》：“训，说教也。”段玉裁注：“说教者，说释而教之，必顺其理，引伸之凡顺皆曰训。”《汉书·扬雄传》注：“训者，释所言之理。”《曲礼》疏谓：“训谓训说理义。”此为一说，不论言辞义理，凡解释以使人知之者都叫做训。《尔雅·释训》郝懿行义疏说：“训者，《释诂》云，道也。道谓言说之，诂与言皆道也。不同者，《诗·关雎》诂训传正义云，训者道也，道物之貌以告人也。故《尔雅》序篇云，‘释诂’‘释言’通古今之字，古与今异言也。‘释训’言形貌也，然则‘释训’云者，多形容写貌之词，故重文叠字累载于篇。‘子子孙孙’以下则又略释《诗》义，谐于古音。‘抑密秩清’以下复取断文零句诠释。终篇释文引张揖《杂字》云，训者谓字有意义也。盖训之一字兼意义为二端，‘明明斤斤’之类为释义，‘子子孙孙’之类为释意，意义合而为训。训之为言顺也，顺其意义而道之，故以‘释训’名篇。”所谓道形貌，自是指形容词语而言。而《释训》一篇并非专属此类。故郝疏有“意义合而为训。训之为言顺也，顺其意义而道之”，则界说与《说文》段注、《汉书》注、《曲礼》疏又合而为一。今人训诂释词，每用训字，训即注释解说之义。与诂连言则为训诂、诂训。与注字连言则为注训、训注。汉何休有《论语注训》《孝经注训》、卫宏有《古文尚书训旨》，晋刘兆有《周易训注》，宋薛季宣有《书古文训》、宋张大亨有《春秋通训》，清江永有《礼记训义择言》。

（六）故训与训诂

诂、训连言则为诂训、训诂。《毛诗诂训传》即《毛诗故训传》。马瑞辰《毛诗传笺通释·毛诗诂训传名义考》说：“毛公传《诗》多古文，其释实兼诂、训、传三体，故名其书为《故训传》。”所谓毛公，《汉书·儒林传》《隋书·经籍志》以为赵人毛苌。然郑玄《诗谱》、陆玑《毛诗草木虫鱼疏》皆谓传诗者为毛亨。王国维曰：“盖故训者大毛公所作，而传则小毛公所增益也。汉初《诗》家故与传皆别行。”说详《观堂别集》卷一。马瑞辰以诂、训、传为三体，虽从字义上可以区别其异同，但于古书注释实例，则《春秋》三传与《毛诗故训传》同名曰传，而前者重说故事，不同诂训，后者则重说故言，与训诂实同。章太炎《国故论衡·明解故上》说：先民言故，兼故事与故训二者，“《大誓》有故，犹《春秋》有传”，“诸故事亦通言传”。庞石帚《国故论衡疏证》说：“故传之名，亦得相通。征事者亦谓之故，《泰誓故》之类是也；疏文者亦谓之传，《彖传》《象传》《诗故训传》之属是也。”周大璞《训诂学要略》以为“此说尤为明确”。据此可知，《毛诗诂训传》诂训之后复又有传，即如传后有笺，注后有疏。同理，传后也可以有训诂。

训诂就是注释，用于解经，是动词，单称也可叫“故”“训”。作“故训”者仅《毛诗》，是古昔教训的意思，为名词。齐佩瑢

《训诂学概论》指出，训诂与故训“不能混为一谈而傅会其含义及出处”。《概论》引《商书·说命》：“王，人求多闻，时惟建事，学于古训乃有获；事不师古，以克永世，匪说攸闻。”又引《诗经·大雅·烝民》：“仲山甫之德，柔嘉为则，令仪令色，小心翼翼，古训是式，威仪是力。”毛传：“古，故。训，道。”郑玄笺：“故训，先王之遗典也。”证明《毛诗》之“故训”不可解作训诂。

训诂是用得最为普遍的术语，作书名有训诂，也有众多的别名，但于注释之学，则通谓之训诂。

（七）笺

《说文》：“笺，表识书也。”近人黄季刚先生平生批校文籍数十百种，在大徐本《说文》上的识语就有数十万字之多，今人黄焯编次《说文笺识四种》，即为黄侃所笺识。笺识即批注，批注于其书之上以为识，亦即笺注笺释。以笺为注，始于郑玄。《四库全书总目提要》云：“郑氏发明毛义，自命曰笺。《博物志》曰：‘毛公尝为北海郡守，康成是此郡人，故以为敬。’推张华所言，盖以为公府用记，郡将用笺之意。然康成生于汉末，乃修敬于四百年前之太守，殊无所取。案：《说文》曰：‘笺，表识书也。’郑氏《六艺论》云：‘注诗宗毛为主，毛义若隐略，则更表明，如有不同，即下己意，使可识别。’（案此论今佚，此据正义所引）然则康成特因毛传而表识其傍，如今人之签记，积而成帙，故谓之笺，无容别曲说也。”汉至宋，未见以笺名书者，明清之际颇多，如《易笺》（清陈德）、《楚辞笺注》（明李成玉）、《离骚笺释》（清贺宽）、《离骚笺》（清龚景翰）、《天问笺》（清丁晏）。今人以笺名书者，如《楚辞通笺》（刘永济）、《诸子新笺》（高亨）。又有长笺、会笺之类，如《说文长笺》（明赵宧光）、《禹贡长笺》（清朱鹤龄）、《禹贡会笺》（清徐文靖）。

（八）诠

《说文》："诠，具也。"桂馥义证："谓具说事理。"就是说明解释的意思。《淮南子》有《诠言篇》。又《要略篇》云："诠言者，所以譬类人事之指，解喻治乱之体也，差择微言之眇，诠以至理之文，而补缝过失之缺者也。"《淮南子》之诠，不同于注家所用之诠。《一切经音义》引《通俗文》云："释言曰诠。"以诠名书者为说明书中事理的意思，如元赵汸撰《周易文诠》四卷，"原本宋儒诠释义理，于进退存亡之故，吉凶悔吝之理，推阐颇明"（见《四库全书简明目录》）。明邓伯羔有《今易诠》二十四卷，近人余重耀有《骚旨诗诠》。

（九）订

《说文》："订，平议也。"平议即评议，评议得失，修正错误亦谓之订。宋王与之撰《周礼订义》八十卷，所采旧说，凡五十一家。其说以义理为本，典制为末，唐以前旧说取六家，古义仅附存而已。明史维堡撰《尚书晚订》十二卷。"是书本名《尚书集览》，后更名《晚订》，盖取晚年论定之意也"（见《四库全书总目提要》）。元胡一中撰《定正洪范》二卷，定正即订正之意。明赵南星有《离骚经订注》，清王邦采有《离骚汇订》，许清奇有《楚辞订注》。

（十）校

校有考核义，《荀子·君道》："知虑取舍，稽之以成，日月积久，校之以功。"施之于典籍，则为校订、校雠、校勘。《国语·鲁语下》："昔正考父校商之名颂十二篇于周太师。"或辨章学术，考镜源流；或校对文字，改正脱误。聚群书而相互考核，订正书籍讹误同异，以求得古书原本之面目，这就是校定、校订、校雠、校勘。校勘之学，为训诂注释的第一步，是重要而又很困难的工作。《颜氏家训·勉学》云："校定书籍，亦何容易。"又有校注、校诠诸名。元吴师道《战国策校注》十卷，"取姚宏续注与（鲍）彪注参校，而杂引诸书考证之。其篇第注文，一仍鲍氏之旧每条之下，凡增其所阙者，谓之补；凡纠其所失者，谓之正”（见《四库全书总目提要》）。

（十一）证

证为证验之证，凭证之证。《说文》：“证，告也。”告人以事以理，信而有征就是证。所以《玉篇》说：“证，验也。”凡事物足以助成结论者均谓之证。古人注书，在于疏通证明，故以“证”名注者亦多。如清黄中松撰《诗疑辨证》：“主于考订名物，以决众说之是非，故以辨证为名”（见《四库全书简明目录》）。宋金履祥撰《论语集注考证》《孟子集注考证》，于旧注未定之说，辨订归一，于事迹、典故，考证尤多。《魏书·刘芳传》载刘芳撰《毛诗笺音义证》《礼记义证》，《隋书·经籍志》又载有无名氏《春秋辨证》。盖证、辨证、考证之名，起于传注渐多歧说纷出之时，故《隋志》以前不见以证名书者。宋朱熹有《楚辞辨证》，清祝德麟有《吴仁杰离骚草木疏辨证》、王念孙有《广雅疏证》，近人闻一多有《天问疏证》，今人于省吾有《诸子新证》。

（十二）考

考镜源流，辨章学术，征引证据，决断是非就是考，或与证、释、辨、订连言，谓之考证、考释、考辨、考订，用为学术名，则谓之考据。按《说文》：“考，老也。”本寿考字，考又训为校，又训为察、为究，义源不详。《说文通训定声》以为通“覈”，故释为校，又通“攷”或“榷”，训为击。后说似可取。申有击义，故辗转引申而为推敲、考察、考核、推求。以考名书者多，《易》有《读易考原》（元萧汉中）、《卦变考略》（明董守谕）；《书》有《尚书通考》（元黄镇成）、《尚书考异》（明梅鷟）、《尚书注考》（明陈泰交）；《诗》有《诗考》（宋王应麟）；《礼》有《宫室考》（清任启运）、《读礼通考》（清徐乾学）；《楚辞》有《楚辞考辨》（清郑知同）、《楚辞人名考》（清俞樾）、《楚辞考异》（近人刘师培）。考辨之作明清之际极多，是学术深入的表现之一。如黄宗羲《深衣考》,“前列己说,后附深衣经文,并列朱子、吴澄、朱右、黄润玉、王廷相五家图说,各摘其谬。其说皆自生新义,不主前人”。其后江永又“以深衣之制,众说纠纷,乃据《玉藻》之文,以考证诸家之误”,作《深衣考误》。清儒过多的考证,不免流于繁琐,于学术的革新与发展并无多少意义。

(十三)述

《说文》:“述,循也。”《礼记·中庸》:“父作之,子述之。”是用其本义。《论语·述而》:“子曰:‘述而不作,信而好古。’”是祖述古人之言,自己无所著作的意思。故注释用述名篇,多有祖述之意。明吴桂森撰《周易象述》,是踵其师钱一本《像象管见》而作,故名曰述。清王引之撰《经义述闻》,系以其父王念孙之说为本而推阐其义。大凡言述者,均有所本。清惠栋《周易述》,以荀爽、虞翻为主,而参以郑玄、宋咸、干宝诸家之说,自为注疏。述与注连言谓之述注。清李光坡有《周礼述注》《仪礼述注》《礼记述注》,皆删节注疏,掇其精要,参以己意,互相发明而成。李氏述注不主于一家之言,深能破除门户之私。有名“师说”者,则专主一家,与《经义述闻》之属相同。元赵汸《春秋师说》,盖本其师黄泽之说而推演之,故名“师说”。

(十四)微

《说文》:“微,隐行也。”与隐同义,故藏匿谓之微,幽深不明亦谓之微。微又有小义,《孟子·公孙丑上》“则具体而微”,微释为小。微妙、精妙亦谓之微。《荀子·解蔽》“未可谓微也”注:“微者,精妙之谓也。”以微名书者,大约明作注之旨在于探求其书的微言大义及深藏的精蕴。《汉书·艺文志》记《春秋》类有《左氏微》《铎氏微》《张氏微》《虞氏微传》。颜师古注《左氏微》曰:“微谓释其微指。”沈钦韩《汉书疏证》以为“微者,《春秋》之别支,与《铎氏微》同,颜注非”。铎氏即铎椒,为楚威王太傅。刘向《别录》云:“左丘明授曾申,申授吴起,起授其子期,期授楚人铎椒，椒作《抄录》八卷，授虞卿，虞卿作《抄撮》九卷，授荀卿。”“抄撮”即抄本。是左氏之学以铎氏为嫡派，虞氏（赵相）亦专为左氏学。按《左传》本为史传，并非注释《春秋》之作，虽名曰传，与《毛诗故训传》之传不同。沈钦韩以颜注为非，似可从。后世注书以微名者甚多，唐陆淳撰《春秋微旨》三卷，“是书先列三传异同，参以啖、赵之说，断其是非”。宋孙复撰《春秋尊王发微》十二卷，其说阴主《公》《谷》。所谓“微旨”“发微”，阐发精微义理之义。微为微旨，名词，前加动词则有“发微”（如《春秋尊王发微》）、“阐微”（如赵匡《春秋阐微》）、“显微”（如《春秋显微例目》）、“明微”（如吴希哲《春秋明微》）、“见微”（如范柔中《春秋见微》）、“表微”（如程敦《读机表微》）、“解微”（如徐畸《周易解微》）、“析微”（如吴沆《六官析微论》）、“探微”（如马骈《春秋探微》）、“述微”（如万思谦《中庸述微》）、“穷微”（如王弼《周易穷微论》）、“参微”（如陈仲贤《周易参微录》）、“指微”（如鲁有开《春秋指微》）。又有“微言”“精微”“古微”之名。

微义为隐，隐可训微，故与发微、探微相近者又有“隐”（郭象《论语隐》）、“隐义”（何胤《毛诗隐义》）、“表隐”（陈统《毛诗表隐》）、“发隐”（陈良猷《周易发隐》）、“索隐”（司马贞《史记索隐》）之类，也是探幽深发隐微的意思。

（十五）义

《说文》释“义”为“己之威仪”。用为义理字，系“谊”的假借。《荀子·大略》云：“义，理也。”《吕氏春秋·高义》“公上过语墨子之义”注：“义，道也。”义为道理，故经和其他著作的意旨亦称义。所谓“诗有六义”，就是说《诗》的意旨有六。孔安国《古文尚书序》“考证文义”，即考证尚书之文的义理。《文体明辨·义》云：“字书云：义者，理也。本其理而疏之，亦谓之义。若《礼记》所载《冠义》《祭义》《射义》诸篇是已。”“其体有二：一则古《冠义》之类，一则如今明经之词”。注释训诂书所用之义，一为所释书的含蕴、意旨，一为探求注释的意旨，亦即义注、义疏、注疏。以义名书者甚多，如《毛诗义》(魏刘璠)、《春秋左传正义》(晋杜预注，唐孔颖达疏)、《春秋通义》(作者不详，疑为宋或宋以前人所作)、《春秋左传要义》(宋魏了翁)、《春秋集义》(宋李明复)。

词义为义，义理亦为义。作注而说其义，是义的内涵。何晏《论语集解·序》："近故司空陈群、太常王肃、博士周生烈皆为义说。"疏曰："谓作注而说其义。"至宋，义理之学大昌，不重训诂，往往有凿空妄谈之弊。

（十六）疏

《说文》："疏，通也。"疏又有记义、识义。《广雅·释诂》："疏，识也。"故疏义为疏通，亦为注记。先儒注经，有传、注、笺、学、释、诂之名，传注之后复有注释，以使传注疏通易晓，故谓之疏。如《十三经注疏》，所列经书十三种，各经皆有注，亦有疏(或谓之正义)：《周易正义》魏王弼、韩康伯注，唐孔颖达等正义；《尚书正义》汉郑玄注，唐贾公彦疏；《仪礼注疏》汉郑玄注，唐贾公彦疏；《礼记正义》汉郑玄注，唐孔颖达等正义；《春秋左传正义》晋杜预注，唐孔颖达等正义；《春秋公羊传注疏》汉何休注，唐徐彦疏；《春秋谷梁传注疏》晋范宁注，唐杨士勋疏；《论语注疏》魏何晏等注，宋邢昺疏；《孝经注疏》唐玄宗注，宋邢昺疏；《尔雅注疏》晋郭璞注，宋邢昺疏；《孟子注疏》汉赵岐注，宋孙奭疏。

疏的异名极多，如义疏、义注、义章、义赞、义证、谊府、义略、义钞、章疏、注疏、讲疏、讲义、述义、正义、兼义、别义、大义之类。名称小异，内容多相同、相近。周大璞先生《训诂学要略》据《隋书·经籍志》列举书名，解释甚详，可资参考。

注疏之名本无一定，如《周易正义》魏王弼、晋韩康伯注，唐孔颖达疏。"此书初名义赞，后诏改正义，然卷端又题曰兼义"(见《四库全书总目提要》)。可知疏、义赞、正义、兼义不过同实殊号而已。

（十七）音、音义

音为声音、音读，属名词。注释学以音名书，则音为动词，是注音、辨音之意。仅辨读标注其音者，谓之音，如《国语补音》，此书为唐人旧本，宋人宋庠补辑。唐人注音居前，庠所增者，题补注以别之。清人顾炎武有《音学五书》，有《诗本音》十卷。其书每诗皆全列经文，而注其音于句下。又有《易音》三卷。以音名书而兼有释义的亦间或有之，如徐邈《毛诗音》又作《毛诗音义》。又如《楚辞音》，清马征麐撰，专为释音而作。清方绩《屈子正音》、李寿蓉《离骚音韵》、江有诰《诗经韵读》《楚辞韵读》、今人王力先生《诗经韵读》《楚辞韵读》亦属此类。

辨音、注音加释义叫音义。唐陆德明《经典释文》包括《周易音义》《尚书音义》《毛诗音义》《周礼音义》《仪礼音义》《礼记音义》《左传音义》《公羊音义》《谷梁音义》《孝经音义》《论语音义》《老子音义》《庄子音义》《尔雅音义》，合称为《经典释文》，释文也是音义。

音义之外，又有音训、音诂、音注、音释、音证、音解、音隐、注音诸名，名虽异而实相同。

（十八）章句

因字生句，积句为章，积章为篇。如《诗经·周南·关雎》五章，章四句。“离章辨句”（《后汉书·桓谭传》）就是章句。刘师培《国学发微》说：“故传二体，乃疏通经文之字句者也；章句之体，乃分析经文之章句者也。”分析章句就是离章辨句，它的含义包含明句读和分析篇章结构。明句意、段意和全篇大意，这是汉代训诂注释学的一大特色。《汉书·艺文志》载《尚书》“《欧阳章句》三十一卷，《大小夏侯章句》各二十九卷”，《易经》“《章句》施、孟、梁丘氏各二篇”。《春秋》有《公羊章句》《谷梁章句》，汉王逸有《楚辞章句》等。

按章句之名，本应重在离章辨句，而其实也包含着训诂，王逸《楚辞章句》后也引称王逸注，则章句与注释亦无区别。故凡集注之类亦必包含章句。

章句之学，常繁琐寡要，为通人所不取。据桓谭《新论》载："秦延君能说《尧典》篇目，两字之说，至十余万言，但说'曰若稽古'三万言。"刘勰《文心雕龙·论说》对这种学风表示了极大的不满："所以通人恶烦，羞学章句。"他认为章句之学远不如传注切实可用："若毛公之训《诗》，安国之传《书》，郑君之释《礼》，王弼之解《易》，要约明畅，可为式矣。"

注释之名繁多，不可究诘。仅《楚辞》就有"笺""榷""灯""听直""参疑""屑""洗髓""中心""心印""贯""指掌""达""启蒙""逆志"之类。清代国学大昌，因而注释之名亦特多，上释18种，仅其大略而已。

二、注释的种类

划分注释的种类，首先应当确定划分类型的标准。类型学的研究，是各种发达的学科需要重视的问题。刘向的《别录》、刘歆的《七略》、班固的《艺文志》就是在图书编目上进行类型学和分类法研究的结果。

中国漫长的封建社会，注释学是十分发达的，从汉至清乃至当代，注释训诂之书汗牛充栋，而且随着我国对传统文化的重视，古籍整理的工作在全国大规模展开，注释训诂之书必将更多——或者对前人未曾注释的加以注释，或者在前人注释的基础上加以整理、提高，这都要求对注释类型学分类法进行研究，以使各种典籍的注释和研究分工明确，各有侧重，更具有理论性、规范性。

文籍注释，不是千篇一律。众多的注释书，从内容、方法、书名上我们都可以找到相同相异处，而且从不同角度，会发现各种相同相异之点。将可以拾掇在一起的特点加以归纳，就构成了一种类型。这是划分注释类型的基本原则和方法。捷克斯洛伐克词典学家兹古斯塔在讨论词典学的分类时说过一些极富哲理的话："语言材料的任何分类都可以作为有限制词典的基础"，"有选择的有限制的词典可以建立在非常不同的原则和非常不同的原则的组合的基础之上"，而"编纂者决定对词典内容加以限制的原则可以是变化无穷的。归根到底，词汇单位的任何特征，或所指内容或所指客观对象的任何特征，或任何其他功能，这些因素的任何组合，都可以作为对词典内容加以限制的原则和合理根据"，因此，"编者的自由选择决定了实际上存在着无数不同的限制"。这和注释著作的情况很相似。随便翻阅 一下《四库全书总目》《中国丛书综录》，都可以看到注释书籍的繁杂限制语。这些书名的限制语和我们对注释内容的考察，使我们可以从三个方面来考虑划分注释书的类型：（一）从注释内容上划分；（二）从注释性质上划分；（三）从注释所提供的知识信息量划分。

按注释内容可以分为：文字注释类、章句类、义理类、综合类。

按注释性质可以分为：首注自为类、补述类、辨证类、校订类、纂集类。

按注释所提供的知识信息量可以分为：简注类、详注类、集注类。

应当指出，类型的划分不是绝对的，往往按此一标准属于一类，按彼一标准又属于另一类。有的书籍可归于某大类的小类，却有另一种或几种小类的特征。比如释字词与离章析句和探求义理，注释与辨证，都不是截然可分的。我们在研究具体的类的特征的时候，应当注意到类型的多元性。

还应当指出，我们划分这一些类的目的，一方面在于从目录学的观点对于大量的注释书目作出归类的说明，另一方面在于从整理古籍的实际需要对各类型的特征作出理论的分析。这对于研究前人注释的方法和规律，提高我们的古籍整理工作是有益的。

以下我们将对各种类型的注释的基本特征加以介绍。

（一）按注释内容划分的类型

1. 文字注释类

释字词是注释学研究的基本课题。典籍之所以需要整理、注释，首先是因为语言文字有障碍。正如清人戴震在《与段若膺论理书》中所说："仆自十七岁时，有志闻道，谓非求之六经、孔、孟不得，非从事于字义、制度、名物，无由以通其语言。宋儒讥训诂之学，轻语言文字，是欲渡江而弃舟楫，欲登高而无阶梯也。"在本书谈到注释产生的时候，就已经说明了注释字词、克服语言文字障碍的必要性。

语言文字的障碍就是字或词的形、音、义的障碍。正其形体，明其音读，晓其意义，是注释的最重要任务。

典型的辨字、正音、释义的注释书是唐陆德明的《经典释文》。本书由《周易》《尚书》《毛诗》《周礼》《仪礼》《礼记》《左传》《公羊传》《谷梁传》《孝经》《论语》《老子》《庄子》《尔雅》等十四部书的"音义"（即注音释义）组合而成，总名曰《经典释文》。我们以这一部著作为例来介绍这一类注释书的特点。

（1）辨字

伏，古作虙。

犠，本又作羲，亦作戲，许皮反。《说文》云，贾侍中说，此犠非古字。张揖《字诂》云，羲，古字；戲，今字。

八索，所白反，下同，求也。徐音素，本或作素。

機，本又作幾。

鲁共，音恭，亦作龚，又作恭。共王，汉景帝之子，名馀。

壊，音怪，下同。《字林》作敷，云公壊反，毁也。

皐，音高，本又作咎。

陶，音遥，本又作繇。

盤，步干反，本又作般。

採，本又作采。

（以上《尚书序》释文例）

归孔子，如字，郑本作馈，鲁读为归，今从古。

塗，字当作途。

（以上《论语·阳货》释文例）

处也，今本无也字。

（《论语·微子》释文）

洒扫，正作灑。

（《论语·子张》释文）

释文所辨之字，包括异文、异体、正字、本字等。

（2）注音

聰，千公反。

思，息嗣反，又如字，下同。

著，张虑反。

放，方往反，注同。徐云郑、王如字。

被，皮寄反，徐扶义反。

暘，音阳。

寅，徐以真反，又音夷，下同。

孳，音字。

申重，直用反。

朝臣，上，直遥反。

都於，下，音乌。

（以上《尚书·尧典》例）

陆氏释文注音特多，但非通篇皆注。注音又有若干差别：无异读者仅注某某反或直音，有异读者或标“又”字，或注明音读，又列他人之读。“如字”，即读如本字之常音。上、下表明所注之字序。

(3) **释义**

内篇　内者对外立名。《说文》云，篇，书也。字从竹。从艹者草名耳，非也。

逍遥游　逍遥游者篇名，义取闲放不拘，怡适自得。

北冥　本亦作溟，觅经反，北海也。嵇康云，取其溟漠无涯也。梁简文帝云，窅冥无极，故谓之冥。东方朔《十洲记》云，水黑色谓之冥，海无风洪波百丈。

鲲　徐音昆，李侯温反，大鱼名也。崔譔云，鲲当为鲸，简文同。

夫庄　音符，发句之端皆同。

垂天之云　司马彪云，若云垂天旁。崔云，垂犹边也，其大如天，一面云也。

海运　司马云，运，转也。向秀云，非海不行，故曰海运。简文云，运，徙也。

齐谐　户皆反。司马及崔并云人姓名。简文云，书。

志怪　志，记也。怪，异也。

水击　崔云，将飞举翼击水踉跄也。踉音亮，跄音七亮反。

抟　徒端反，司马云，抟飞而上也。一音博。崔云，拊翼徘徊而上也。

扶摇　徐音遥，风名也。司马云，上行风谓之扶摇。《尔雅》云，扶摇谓之飚。郭璞云，暴风从上下也。

野马　司马云，春月泽中游气也。崔云，天地间气如野马驰也。

色邪　也嗟反，助句不定之辞，后放此。

（以上《庄子音义·内篇·逍遥游》）

所释有篇名（近于解题）、名物、语词、虚字。释文注音释义辨形多相混用，其释义方式有自释，引他人之说以为释或诸说并存等等。

《经典释文》除单行本外，各经典音义多已附于原书注释之中。《十三经注疏》所附音义即为陆德明释文。

以下试以《毛诗·邶风·静女》部分章节为例，罗列毛传、郑笺和高亨今注来进行简单的比较。

《邶风·静女》

“《静女》刺时也，卫君无道，夫人无德。”（此为序）毛传：“以君及夫人无道德，故陈静女遗我以彤管之法德，如是可以易之为人君之配。”陆德明释文：“遗，唯季反，下同。”高亨今注：“诗的主人公是个男子，抒写他和一个姑娘甜蜜的爱情。”

“静女其姝，俟我于城隅。”（此为诗正文，下同）毛传：“静，贞静也。女德贞静而有法度，乃可说也。姝，美色也。俟，待也。城隅以言高而不可逾。”郑玄笺：“女德贞静，然后可畜美色，然后可安，又能服从待礼而动，自防如城隅，故可爱之。”陆德明释文：“姝，赤朱反，《说文》作𡛷，云，好也。说音悦，篇末注同。”高亨今注：“静，贞静，不轻佻。姝，容貌漂亮。俟，等候。城隅，城角。”

“爱而不见，搔首踟蹰。”毛传：“言志往而行正。”郑玄笺：“志往，谓踟蹰；行正，谓爱之而不往见。”陆德明释文：“搔，苏刀反；踟，直知反；蹰，直诛反。”高亨今注：“爱，借为薆，隐蔽。姑娘和他开玩笑，故意躲在他看不见的地方。搔首，用手搔头。踟蹰，来回走动。”

“静女其娈，贻我彤管。”毛传：“既有静德，又有美色，又能遗我以古人之法，可以配人君也。古者后夫人必有女史彤管之法，史不记过，其罪杀之。后妃群妾以礼御于君所，女史书其日月，授之以环以进退之。生子月辰则以金环退之，当御者以银环进之，著于左手，既御著于右手。事无大小，记以成法。”郑玄笺：“彤管，笔赤管也。”陆德明释文：“贻本又作诒，音怡，遗也。下同。下句协韵，亦音以志反。彤，徒冬反，赤也。管，笔管。著，知略反，又直略反。下同。”高亨今注：“娈，容貌俊俏。贻，赠送。彤，红色。管，乐器。”又附录：“彤管，欧阳修《毛诗本义》：‘古者鍼笔皆有管，乐器亦有管，不知此彤管是何物也。’按：彤管当是乐器，就是红色的乐管。《诗经》里的管字，都是指乐管。《周颂·有瞽》：‘箫管备举。’《商颂·那》：‘嘒嘒管声。’又《周颂·执竞》：‘磬筦将将。’《汉书·礼乐志》、《说文》都引筦作管。所以说此诗的彤管当是乐器。”

从释题到逐字逐句的注释，毛传和郑笺虽然都注意了音义，但离开诗的本义去求得比兴之义，把一首好端端的情歌解释为反映封建伦理规范的诗，实在是大有损于读诗的。尤其是毛传，那是汉人注经所通常表现出的训诂和义理的结合。古人所探求的义理不是都不可取。但是离开经文本身的实际去求义理，有时牵强得近乎猜谜，那就误入歧途了。文字训诂型的注释，在陆德明释文和高亨今注中得到了很好的体现。这就是充分估计到读者对经文本身的文字、音读、词义的理解可能发生的困难，有选择地加以注释，使读者不致发生文字语言障碍。至于义理，仅在十分必要时，如解题和某些不说明不足以使读者明了经文内容的地方加以阐述。

2. 章句类

章句之学即离章析句之学。一篇文章、一首诗歌、一本著作，都是联字成句、联句成章、联章成篇而成的。分析句意、划分章次，是阅读和研究古籍的必经过程。我们业已明了，文字训诂帮助读者排除了语言文字障碍，而辨章析句则可帮助读者进一步读懂文章内容。以下试以朱熹《四书章句集注》为例来谈谈章句类的特点。

《大学》《中庸》的注释称“章句”，《论语》《孟子》的注释因引用二程、程门弟子及其他人的说法较多，称“集注”。《大学》《中庸》本为《礼记》中的两篇，朱熹因特别推崇，故从中抽出，使之与《论语》《孟子》并列。

朱子的《大学章句》，首先分为经文（一章）和传文（十章）两部分。经文是“孔子之言而曾子述之”，“传文”是“曾子之意而门人记之”。他对传文的次第，按照解说经文的逻辑需要重新作了编排，因此我们看到的章句和《十三经注疏》本的《礼记正义》不同。兹摘录如下（朱熹章句之文以括号标识）：

大学章句（大，旧音泰，今读如字。）

子程子曰：“《大学》，孔氏之遗书，而初学入德之门也。于今可见古人为学次第者，独赖此篇之存，而《论》《孟》次之。学者必由是而学焉，则庶乎其不差矣。”（此节为朱子释题之文）

《大学》之道，在明明德，在亲民，在止于至善。（程子曰：“亲，当作新。”大学者，大人之学也。明，明之也。明德者，人之所得乎天，而虚灵不昧，以具众理而应万事者也。但为气禀所拘，人欲所蔽，则有时而昏。然其本体之明，则有未尝息者。故学者当因其所发而遂明之，以复其初也。新者，革其旧之谓也，言既自明其明德，又当推以及人，使之亦有以去其旧染之污也。止者，必至于是而不迁之意。至善，则事理当然之极也。言明明德、新民，皆当至于至善之地而不迁。盖必其有以尽夫天理之极，而无一毫人欲之私也。此三者，大学之纲领也。）知止而后有定，定而后能静，静而后能安，安而后能虑，虑而后能得。（后，与“後”同，后放此。止者，所当止之地，即至善之所在也。知之，则志有定向。静，谓心不妄动。安，谓所处而安。虑，谓处事精详。得，谓得其所止。）物有本末，事有终始，知所先后，则近道矣。（明德为本，新民为末。知止为始，能得为终。本始所先，末终所后。此结上文两节之意。）

古之欲明明德于天下者，先治其国；欲治其国者，先齐其家；欲齐其家者，先修其身；欲修其身者，先正其心；欲正其心者，先诚其意；欲诚其意者，先致其知；致知在格物。（治，平声，后放此。明明德于天下者，使天下之人皆有以明其明德也。心者，身之所主也。诚，实也。意者，心之所发也。实其心之所发。欲其一于善而无自欺也。致，推极也。知，犹识也。推极吾之知识，欲其所知无不尽也。格，至也。物，犹事也。穷至事物之理，欲其极处无不到也。此八者，大学之条目也。）物格而后知至，知至而后意诚，意诚而后心正，心正而后身修，身修而后家齐，家齐而后国治，国治而后天下平。（治，去声，后放此。物格者，物理之极处无不到也。知至者，吾心之所知无不尽也。知既尽，则意可得而实矣；意既实，则心可得而正矣。修身以上，明明德之事也。齐家以下，新民之事也。格物至知，则知所止矣。意诚以下，则皆得所止之序也。）自天子以至于庶人，壹是皆以修身为本。（壹是，一切也。正心以上，皆所以修身也。齐家以下，则举此而措之耳。）其本乱而末治者否矣，其所厚者薄，而其所薄者厚，未之有也！（本，谓身也。所厚，谓家也。此两节结上文两节之意。）

右经一章，盖孔子之言，而曾子述之。（凡二百五字）其传十章，则曾子之意，而门人记之也。旧本颇有错简，今因程子所定，而更考经文，则为次序如左。（凡千五百四十六字。凡传文，杂引经传，若无统纪。然文理接续，血脉贯通，深浅始终，至为精密。熟读详味，久当见之，今不尽释也。）

《康诰》曰："克明德。"（《康诰》，《周书》。克，能也。）《大甲》曰："顾諟天之明命。"（大，读作泰。諟，古是字。《大甲》，《商书》。顾，谓常目在之也。諟，犹此也，或曰审也。天之明命，即天之所以兴我，而我之所以为德者也。常目在之，则无时不明矣。）《帝典》曰："克明峻德。"（峻，《书》作俊。《帝典》，《尧典》，《虞书》。峻，大也。）皆自明也。（结所引书，皆言自明己德之意。）

右传之首章，释明明德。（此通下三章至"止于信"，旧本误在"没世不忘"之下。）

《大学章句》经文、传文共1751字，作为《四书》中的书，那是微型书了。上文仅抄录经文、传文第一章并章句。传文第二章释亲民；三章释止于至善；四章释本末；五章释格物、致知之义，而今亡矣；六章释诚意；七章释正心修身；八章释修身齐家；九章释齐家治国；十章释治国平天下。章句结语曰："凡传十章：前四章统论纲领旨趣，后六章细论条目功夫。其第五章乃明善之要，第六章乃诚身之本，在初学犹为当务之急，读者不可以其近而忽之也。"

朱熹的章句，从注释类型学的角度看，具有相当典型的意义。它的特点在于：

第一，以文字训诂为基础。《大学章句》的文字训诂在注释对象的选择上是很精细的，凡可能引起阅读困难者都加以注释：音读有变异者，如"大，旧音泰，今读如字"，"大，读如泰"，"治，平声"，"治，去声"；字有假借、古今字、异体者，如"亲，当作新"，"后，与後同"，"諟，古是字"，"峻，《书》作俊"；字、词语非常义或于句中不释而有碍于理解句意者，如"明，明之也"（意为用作动词）；"新者，革其旧之谓也"；"至善，则事理当然之极也"；"静，谓心不妄动"；"虑，谓处事精详"；"得，谓得其所止"；"致，推极也”；“格，至也”；“物，犹事也”；“壹是，一切也”。

第二，划分一篇中的内容层次，逐层解说其大意。朱熹的章句，好像现代的语文教学教材分析的串讲：一篇文章有若干段落，一个段落有若干小段（小节），一个小节又分若干层次。《大学章句》的注释以内容的层次为单位。“《大学》之道，在明明德，在亲民，在止于至善”，即为一层。《大学章句》经文205字，为一章，分为七层。每一层的解释，除字词外，对句意需要解释者都加以解释。如“在止于至善”，章句释曰：“言明明德，新民，皆当至于至善之地而不迁。盖必其有以尽夫天理之极，而无一毫人欲之私也。”章句对一小节（层）的内容的分析有时是相当仔细的，如“格物而后致知”至“国治而后天下平”，注释对格物、致知、意诚、心正、身修、家齐、国治、天下平的过程和前一种境界为后一种境界的条件，都作了深入分析。这样就可以帮助读者深入了解原作的精义。

第三，对节与节、章与章之间的关系，也就是作为各层次之间的内在联系进行分析。朱熹章句在这一点上是很有特色的。经文部分的注释，第一节说：“此三者，大学之纲领也。”说明“明明德”“新民”“止于至善”三者是统领全篇的指导思想和精髓之所在。第三节说：“此结上文两节之意。”说明“物有本末，事有终始，知所先后，则近道矣”是小结“在明明德，在新民，在止于至善”和“知止而后有定，定而后能静，静而后能安，安而后能虑，虑而后能得”，也就是说这两节是告诉人们按照修养的内在规律行事，这样就算近于道了。第四节说：“此八者，大学之条目也。”说明格物、致知、诚意、正心、修身、齐家、治国、明明德于天下，八者是隶属于总纲的八种条件。做到了这八条，才能够实现总纲。第六、七两节说：“此两节结上文两节之意。”是指不论天子庶人，都应以修身为本，重视了这个根本，就可以逐步做到物格、知至乃至于国治、平天下了。传文的十章注释也是这样。注释在结尾对全书传文所作的总结（引文见上）则进一步将各章之间的相互关系和内在逻辑联系作了透彻的简洁的说明，是很见功夫，十分精彩的。

以章句为名不一定都具有三个特点，王逸的《楚辞章句》，有文字训诂，有句意分析而无句与句、节与节、章与章相互联系的说明。但其注释以诗句为单位，即于每一句下注释词语，说明句意，和一般的文字训诂类不同，自是章句的特点。如《九歌·国殇》“操吴戈兮被犀甲”（戈，戟也。甲，铠也，言国殇始从军之时，手持吴戟，身披犀铠而行也。或曰：操吴科。吴科，楯之名也），“霾两轮兮絷四马”(絷,绊也。《诗》曰：“絷之维之。言己马虽死伤，更霾两轮，绊四马，终不反顾，示必死也。霾，一作埋)，又“身既死兮神以灵，子魂魄兮为鬼雄”（言国殇既死之后，精神强壮，魂魄武毅，长为百鬼之雄杰也。一云，魂魄毅，一云，子魄毅)，“国殇”(谓死于国事者。《小尔雅》曰：无主之鬼谓之殇)。

章句既然是注释的一种形式，而与其他形式又多有相同相似处,所以我们不能仅凭名称来确定该书的性质。清人浦起龙的《读杜心解》，也具有章句的典型特征，实际上就是《杜诗章句》。他的心解,除文字训诂外,着力探求辞章之理,与朱熹的《大学章句》方法相同。如《前出塞九首》，心解不仅讲明一章的旨趣，还着意分析该章或某句某意在全诗中的地位和作用，使全诗浑然成为一个整体，对读者有很大的指导意义。

3. 义理类

所谓义理类,是指注释除文字训诂外,还注重思想内容的分析。这一类注释，对于被注释文字不仅解释它的语言本身外露的意义，而且还要深入发掘其隐含的精蕴，也就是微言大义。这种微言大义可能是典籍本身所有的，也有可能是注家所特有的体会。这是这一类的基本特征。

典型的阐发义理，莫过于《毛诗诂训传》。有些诗句的注释，已远离诗歌本旨,其探求微言大义,远甚于《春秋》三传。如《周南·关雎》是一首很普通的情歌，高亨今注说："这首诗歌唱一个贵族爱上一个美丽的姑娘，最后和她结了婚。"其诗并译文（余冠英译）抄录如下：

水鸟儿闹闹嚷嚷，　　关关雎鸠，
在河心小小洲上。　　在河之洲。
好姑娘苗苗条条，　　窈窕淑女，
哥儿想和她成双。　　君子好逑。

水荇菜长短不齐，　　参差荇菜，
采荇菜左右东西。　　左右流之。
好姑娘苗苗条条，　　窈窕淑女，
追求她直到梦里。　　寤寐求之。

追求她成了空想，　　求之不得，
睁眼想闭眼也想。　　寤寐思服。
夜长长相思不断，　　悠哉悠哉，
尽翻身直到天光。　　辗转反侧。

长和短水边荇菜，　　参差荇菜，
采荇人左采右采。　　左右采之。
好姑娘苗苗条条，　　窈窕淑女，
弹琴瑟迎她过来。　　琴瑟友之。

水荇菜长长短短，　　参差荇菜，
采荇人左拣右拣。　　左右芼之。
好姑娘苗苗条条，　　窈窕淑女，
娶她来钟鼓喧喧。　　钟鼓乐之。

余冠英说："诗人唱的是：河边一个采荇菜的姑娘引起一个男

子的思慕，那‘左右采之’的苗条形象使他寤寐不忘，他整天的想，要是能热热闹闹地娶她到家，那是多好！”高亨今注的不同之处在于男子的身份为贵族，大约“君子”“琴瑟”“钟鼓”是其证。

这首诗本无深义，孔子说：“《关雎》乐而不淫，哀而不伤。”也不过是把它作为一首无害的健康的情歌看待。到了大小毛公手里，这首诗便蒙上了一层封建伦理道德的色彩。其小序曰：“《关雎》，后妃之德也，风之始也，所以风天下而正夫妇也。故用之乡人焉，用之邦国焉。”“关关雎鸠，在河之洲”传：“兴也。关关，和声也。雎鸠，王雎也，鸟挚而有别。水中可居者曰洲。后妃说乐君子之德，无不和谐，又不淫其色。慎固幽深，若关雎之有别焉，然后可以风化天下。夫妇有别则父子亲，父子亲则君臣敬，君臣敬则朝廷正，朝廷正则王化成。”“窈窕淑女，君子好逑”传：“窈窕，幽闲也；淑，善；逑，匹也。言后妃有关雎之德。是幽闲贞专之善女，宜为君子之好匹。”

这么四句，经毛公一注，其微言大义真可谓高深莫测。毛公就“诗义”加以申发，加以“超度”，使它们升华而为可以风化天下，可以经邦治国的“箴言”，那诗句之外的社会意义也真够伟大深远了。

如果就第一章有“君子”“淑女”字样可以构成在义理上深入发挥的条件，那么第二章的注释几近于妄谈。“参差荇菜，左右流之”传：“荇，接余也；流，求也。后妃有关雎之德，乃能共荇菜，备庶物，以事宗庙也。”

其他诗句，毛传本未深究，而郑玄笺则加以补充和发挥，如“窈窕淑女，琴瑟友之”传：“宜以琴瑟友乐之。”笺：“同志为友，言贤女之助后妃共荇菜，其情意乃与琴瑟之志同，共荇菜之时乐必作。”

朱熹作《诗集传》，在义理的探求方面，本毛传、郑笺、孔疏而加以申发，以为“周之文王生有圣德，又得圣女姒氏以为之配。

宫中之人，于其始至，见其有幽闲贞静之德，故作是诗。”

《毛诗故训传》并不是处处都那样妄说义理，有些诗，小序是能够揭示其内容实质的：“《伐檀》，刺贪也。在位贪鄙，无功而受禄，君子不得进仕尔。”“《硕鼠》，刺重敛也。国人刺其君重敛蚕食于民，不修其政，贪而畏人，若大鼠也。”

从以上的举例中我们可以看到一个事实：古人作注，并不总是在文字训诂上着力，他们的目光常常在义理的分析、主题的揭示上。在今天看来，虽然有许多糟粕，不足为训，但作为方法、方向，却有许多可资借鉴的积极因素。

义理的揭示，其基础在语言文字的训诂。因此，偏重于义理的注释书籍，总是以文字训诂为其必要内容的。义理的揭示与章句的关系也十分密切。章句在说明一句话是什么意思，一个章节又是什么意思，一首诗、一篇文章又是什么意思，而义理则是在明了这些意思的基础上加以深化，使作品的哲学思想、政治见解、思想感情一一呈现在读者面前。

探求义理有三种形式：一种是注释学的注释附于经文的形式，这就是《毛诗故训传》《周礼正义》一类传注笺疏；另一种是从典籍中抽出若干条目（有字、词、句）单独加以训释，如戴震《孟子字义疏证》、俞樾《诸子平议》；再一种是从某一书中找出某一句或某一概念加以考辨，形成一篇独立的论文。这种形式虽在探求义理上十分重要，但已不属于普通的注释学范畴。

4. 综合类

一部《十三经注疏》，除《尔雅》之外，其他十二经的传注笺疏都可视为综合的类型。这些经典的注释，没有一种是只谈义理不谈训诂、章句的，也没有一种是只谈文字训诂、章句而不谈义理的。我们按注释的内容划分的文字训诂、章句、义理三类，只是一个相对的划分，其界限往往是不明确的，其划分的原则只是考查其相对的倾向性而已。

这一类型的特点在于：从文字训诂，到句意的说明、篇章的研究直至思想内容和社会意义的分析无所不有，是最为完备的注释，它给读者提供的全面知识，能够满足各种需要。今天我们整理古籍，上述内容除力量尚不具备不能作更深入的研究，只能作语言文字的解释外，一般都应当尽量给出注释。今人注释完备者的还配有翻译，如杨伯峻的《论语译注》《孟子译注》等。这翻译和旧注的释句意的区别是很小的。这样我们又可以认为：今天我们要求于这一类型的，还应当包括翻译。

（二）按注释性质划分的类型

1. 首注类

"首注"是本书所造的名称，是指某一典籍的最早的注释。最先作注没有旧注可资参考，故谓之"首注"，亦可名为"自为类"。首注可以是文字训诂的首注，也可以是章句、义理的首注。例如《春秋左传》晋杜预注最早（现存），《春秋公羊传》汉何休注最早（现存），《孟子》汉赵岐注最早（现存），《论语》魏何晏注最早（现存），《楚辞》汉王逸注最早（现存）。这都可视为首注。

先秦典籍的"首注"，很难说是真正的首注。汉儒传经，师所口授，没有文字依据，现在我们只是以流传至今最早的注释为首注。有些古老的注释还不一定可靠。如《子夏易传》十一卷，旧本题卜子夏撰，而实为后人辗转依托，非其原书。又如《尚书大传》，旧题汉伏胜撰。据郑玄序，则为伏胜之遗说，而其徒张生、欧阳生所录。至于《尚书》孔安国传，实则三国魏人王肃所伪造。

这一类注的特点在于：

（1）是开创性的。其书前人无注，今始注之。因此，所注均出自己意，不像其他注释有旧注可以参考。既属开创，往往为后人之注提供了参考，成为后人注释时征引申发或补充批评考证的对象。比如《毛诗故训传》，没有毛传，后人是很难读懂《诗经》的。而后人注释和研究《诗经》的进步和发展，又必然以此为基础。郑玄笺，孔颖达疏，陈奂《毛诗传疏》、马瑞辰《毛诗传笺通释》都离不开毛传。

(2)注释较为简明。无旧注可征引可辨论，注释语词名物简洁易晓，一般只告诉读者是什么，少有引证，对某些史实、典故仅作必要的介绍。《十三经注疏》所列十三种经籍的传注，都具有这个特点。比如《尔雅·释言》："振，讯也。"郭璞注："振者奋讯。"又："恫，痛也。"郭璞注："《诗》曰：神罔时恫。"前例郭注仅四字，后例郭注引《诗》例为证，仅六字。郝懿行义疏前例释文124字，后例释文172字。与郭注在释义的详明程度，征引的旁证材料上是大不相同的。这个问题下面将要讨论，这里就不多说了。

2. 述补类

这有两种情况：一种是祖述师说或某家之说，而加以发挥。如宋范处义《诗补传》三十卷，以诗小序为据，而兼取诸家之长，加以补充而成。南宋注家，攻击小序最烈者莫如郑樵，而最尊小序者，莫如范处义。吕祖谦《吕氏家塾读诗记》，其说以小序为主，而兼采诸家之长；另一种是补充旧注之不足。

祖述类之所尊所废，并无定则。朱熹《诗集传》八卷，其初稿亦用小序，凡吕祖谦读诗记所称朱氏曰者，皆其初稿。后与吕祖谦争，遂反其道，废小序而从郑樵之说，"对于汉朝以来被人们信而不疑的《毛诗序》作了总的批判"。(上海古籍出版社《诗集传》出版说明，1979年)今本《诗集传》仍有用小序者，如《周南》释题曰："小序曰，关雎麟趾之化，王者之风，故系之周公。南，言化自北而南也。鹊巢驺虞之德，诸侯之风也。先王之所以教，故系之召公。斯言得之矣。"又《葛覃》释题曰："此诗后妃所自作，故无赞美之词。然于此可以见其已贵而能勤，已富而能俭，已长而敬不弛于师傅，已嫁而孝不衰于父母，是皆德之厚而人所难也。小序以为后妃之本，庶几近之。"《四库全书总目提要》以为此系"旧者之删改未完者"。吕、朱之后，说诗者分攻序、宗序两家，各持一偏，终不能平理如衡，不足为训。

疏不破注，“疏”是祖述的典型形式。如《诗》有毛传、郑笺、孔颖达疏。郑玄注诗，宗毛为主。毛义若隐则更表明，如有不同，即下己意。孔疏则多因郑笺而作。

清人王引之《经义述闻》，系述其父王念孙之说，故名述闻。其书为纠正古人误解经义而作，分《易》《诗》《书》《三礼》《春秋三传》《国语》《尔雅》等，共二十八卷。所释旁征博引，精义尤多，为训诂名著。

所谓“述”，并非一概祖述，既祖述而又申发补充才是真正的“述”。这和“补注”又十分相似。

补注的特点在于先列某家或某数家之注，然后加以补充，包括前注未注和虽注而语焉不详或有误者。补注一般以“补”字标明。如《楚辞补注》，是宋人洪兴祖为补王逸《楚辞章句》而作。

王逸《楚辞章句》是现有《楚辞》注本中最早的一部。王逸去古未远，其释写作背景、题意、文字训诂、章句多可取。洪兴祖先列王逸原注，然后加以补注：

> “惜往日之曾信兮。”先时见任，身亲近也。〔补〕曰：“《史记》云：原博闻强志，明于治乱，娴于辞令。入则与王图议国事，以出号令；出则接遇宾客，应对诸侯。王甚任之。”
>
> “受命诏以昭诗。”君告屈原，明典文也。诗，一作时。〔补〕曰：“《国语》曰：庄王使士亹傅太子箴，问于申叔时，叔时曰：教之诗，而为之导广显德，以耀明其志。”
>
> “明法度之嫌疑。”草创宪度，定众难也。〔补〕曰：“《史记》云：怀王使屈原造为宪令，属草稿未定。上官大夫见而欲夺之，屈平不与，因谗之曰：王使屈平为令，众莫不知，每一令出，平伐其功，曰：非我莫能为也。王怒而疏屈平。”

“属贞臣而日娭。”委政忠良，而遊息也。〔补〕曰：“属音烛，付也。娭，音嬉，戏也。一作娱，非是。”

王逸章句，注释文字训诂、章句大意，内容全面。其释《惜往日》，全用韵语，其注亦为诗。洪氏或补其未备，或补其未详，对于读者的研读有很大的帮助。其补注与原注不合者，亦可由注释中体会。如“身幽隐而备之”，王逸章句云：“虽处草野，行弥笃也。”洪氏补曰：“此言身被弃，多谗谤也。”与原注不同。

清王先谦的《汉书补注》是清代有关《汉书》著作的一部大书。其《序例》曰：“自颜监注行而班书义显，卓然号为功臣。然未发明者固多，而句读讹误，解释踳驳之处亦迭见焉。”“国朝右文兴学，精刊诸史，海内耆古之士，承流向风，研穷班义，考正注文，著述美富，旷隆往代。但以散见诸书，学者罕能通习。先谦自通籍以来，即究心班书，博求其义，荟最编摩，积有年岁，都为一集，命曰《汉书补注》。”

唐颜师古注系据前代五种注本（即服虔、应劭、晋灼、臣瓒、蔡谟五家注。晋灼注所据旧注除服、应外，又增补韦昭、孟康等十四家）增补其他注本而成。王先谦补注，先列颜注，再以“补注”字样标明所补。补注征引书目有隋萧该《汉书音义》、宋王应麟《艺文志考证》、清钱大昭《汉书辨疑》、钱大昕《廿二史考异》等47家。兹摘录一例如下：

> “高祖”，荀悦曰：讳邦，字季，邦之字曰国。张晏曰：凡谥法无高。以为功最高而为汉帝之太祖故特起名焉。师古曰：邦之字曰国者，臣下所避以相代也。〔补注〕先谦曰：《史记》云：字季。《索隐》按：《汉书》名邦字季，此单云字，亦又可疑。按高祖长兄名伯，次名仲，不见别名，则季亦是名也。故项伯云高祖小字季，即位易名邦。后因讳邦不讳季，所以季布犹称姓。先谦按：今《汉书》无此文，《索隐》所云殆《汉记》之误。（下略）

"母媪尝息大泽之陂（注略），梦与神遇。"师古曰：遇，会也。不期而会曰遇。〔补注〕钱大昭曰：《释言》，遇，偶也，对偶之义。王鸣盛曰：《诗·草虫》"亦既覯止"传：覯，遇也。郑笺引《易》男女覯精。此遇义同。沈钦韩曰：谶纬之书大抵妖妄，而后人公然以污简牍，如《熹平四年帝尧碑》云：庆都与赤龙交而生伊尧。《成阳灵台碑》云：游观河滨感赤龙交而生尧。欲以神尧，反为侮圣。班彪《王命论》云："刘媪任高祖而梦与神遇，若尧与高祖先未有身而为怪物所凭，以污族姓，岂帝王应运之本乎？"《释典·修行道地经》云：应来生者，父母精合，便入胞胎。然则高祖是龙来受身耳。先谦曰：沈说允当正理。所梦神即龙也。遇训当如颜说，钱、王失之泥。

（以上《高帝纪》）

3. 辨证类

辨析考证谓之辨证；辨明是非，纠正错误，谓之辨正，也作辨证。凡祖述或补充，也时有考辨。立辨证一类，是辨析成分较多，故从性质上划分出来。此种注释一般均在前人注释基础上进行。其特点有三：(1) 对前人解释错误或欠精当处重新加以辨析；(2) 征引新的书目，列举新的材料，证明某一种解说；(3) 补充注解前注未备者。

今人陈直著《汉书新证》，自序云："新证云者，取别于旧注家之方式，所引用之材料，为居延、敦煌两木简，汉铜器、漆器、陶器，以及封泥、汉印、货币、石刻各种。其材料有时仿裴注，系证闻式，旁搜远绍，故不偏重于音义。"试举例如下：

"起龙渊宫。"服虔曰：宫在长安之西。如淳曰：《三辅黄图》，有龙渊宫在长安西。颜师古曰：《黄图》云龙渊庙在茂陵，不言宫。直按：《小校经阁金文》卷十一，五十七页，有龙渊宫鼎，元朔三年造。又，《善斋吉金录·任器》二十四页，有龙渊官壶，元朔二年造。又，《小校经阁金文》卷十一，七十六页，有龙渊官行壶，元朔二年正月造。龙渊官起于元光三年，下距元朔二年共有六年，时代正合。据此服、如二家之说本甚正确，而颜师古驳如注反失之。

"征和元年。"应劭曰：言征伐四夷而天下和平。直按：征和当为延和，形近而误。西安汉城遗址中，曾出"延和元年"瓦片，笔画很分明。又《居延汉简释文》卷二，七十页，有简文云："出糜小石十二石，延和三年十月丁酉朔，第二亭长舒，付第七亭长病已，食吏卒四人。"又同页有简文云："□六石□小石十石，延和四年十月壬辰朔，癸巳，第二亭长舒，受将军从吏德。"见于其他木简者，无不作延和。又按：《高惠功臣表》，按道侯下云："延和三年侯兴嗣。"《景武昭宣功臣表》："葛绎侯公孙贺，延和二年以子敬声有罪下狱死。"皆作延和，并不作征和（《功臣表》中，仅举二例）。又按：《隶释》卷六，《袁良碑》叙征和三年叙反者公孙勇事，可见东汉中晚期，已普遍作征和，故应劭亦就文生训也。

"氐羌徕服。"颜师古曰："徕，古往来之字也。"直按：《礼乐志》云："天马徕。"《尔雅·释言》："格、怀，徕也。"《经典释文》云："徕，今作来。"《隶释》卷三，《唐公房碑》云："休谒往徕。"以徕为来，皆与本文相同。

（《汉书新证·武帝纪》）

以上三例，或正讹误，或补不足，征引详细，与上文所说三种特点正合。

书名"平议"者亦属此类。清俞樾撰《群经平议》三十五卷，又撰《诸子平议》三十五卷，序目曰："然诸子之书，文词奥衍，且多古文假借字，注家不能尽通，而儒者又屏置弗道，传写苟且，莫或订正，颠倒错乱，读者难之。樾治经之暇，旁及诸子，不揣鄙陋，用《群经平议》之例，为《诸子平议》。”

“守国之度，在饰四维。”（牧民）樾谨按：礼义廉耻，非由修饰。饰当读为饬。《诗·六月》篇：“戎车既饬。”毛传曰：“饬，正也。”饬四维者，正四维也。饬与饰，古通用。《易·杂卦》传：“蛊则饬也。”《释文》曰：“王肃本作饰。”《礼记·乐记》篇：“复乱以饬归。”《史记·乐书》作“复乱以饰归”。并其证矣。

“不璋两原，则刑乃繁。”樾谨按：尹注云，璋当为章。章，明也。两原，谓妄之原，上无量也；淫之原，不禁文巧也。尹氏据上文以说两原，是矣。读璋为章，未得其字。璋乃墇之误，《说文·土部》：“墇，拥也。”经典多以障为之。《吕氏春秋·贵直篇》：“是障其原而欲其水也。”高诱注曰：“障，塞也。”障塞即墇拥也。此云“不璋两原”，正与《吕氏春秋》所云“障其原”者同义。若非误作璋，亦必改而为障矣。

（以上《管子》）

4. 校订类

校勘讹误、订正文字是这一类型的主要任务和特征。如《管子》一书，清有戴望《管子校正》，今有郭沫若等《管子集校》。日人弘法大师撰《文镜秘府论》，在我国则有周维德校点《文镜秘府论》、任学良《文镜秘府论校注》、王利器《文镜秘府论校注》。或名校注，或名校释，或名校补，或名校笺、笺校。其内容有校有注。有只校正文字者，如清俞樾《诸子平议补录》中《邓析子》一书，俞樾列九条，均为校勘文字：

“不以知虑，则合于无然也。”樾谨按：然乃朕字之误。朕误为肰，因误为然矣。无朕，与上文无形、无兆一律。

“一声而非，驷勿追；一言而急，驷不及。”樾谨按：

骂字无义，乃四马二字之误。一声而非，四马勿追，一言而忽，四马不及，即所谓驷不及舌也。

《文子》一书，俞樾列73条加以平议，也全属校正文字：

“故与弱者金玉，不如之尺素。”樾谨按：弱当作溺，素当作索。言人方溺水，虽与金玉而无用，不如一尺之索，可以攀援而至举也。《淮南子·说林》篇作“予拯溺者金玉，不若寻常之纆索”，可证其义。旧注乃云，弱者，愚弱也。与之尺素或可保，与之金玉则为害。殊非其义矣。

清王念孙于校勘极精，其所著《读书杂志》，可为校勘的楷模。阮元主持校刻的《十三经注疏》，号称善本，各经校勘，均依篇章附于后。以下另有章节，将专门讨论校勘问题。

5. 纂集类

历史重要典籍，注释尤多，读者分别索检，多有不便。合众注为一注，使读者对各家解说之异同能一目了然，对于阅读和研究都很方便，这便是纂集。如《史记》注本，今有三家：刘宋裴骃《史记集解》八十卷，唐司马贞《史记索隐》三十卷，唐张守节《史记正义》三十卷。宋代刻本将三家注分列《史记》正文之下，这就成了汇注、集注的纂集类。

汇集众注，排比成书，或不断以己意，或仅偶下己意，或对众说是非简作判断。王先谦《汉书补注》亦可属此类。其书对颜书古注是补，其性质方法是排列众说，述而少断，与颜师古的“截断众流，自出心裁”性质大不相同。近人卢弼撰《三国志集解》，汇集清代学者已有成绩，自己再做一些校勘工作，亦属此类。今人吴则虞撰《晏子春秋集解》，亦为此类。《集解》参考《晏子春秋》版本有元刻本、明活字本、成化刻本、嘉靖刻本等24种，参考、采用注释有孙星衍《晏子春秋音义》、卢文弨《晏子春秋拾补》、王念孙《读晏子春秋杂志》等44种。其体例如下：

“景公疥且疟。”孙星衍云：“《说文》：‘疥，搔也。’

颜之推《家训》以为‘痎’字。《左传·昭二十年》‘齐侯疥遂痁’杜预注：‘痁，疟疾。’”苏舆云：“‘疥’不当作‘痎’。《周礼·疾医》：‘夏时有痒疥疾，秋时有疟寒疾。’贾疏云：‘四月纯阳用事，五月已后，阴气始起，惟水沴火，水为甲，疥有甲，故有疥痒之疾。’《素问·生气通天论》：‘春伤于风邪，气流连乃为洞泄，夏伤于暑，秋为痎疟。’《疟论》：‘风之与疟也，相似同类。’疥亦风所致，故转而为疟也。”则虞按：苏说是。以“疥”为“痎”，此六朝人之误。《颜氏家训·书证篇》《左传·昭二十年》正义引袁狎云“疥当为痎”，《释文》引梁元帝音“该”，作“痎”，皆误。《说文》“痁”篆下引《左传》作“齐侯遂痁”，可证。痁者，《说文》云：“有热疟。”疥者，搔也。齐侯疾愈一年，其初疥痒，热入于脏府，遂成为热疟。《左传》曰“疥遂疟”，此云“疥且疟”，曰“遂”曰“且”以明先后之序。宋咸熙《惜阴日记》卷五有考，可参阅。

“期年不已。”则虞按：《左传》作“期而不瘳”，与《外篇》第七章同。

（以上《内篇谏上·景公病久不愈欲诛祝史以谢晏子谏》）

当代著名楚辞学家游国恩撰《离骚纂义》《天问纂义》，每一条注释，先罗列众说，然后作按语，如《离骚》“帝高阳之苗裔兮，朕皇考曰伯庸”，先罗列王逸、吕延济、叶梦得、洪兴祖、朱熹、钱杲之、汪瑗、李陈玉、王夫之、贺宽、林云铭、刘献廷、吴世尚、奚禄诒、胡文英、梁章钜、朱铭、王闿运等十八家注释，然后加按语，表明自己的判断。

作为注释学的纂集类，不同于全然的资料汇编，如阮元的《经籍籑诂》，以字头为单位，下列经史子集有关此字的注释，编者不发表意见。它是一种类似于类书的字书。又有取名诂林一类，是古文字学和雅书所用的名目，不在本书讨论之列。

（三）按注释所提供的知识信息量划分的类型

1. 简注

所谓简，就是简明扼要的意思。这可以从两个方面去理解：(1) 注释的条目（内容）较少，范围较窄；(2) 注释时一般只说明注释对象是什么，怎么解释，而不作或少有引证，也不作多少考辨，因此注释文字较为简短明了。汉马融撰《忠经》十八章，每章百字左右，郑玄为之作注，仅就句意略作说明，即属于简注。

> 惟臣以天子之命，出于四方以观风。听不可以不聪，视不可以不明。（使臣之行如君耳目，不聪不明，不胜其任。）聪则审于事，明则辨于理。（不聪则惑其所闻，不明则蔽其所见。）理辨则忠，事审则分。（理不辨则其断偏，事不审则其信惑。）君子去其私，正其色。（私去则情灭，色正则邪远。）不害理以伤物。（求罪为公，则成刻薄。）不惮势以举任。（举必有才，不必以势。）惟善是与，惟恶是除。（善虽仇必荐，恶虽亲必去。）以之而陟则有成，（君子效能也。）以之而黜则无怨。（小人伏罪也。）夫如是则天下敬职，万邦以宁。（官务修政，人始获安。）《诗》云，载驰载驱，周爰谘诹。（勤劳不宁，善斯劝矣。）
>
> （《观风章第九》）

不释语词，不是典型的注释。清人毕沅撰《墨子校注》，亦比较简约。《尚贡》分上中下三篇，毕沅校注上篇仅十条。如“四鄙之萌人”（萌，氓字之假音）；“故古者尧举舜于服泽之阳”（未详其地，服与蒲音之缓急，或即蒲泽，今蒲州府）；“莫不敬惧而施”（下疑脱一字）。

清蘅塘退士孙洙编《唐诗三百首》，仅作旁批，不注语词，属简注。陈婉俊为之补注，其《凡例》一曰：“是书名曰补注，但诠事实，以资检阅。若诗中义蕴之深，意境之妙，读者宜自领取，无庸强就我范，曲为之说，反汩初学性灵也，识者鉴诸。”

如李白《月下独酌》：

花间一壶酒，独酌无相亲。
举杯邀明月，对影成三人。
月既不解饮，影徒随我身。
暂伴月将影，行乐须及春。
我歌月徘徊，我舞影零乱。
醒时同交欢，醉后各分散。
永结无情游，相期邈云汉。

原旁批："题本独酌，诗偏幻三人，月影伴说，反复推勘，愈形其独。"置于三至七句之旁。补注有二："月徘徊：曹植诗：'明月照高楼，流光正徘徊。'""云汉：《诗·棫朴》四章：'倬彼云汉，为章于天。"注：'云汉，天河也。'"

今人马非百注释《盐铁论》，名曰《盐铁论简注》。这部简注是浓缩作者的《盐铁论集注长编》而成。其特点主要是：(1) 每篇有极简单的释题，如《本议第一》，释题："本，基本；议，讨论。'本议'犹言这次会议中讨论的中心议题，指有关盐铁、均输、酒榷等官营事业而言。"(2) 直接作出注释，在一般情况下，不引经据典，并尽可能用通俗语言，如"惟始元六年①"注："① 惟，语助词。始元，汉昭帝刘弗陵年号。始元六年，公元前八十年。"(3) 为使读者较易读懂，必要时加以串讲。如"文学对曰：窃闻治人之道①，防淫佚之原②，广道德之端③，抑末利而开仁义④，毋示以利⑤，然后教化可兴而风俗可移也⑥。"注："① 窃，私，谦词。治人之道，指统治阶级统治人民的方法。""② 防，堵塞，杜绝。淫佚，又作'淫泆'，过度奢侈腐化。原，根源。这句话是说要杜绝产生过度奢侈腐化的根源。"（下注略）此外对旧注的错误也酌加商讨。而自己有所创见，则注释稍详。

2. 详注

所谓详，就是详明的意思，这也可以从两方面去理解：

(1) 注释的条目（内容）较多，范围较广；(2) 注释不仅说明对象是什么，怎样解释，还要征引旁证，进行必要的考辨，说明为什么作如是解，因此注文一般较为详细。

在上文有关章节我们已经指出，疏、正义一类属于详注。很典型的例子是《十三经注疏》的疏文。其所以详，是因为疏、正义是为注作注。其特点在于：(1) 增加通释文章的内容；(2) 为注作注。如《尚书·尧典》："曰若稽古帝尧，曰放勋，钦明文思安安，允恭克让，光被四表，格于上下。"孔安国传有三："若，顺；稽，考也。能顺考古道而行之者帝尧。""勋，功；钦，敬也。言尧放上世之功化，而以敬明文思之四德安天下当安者。""允，信；克，能；光，充；格，至也。既有四德，又信恭能让，故其名闻，充溢四外至于天地。"孔颖达疏首先串讲原文"曰若"至"上下"大意，再分三层疏传"若顺"至"帝尧"传"勋功"至"安者"传"允信"至"天地"。传文共 75 字，而疏文达 1103 字。其疏传"允信"至"天地"云：

> 正义曰：允，信；格，至，《释诂》文。克，能；光，充，《释言》文。在身为德，施之曰行。郑玄云，不懈于位曰恭，推贤尚善曰让。恭让是施行之名。上言尧德，此言尧行，故传以文次言之；言尧既有敬明文思之四德，又信实恭勤，善能推让，下人爱其恭让，传其德音，故其名远闻，旁行则充溢四方，上下则至于天地。持身能恭，与人能让，自己及物，故先恭后让。恭言信，让言克，交互其文耳，皆言信实能为也。传以溢解被，言其饶多盈溢，故被及之也。表里内外，相对之言，故以表为外。向下向上，至有所限；旁行四方，无复限极。故四表言被，上下言至。四外者以其无限，自内言之，言其至于远处，正谓四方之外畔者，当如《尔雅》所谓四海四荒之地也。先四表后上下者，人之声名宜先及于人，后被四表，是人先知之，

故先言至人，后言至于上下，言至于天地，喻其声闻远耳。《礼运》称圣人为政，能使天降膏露，地出醴泉，是名闻远达，使天地效灵，是亦格于上下之事。

与传比较，疏说明了传的释义根据和由来，分析了传文的串讲大意，使注释更为明了，并对经文的准确用词作了必要的补充和说明，这样就使读者获得了更为详细的知识。

下面试以《读杜心解》和《杜诗详注》为例进行比较分析。

《读杜心解》，清浦起龙撰。浦起龙，字二田，无锡人，雍正二年进士。所撰尚有《史通通释》《酿蜜集》。《读杜心解》系作者参考宋至清人各家杜甫诗注本写成。作者对各家解说加以抉择，并提出一些自己的见解。注释简明扼要，不作过于繁琐的征引和考证。注释的内容包括篇意、节义、句义。释词包括古事、古语、时事。如《望岳》：

岱宗夫如何？齐鲁青未了。
造化钟神秀，阴阳割昏晓。
荡胸生层云，决眦入归鸟。
会当临绝顶，一览众山小。

《心解》先释题并词语："一、按履历，公游齐鲁，在开元二十五六年间。公集当以是为首。二、《前汉·郊祀志》："岱宗，泰山也。"次释诗意，其中包括对篇章的讲析："公望岳诗凡三首，此望东岳也。越境连绵，苍峰不断，写岳势只'青未了'三字，胜人千百矣。'钟神秀'在岳势前推出；'割昏晓'，就岳势上显出。'荡胸''决眦'，明逗'望'字。末联则以将来之凌眺，剔现在之遥观，是透过一层收也。仇氏详注以远望、近望、细望、极望，分配四联，未见清楚。杜子心胸气魄，于斯可观。取为压卷，屹然作镇。岂惟镌刻年月云尔。"

《杜诗详注》清仇兆鳌撰。仇兆鳌字沧柱，鄞县（今属浙江）人，康熙进士，又著《四书说约》。《杜诗详注》（又名《杜少陵集详注》）系作者积二十年之精力，搜集大量资料，几经增补而成。是阅读杜诗的重要参考资料。书名详注，是注释详尽之意。作者把康熙以前各家注释差不多都汇集起来，起了集解作用。如注《望岳》，远较补注为详。其注有释题、释词语、串讲分析以及必要的补充说明。其释词涉及全篇八句，如“夫，音扶”“曾，《集韵》通作层”。又如“造化钟神秀，阴阳割昏晓”联，注释曰：“《庄子》：‘造化之所始，阴阳之所变。’《左传》：‘天钟美于是’。钟，聚也。孙焯《天台赋序》：‘天台者，山岳之神秀。’《老子》：‘大制不割。’割，分也。曹辅佐对：‘大人达观，任化昏晓。’徐增云：‘山后为阴，日光不到故日昏。山前为阳，日光先临故易晓。’朱注：‘《封禅记》：泰山东隅有日观峰，鸡鸣时见日出，长三丈，即割昏晓之义。’”其串讲分析，亦极细密：

> 此望东岳而作也。诗用四层写意：首联远望之色，次联近望之势，三联细望之景，末联极望之情。上六实叙，下二虚摹。岱宗如何，意中遥想之词，自齐至鲁，其青未了，言岳之高远。拔地而起，神秀之所特钟，矗天而峙，昏晓于此判割。二语奇峭。王嗣奭《杜臆》云：“荡胸”句，状襟怀之浩荡。“决眦”句，状眼界之空阔。公身在岳麓，而神游岳顶，所云“一览众山小”者，已冥搜而得之矣，非必再登绝顶也。杜句有上因下因之法，“荡胸”由于层云之生，上二字因下。“决眦”而见归鸟入处，下三字因上。上因下者，倒句也；下因上者，顺句也。末即登泰山而小天下之意。

《唐诗三百首》收有此诗，仅于首联作旁批“字字是望”，尾联作旁批“结明望字”。今见为陈婉俊补注本。补注专于注释而未及详解，于此诗仅注“岱宗”“齐鲁”“割”“荡胸”“云”“决眦”数条而已。释语极简，如“割，《老子》‘大制不割’。割，分也”。“决眦，《子虚赋》弓不虚发，中必眦决。公借用谓人目眦决裂入鸟之归处”。孙洙之批，陈婉俊之补注，与《读杜心解》同属简注。与《杜诗详注》相比较，其注释范围和条目、注释的程度是明显不同的。

详简之分本无一定，有的简注注释的条目（词语）反比详注为多，有的详注在某些条目的解释上反而比较简略，在一般情况下，详注是比简注详备的。但不论详简，其注释都应与事先确实的目标相一致。简要做到简明精要，详要做到详备明了。如果简而不明，详而寡要，那就不是注释的类型问题，而是注释的水平问题了。

3. 集注

集注与上文所说的纂集类并无多少区别。纂集类的注释本就包含着集注。因为划分的角度不同，在以提供知识的量为划分标准的类型中我们又提出集注一类来加以讨论。

集注就是集合众注而为之作注的一种形式。它有一点与按注释性质划分的纂集类的典型形式（即汇集排比众注而不断以己意，或仅偶有己意）不同，它一定要在众注基础上断以己意。它征引的旧注资料较为丰富，但不一定逐条罗列众注；采纳某家之说，也不一定都指明出处。如朱熹的《诗集传》《论语集注》《孟子集注》。《四库全书总目》卷三五《经部·四书类》介绍朱子《大学章句》一卷、《论语集注》十卷、《孟子集注》七卷、《中庸章句》一卷（即今新编诸子集成《四书章句集注》）说：“《论语》《孟子》融会诸学之说，故谓之集注。犹何晏注《论语》，裒八家之说称集解也。惟晏注皆标其姓，朱子则或标或不标，例有殊焉。”“《论语》《孟子》亦颇取古注，如《论语》‘瑚琏’一条与《明堂位》不合，《孟子》‘曹交’一注与《春秋传》不合。论者或以为疑，不知‘瑚琏’用包咸注，‘曹交’用赵岐注，非朱子杜撰也。又如‘夫子之墙数仞’注，七尺曰仞；‘掘井九仞’注，八尺曰仞。论者尤以为矛盾，不知七尺亦包咸注，八尺亦赵岐注也。是知熔铸群言，非出私见。苟不详考所出，固未可概目以师心矣。”“熔铸群言”而为之注是集注的最重要特征。陈奇猷《韩非子集解》亦守此例。其《凡例》说：

> 本书引用前贤校说九十余家，皆条录而系于原文之后。凡数说并通者，皆罗列以供读者参考；凡数论相同者，则取其最完善之一说，余则仅说明某人校说相同，不具行其文；但其说同而论证不同者，则仍二家并录。所录前人校说，多指明其是非，其非者固加以证明，即其是者亦为疏证。苟有所得，则冠以"奇猷按"三字附列焉。

第三章　注释的基础工作（之一）——版本的选择

一、何谓版本

叶德辉《书林清话·版本之名称》说："雕版谓之版，藏本谓之本。藏本者官私所藏未雕之善本也。"这里所说的本，就是未雕刻的写本，与现在所说的原稿含义相反。我国自隋唐以来，雕版印刷术兴起，图籍的复制由过去的手写传抄而变为刻版印刷，这是我国出版技术史上的一大飞跃。社会对书籍的要求，促使了雕版印刷业的发展，同一种图籍，在甲地刻印了，又可能在乙地、丙地刻印；在前代抄写刻印过的，当今又可能抄写刻印。加之某一图籍，注家不同，也造成本子的区别，这样就有了同一书的不同版本。我们所说的版本，已不是"雕版谓之版，藏本谓之本"的概念，而是上述的因为地点、时间、注家和其他因素造成的某一图书的种种区别的十分宽泛的概念。《宋史·邢昺传》说："（真宗景德二年）上幸国子监阅库书，问昺经版几何？昺曰：'国初不及四千，今十余万，经传正义皆具。臣少从师业儒时，经具有疏者，百无一二，盖力不能传写。今版本大备，士庶家皆有之，斯乃儒者逢辰之幸也。'"所谓"今版本大备"，即指包含着不同的注释本和不同的刻写本。

书有多写，版有众刻，1973 年长沙马王堆出土的《老子》甲本和乙本就是不同的版本。刘向的《别录》就提到不同的本子。岳珂校刻《九经》时搜集了二十三种不同类型的版本。

二、有哪些版本

古往今来，版本的名目繁多，可以从不同的刻写情况和图书本身的不同形态来划分版本的类型。如《古典目录学浅说》（中华史学丛书·来新夏著）排列十三种区分方法，《古籍版本鉴定丛谈》（魏隐儒、王金雨编著）排列十种区分方法。兹据《丛谈》摘录如下：

（一）按照刊刻时代区分有：唐卷子本、五代刻本、北宋本、南宋本、辽刻本、金刻本、元刻本、明刻本、清刻本、民国刻本等。

（二）按照刻书单位性质区分有：官刻本、家刻本、坊刻本。官本即官府所刻印之书。如监本（自五代起，国家的最高学府国子监所刻印）、殿本（清朝中央刻书机构设在武英殿，所刻书也称殿本）、扬州诗局本（清康熙年间，曹寅（号楝亭）主持扬州诗局，该局刻印，讲究选料、工艺，为清代刻本之代表）、局本（清同治年间，曾国藩在安庆设治山书局。后江苏、浙江、四川、安徽、广东、湖北、湖南、江西、山东、山西、直隶相继设立官书局，这些书局印的书，统称“局本”）等等。家刻本是私人出资刻印的书。如宋廖莹中“世彩堂本”、明毛晋“汲古阁本”、清“薛福成刻本”等等。坊刻本是书商（书堂、书肆、书店等等）所刻。

（三）按地区的不同区分有：浙本、闽本、蜀本、朝鲜本、日本本、越南本等等。

（四）按雕版印刷情况区分有：精刻本、写刻本、单刻本、丛书本、道藏本、祖本、原刻本、翻刻本、影印本、初印本、后印本、递修本、百衲本、三朝本、旧版、通行本等等。

（五）按增删、批点、评注、合刻等情况区分有：增订本、删节本、足本、不足本、批点本、评注本、配本等等。

（六）非刻版印刷的手抄本有：唐写本、唐卷子本、抄本、元抄本、明抄本、清抄本、旧抄本、传抄本、影抄本等等。又有毛抄本。明常熟毛晋，是晚明的藏书家和刻书家，他请人抄写的书，要求严格认真，世称“毛本”，有名于世。

（七）按文物价值、使用价值和加工整理情况区分有：孤本、珍本、善本、校本、批校题跋本、过录本、稿本等等。

古代版本情况主要是这些。现代版本情况亦大同小异。中华书局、商务印书馆、上海古籍出版社，各省市、各单位的出版社所出的书，都属不同版本。许多古书已作过标点，甚至作过校勘、注释，也构成了不同的版本。

三、为什么要重视版本

（一）为了正本清源，不诬古人

阅读古书、整理古籍，是为了了解古人的思想、古代的科学文化。文籍的注释，在于明古书本义，沟通古今。这种沟通是必须以所注释的文章是古人的原来面貌为前提的。假若不能做到还古书以本来面目，为讹误作注，就会谬种流传，贻误后学。这就要求每一位从事古籍整理、文章注释的人首先要做到“正本清源”，先正底本。清人段玉裁在谈到校勘时说：“不先正底本，则多诬古人；不断其立说之是非，则多误今人。”（《经韵楼集·与诸同志论校书之难》）这句话的两层意思的关系是密切的。我们可以这样理解，正底本是一个方面，断立说之是非是另一方面。正了底本，不一定能同时做到断立说之是非。但是不正底本，就一定不能作出正确的解释和判断。

阮元在《经义述闻序》中引用《韩非子》的一则故事，很能说明版本和校勘（这一点在下一节讨论）的问题：

> 昔郢人遗燕相书。夜书，曰：“举烛！”因而过书举烛。燕相受书，说之曰：“举烛者尚明也，尚明者举贤也。”国以治。治则治矣，非书意也。

假若我们把郢人之“书”当作一本书，他的手书当然是原稿本，也就是祖本。燕相得书后加以解说，可视为注释。按郢人的本意书中并无举烛意，亦不应有“举烛”字。而燕相说“举烛”，实为衍文作注，就是说，首先是底本有了问题，注释就必然会出问题（多此一举，诬了郢人）。阮元的本意，在说校勘、训诂。我们是用来说明版本。假若郢人在书写之后再读（检查，校勘）一遍，定可发现这“举烛”二字系误书，必当删去，使这一“书”成为一个好的版本。这样燕相就不必说“举烛”的深义了。

书籍流传，在版本上的问题极多。《颜氏家训·书证》有一段记载：

> 《诗》云：“有杕之杜。”江南本并木旁施大，传曰：“杕，独貌也。”徐仙民音徒计反。《说文》曰：“杕，树貌也。”在《木部》。《韵集》音次第之第。而河北本皆为夷狄之狄，读亦如字，此大误也。

颜氏指出河北本“此大误也”，正说明版本上存在的问题。对滥刻图书，宋代诗人陆游曾有过感慨，他说：“近世士大夫所至喜刻书版，而略不校雠，错本书散满天下，更误学者，不如不刻为愈也。”（《跋历代陵名》）滥刻造成的混乱，明代亦甚。私家刻书，有的更改书名，有的改动或抽减内容。如冯梦祯刻《大唐新语》，改名《唐世说新语》；《北堂书钞》初改为《大唐类要》，再改为《古唐类范》。山东人刻《金石录》，改李清照序“绍兴二年玄黓岁壮月朔”之“壮月”为“牡丹”，而不知《尔雅·释天》有“七月为相，八月为壮，九月为玄，十月为阳”，十二个月皆有别名，“壮月”就是八月。所以，顾炎武批评说“万历以来所刻之书”，无非“牡丹之类”，极刺其质量之低劣。

历代都有善本、精刻本。注释学所要求的版本应当是没有（这不可能）或差错较少的实用价值大的一种。它不必讲求文物鉴赏和注释以外的价值。假若“惟古是尚”，那就和注释学的宗旨相违了。

没有一种版本是尽善尽美的，讲求版本，就是要在一个好的版本的基础上，参考其他版本和有关资料作文字校勘工作。因此可以说，只有好的版本才能达到正本清源、不诬古人的目的。

（二）为了作出正确的注释，不误今人

这是注释的要求。这一要求的实现，需要做到广泛地搜集和参考前人的研究成果。一家之说，有时不尽合原意，表现出一定的局限，甚至谬误。广搜异本，比勘文字，是减少经文文字差错的重要一环；广搜异本，博采众善，是作出正确判断，进行准确注释的必要准备。整理古籍，注释古书的目的在于使今人正确了解古人的思想。一书之出，注家蜂起。各家的注释不一定相同。孰是孰非，有时难以判断。我们从古书注释歧说极多的情况可以看到人们在阅读时理解上的差异是很大的。比如屈原的《离骚》是我国文学史上极负盛名的诗篇，"离骚"是何义，解释的分歧就很大。司马迁曰："'离骚'者，犹离忧也"。班固曰："离，犹遭也。骚，忧也。明己遭忧作辞也。"王逸曰："离，别也。骚，愁也。"项安世曰："《楚语》伍举曰，德义不行，则迩者离骚，而远者距违。韦昭注：骚，愁也。离，畔也。盖楚人之语，自古如此。"歧说纷然，不一一罗列。今人游国恩撰《离骚纂义》，先罗列二十家注释，然后作按语曰："离骚之义，自来言之成理者略备于斯。""第考本书《大招》有云，伏戏《驾辩》，楚《劳商》只。王逸注《驾辩》《劳商》皆曲名也。""按'劳商'与'离骚'本双音字，古音宵、歌、阳、幽并以旁纽通转，疑'劳商'即'离骚'之转音，一事而异名者耳。盖《楚辞》篇名，多以古乐歌为之，如《九歌》《九辩》之类。则《离骚》或亦楚人固有乐曲……王逸不知《劳商》即《离骚》，亦即楚之古典，故以为别一曲名，其实一也。"游说有一"疑"字，可备一说。所罗列二十家有王逸《楚辞章句》、洪兴祖《楚辞补注》等等，属不同注本，有一些如《史记》《汉书》的有关解释，与版本无涉。但罗列诸家之说，与罗列不同版本、注本的基本原理则无二致。

四、如何选择版本

（一）要有注释学选择版本的标准

注释学选择版本的标准，不是藏书家和版本鉴赏家的标准。缪荃孙制定了一套重古轻今、重抄轻刻、重外轻中的原则。他排斥明末以后的刻本，“惟古是尚”，以为明末及明以前的都是善本；他排斥刻本，以为抄本不论新旧，皆为善本；他以为凡有批校者均佳，凡日本、朝鲜、越南重刻古书，不论新旧亦为善本。缪氏的主张连张之洞亦不如，张之洞以为构成善本需具备三个条件：一、足本；二、精本；三、旧本。所谓足，就是完整无缺；所谓精，就是校印无讹；所谓旧，就是旧刻初印。前两个条件是科学的提法，后一条却是形而上学的观点。初印旧刻若有前两条的基础，那当然是善本，没有“足”和“精”两个基础，则于注释亦无益。

注释学要求的版本应当具备四个条件：第一是足本，这就是说原本的卷次章节和内容没有缺漏。第二是精本，这就是说抄写和刻印没有讹误。具备这两个条件就可以达到正本清源、不诬古人的境地。这两条对于还没有进行过注释和整理的文献是最重要的。抄写或刻印没有或少有错误，与是否为旧本初刻有一定联系。因此对于旧刻初印本要给予高度重视。第三是精校本。古典文献流传至今，辗转抄写刻印，很难避免差错和脱漏。因此历代的学人对古书的整理和注释都十分重视文字校勘工作。有的校得好，有的校得差。一校本之外，往往又有重校本。有了好的校本，就有了好的基础。否则“郢书燕说”就难以避免。第四是好的注释本。古书的整理研究包括广泛的内容，如点校、注释、翻译、评讲以及综合的研究。它们可以分别进行，如有的是点校，有的是注释，有的只是翻译，有的只是分析评讲。就是说一部书的注释可以按内容分若干层次进行，也可以综合进行，将各种内容集于一书。没有整理过的谈不上这一选择标准，已经注释、整理过的，若必须重新加以整理研究，就一定要注意选择好的注释本了。这样做可以使我们的整理和研究能够充分吸收前人的成果，在已有成果的基础上再提高一步。

（二）要从整理和研究的不同目的和性质上去确定版本的选择范围

注释一部书，理应将所有的不同版本都搜集起来，这样做有利于充分吸收前人的研究成果。一部严谨的注释书籍，在书前或后往往会开列一份引用书目一览表，或者在序跋中说明所据版本以及参阅资料情况。阮元主持校刻的《十三经注疏》，旨在提供一个好的版本。重刊《十三经注疏》时，阮元等人作了校勘，于各经之前作校勘记序，序后有《引据各本目录》。如《尚书注疏校勘记序》后《引据各本目录》：

> 唐石经（用卫包所改之今文，后来注疏本俱出于此。）
>
> 宋临安石经（今所存者起《禹贡》之半至《允征》之半，又起《大誓》末至《酒诰》之半。）
>
> 古本（见山井鼎《七经孟子考文》，乃日本足利学所藏书写本也，物也序以为唐以前物。其经皆古文，然字体太奇，间参俗体，多不足信。）
>
> 岳本（宋代岳珂用廖氏世彩堂本重加校勘，所谓相台本也，世甚重之。今考其书，多详于音读、句逗而略于字句异同，又往往据疏以改注，不知疏中所述经传不必尽依元文也。然合二十三家参订，用力甚勤，固当优于诸家。元本未见，今所据者武英殿翻刻本也。）
>
> 葛本（即永怀堂本。与闽刻注疏本相类，而讹字较多。以上三种皆单注本。）

以下罗列的所据版本还有宋板、宋十行本、闽本、明监本、毛本、释文、六经正误、尚书纂传、石经考文提要、九经误字、七经孟子考文、十三经正字、群书拾补。所列诸本及其说明，重在校勘。

今所见《十三经注疏》本，附阮元校勘记，为学者所重，被视为善本，究其原因，在于阮元占有各种版本，然后才能比勘文字，考辨讹误，取得世所公认的成就。

为古书作注，需要参考各种有关资料，也应搜集各种版本和注疏本。如今人马非百《盐铁论简注》即在《盐铁论集注长编》的基础上紧缩而成。所谓"集注长编"，就是集各家之注释，而详为之抄录编排。

可参考的古注极多，比如《论语》，日本学者林泰辅在《论语年谱》中所著录的便达三千种。清程树德的《论语集释》，征引书籍达六百八十种。《年谱》和《集释》所著录征引书目，不一定都和本书的版本有关，但同一书的不同版本和不同注释本是一定搜罗无遗的。随着时间的推移，注释和版本会更多，不运用现代的资料储存手段，一个人要掌握那么浩繁的资料似乎是不可能的。杨伯峻撰《论语译注》，"所注意的是字音词义、语法规律、修辞方式、历史知识、地理沿革、名物制度和风俗习惯的考证等等"，因此对于"章节的分合、历代版本和各家注解本互相间稍有出入，著者在斟酌取舍之后，……简略地记述各重要注解本的异同"。而于文字校勘，则采取"其有刊本足为依据的便直接用那一刊本的文字"。可见《论语译注》并不是将所有的版本都作为重要资料加以参考的。

（三）要充分利用目录学研究成果

目录学的科研成果在注释学中具有重要意义。"目录是著录一批相关的文献，并按照一定的次序编排而成的一种揭示与报道文献的工具。……揭示与报道文献的外形特征和内容梗概，为生产和科研工作者提供有关的文献情报，是目录的基本社会职能"（武汉大学、北京大学《目录学概论》编写组编著《目录学概论》第2页）。科学文化发展到现在，积累非常丰富。新的成果不断涌现，使知识处于爆炸的时代。不善于掌握科学情报信息，不了解在某一领域科研的过去的成果和现在的进展，想取得新的高水平的成果是困难的。注释学同样面临着这样一个问题。从事古籍整理与研究的人应当具备目录学的知识，了解书目的类型，尤其要了解国家书目、专题书目、书刊索引的情况，这样就可以搜集到注释某一书所需要的不同版本和注释本，充分汲取已经获得的成果，来充实、丰富和提高注释的水平。

第四章　注释的基础工作（之二）——文字校勘

一、何谓校勘

校勘，就是比较、审定，即将书籍的不同版本和有关资料加以对比，或细审文意而判断原文的正误真伪。它是注释的基础工作。

校，《说文》释为“木囚”，即加于手足的桎梏之类。《易·噬嗑》：“上九，何校灭耳。”“何校”，担荷枷械；“灭耳”，灭没于耳。这是重刑。校乃用其本义。校又有考求审订义。《国语·鲁语下》：“昔正考父校商之名颂十二篇于周太师，以《那》为首。”是我们所见最早用为考校义的用例，正考父大约是第一个校过书的人。正考父是周宣王时宋国大夫，孔子的七世祖。

校的考订义义源不详。或以为通“搉”。《说文》：“搉，敲击也。”故可引申为考求，考订。而隺、交古韵同部，可以通假。但先秦典籍未见有用搉字本义者，亦无考校用例。通假一说，仅可参考而已。

勘字不见于《说文》。《玉篇》释为“覆定”。校勘连言在唐，而用为校勘图书义则在宋。欧阳修《书〈春秋繁露〉后》曰：“予在馆中校勘群书，见有八十余篇，然多错乱重复。”（《欧阳文忠集》七三）在汉，名之曰校、校理、校雠。刘向《别录》曰：“校雠，一人读书，校其上下，得谬误，为校；一人持本，一人读书，若怨家相对，为雠。”

二、文字校勘的必要性

《抱朴子·遐览》引“谚”曰：“书三写，鱼成鲁，虚成虎。”书籍传抄刻印，讹误极易发生。据清人王念孙考证，《墨子》一书的讹误就极多，《尚贤》下篇、《尚同》中篇、《非乐》上篇、《非命》中篇以及《备城门》《备穴》二篇的错简，自十余字至三百四十字不等。他的《读书杂志》《广雅疏证》是清代著名训诂著作，其中重要的成绩是校勘。如《读书杂志》校《史记》460余条，校《管子》640余条。《广雅疏证》校讹字580，脱字490，衍字39，先后错乱213，正文误入音内19，音内字误入正文57；仅此一部书就校正了1398条讹误。惠栋校毛氏汲古阁本《礼记》，得讹误4704字，脱漏1145字，阙文2217字，羡文2977字，字异者2625处。设若没有校勘，势必郢书燕说，为讹误作注，贻误后学。不先正本清源，轻率作注，是注释学所不能允许的。正底本之是非，还古书以本来面目，使注释有一良本作基础，是注释学应当重视的基础课题之一。否则我们研究古人的思想就失去了前提，就不可能得出正确的结论。

三、历代校勘简况

清人王鸣盛说：“欲读书必先精校书，校之未精而遽读，恐读亦多误矣。”（《十七史商榷》）近人陈垣也说过：“校勘为读史先务，日读误书而不知，未为善学也。”（《通鉴胡注表微·校勘篇》）历代学者对校勘工作都很重视。

第一个全面整理校勘典籍的人是孔子。孔子名丘，字仲尼，生于公元前551年，卒于前479年。春秋时鲁国人。他的七世祖正考父曾校商颂于周太师。到孔子整理厘定《六经》，才真正算得上是校勘了。章炳麟《国故论衡·明解诂上》说：“孔子录《诗》有四始，《雅》《颂》各得其所。删《尚书》为百篇而首《尧典》。

亦善校者矣。”孔子校书十分审慎。《汉书·艺文志》说：“古制，书必同文，不知则阙，问诸故老。至于衰世，是非无正，人用其私。故孔子曰：吾犹及史之阙文也，今亡矣夫。盖伤其寖不正。”对于古书的残缺，在无确实证据可以添补时，宁可保留原状，决不轻易更改。孔子的弟子子夏能传其学。《吕氏春秋·察传》载：“子夏之晋过卫。有读史记者曰：‘晋师三家涉河。’子夏曰：‘非也。是己亥也。夫己与三相近，家与亥相似。’至于晋而问之，则曰晋师己亥涉河也。”这是校勘史上的一段佳话。

由政府（朝廷）组织的大规模整理典籍、校勘图书始于汉代。《艺文志》：“汉兴，改秦之败，大收篇籍，广开献书之路。迄孝武世，书缺简脱，礼坏乐崩。圣上喟然而称曰：‘朕甚闵焉。’于是建藏书之策，置写书之官，下及诸子传说，皆充秘府。成帝时，以书颇散亡，使谒者陈农求遗书于天下，诏光禄大夫刘向校经传诸子诗赋，步兵校尉任宏校兵书，太史令尹咸校术数，侍医李柱国校方技。每一书已，向辄条其篇目，撮其旨意，录而奏之。会向卒，哀帝复使向子侍中奉车都尉歆卒父业。歆于是总群书而奏其《七略》。”

刘向(公元前 77—前 6 年)，字子政。西汉经学家、文学家、校勘、目录学家。成帝时为光禄大夫，领校中《五经》秘书。刘向校书 19 年。其方法是广罗异本，比较异同，写定正本。校《尚书》曾有一段校勘记：“臣以中古文校欧阳、大小夏侯三家经文。《酒诰》脱简一，《召诰》脱简二，率简二十五字者，脱亦二十五字，简二十二字者，脱亦二十二字。文体异者七百有余，脱字数十。”(《七略别录佚文》师氏山房丛书本)

东汉经学家郑玄遍注群经，于校勘也作出了很大贡献。“郑玄囊括大典，网罗众家，删繁裁芜，刊改漏失。自是学者略知所归。”(《后汉书·郑玄传》)段玉裁概括这一段历史说：“校书何放乎？放于孔子、子夏。自孔、卜后，汉成帝时，刘向及任宏、尹咸、李柱国，各显其能奏上。向卒，歆终其业。于时有雠有校，有竹有素，盖綦详焉。而千古之大业，未有盛于郑康成者也。”

自刘向、郑玄之后，致力于校勘的学者代不乏人。南朝齐王俭，梁阮孝绪，唐朝的颜师古、陆德明，宋朝的郑樵、岳珂，都在校勘学方面作出了杰出的贡献。校勘为历代多数政府所重视，西汉的兰台、东汉的东观是政府的藏书室，并置学士其中，典校藏书。三国魏始置官，其后各代，多有专门机构和官员主持校书工作。如宋和清，都是政府十分重视、校勘名家辈出的时代。宋代对校勘的条例曾有过明确规定：“诸字有误者，以雌黄涂讫，别书。或多字以雌黄圈之；少者于字侧添入；或字侧不容注者，即用朱圈，仍与本行上下空纸上标写；倒置，于两字间书乙字；诸点语断处，以侧为正；其有人名、地名、物名等合细分者，即中间细点。”（《南宋馆阁录》卷三）这是关于改正讹误，进行标点的具体规定，是自北宋时就已实行的校勘方法。沈括的《梦溪笔谈》有类似的记载。

岳珂（1183—1234）南宋人，字肃之，号倦翁、亦斋、东儿。河南汤阴人。岳飞孙，岳霖子。官至户部侍郎，淮东总领兼制置使。著有《金陀粹编》《吁天辩诬集》《天定录》《九经三传沿革例》《桯史》《棠湖诗稿》等等。清钱泰吉在《曝书杂记》中写道：“岳珂倦翁刊九经三传，以家塾所藏诸刻，并兴国于氏、建安余仁仲本，凡二十本，又以越中旧本注疏、建本有音释注疏、蜀注疏，合二十三本，专属本经名士，反复参订，始命良工入梓。其所撰相台书塾刊正《九经三传沿革例》，于书本、字画、注文、音释、句读、脱简、考异皆罗列条目，可见其详审矣。”（《甘泉乡人稿》卷七）这一段记载介绍了岳珂组织专门人才校书的情况，对其校勘的程序和内容也作了清楚说明。来新夏说：“校勘至宋可以说已成一门独立学问——校勘学。”（《古典目录学浅说》第208页）是有道理的。

校勘作为一门独立的科学，或以为始于北齐颜之推。若从实践和理论两个方面加以考察，则宋代不仅有丰富的实践，而且在校勘理论上也已经趋于成熟。郑樵撰《通志》有二十略，其中《校雠略》在我国图书事业上占有重要地位。郑樵（1103—1162）南宋杰出史学家，字渔仲，莆田（今属福建）人，居夹漈山下，学人称夹漈先生，生平著作颇丰，有《氏族略》《动植志》等八十余种。晚年撰《通志》，为百科全书式通史，其中的二十略颇有创见，而以《校雠略》影响最大。清人章学诚撰《校雠通义》，对郑樵多所驳难，究其实却是在郑樵的启发下写成的。郑樵在《通志·总叙》中说："州府所藏不患无书，校雠之司，未闻其法。欲三馆无素餐之人，四库无蠹鱼之简，千章万卷，日见流通，故作《校雠略》。"所谓"校雠之司，未闻其法"，正是说明了他撰此略的针对性和要解决的问题是理论和方法方面的。

校雠学在清代大盛，这虽有文字狱的社会背景的影响，但学术发展的自身规律所起的作用却是主要的。清代的古籍整理大规模的开展，促使了校雠学的昌盛。终身从事于校勘而成就卓著者，据支伟成《清代朴学大师列传》列于校勘部门的就有二十一人，张之洞《书目答问》后的《国朝著述诸家姓名略》列于校勘部门的为三十一人。

开清代校勘学之端的是顾炎武。他的《九经误字》一卷就是一部校勘名著。顾氏之后，名家辈出，而卢文弨、顾广圻二人的成就最高。他们把毕生的精力都倾注在古籍整理之中，为后学提供了可靠资料。

卢文弨（1717—1795）浙江余姚人。字召弓，号矶渔，自题书室名"抱经"，也称抱经先生。乾隆进士，官至侍读学士，充湖南学政，乞养归。主讲浙江书院二十余年。所校勘、注释的经子诸书汇刻为《抱经堂丛书》，著有《抱经堂文集》。

卢氏校书，涉及面极广。"自经传子史，下逮说部诗文集，凡经披览，无不丹黄"（严元照《书卢抱经先生札记后》），比如《群书拾补》三十九卷，就是以一生大部分精力对《魏书》《宋史》《金史》《新唐书》《新书》《新论》所做的校正和补佚，这一部校勘汇编深受学者推重。

卢氏的校书精神亦为学者所称道。段玉裁说："公好校书，终身未曾废。……虽耄，孳孳无怠。早昧爽而起，翻阅点勘，朱墨并作，几间缤纷，无置茗碗处。日且冥，甫出户，散步庭中，俄而篝灯如故，至夜半而后即安。祁寒酷暑不稍间。"钱大昕说，卢氏"家藏图书数万卷，皆手自校勘，精审无误。凡所校定，必参稽善本，证以它书，即友朋后进之片言亦择善而从之"（《潜研堂文集》卷二五《卢氏群书拾补序》）。

顾广圻（1770—1839）字千里，号涧蘋，又号思适居士。嘉庆诸生。元和（今江苏苏州）人，博览四部图籍，精于校勘之学。他的社会地位和经济条件远不如卢文弨，校勘工作往往受雇于人。黄丕烈、孙星衍、秦恩复、张敦仁所刻书，都由他精校，写成札记。阮元《十三经注疏》亦系顾氏所为。他一生校书极多，如《文选》《资治通鉴》《礼记郑注》《说文解字》《唐律义疏》《韩非子》《单疏仪礼》《盐铁论》《古文苑》《晏子》《扬子法言》《骆宾王集》《吕衡州集》《列女传》《焦氏易林》《抱朴子内篇》《华阳国志》《李元宾集》《黄帝本草经》《轩辕黄帝传》《宋名臣言行录》《尔雅》。校成而未及刊者还有不少。顾氏名重海内，凡经他校定付刊者，艺林就十分珍视。而藏书家每得异本，也常常向他请教。像他这样的为后学造福的学者，受到尊敬是自然的。日本学者神田喜一郎在《顾千里年谱》中称誉他是"清代校勘学第一人"，他是当之无愧的。

清代校勘学的成就大，名家多，近现代在校勘方面作出贡献的虽不乏其人，但像卢文弨、顾千里这样以毕生精力从事于这一工作，取得如此辉煌成就的专家却没有。新中国成立以后，进行了大量的古籍整理，尤其是中华书局受国家的委托，组织全国的学术力量标点二十四史，进行文字校勘，在校勘史上也是值得大书特书的。现在整理古籍的任务迫在眉睫，校勘是一项重要的任务，需要我们去认真对待。鲁迅先生曾经说过："中国要作家，要文豪，但也要真正的学究。"为了学术的发展，做一些学术的苦行僧工作是值得的。前人已经为我们树立了榜样。

四、校勘的两种形式

（一）独立的校勘

这是校勘的正宗。它的任务只是从版本上去考虑，求古求是，即求得古书的本来面目。这种校勘不考虑注释，只在文字上、篇次上下功夫。上面我们所说的卢、顾二家的校勘即属此类。如《十三经校勘记》全属版本校勘的内容，兹举《孟子·梁惠王章句上》阮元校勘记如下：

"孟子见梁襄王，出语人曰：望之不似人君。"赵岐注："襄，谥也，魏之嗣王也，望之无俨然之威仪也。"阮元校勘记："'魏之嗣王也'，闽、监、毛三本同。廖本、孔本、韩本、足利本魏作梁。"

"就之而不见所畏焉。"赵岐注："就与之，言无人君操柄之威，知其不足畏。"阮元校勘记："'操柄之威'，闽、监、毛三本同，廖本、孔本、韩本柄作秉。按秉、柄古今字，古书柄多用秉者。"

"王知夫苗乎？七八月之间旱，则苗槁矣。天油然作云，沛然下雨，则苗浡然兴之矣。"赵岐注："以苗生喻人归也，周七八月，夏之五六月也。油然，兴云之貌，沛然下雨以润槁苗，则浡然已盛，孰能止之。"阮元校勘记："'沛然下雨'，《音义》出沛字，云字亦作霈。按《初学记》引此文正作霈。""'以苗生喻人归也'，闽、监、毛三本、岳本、孔本、韩本同。宋本考文，古本归作象。""'夏之五六月也'，闽监毛三本、韩本同，廖本、孔本考文，古本无也字。"

校勘记集中写于各卷注疏之后，撰者采取十分谨慎的态度，只是客观介绍他本的情形，而自己不轻下结论。

（二）与注释并行的校勘

这种形式极多，凡校注、校释之类都是。有的注释本书名无校字，于注释中亦时有校勘的内容。

范祥雍的《洛阳伽蓝记校注》（上海古籍出版社）就是校与注并行的。其《例言》说："本书分校与注两部分：校文附于正文下，校文上加校字符号，以醒面目；注文附于正文每章后面，用数目标号标明之。"例如：

> 间阖门前校（吴集证本无前字。）御道东，有左卫府。府南有司徒府。〔六〕司徒府校（吴琯本、汉魏本司徒府三字不重。）南有国子学堂，内有孔丘像，颜渊问仁、子路问政在侧〔七〕。
>
> （卷一《城内》）

（校后字原为小字，现改为大字，另加括号。〔六〕〔七〕是注释的数号。）

马非百的《盐铁论简注》以注为主，亦间有校勘。如：

> 是以王者不珍无用以节其民，不爱其货以富其国。⑦（不珍无用，不以无用之物为宝。以节其民，使其民节俭。不爱其货，各本"其"都作"奇"，是。不爱其货，即上文"上好珍怪"的反词）
>
> （《力耕》）

五、校勘的内容

校勘的内容很广，书籍中的一切讹误及与原稿底本不合者都是校勘的内容。书目篇次、字句乃至于书写格式，凡有差错者均应校勘。梁启超《清代学术概论》认为："或是正其文字，或厘定其句读，或疏证其义例。"这是较为概括的说法。

(一) 阮元的《十三经注疏校勘记》的内容

阮元的《十三经注疏校勘记》，是很全面的进行校勘的例子。如《论语注疏·学而第一》的校勘记：

学而第一　何晏集解　邢昺疏

疏（十行本标题如此，后卷放此。闽本毛本第一行与十行本同。第二行下书魏何晏集解，第三行下书宋邢昺疏，第四行低一格书学而第一，与疏接写，后卷放此。北监本第一行下书魏何晏集解，宋邢昺疏，第二三行书明校刊、重修等姓名，第四行与闽本毛本同。后卷放此。）

不亦说乎（皇本说作悦，后并放此。《释文》出“亦说”，云：音悦，注同。按《说文》：“说，说释也，从言兑声，一曰谈说。”盖古人喜悦字多假借作说，唯皇本俱作悦，而《先进》篇“无所不说”，《子路》篇“君子易事而难说也”，又仍作说。）

马曰（皇本作马融曰，后放此。）

男子之通称（皇本作“男子通称也”。北监本通误道。）

有朋自远方来（《释文》出“有朋”云，“有或作友”，非。按《白虎通·辟雍篇》引：“朋友自远方来。”又郑氏康成注此云：“同门曰朋，同志曰友。”是旧本皆友字。）

则扞格而不胜（本扞，误杆，今订正。）

弦谓以丝播时（《礼记·文王世子》注“时作诗”，是也。）

其为仁之本与（考文引足利本无为字。）

十井为乘（考文引足利本十井作井十。）

敬事而信（宋石经避庙讳敬作钦，后放此。唯《子路》篇以下则阙笔为敬。）

居地方三百一十六里有畸（各本一并误二，今订正。）

若童汪踦也（汪踦误汪锜，今订正。）

言人不能敦重（皇本作“言人不敢重”。按敢当作敦，字形相近而讹。）

仅上录十余条，内容就相当广泛了。有书写格式的，有假借字和异体字的，有讹字的，有避讳字的，有多一字或少一字而不辨衍文或脱漏的。

（二）朱熹《大学章句》的校勘内容

朱熹的《大学章句》（见《四书章句集注》）区分经文和传文，和我们所看到的《十三经注疏》本《礼记》中的《大学》篇结构大不相同。《大学》共1751字。朱熹分出经文205字，传文1546字，于经文注释后说：

古经一章，盖孔子之言，而曾子述之。（凡二百五字）其传十章，则曾子之意而门人记之也。旧本颇有错简，今因程子所定，而更考经文，别为序次如左。（凡千五百四十六字。凡传文，杂引经传，若无统纪，然文理接续，血脉贯通，深浅始终，至为精密。熟读详味，久而见之，今不尽释也。）

（三）陈垣《校勘学释例》的内容

近人陈垣《校勘学释例》（本名《元典章校补释例》）是一部内容丰富的校勘学专著，对于了解古书在刻写中的问题，也就是校勘所涉及的内容很有意义。《元典章》是一部内容丰富而又极通俗的书，是考究元代政教风俗和语言文字的重要材料。这部书有元刻、沈刻及其他诸本。沈刻《元典章》：“写刻极精，校对极差，错漏极多，最合适为校勘学的反面教材，一展卷而错误诸例悉备矣。”（陈垣《校勘学释例》重印后记）兹抄录其书目如下：

卷一　行款误例：第一，有目无书有书无目例；第二，条目误为子目例；第三，非目录误为目录例；第四，误连上文例；第五，错简例；第六，阙文例；第七，字体残阙径行删去例；第八，空字误连及不应空字例；第九，正文讹为小注，小注讹为正文例；第十，抬头遗迹改革未尽例；第十一，表格误例。

卷二　通常字句误例：第十二，形近而误例；第十三，声近而误例；第十四，因同字而脱字例；第十五，因重写而衍字例；第十六，因误字而衍字例；第十七，重文误为二字例；第十八，一字误为二字例；第十九，妄改三例；第二十，妄添三例；第二十一，妄删三例；第二十二，妄乙三例。

卷三　元代用字误例：第二十三，不谙元时简笔字而误例；第二十四，以为简笔回改而误例；第二十五，不谙元时译音用字而误例；第二十六，用后起字易元代字例；第二十七，元代用字与今不同例。

卷四　元代用语误例：第二十八，不谙元时语法而误例；第二十九，不谙元时用语而误例；第三十，因元时用语而误例；第三十一，因校者常语而误例；第三十二，用后代语改元代语例；第三十三，元代用语与今倒置例。

卷五　元代名物误例：第三十四，不谙元时年代而误例；第三十五，不识元朝帝号庙号而误例；第三十六，不谙元时部族而误例；第三十七，不谙元代地名而误例；第三十八，不谙元代人名而误例；第三十九，不谙元代官名而误例；第四十，不识元代物名而误例；第四十一，不谙元代专名而误例；第四十二，不谙元时体制而误例。

卷六　校例：第四十三，校法四例；第四十四，元本误字经沈刻改正者不校例；第四十五，元本借用字不校例；第四十六，元本通用字不校例；第四十七，通用字元本不用例；第四十八，从错简知沈刻所本不同例；第四十九，从年月日之增入疑沈刻别有所本例；第五十，一字之误关系全书例。

这一篇目录向我们说明了几个重要问题：1.校勘什么。《释例》的校勘包括的六个卷次实际上是行款、字句、名物、校法四层。除了段落篇次诸问题之外，书籍在刻印中的差错都涉及了。2.致误的原因。校勘什么，是告诉我们版刻中有哪些差错，也就是说校勘者应当从哪些方面入手进行工作。致误原因是陈垣先生在校勘时对各种字句、名物差错现象进行的分析，即某种差错的性质及其发生的原因。这一点很重要。我们如果不明了古书流传过程中常有的错误及其发生的原因，工作起来就不会有多少自觉性，更不能使对问题的认识上升到理论的高度。3.校者应具有的知识涵养。陈垣先生是我国现代著名学者，以他的渊博知识来进行校勘当然是能够驾轻就熟、游刃有余的，一般的人尤其是初学者要进行这一工作却不是一件易事。颜之推在《颜氏家训·书证》中说："校定书籍亦何容易，自扬雄、刘向方称此职尔。观天下书未遍，不得妄下雌黄。或彼以为非，此以为是；或本同末异，或两文皆见，不可偏信一隅也。"4.要有正确的校法。（这一问题将在下面介绍。）

清人俞樾《古书疑义举例》卷五至卷七，全属校勘，共列三十七目，举例说明古书字句篇章的种种错误及其致误的原委，很有参考价值，值得一读。

总之，要能够卓有成效地进行校勘，就必须了解版刻传抄中的种种差错及其致误原因，就必须尽可能广泛地学习有关知识，并懂得校勘的基本方法和原理。不这样就不可能胜任这一工作。

六、校勘方法

校勘方法可以从广义和狭义两方面理解。广义的理解是与校勘有关的方面都包容进去。清代学者对刘向的校雠方法所涉及的方面归结为二十三条，而加以概括则为通训诂、定句读、征故实、校异同、订羡夺、辨声假、正错误、援旁证、辑逸文、稽篇目。这里面几乎囊括了注释的主要内容。真正属于校勘方法的，应当是改正刻写传抄中的讹误，正底本之是非的那些方法。

清代校勘之学大昌，其方法亦十分科学。吴承志《校管子书后》说："有可据善本校改者，有可据古书校刊者，有可据注文校改者，有可据本书校改者，有可据文义校改者。"（见《逊斋文集》卷六）钱大昕介绍卢文弨的校书是"凡所校定，必参稽善本，证以它书，即友朋后进之片言亦择善而从之"。（《卢氏群书拾补序》）将二者综合，就是陈垣先生在《校勘学释例·校法四例》中所说的对校、本校、他校、理校四法。这四法不是校勘方法的全部，但是最主要的方法却不外这四种。来新夏先生著《古典目录学浅说》，于《校勘学概说》中即录此四法。今照录此四法并摘取数例（行文有改动）如下（纳入本书正文，不作引文引出）：

（一）对校法

即以同书祖本或别本对读，遇不同之处，则注于其旁。刘向《别录》所谓"一人持本，一人读书，若怨家相对者"，就是这种方法。此法最简便，最稳当，纯属机械法。其主旨在校异同，不校是非，故其短处在不负责任，虽祖本或别本有讹，亦照式录之；而其长处则在不参己见，得此校本，可知祖本或别本之本来面目。故凡校一书，必须先用对校法，然后再用其他校法。

有非对校决不知其误者，以其文义表面上无误可疑所致。如沈刻《元典章》"元关本钱二十定"，元刻作"二千定"。沈刻"延祐四年正月"，元刻作"闰正月"。

有知其误，非对校无以知为何误者。如沈刻"每月五十五日"，元刻作"每五月十五日"。

（二）本校法

本校法就是以本书前后互证，而抉摘其异同，则知其中之谬误。

吴缜之《新唐书纠缪》、汪辉祖之《元史本证》，即用此法。此法于未得祖本或别本以前，最宜用之。陈垣先生于《元典章》曾以纲目校目录，以目录校书，以书校表，以正集校新集，得其节目讹误者若干条。至于字句之间，则循览上下文义，近而数页，远而数卷，属词比事，牴牾自见，不必尽据异本。如"未满九个月不许预告迁转"，上下文均作"九十个月"；"犯奸放火大德五年"，目录作"至元五年"。

（三）他校法

就是用他书校本书的方法。凡其书有采自前人者，可以前人之书校之；有为后人所引用者，可以后人之书校之；其史料有为同时之书所并载者，可以同时之书校之。这种校法，范围较广，用力较劳，而有时非此不能证明其讹误。丁国钧的《晋书》校文、岑刻《旧唐书》校勘记，都是这种方法。如：沈刻、元刻《元典章》并有"荨麻林纳尖尖""荨麻林纳失失"。"纳尖尖""纳失失"的是非不可用对校法确定，亦不可用本校法确定。因为仅此二条。陈垣先生据《元史·祭祀志》《舆服志》本文和注释，知"纳失失"不误，而"纳尖尖"为沈刻、元刻所同误。又如沈刻"始死如有穷"，元刻作"始死充于有穷"，这是引《礼记·檀弓上》的文字，今《檀弓》作"始死充充如有穷"，则沈刻、元刻皆误。

（四）理校法

段玉裁所谓"校书之难，非照本改字不讹不漏之难，定其是非之难"，就是说的理校法。遇无古本可据，或数本互异，而无所适从之时，则须用此法。这种方法须通识为之，否则鲁莽灭裂，以不误为误，而纠纷愈甚矣。故最高妙者此法，最危险者亦此法。钱大昕读《后汉书·郭太传》"太至南州过袁奉高"一段七十四字，疑其词句不伦，举出四证，后得闽嘉靖本，才知道这七十四字为章怀注引谢承书之文，诸本皆掺入正文，惟闽本独不失其旧。《廿二史考异》中所谓某当作某者，后得古本印证，往往相合。高邮王氏、金坛段氏也能这样定其是非。陈垣先生校《元典章》采用这种方法十分谨慎，只是在最显然易见的地方才用。如：沈刻“合无灭（减）半支俸”，“灭半”为“减半”之误；沈刻“赤银每两入加价钞一十四两八钱”，“赤银”当作“赤金”。

七、应注意的问题

校勘的目的，在正底本之是非，段玉裁所以有校书最难之叹，是因为稍有差池，便会妄改古书，贻误后学。每一位进行古籍整理的人都应当谨慎从事。

（一）要有谨严的治学态度，不要轻率下结论

这一点可以适用于治学的各个方面。我们在这里提出，是因为底本的是非问题最为紧要，轻率地下结论可能导致下面将要讨论的妄删妄改，那是害人不浅的。元吴师道重校《战国策》曾说：“夫学者考订于千载之上，义理事征而已。岁月名字之差互者，当博取征验而折以事理之是非，信其可征者。或彼此有据，则并存之可也。”“博取征验而折以事理之是非”，是注释和校勘的一个重要原则。

俞樾《古书疑义举例》卷七《据他书而误改例》：

> 《礼记·坊记篇》引《诗》：“横从其亩。”按：《毛诗》作“衡从其亩”。传曰：“衡猎之，从猎之。”《释文》引《韩诗》作“横由其亩”。东西曰横，南北曰由。此经引《诗》，上字既同《韩诗》作“横”，下字亦必同《韩诗》作“由”。郑君疑南北耕不可谓之由，故不从韩义而别为之说曰：“横行治其田也。”《广雅·释诂》曰：“由，行也。”郑训“横由”为“横行”，其意如此。后人据《毛诗》以改《礼记》，而注义晦矣。

按俞樾之意，《礼记》“横从其亩”，应作“横由其亩”。今人马叙

伦不同意这一结论，他在《古书疑义举例校录》中写道：

谨按：《毛诗》作“衡从”，《韩诗》作“横由”，“横从”即“横由”，义实无别，“横”“衡”通假，古书例证甚多，不烦引证。“由”可借为“从”者，孙诒让谓“由”“用”一字（说见《籀庼述林》，惟于“用”字，仍从卫宏卜中之说，未是。详拙著《说文解字六书疏证》。）其所援证极塙。（古逸丛书本《玉篇》“由”字作“𠙴”，即“用”之古文。传写微讹其形，又音余同反，尤可证其为“用”音。……）用、从并东类，故得通假。《韩诗》谓东西曰横，南北曰由，即《毛诗》之“横从”。记者引《诗》，不必定从韩氏，而其时尚知从、由一义转，可证也。郑君殆不达其义矣。

二说相较，马说为长。

《古书疑义举例》卷七《误增不字例》：

《庄子》一书，文章超妙，读者不得用笔之意，拘牵文义，妄加“不”字甚多。如《胠箧篇》：“然则乡之所谓知者，乃为大盗积者也。”此即上文而断之。下曰：“故尝试论之，世俗所谓知者，有不为大盗积者乎？所谓圣者，有不为大盗守者乎？”又承此而推言之，与此文不同。读者误据下文，于此文亦增不字，作“不乃为大盗积者也”，则文不成义矣。又《天道篇》：“世人以形色名声为足以得之。夫形色名声，果足以得彼之情，则知者不言，言者不知，而世岂识之哉？”四十二字一气相属；今妄增“不”字，作“果不足以得彼之情”，则不相属矣。《达生篇》：“世之人以为养形足以存生。而养形果足以存生，则世奚足为哉？”二十五字一气相属，“而”字当读为“如”；今妄增“不”字作“而养形果不足以存生”，则不相属矣。凡此皆拘牵文义者所为也。

马叙伦《古书疑义举例校录》云：

谨按：疑三“不”字，皆非妄增，《胠箧篇》之“不乃”犹“不徒”也。（徒借为乃，详余撰《庄子义证》。）下文则是“不乃窃齐国”，谓“不徒窃齐国”也。此言为大盗积者也，正起下文“并与其圣知之法而窃之”。《天道》之义，若云世人以形色名声，为足以得道之实。形色名声，果不足以得道之实，则知道得必不言，以言者皆不离形色名声也。名者必不知道，以所言者即非道也。既知者不言，言者不知，世人又岂能识之哉？《达生》所谓“养形”，即是“为世”，养形既不足以存生，则世又奚足为哉？义较明白。

二说相较，马说为长。

校勘不比注释词语和讲析义理，能够有各自的理解。校勘研究的是底本是非，是正本清源的基础工作，这一步坏了，后果是不堪设想的。书本不误，却因校而误，那就是“子读书而书受其害”了。

上举二例，俞樾所用之法为理校，就是陈垣先生所说的“最高妙”而又“最危险”的一种校法。俞氏的《古书疑义举例》成功运用此法的例子很多，所列校勘三十七目百数条，马氏的《校录》不过驳难了两条，就是明证。但俞氏引文语气都过于武断自信，不如马氏持论平和。这就是在运用这种“高妙”的校法中，走上了险而又险的道路，是应当引以为戒的。

（二）不可妄改

妄改、妄删、妄添、妄乙是校勘的大忌。有人说明人好刻古书而古书亡，这与刻家不讲校勘，妄加删改有关。校勘的目的在改正错误，而妄改则增加了错误，这就事与愿违了。

（1）妄改例

《周易·坤》：“初六履霜。”《释文》曰：“郑读履为礼。”按，履霜之义，明白无疑，郑读为“礼”，义不可通。疑郑氏所据本作“礼霜”，郑注则曰“礼读为履”，破叚字而读以本字也。后人用注说改经，又以既改之经文改注，而陆氏承其误耳。

（《古书疑义举例》卷五《以注说改正文例》）

《荀子·非相篇》：“传者久则论略，近则论详。”按：两“论”字皆“俞”字之误。“俞”读为“愈”，古字通用，见本书《荣辱篇》注。《韩诗外传》正作“久则愈略，近则愈详”，可证也。“俞”字误作“侖”，而校者又误改作“論（论）”。

（又《因误字而误改例》）

垂，古文作“𠂹”，见《说文·我部》。《管子·地员篇》“山之𠂹”，即山之垂也。《说文·土部》：“垂，边远也。”谓山之边侧也。学者不识“𠂹”字，误作“才”字，又加木旁作“材”，失之矣。

（卷七《不识古字而误改例》）

《墨子·七患篇》：“为者疾，食者众，则岁无丰。”按：“疾”当作“寡”。为者寡而食者众，虽丰年不足供之，故岁无丰也。今作“为者疾”，后人据《大学》改之。

（卷七《据他书而误改例》）

宋人黄朝英《靖康缃素杂记》中曾记载唐大文学家韩愈之子韩昶妄改古书的事：“昶尝为集贤校理，史传中有说金根处，皆臆断之。曰：岂其误欤？必金银车也，急改根字为银字。”金根本为车名，殷名乘根，秦改曰金根，说见《后汉书·舆服志》。韩昶不知《后汉书》有“金根”的解释，造成了这一贻笑后世的谬误。清人李兆洛十分感慨地说：“有校者荒陋不知守阙如之戒，妄缘疑而致误，至剜肉而成疮，至有谬称皇考，妄易银根者。本初不误，校乃至误，此自书有刊本，轻有雌黄。倘经三刻，而古人之真书失矣。”(《养一斋文集》卷十一《涧蕡顾君墓志铭》)这个教训是应当吸取的。对于古书，确属讹误，当改必改。没有把握的，可以提出怀疑；二说可通的，可以存参，决不可妄改。自己本系臆断，却要以尖刻的言辞批评别人，更不可取。

(2) 妄删例

凡有衍文,宜当删削。但删削不当,反失本真。陈垣举沈刻《元典章》妄删之例，如以为衍文而妄删之者：元刻《户部》八卷“仍督各处巡捕官司严行巡禁”，沈刻误删“司”字；元刻《刑部》四卷“追烧埋银五十两给主”，沈刻误删“五十两”三字。元刻《圣政》《台纲》卷内之“肃政廉访司”，多删去“肃政”二字；《刑部》八、九卷内之圣旨，多删去“那般者么道”五字。陈垣先生写道：“翻刻古籍，与编撰史籍不同，编撰史籍，贵有别裁，翻化古籍，应存本色，况‘那般者么道’，元代方言，信笔涂删，语意全失矣。”

(3) 妄添例

妄添妄补多发生在似是而非、模棱两可的时候。如《论语·颜渊》：“子贡问政。子曰：‘足食，足兵，民信之矣。’子贡曰：‘必不得已而去，于斯三者何先？’曰：‘去兵。’子贡曰：‘必不得已而去，于斯二者何先？’曰：‘去食。自古皆有死，民无信不立。’”“子贡曰：必不得已而去，于斯二者何先”，皇本无“子贡”二字。孰是孰非，难以断定。皇本无，于文意无损，读者因上文亦可明白此“曰”必为“子贡曰”。又：“子张问崇德辨惑。子曰：‘主忠信，徙义，崇德也。爱之欲其生，恶之欲其死。既欲其生，又欲其死，是惑也。’”“崇德也”皇本无“也”字。审上下文意，“也”字当补。

元刻《元典章·刑部》卷十三：“仍关户部照会。”沈刻作“仍关照户部照会”，“照”字妄添。

元刻《元典章·吏部》卷八：“不问罪名轻重。”沈刻作“不问罪名轻罪重罪”，“轻”下“重”下妄添“罪”字。

元刻《元典章·吏部》卷十三：“诸色户籍地亩干

> 照文册。”沈刻作“诸色户籍地亩若干照文册”，“若”字妄添。“干照”为当时常语。

不轻易改字、不随便补字，应是每一位整理古书的人的正确态度。孔子整理经籍，就非常审慎。《左传·桓公十四年》：“经十有四年，春，正月，公会郑伯于曹。无冰。夏五，郑伯使其弟语来盟。”经是《春秋》经文，是孔子整理过的。《春秋》按每年春、夏、秋、冬的顺序来记载国家大事，季节后的数字后必然有“月”字，“夏五”无“月”，分明是阙文。杜预注说：“不书月，阙文。”阙便让它阙，保存了古书面目，杜注指出阙一“月”字，仅此而已。卢文弨《抱经堂文集》卷八《春秋尊王发微跋》对这种审慎态度作了评价：“‘夏五’之下，其为‘月’也无疑矣。而圣人不益者，谓其文或不仅于此也。益之以‘月’，将谓‘郑伯使其弟语来盟’为五月之事，所书仅此，无复更疑其上之容有脱文者矣。”

（4）妄乙例

乙作为读书校书的符号有两种含义，一是读书记止处的符号。《史记·滑稽列传》褚少孙补：“（东方）朔初入长安，至公车上书，凡用三千奏牍。……人主从上方读之，止，辄乙其处，读之二月乃尽。”一是文字倒置，于两字间书乙字，以正文字次序。《南宋馆阁录》卷三：“倒置，于两字间书乙字。”作为纠正倒置的符号，唐人已习用。所谓妄乙，就是随意颠倒古书文字次序。《古书疑义举例》卷五《因误衍而误倒例》举了一个典型的例子：

> 扬子《太玄·玄莹篇》：“啧情也，抽理也，莹事也，昭君子之道也。”按上文云：“阴阳所以抽啧也，从横所以莹理也，明晦所以昭事也。”此当云“抽啧也，莹理也，昭事也”，方与上合。今“抽啧”误作“啧情”，“情”字盖即“啧”字之误而衍者。于是移“抽”字以易下句“莹”字，而“莹理”误作“抽理”矣。又移“莹”字以易下句“昭”字，而“昭事”误作“莹事”矣。至“昭”字

无可易，乃移置下句之首，而“君子之道也”误作“昭君子之道也”。盖因一字之误衍，而遂使诸字以次而叠降，以此校书，亦可云不惮烦矣。

又卷六《上下两句易置例》：

《淮南子·俶真篇》：“势利不能诱也，辩者不能说也，声色不能淫也，美者不能滥也，知者不能动也，勇者不能恐也，此真人之道也。”按：“声色”句当在“辩者”句前，则声色货利以类相从；辩者、美者、知者、勇者，亦以类相从矣。《文子·九守篇》正如此，可据以订正。

《校勘学释例》卷二《妄乙三例》，分析了沈刻《元典章》妄乙元刻本的三种情况：

不知古语而妄乙，失其意义者：

沈刻《户部》卷七：“依添上答价值。”元刻作“依上添答价值”，不知“添答”方言，妄乙为“添上”。

习见常语而妄乙，失其意义者：

沈刻《户部》卷八：“场官知情卖货者。”元刻作“货卖者”，因习见“卖货”二字而妄乙之。

所乙虽与元义不殊，然究非当日元文者。

沈刻《刑部》卷三：“用刀割去囊肾。”元刻作“割囊去肾”。

妄改、妄删、妄添、妄乙，都是有害的。《论语·子罕篇》说：“子绝四——毋意，毋必，毋固，毋我。”就是说孔子根除了四种毛病——不凭空猜测，不绝对肯定，不拘泥固执，不自以为是。东汉何休撰《公羊传解诂》，对孔子的这一精神作了热情的赞扬。（说见《公羊传·昭公十二年》）我们也应当“绝四”，尽可能不要犯主观臆断的毛病。

（三）了解古书致误的一般规律，充分利用清人近人校书的成果

这是提高校勘的自觉性和质量的重要条件。古书翻刻传抄乃至于底本本身的错误，其表现形式无非是讹字、衍字、夺字，颠倒几个方面。为什么会有这些差错，除刻印传抄中的疏忽致误之外，与汉字本身在形、音、义和汉语在词汇、语法、修辞方面的特点，经文和传注中时有发生的若干训释现象有着密切关系。这些往往成为致误的原因。有成就的训诂学家、校勘学家，由于他们本身所具有的广博的文化知识和精深的专业素养，对这一些致误的内部规律是认识得比较清楚的。因此他们能够充分利用其知识长处，独具慧眼，善于发现疑点，善于从浩如烟海的文献材料中找到旁证，善于作出判断。尤其是清儒，更是这样。

我们知道，宋人于校书用力甚勤，而清人则可谓校书既勤且精。清末孙诒让《籀廎述林》卷五《札迻序》中说："近世钜儒修学好古，校刊旧籍，率有记述。而王怀祖观察及子伯申尚书，卢绍弓学士，孙渊如观察，顾涧薲文学，洪筠轩州判，严铁桥文学，顾尚之明经及年丈俞荫甫编修，所论著尤众。风尚大昌，覃及异域，若安井衡、蒲版圆所笺校虽疏浅，亦资考证。综论厥善大抵以旧刊精校为依据，而究其微恉，通其大例。精思博考，不参成见，其是正文字讹舛，或求之于本书，或旁证之他籍及援引之类书，而以声类通转为之铃键。故能发疑正读，奄若合符。"这一段对清代校勘学具有总结性质的文字，在方法论上提出了有价值的几点：(1) 利用前人的成果，依据旧刊精校本；(2) 研求其微恉，把校勘文字和辨析义理结合起来，充分发挥理校的作用；(3) 充分占有材料，从本书、他书或类书中求得旁证，避免主观臆断；(4) 从体系上把握校勘的原理和方法，掌握其内部规律；(5) 以声类通转为铃键。这几点我们可以从不同的角度置于不同的章节下，但第一点和后两点却是与本节所讨论的问题密切关连的。

致误的内部或外部因素，王念孙、王引之、俞樾、陈垣的著作都从不同的角度作了归纳整理。张舜徽先生在《中国古代史籍校读法·关于校书》一章中对王氏父子和俞樾在这方面的成就作了很高的评价：

> 清代诸儒，既对古代汉字的结构、音读以及语法方面的知识有专精研究，不独校书精审，取得了不少发明或发现；并且还能从古书讹误的来源问题，找出了规律性的条例，给与后人的启发尤大。例如王氏《经义述闻》三十二，将群经中的“衍文”“形讹”“上下相因而误”“后人改注疏释文”，都作出了综合性的总结。

王引之对古书中的错误作了深入细致的调查，如“形讹”一节，就列举了因篆文及古文形体相似而讹者（如四字古文与三相似而误为三，神字古文与旦相似而误为旦，人字篆文与九相似而误为九），因隶书形体相似而讹者（如宣与寡字隶书相似而误为寡，斗字隶书与升相似而误为升），有因草书形体相近而讹者（如靳字草书与靷相似而误为靷），有与或体相似而讹者（如避与辟字或体相似而误为辟）等现象。王氏举例甚多，如淫与淮、偒与伤、美与业（業）、左与右、天与大，等等。从大量的具体字例中，概括出某些带规律性的东西，这样就增强了文章的理论价值，对读者的意义就更大了。在本章的前面我们曾举出王念孙的《读书杂志》校《墨子》一书的情况，他也是善于提炼出纲领性的观点来统摄具体材料的。他校订《淮南子》，就归纳了致误原由的六十四例。俞樾的《古书疑义举例》五至七所列三十七例，也是很完备的。张先生指出，这三十七例“差不多将古书中的衍文、讹体、倒置、脱落、误改、误解、误增、误删，以及简策错乱、篇章颠倒等多种现象，都完全总结出来了”。这些条例一方面是对校勘的基本规律的认识和总结，另一方面又表示着校者的学识修养。我们既要从他们已经总结的经验中逐步掌握基本规律，又要不断提高知识素养，来提高校勘的能力和水平，把古籍整理的工作做好，提高注释的质量。比如《元典章》的沈刻本和元刻本，假若不是像陈垣先生具有那么广博精深的学识和对于元代典章制度以及语言文字的深刻了解，是不可能校出《校勘学释例》那样的水平的。

谈到利用近现代的成果，首先得承认“前修未密，后出转精”是有普遍意义的。注释古书是这样，校勘更是这样。后校较前校多了科学成果的积累，后注较前注多了可资参考的观点和材料。因此，除了那些粗制滥造的东西之外，凡是近现代严谨的学者所做的校勘工作都应当是值得重视的。比如中华书局的二十四史，是国家组织全国的学术力量协作完成的。每一史的点校，都是由该史的最有声望的学者领衔进行的。再如《管子》一书，清代为之校订笺释的名家十余人，近人许维遹、闻一多也作了校释。郭沫若以许、闻两家所校为基础，组织人力加以修订增补，于1956年出版了《管子集校》。这个本子取材丰富，考订多精，自然是后来者居上了。宋刊《十三经注疏》是一个好的版本，但是却不能和附有阮元校勘记的相比。我们整理古籍，对清代精刻精校本和近人在前人（主要是清人）基础上做的校订都要给以高度重视。有了好的校本，再来做词语的注释和其他工作，就有了良好的基础，可收事半功倍之效。

（四）充分占有材料，讲求校勘方法

不论是一部书的专门点校，或者是在注释中进行校勘，都必须以广泛地占有材料为前提。我们在一部严肃的注释和校勘本的书前和书后，往往可以看到一个使用、参考书籍的一览表，这是必要的，有利于提高这一部校勘或注释本的信誉。比如《十三经注疏》（附校勘记）每一经前都列有参考书目。这样做还可以说明今本的完成与前人的研究成果是何关系，说明成绩取得的由来。

仅占有材料而不善于运用科学的方法，也难以取得大的成绩。比如对校、本校、他校，如果只是把不同的情况批注一旁，而不断是非，则这种校勘仍属较为初级的阶段。这里理校就显得十分重要。当然，假若没有材料作根据，也很危险。就所掌握的尽可能充分的材料，科学地、综合地运用各种有效的方法，则校勘的质量就会提高。王念孙的《读书杂志》在这方面是做得很出色。试举二例如下：

《管子·法法》："是故先王制轩冕，所以著贵贱，不求其美；设爵禄，所以守其服，不求其观也。"宋本上"所以"作"足以"。念孙案：两所以皆当作足以，足与不求，文义正相承。下文曰："明君制宗庙，足以设宾祀，不求其美；为宫室台榭，足以避燥湿寒暑，不求其大；为雕文刻镂，足以辨贵贱，不求其观。"是其明证也。后人改足以为所以，则非其指矣。《群书治要》及《艺文类聚·封爵部》《太平御览·封建部一》引此并作"足以著贵贱""足以守其服"。《文选·羽猎赋》注引作"足以章贵贱"。

《晏子春秋·内篇杂上》："景公游于寿宫，睹长年负薪者，而有饥色。公悲之，喟然叹曰：'令吏养之！'"念孙案："叹曰"二字，后人所加，"公悲之，喟然令吏养之"，皆是记者之词（《谏上篇》"令吏诛之"，《下篇》"令吏谨守之"，《杂下篇》"令吏葬之"，皆记者之词）。后人加"叹曰"二字，则以"令吏养之"为景公语，谬以千里矣。《说苑·贵德篇》有"叹曰"二字，亦后人依俗本《晏子》加之。《艺文类聚·火部》引《晏子》作"公喟然令吏养之"。无"叹曰"二字。《谏上篇》"公喟然曰"，后人加"叹"字，《下篇》"喟然流涕"，后人加"叹而"二字，谬皆与此同。（辩见《谏上》《谏下》）

这种综合运用各种校勘方法，在可靠的材料基础上作出的判断其可靠程度是很高的。《晏子》一书版本甚多，指海本即取王说删去"叹曰"二字。（参见吴则虞《晏子春秋集释》第312页及《晏子春秋集释附录·篇目考》并《版本题识》）

校勘需要注意的问题较多，如不可尽信古注、类书之类，前人都有论述，这里不再赘言。

第五章　句　　读

一、何谓句读

所谓句读，就是断句。这是阅读古书首先要遇到的问题。

人的思维是有节奏有层次的。记述某一过程，说明某一问题，描写某一现象，除了思维混乱的人之外，都必然是有条有理地进行的。语言是思维的反映，人说话会有停顿，这是生理的需要，又会通过停顿来反映思维的节奏和层次。在停顿之中有时间长短的不同和声调的差异，这些都与说话的内容，即说话人要表达的思想感情相一致。研究这些停顿和文章非停顿的标示性符号就成了一门学问，也就是现代所说的标点符号之学。

句读就是断句，就是从阅读古书的角度提出的狭义的解释。它所研究的只是说话或写文章表示内容层次间隔的时间差异，把这种差异同说话人的感情声调联系起来，同以某种符号标示特定的名称联系起来，那就需要运用广义的标点符号来解释了。本书所讨论的句读，主要是古书的断句，也简略介绍古书的标点符号问题。

《礼记·学记》曰："一年，视离经辨志。"郑玄注云："离经，断句绝也。辨志，谓别其心意所趣乡也。"孔颖达疏云："离经，谓离析经理，使章句断绝也。"郑玄的解释仅为句读，孔疏则又进了一步，涉及篇章了。清人黄以周作《离经辨志说》，其说与郑玄同："古离经有二法：一曰句断，一曰句绝。句断，今谓之句逗，古亦谓之句投。断与逗、投皆音近字。句断者，其辞于此中断而意不绝。句绝，则辞意俱绝也。郑注离训断绝，兼两法言。"(《儆季杂著·群经说三》)

汉代有两个与句读有关的字：即“丶”与“亅”。《说文·丶部》：“丶，有所绝止，丶而识之也。”段玉裁注说：“此于六书为指事。凡物有分别，事有可不，意所存主，心识其处者皆是，非专谓读书止辄乙其处也。”丶即主的古字，其含义包括“读书止辄乙其处”，即“有所绝止，丶而识之”。《说文·亅部》：“亅，钩识也。”段玉裁注说：“钩识者用钩，表识其处也。褚先生补《滑稽传》，东方朔上书，凡用三千奏牍。人主从上方读之，止辄乙其处，二月乃尽。此非甲乙字，乃正亅字也。”看来丶与亅与后世读书所用圈（。）点（丶）相似，但并不就是后世的圈点。古人读书，在一句话语意完结处，加一圈于字旁，与今日所用句号一样；于语意未完结而须停顿处加一小点于字句中间，与今日逗点同。这种圈点就是句读。但从《说文》和《学记》郑注看，在汉代还没有这样的句读观念和符号。

古人读书的圈点，重在意思是否完结和一句话中是否应有停顿，对于一个意思的完结所表示的语气和情感以及句与句间的关系是没有其他的符号表示的，不像我们现在使用的标点符号有那么细的分工。因此我们说，讲古书的句读，从狭义上理解，与现代的标点符号是很不相同的。

二、为什么要重视句读

古书流传，除经今人点校注释过的之外，多是没有句读的白文，所谓“白文”，就是指没有标点的文字。

（一）不能句读就读不懂古书

语言有古今之分、方域之别。今人阅读古书，仅此一层就会遇到许多困难。至于白文古书，我们不能很快明白古人写作（说话）的节奏和层次，理解起来，就会难上加难。毫不夸张地说，句读是读懂古书的第一步，没有这一步，是谈不上读古书的。所以有人说："学者喜读古书，惟当细心点读，读一书而得一书之用，则善矣。"（孙德谦《古书读法略例》卷四）又说："不达用点之法，且有失解之患。"而"句读既明，而义理亦不难得矣，盖用点为分，于上下文不致误为牵连，则书之义理，必能了然也"。

试举一例："育而不苗者吾家之童乌乎九龄而与我玄文。"（《法言·问神》）这十几个字的文字，断句也不很容易。宋袁文《瓮牖闲评》以"吾家之童"读断，以"乌乎"为句，云："子云叹其子童蒙而早亡，故曰'乌乎'，即'呜乎'字。"孙德谦说："于'童'下用点，可知袁氏读书颇以点读为不可忽也。"（《古书读法略例》卷四《书用点读例》）孙氏对袁文重视点逗给予评价，对这一点逗是否正确持怀疑态度。杨树达《古书句读释例》引证几种材料，对袁说表示了否定。

> 宋姚宽《西溪丛语》云："有一老先生读《法言》，谓'吾家之童'为一句，'乌'连'乎'字作一句读，谓叹声也。仆观《郑固碑》曰：'大男有杨乌之才，年七岁而夭。'苏倾赋：'童乌何寿之不将。'是时去子云未远，所举为不谬。于是知'童乌'为子云之子小名。"张澍《蜀典》卷二云："《文士传》汉桓骥答客诗曰：'伊彼杨乌，命世称贤。'客示桓骥诗亦云：'杨乌九龄。'此岂作叹词解乎！"树达按，《御览》三百八十五引刘向《别录》云："杨信，字子乌，雄第二子。"乌为雄子之字，毫无可疑。姚、张说是，袁读非也。
>
> （见杨树达《古书句读释例·不当读而误读》）

按袁说，这十几个字没有扬雄儿子的名字，按姚、张说，乌为扬雄子名。可见句读的一点之差表示了读者是否明白古书的内容。

（二）句读有误，会导致对文义、史实的误解，造成注释的失误

《韩非子·外储说左下》有一段与句读有关的记载：

> 哀公问于孔子曰："吾闻夔一足，信乎？"曰："夔，

人也，何故一足？彼其无他异，而独通于声。尧曰：夔一而足矣，使为乐正。故君子曰：夔有一，足，非一足也。”

鲁哀公之所问为“夔一足”三字连续，中无句读。孔子之所答则应于“一”下断开，即：“夔一，足。”句读不同，则理解上的差异竟如此之大。哀公以为夔只有一只脚，孔子的回答则是像夔这样的音乐家，让他做乐正，有一个就足够了。《书·舜典》曰：“帝（舜）曰：‘夔，命汝典乐，教胄子……’舜曰：‘于予击石拊石，百兽率舞。’”《吕氏春秋·古乐》载：“帝尧立，乃令夔为乐……（舜立）乃令夔修《九招》《六列》《六英》，以明帝德。”孔子的回答就是夔为乐正这件事。鲁哀公的发问极有可能是把夔这个人物和神话中的“夔一足”混淆了。《山海经·大荒东经》说：“东海中有流波山，入海七千里。其上有兽，状如牛，苍身而无角，一足，出入水则必风雨。其光如日月，其声如雷，其名曰夔。”《说文》说夔的形貌“如龙一足”。还有韦昭注《国语·鲁语》所说的“夔一足，越人谓之山缫，人面猴身能言”。孔子时代是否知道这些神话传说，尚不得而知。但鲁哀公所问与神话“夔一足”无涉，他问的是人，人仅一足，不可信，所以他发问了。这是句读问题引出的故事，是很典型的。

《老子》第一章的句读，也涉及对内容的理解：

道，可道，非常道；名，可名，非常名。无名，天地之始；有名，万物之母。故常无，欲以观其妙，常有，欲以观其徼。此两者同出而异名。同谓之玄，玄之又玄，众妙之门。

任继愈作了如上标点，译文如下：

“道”，说得出的，它就不是永恒的“道”；名，叫得出的，它就不是永恒的名。“无名”是天地的原始；“有名”是万物的根本。所以经常从无形象处认识“道”（无名）的微妙，经常从有形处来认识万物（有名）的终极。这两者（有形和无形）是同一个来源而有不同的名称。它们都可以说是深远的，极远极深，它是一切微妙的总门。

《老子》书中的“道”，按任译是不能用语言文字表达的神秘的精神本体，它是天地万物的本源。它的玄妙处在于不具有任何质的规定性，不能用正常的方法去认识它。三国魏玄学家王弼注《老子》，以无欲、有欲连文，说：“故常无欲空虚，可以观其始物之妙，常有欲可以观其终物之徼。”孙德谦批评说：“王氏无欲、有欲之说，是未融会此章之义，因增出欲字为训，其失即在常无、常有，不明用点之法耳。”（《古书读法略例》卷四《书用点读例》）

其实问题不是不明用点之法，而是对《老子》这一章的哲学概念应当如何理解。不同的理解必然会造成不同的句读，不同的句读表示不同的理解。

马王堆汉墓帛书《老子》的出土，使我们看到了公元前206—前195年汉高祖时期的抄写本（甲本）和前194—前180年汉惠帝或吕后时期的抄写本的情况。上录第一章，甲本乙本均在中间。两种帛书本的文字情况基本一致。文物出版社1976年版甲本为：

道可道也，非恒道也。名可名也，非恒名也。无名，万物之始也；有名，万物之母也。故恒无欲也，以观其眇（妙）；恒有欲也，以观其徼。两者同出，异名同胃（谓）。玄之有（又）玄，众眇（妙之）[门]。

汉墓帛书当然不是最早的本子。但是从“道可道也”“名可名也”“故恒无欲也”“恒有欲也”“两者同出，异名同谓”几句看，孙德谦说和任继愈点读和今译是否为确解就值得怀疑了。王弼去汉未远，在无欲、有欲的理解上是否错误还难以断定。如上文所说，句读反映着理解。那么究竟应当怎样理解这一章文意，还有待作进一步的考辨。帛书的句读和孙、任的句读是明显地表现出了理解的差异的。

从所举例子中可以看出句读是何等重要，又是何等困难。古人于疑难字句处常常不知句读，不知某字是属上读还是下读，清儒在这方面提供了许多例子，说明了句读与释词义、句义的密切关系。那种辨析是极需学识水平的。古谚说："学识何如观点书"（见《资暇集》卷上引稷下谚），是有道理的。

（三）误读会造成校勘的失误

句读不仅与注释的关系密切，与校勘的关系也很密切。错误的句读会导致校勘的失误，造成误改、误删、误补、误乙。兹举王念孙《读书杂志》误读而致误校例如下：

（1）误改例

《汉书·高五王传》："会汉将栾布平阳侯等兵至齐击破三国兵解围已后（後）闻齐初与三国有谋将欲移兵伐齐。"

王念孙《读书杂志》曰："'已后（後）闻'三字文义不顺，后（後）当为復。言栾布等破三国兵解齐围，已而復闻齐与三国有谋，遂欲伐齐也。《通鉴·汉纪八》作後，则所见《汉书》本已误。《史记》正作'已而復闻齐与三国有谋。'復後二字篆隶皆相似，故復讹作後。"杨树达曰："王氏误读，故欲改字，其说非也。此当以'解围已'为句，谓解围事终了也。此班改《史记》处，故与《史记》读不同。《苏武传》云：'会论虞常，欲因此事降武。剑斩虞常已，律曰：'汉使张武谋杀单于近臣。'《王尊传》云：'食已，乃还改诏。'《王莽传》云：'宇妻焉怀子，系狱，须产子已，杀之。'句例并同。"

（2）误删例

《史记·孟尝君列传》："冯驩乃西说秦王曰天下之游士凭轼结靷西入秦者无不欲强秦而弱齐凭轼结靷东入齐者无不欲强齐而弱秦此雌雄之国也势不两立为雄雄者得天下矣。"

王念孙《读书杂志》引顾子明云：“‘为雄’下衍一‘雄’字，‘为雄’二字属下读。”杨树达曰：“吴汝纶以‘为雄’属上读，是也。不必衍‘雄’字。下文‘蘿说齐王云：“夫秦齐，雌雄之国，秦强则齐弱矣。此势不两雄。”此文之‘势不两立为雄’，即彼文‘势不两雄’也。顾说非是。”

（3）误补例

《汉书·爰盎传》：“且陛下从代来每朝郎官者上书疏未尝不止輦受其言不可用置之言可采未尝不称善。”

王念孙《读书杂志》云：“‘受其言’下当更有一‘言’字。‘言不可用’正与‘言可采’对文。今本脱一‘言’字。《御览·人事部》引此正作‘言不可用’，《史记》同。”杨树达曰：“此王氏属读之误也。此文当于‘受’字断句。受者，受书疏，非谓受言也。《风俗通》卷二引刘向语云：‘文帝礼言事者，不伤其意。群臣无小大，至即便从容言，上止輦听之。其言可者，称善；不可者，喜笑而已。’此‘其言’二字当下属之证。王氏因误读而欲增字，非也。”

（4）误乙例

《汉书·杜周传》：“茂陵杜鄴与钦同姓字俱以材能称京师故衣冠谓钦为盲杜子夏以相别。”

王念孙云：“‘俱以材能称’绝句，‘故’字当在‘京师’上，而以‘故京师衣冠’五字连读。京师衣冠谓京师士大夫也。《白帖》十二引此作‘京师衣冠谓钦为盲杜子夏’，《御览·疾病部三》同，则‘京师衣冠’四字连读明矣。《汉纪》作‘俱好学以材能称’，故京师谓钦为盲子夏，则‘故京师’三字连读又明矣。”杨树达曰：“‘称京师’谓见称于京师也。班文简，省去‘于’字耳。原文可通，不当如王读倒字。《汉纪》《白帖》皆误断句，岂可信从！王氏于此为误信矣。”

王念孙《读书杂志》是清代的训诂名著，于古书校勘用力至勤，辨析极精，尚不免因句读失误而致校勘失误，可见句读意义之大，切不可掉以轻心。

三、句读失误的原因

古书向无圈点，似乎一加圈点，就表示着知识水平的低下。加上从汉至清，两千余年并无一套标点符号，这就给后世读者留下了许多困难，浪费了许多时间和精力去揣测古人写书的停顿和层次。本来古文献遗留下来的语言多是和口语相去甚远的文言，不论学识怎样渊博的人，想对前人的书面语言了解得那么清楚，就如作书者本人一样，都是不可能的。想要透彻了解前人的书面语言，就必须具备如从前那个历史时代的学者所受到的时代熏陶，掌握那个时代的语言规律和知识素养一样。后人的学识可以超越前人，而掌握古代语言的水平和使用习惯，却是明显地受着时代局限的。加上校勘上的原因，后代学者研读古书，在句读上出现毛病，就不是什么奇怪的现象了。

句读的失误，无非是当读不读，不当读而读和本属上读而属下，本属下读而属上几种。这纯粹是断句，并不是指使用古时并不存在而今天才有的标点符号系统。

句读失误的原因除上面所提到的一般性的之外，可归纳为两点：

（一）因语言文字之学的知识局限致误

句读古书，需要有丰富的、系统的古汉语知识。它涉及文字、音韵、词汇、训诂、语法等各个方面。稍有不慎就可能误读。

（1）不辨古字通假而误读

《礼记·学记》："今之教者，呻其占毕多其讯言及于数。"郑玄以"言"属下读，注云："呻，吟也；占，视也；简谓之毕；讯犹问也。言今之师自不晓经之义，但吟诵其所视简之文，多其难问也。呻或为慕，讯或为訾。”于“言及于数”下注云：“其发言出说不首其义，动云有所法象而已。”王引之曰：“以言属下读，不知讯与谇通。谇言犹告语也。”

（据《经义述闻》卷三十二《通说下》）

《汉书·贾谊传》：“诸侯之地其削颇入汉者为徙其侯国及封其子孙也所以数偿之。”颜师古于“也”字为句。沈彤云：“也当作他。谓诸侯或以罪黜，其地被削，多入于汉者。若因其所存地为国，则国小而其子孙亦不得封，故为之徙其侯国，并封其子孙于他所，如其被削之数偿之也。颜注误。”杨树达曰：“沈说是也。也、它二字古音同通假，不必改作‘他’。”

（据《古书句读释例》。下同）

(2) 不识古韵而误读

《汉书·高五王传》：“赵王饿乃歌曰诸吕用事兮刘氏微迫胁王侯兮强授我妃我妃既妒兮诬我以恶谗女乱国兮上曾不寤我无忠臣兮何故弃国自快中野兮苍天与直于嗟不可悔兮宁早自贼。”颜师古以“我无忠臣兮何故”为句，注云：“谓不能明白之也。”刘攽云：“弃国当属上句。”杨树达曰：“刘读是也。颜意盖以‘故’与上‘妒’‘恶’‘寤’为韵，不知此句‘故’字不当入韵，而当以‘国’与下‘直’‘贼’为韵也。”

(3) 因校勘问题而误读

《荀子·非相》：“故君子之行仁也无厌志好之行安之乐言之故言君子必辩。”杨倞于“故言”下注云：“所以好言说，由此三者也。”王念孙云：“杨说非也。‘故君子必辩’为一句，故下本无‘言’字。此言君子志好之，行安之，乐言之，是以必辩也。上文云：‘故君子之于言也，志好之，行安之，乐言之，故君子必辩。'是其证。今作'故言君子必辩'，'言'字乃涉上文而衍。杨断'故言'为一句以结上文，则'君子必辩'四字竟成赘语矣。"杨树达曰："王说是也。"

(4) 因词汇训诂问题而误读

《书·康诰》："用康乃心，顾乃德，远乃猷裕，乃以民宁，不汝瑕殄。"郑玄于"猷"下注云："用是诚道安汝心，顾省汝德，无令有非；远汝谋，思为长久。"于"殄"下注云："行宽政乃以民安，则我不汝罪过，不绝亡汝。"王引之云："'远乃猷裕'，解者以裕字属下读，不知猷裕皆道也。"按，王说是。猷、裕同义。郑训猷为谋，训裕为宽，不知经传平列二字上下同义，故误以猷属上读，裕属下读。

《书·盘庚》："无弱孤有幼。"郑玄注："不徙，则孤幼受害，是弱易之。"王引之曰："《盘庚》'无弱孤有幼'，解者以'孤有幼'连读，不知'弱孤'犹言弱寡，皆轻忽之义也。"按，郑注不涉句读，而关读时自然停顿。《盘庚》篇大意，前已说明。此句按郑注，当读为"无弱——孤有幼"，按王说，当读为"无弱孤——有幼"。王说是。

《文选·司马迁〈报任少卿书〉》（商务印书馆国学丛书本）："要之死日，然后是非乃定。""要之"，用法略同于"总之"，为连词性复音虚词，表示承接并总结上文。应标点为："要之，死日然后是非乃定。"

(二) 因古文化知识局限而误读

《汉书·地理志》："户，十四万七百六十一；口，六十四万二千八百八十四。县十四：东平陵邹平台梁邹……"对"县十四"以下县名的句读，清以前以"邹"为一读，"平台"为一读，一读即为一县。顾炎武《日知录》

卷三十考辨说："《汉书》济南郡之县十四：一曰东平陵；二曰邹平；三曰台；四曰梁邹……后人读《汉书》，误从'邹'字绝句，因以'邹'为一县，'平台'为一县。《齐乘》遂谓汉济南郡有邹县，后汉改为'邹平'，又以'台''平台'为二县，此不得其句读而妄为之说也。"

《史记·秦始皇本纪》："彗星复见西方十六日。夏太后死。"《史记会注考证》的断句为："彗星复见西方。十六日，夏太后死。"《史记》一般用干支纪日。"十六日，夏太后死"，系以"十六日"为一月中的一天时间。《史记》原义，是指彗星复见西方的天数，不是指夏太后死的时间。《史记》数字和日连用，说的是多少天，少有例外。《会注考证》的断句不审中国古代纪日制度，因而断错。

《历代职官表》卷二十三引《山堂考索》："凡他官入院，未除学士，谓之直院。学士俱阙，他官暂行文书，谓之权直。"《丛书集成》本《历代职官表》断句为："凡他官入院未除学士。谓之直院学士。俱阙他官暂行文书。谓之权直。"按，此节文字说宋代翰林院事。宋无"直院学士"之名。所谓"直院"，是指没有被任命为翰林学士的官员到翰林院，在翰林学士缺员时，他们可暂行文书（起草诏令）之职，叫做"权直"。《丛书集成》的断句者不知宋代翰林院的官制，因而致误。

古书句读失误的原因还可以作细微的分析。比如古汉语语法修辞方面的因素我们就没有多加讨论。另外，名物典章制度、史实方面的因素，也没有作更细微的分析。我们既已知道造成句读失误有多方面的原因，就应当努力加以避免。知道了致误的主要原因，就多少知道了一些句读的规律。下面我们将讨论比句读的范围更为宽泛的问题。

四、整理古书标点符号的使用

（一）现代整理古书所使用的标点符号

句读所讨论的只是断句。仅能断句，对于整理古籍、注释古书来说是不够的。句中的停顿不仅仅是一个逗号，句末的停顿也不仅仅是一个句号，现代使用的标点符号比逗号和句号的内容丰富得多。比如：

自《风》《雅》寝声，莫或抽绪；奇文郁起，其《离骚》哉！固已轩翥诗人之后，奋飞辞家之前；岂去圣之未远，而楚人之多才乎？昔汉武爱《骚》，而淮南作《传》，以为："《国风》好色而不淫，《小雅》怨诽而不乱，若《离骚》者，可谓兼之；蝉蜕秽浊之中，浮游尘埃之外，皭然涅而不缁，虽与日月争光可也。"班固以为：露才扬己，忿怼沉江；羿、浇、二姚，与《左氏》不合；昆仑、悬圃，非经义所载。然其文辞丽雅，为词赋之宗，虽非明哲，可谓妙才。王逸以为：诗人提耳，屈原婉顺。《离骚》之文，依经立义；驷虬、乘翳，则时乘六龙；昆仑、流沙，则《禹贡》敷土；名儒辞赋莫不拟其仪表；所谓"金相玉质，百世无匹"者也。及汉宣嗟叹，以为皆合经术；扬雄讽味，亦言体同《诗》雅。四家举以方经，而孟坚谓不合传。褒贬任声，抑扬过实，可谓鉴而弗精，玩而未核者也。

将核其论，必征言焉。故其陈尧、舜之耿介，称汤、武之祗敬：典诰之体也。讥桀、纣之猖披，伤羿、浇之颠陨：规讽之旨也。虬龙以喻君子，云蜺以譬谗邪：比兴之义也。每一顾而掩涕，叹君门之九重：忠怨之辞也。观兹四事，同于《风》《雅》者也。至于托云龙，说迂怪，丰隆求宓妃，鸩鸟媒娀女：诡异之辞也。康回倾地，夷羿弊日，木夫九首，土伯三目：谲怪之谈也。依彭咸之遗则，从子胥以自适：狷狭之志也。士女杂坐，乱而不分，指以为乐；娱酒不废，沉湎日夜，举以为欢：荒淫之意也。摘此四事，异乎经典者也。故论其典诰则如彼，语其夸诞则如此。固知《楚辞》者，体慢于三代，而风雅于战国；乃《雅》《颂》之博徒，而词赋之英杰也。（下略）

摘录刘勰《文心雕龙·辨骚》这两段文字，并加以标点（用陆侃如、牟世金《文心雕龙译注》本标点。专名号系本书所加），以提供用现代标点符号标点古书的一个例子。

现代标点符号共有十六种，它们是：

句号（。）表示一句话完了之后的停顿。

逗号（，）表示一句话中间的停顿。

顿号（、）表示句中并列的词或词组之间的停顿。

分号（；）表示一句话中并列分句之间的停顿。

冒号（：）用以提示下文。

问号（？）用在问句之后。

感叹号（！）表示强烈的感情，也叫“感情号”或“惊叹号”。

引号（“” ‘’ ﹃﹄ ﹁﹂）(1) 表示引用的部分；(2) 表示特定的称谓或需要着重指出的部分；(3) 表示讽刺或否定的意思。“”﹃﹄叫双引号，‘’﹁﹂叫单引号。“”‘’用于横行文字，﹃﹄ ﹁﹂用于直行文字。只需要一种引号时，横行文字用“”，直行文字用﹃﹄或﹁﹂都可以。引号中又用引号时，一般双引号在外，单引号在内，直行文字也有单引号在外的。

括号（( )）表示文中注释的部分。注释中复有注释，则于括号中再加括号，即（( )）。常见的括号还有〔 〕[ ]，补足部分和纠正错字均用〔 〕。至于某些标记也有用〔 〕的。

省略号（……）表示文中省略的部分。占两格。省略号前后不再加标点符号。省略号在古书标点中一般不用。

破折号(——)占两格。(1)表示后文是注释性部分，有括号作用；(2)表示意思的递进；(3)表示意思的转折。破折号在古书标点中一般不用。

连接号（—）表示时间、地点、数目等的起止或相关的人或事物的联系。古书标点中一般不用。

专名号（——）横行用于文字下，直行用于文字右或左。表示文中的人名、地名、团体名之类。符号长短随专名。今人整理注释古书，有的用此符号（如中华书局标点本《二十四史》），有的不用。如上文《文心雕龙》不用，杨伯峻《论语译注》《孟子译注》用。

书名号(《 》〈 〉或 ﹏﹏)表示文中的书名、篇名之类。古书注释多用 ﹏﹏。书、篇名中又有书、篇名用《〈 〉》。

间隔号（·）(1) 表示月份和日期之间的分界；(2) 表示外国或有些民族人名中的音界；(3) 书、篇名统一在《》中，书篇名间用“·”。若用﹏﹏，则书、篇名间隔断，作“﹏﹏ ﹏﹏”。

着重号（·）用在文字的下面或右边。表示文中特别重要的部分。古书标点中一般不用。

标点古书，一般只用句号、逗句、顿号、分号、冒号、问号、感叹号、引号、括号（ ）、专名号、书名号（有时带间隔号）十一种。上文所举《文心雕龙·辨骚》例全部用上，是一个典型。

（二）整理古书使用标点符号的若干问题

1. 同一段文字的不同标点符号问题

同一段文字，不同的人会作出不同的标点。这个现象很普遍，随便翻一篇文章，只要是有两个或两个以上的版本，就一定是彼此标点不尽相同。比如《辨骚》这一篇，“自风雅寝声，莫或抽绪”，陆、牟于“绪”后用分号，范文澜《文心雕龙注》用逗号；“岂去圣之未远，而楚人之多才乎”，陆、牟于“乎”后用问号，范用感叹号；“以为国风好色而不淫，小雅怨诽而不乱”，陆、牟于“乱”后用逗号，范用句号；“若《离骚》者，可谓兼之”，陆、牟于“之”后用分号，范用句号；陆、牟于“以为”后用冒号，“国风”至“与日月争光可也”用引号，而范均不用；《骚》《传》《国风》《小雅》陆、牟均用书名号，范不用。仅104字的一段文字，总共才十八处句读，其标点符号不同者竟达七处之多，其中书名号、冒号、引号的使用法注家可以有不同之处，而其他标点符号的差异过大却不能说是很正常的。比如：“岂去圣之未远，而楚人之多才乎？”“岂”为助词，表示反诘，有哪里、如何、怎么或者是难道的意思。“岂……乎”标感叹号虽不算错，但究竟不如用问号。陆、牟的《译注》使用分号较多，与范注的逗号或句号相比，更有利于使读者了解文义。

使用标点符号的不统一现象是允许的。虽然各种标点符号都有明确的界说，但是各人在阅读某一段文字时却会有不同的理解，比如在逗号、句号、分号之间，问号和感叹号之间，引文是以直接引述的方式出现，还是以间接转述的方式出现所涉及的冒号和引号的使用，都有可能发生分歧。有人统计《史记·项羽本纪》、王伯祥的《史记选》（1957年版）和张友鸾的《史记选注》，一万多字的文章，标点符号不同的竟达二百七十余处。这就值得注意了。

句读的不统一原则上应当避免，这和广义的标点符号在使用过程中所表现出的某种灵活性不同。句读的重要性上面已经谈过，但是数读皆可通确是事实。杨树达《古书句读释例》有“数读皆可通”例。兹录二例如下：

《论语·为政》：“子曰吾与回言终日不违如愚退而省其私亦足以发回也不愚。”《李文公集·答王载言书》

引“子曰吾与回言”，不连及下文。《论语集注考证》云：“张师曾校张达善点本谓‘吾与回言终日’，自《集注》取李氏之说，始读为句绝。前此先儒亦以‘吾与回言’为句。”杨树达曰：“‘终日’为表时状字，或状上‘言’字，或状下‘不违’，两皆可通。”

《论语·述而》：“子在齐闻韶三月不知肉味曰不图为乐之至于斯也。”近读“韶”字绝句。武亿云：“此宜以‘子在齐’为读，与‘子在陈’同例。下文‘闻韶三月’当作一句。《史记·孔子世家》：‘闻《韶》音，学之三月。’详玩此文，正以‘闻《韶》’属三月为义。’”杨树达曰：“‘三月’为表时状字，与前引《为政篇》‘终日’同。上下两属皆可。”

数读皆可通，是今人苦不得其古文真读的情况下的一种不得已而为之的观点。杨树达感慨地说：“数读皆可通，非著书之人故以此为迷苦后人也，乃今人苦不得其真读耳。”我们既知这是不得已而为之，就不能因此而随意标点古书。我们标点古书，一定要力求合于古人著书本旨，不诬古人。在有歧解的情况下，或择善而从，或自为新解，都应当小心谨慎。

2. 书名号问题

书名号本无深义，易于掌握，但在古人的笔下，却为我们造成了一些困难：古人引书名，有相当大的随意性，一是简省，一是改造，一是异名。这几种情况随处可见：

栟，栟榈，椶也。各本夺椶字。今依《韵会》本补。《广雅》、刘逵引《异物志》皆曰，栟榈，椶也。《上林》《甘泉赋》字作并闾，《南都》《吴都赋》字作栟榈，许书有栟无榈，榈因栟之木旁而同之耳。

楸，梓也。《左传》《史》《汉》以萩为楸。

椋，即来也。《释木》曰：椋，即梾。《释文》曰：梾，

《埤苍》《字林》作来，本《说文》也。

杶，杶木也。《禹贡》："杶干栝柏。"

榛，榛木也，从木，秦声。一曰丛木也。各本作"一曰菆也。"《艸部》曰："菆，蓐也。"今依玄应书卷十一所引为长。《仓颉篇》《淮南》高注、《汉书》服注、《广雅》皆云，木丛生曰榛。菆，一作羌。

桵，白桵，棫也。从木，妥声，铉曰：当从绥省声。按铉因《说文》无妥字，故云尔。"绥"下则又云：当作从爪从安省。抑思妥字见于《诗》《礼》，不得因许书，偶无妥字，而支离其说也。

上举各例，书名简省极多。《史记》《汉书》简作《史》《汉》；《诗经》《礼记》简作《诗》《礼》；《上林赋》《南都赋》因与《甘泉赋》《吴都赋》连言而省赋字；《淮南子》省作《淮南》。又《说文解字》省作《说文》，或以许书相代；玄应《一切经音义》以玄应书相代；《尔雅·释木》《尚书·禹贡》仅出篇名。又如《春秋左传》简称《左传》，文籍引用其书，称谓极不统一。现代规范引法，应当是《左传·×公×年》。在清人训诂著作中，引用五花八门：

槚，楸也。从木，贾也。《春秋传》曰："树六槚于蒲圃。"见《左传·襄四年》。

（段玉裁《说文解字注》）

颂，皃也。……又托名幖识字。《左·襄二传》"颂琴"注，琴名。

（朱骏声《说文通训定声》）

亲，九族。《左氏·昭十四年传》"禄勋合亲"注。

（阮元《经籍籑诂》）

风，放也，气放散也。《左·僖四年传》"风马牛不相及也"服虔注："风，放也。"

（王先谦《释名疏证补》）

> 驲、遽，传也。《诗·江汉》释文：“以车曰传，以马曰遽。”故《左氏僖三十三年传》“且使遽告于郑”，《成五年传》“晋侯以传召伯宗”，则知召伯宗必以车告，于郑必以马矣。盖传之为言转也，以车展转而期于早达也；遽之为言急也，以马急促而期于速到也。后世驿传起于此矣。驲者，《说文》云传也；驿，置骑也；骑，跨马也。是驿、驲义别，俗或通用，故《左氏文十六年》正义引《尔雅》作驿传，又引舍人曰，驿，尊者之传也，驿皆当作驲。
>
> （郝懿行《尔雅义疏·释言》）

以上所引，不出篇名，有《左传》《春秋传》。《文心雕龙》所谓“与《左氏》不合”，“左氏”亦即《左传》。出篇名又有不同的引法，段玉裁用《左传·某 × 年》《某 × 年左传》，朱骏声用《左某 × 传》，阮元用《左氏某 × 年传》，王先谦用《左某 × 年传》，郝懿行用《左氏某 × 年传》《某 × 年传》《左氏某 × 年》，《左氏某 × 年传》后复引《左传》，省“左氏”；不引《左传》文，而引《左传》注疏，则省“传”字。这些改造简省的例子说明古人引书名各人不尽相同。又比如《后汉书》，阮元《经籍纂诂》只引《后汉》二字。《淮南子》一般都省“子”字。至于异名，如《关尹子》又名《文始真经》，《文子》又名《通玄真经》，《吕氏春秋》又名《吕览》，《牟子》又名《理惑论》，《白虎通》又名《白虎通德论》，例子很多。再如《淮南子》，书名本为《鸿烈解》。章学诚《校雠通义》内篇三说：“本名《鸿烈解》，而止称《淮南》，则不知为地名欤？人名、书名欤？此著录之苟简也。”

为了正确使用书名号，不仅需要广泛了解书目知识，而且需要了解古书异名和同名异书的一般情况。

同名异书不涉及书名号的使用，而关涉到作者。杜信孚、赵敏元、毛俊义编《同名异书通检》（江苏人民出版社），收同名异书三千五百余条，每条下列书名（含卷数）、著者（含时代籍贯等)、版本三个项目。有的同名异书内容基本相同，只是版本或编纂法不同，有的则是完全不同的书。例如《尚书传》，有孔安国撰的十三卷本和马融撰的四卷本；《尚书注》有马融撰、郑玄撰、宋人金履祥撰三种；《尚书义疏》有隋刘焯撰、隋顾彪撰两种。这种情形在近现代人学术论著中亦很多。如以“文学概论”为书名者有十余种。不了解这种现象，就很可能张冠李戴而误写作者，甚至妄作解释。

同书异名情况也是值得注意的现象，杜信孚编《同书异名通检》(江苏人民出版社)收列六千余条，每条下列书名(含卷数)、著者(含时代、籍贯)、版本、异名四个项目。如《三国志演义》，又名《第一才子》，《二程遗书》又名《程氏遗书》。多了解同书异名和同名异书情况，对正确使用书名号，提高注释质量都是有益的。

今人引用书名，做法也不尽相同，范文澜《文心雕龙注》，正文标点不用书名号，而注文用“﹏﹏”标于左方。王力《同源字典》引书名全不用书名号，如“文选王褒洞箫赋”“一切经音义四引三苍”“左传襄公十四年”(均见246页)，书名和篇名之间亦不用间隔号，书名中复有书名也不标示。

3. 冒号和引号问题

冒号和引号是有联系的标点符号。古书的冒号和引号，在一般情况下应与现代书籍一样使用，这一层不必介绍。今人整理的先秦诸子、二十四史都很好地使用了这两种标点符号。如孟子曰、梁惠王曰之类，“曰”后为冒号，所“曰”之话加引号。这是很容易的。困难的是文中之引文，这和上述不需查出处、核原文的情况不同。在论文中引文往往是作为重要旁证和理论根据出现的。若加冒号和引号，或者只有引号，都要求与原文相一致。《文心雕龙译注》：“昔汉武爱《骚》，而淮南作《传》，以为：‘《国风》好色而不淫……虽与日月争光可也。’”有冒号、引号，用冒号可，用引号则不可。此一段文字引自班固《离骚序》，“虽与”前有“推此志”三字。刘勰引用此文，所见《离骚传》是淮南王安原文，还是转引自班固而省掉三字，尚不可知。若仅在“以为”后标冒号,不用引号,则更合刘勰转述口气。再如“班固以为：露才扬己，忿怼沉江。”《离骚序》原文为：“今若屈原，露才扬己……忿怼不容，沉江而死。”“虽非明哲，可谓妙才”，《离骚序》原文为“虽非明智之器，可谓妙才者也”。总之，刘勰所用，系转述其大意而已。如果在冒号、引号的运用上求之过细，反易出错。范文澜“以为国风好色而不淫”“班固以为”全无冒号、引号，不是没有道理的。

在训诂著作中引文特多，这些引文有与原文完全一致的，有改造转述的，有节录时砍头去尾的，有增字的。若加引号，务必谨慎，试举一例：

> 一曰。林属于山为麓。春秋传曰。沙麓崩。春秋僖公十四年文。三传同。谷梁传曰。林属于山为麓。周礼王制。皆云。林麓。郑云。山木生平地曰林。生山足曰麓。诗大雅旱麓。毛曰。麓。山足也。盖凡山足皆得称麓也。亦假借作鹿。易。即鹿无虞。虞翻曰。山足称鹿。鹿。林也。
> (段玉裁《说文解字注》。“一曰”至“沙麓崩”为《说文》文。)

训释字义，引文一般与原文合。这段引例，书名有《春秋传》《春秋·僖公十四年》《三传》《谷梁传》《周礼》《王制》(《礼记》中的一篇)《诗·大雅》《易》，注家有郑玄、虞翻，书名和注家名后，或云或曰，都表示后面是引文。抄录照原文圈断，未改为新式标点符号。若用现代标点符号，云、曰后可用冒号，引文可用引号；也可于云、曰后用冒号，引文不用引号；还可以于云、曰后用逗号，引文不用引号。引文若用引号，一定要查对原文，若与原文不全合，是不应用引号的。若一处用冒号同时用引号，则全书必得体例一致，这会增加极大的工作量，不是做校勘，一般是不求之过细的。

引号中复有引号,范文澜《文心雕龙注》一一标出。如《辨骚》注〔三〕:

> 王念孙读书杂志汉书离骚传条:“传当作傅,傅与赋古字通。使为离骚傅者,使约其大旨为之赋也。汉纪孝武纪云:‘上使安作离骚赋,旦受诏,食时毕。’高诱淮南鸿烈解叙云:‘诏使为离骚赋,自旦受诏,日早食已。’此皆本于汉书。太平御览皇亲部十六引此作‘离骚赋’是所见本与师古不同。”

范注直行,本书横行,改『』「」为“”‘’。末‘离骚赋’系指三字写法,应用引号,不应加书名号。范书书名号无间隔,若改为《 》〈 〉,书篇名间就不至笼统了。

4. 破折号、括号、专名号问题

标点注释古书,一般不宜使用破折号,稍有不慎,会出现理解的差错。但这并不是说古人写书,就没有合乎使用破折号的文字。比如《说文解字叙》:

> 周礼八岁入小学,保氏教国子,先以六书:一曰指事——指事者,视而可识,察而可见,上下是也;二曰象形——象形者,画成其物,随体诘诎,日月是也;三曰形声——形声者,以事为名,取譬相成,江河是也;四曰会意——会意者,比类合谊,以见指㧑,武信是也;五曰转注——转注者,建类一首,同意相受,考老是也;六曰假借——假借者,本无其字,依声托事,令长是也。

括号在古书注释中可以酌情使用。古书作者夹注和他人注释文字,多于正文下以双行小字写出。如:

> 家大人曰,手,持也。字书韵书无此训《檀弓》:“子手弓而可。”谓持弓也。《庄十二年公羊传》:“仇牧手剑而叱之。”何注曰:“手剑,持拔剑。”今本拔误作枝,据宋本改。
>
> (王引之《经义述闻》卷三十一《通说上》“手”字条)

借雖为惟 说见《国语》虽其慢乃易残也。借口为叩 说见《公羊传》吾为子口隐矣。

(同上卷三十二《经文假借》)

若注释改为单行大字，可加圆括号（ ）。方括号〔 〕用于补原文脱漏和今译时补足句意。

梁惠王曰："寡人愿安承教。"

(《孟子·梁惠王上》原文)

梁惠王〔对孟子〕说道："我很高兴听到您的指教。"

(杨伯峻译文)

"仲尼曰：'始作俑者，其无后乎？'为其象人而用之也。如之何其使斯民饥而死也？"

(同上)

"孔子说过：'第一个造作木偶土偶来殉葬的人该会绝子灭孙断绝后代吧！'〔为什么孔子这样痛恨呢？〕就是因为木偶土偶很像人形，却用来殉葬。〔用像人形的土偶木偶来殉葬，尚且不可〕又怎么可以使老百姓活活地饿死呢？"

(杨伯峻译文)

专名号的运用目前很不统一。新标点的《二十四史》（中华书局本）《辞海》《辞源》等人名、地名、朝代、年号都用专名号，有的书不用，尤其是今人学术论著，用专名号的更少。这种符号的运用在古籍整理和汉语词典编辑中意义很大，有利于阅读古书，应予提倡。

第六章　释　词　语

斯大林在《论马克思主义在语言学中的问题》中指出："语言有巨大的稳固性"，"语言的稳固性是由于它的文法构造和基本词汇的稳固性所造成的"。（见《马克思主义与语言学问题》）这是我们现代能够研读古书的主要原因。斯大林又说："语言的词汇对于各种变化是最敏感的，它几乎处在经常变动中。""它的变化不是用废除旧的、建设新的那种方法来实现的，而是用新词去充实现行的词汇的方法来实现的，这些新词是由于社会制度改变，由于生产、文化、科学等等发展的结果所产生的。同时，虽然通常从语言的词汇中消失了一些已经陈旧的词，可是添加的新词的数量却要多得多。"（同上）这是我们阅读古书发生困难的原因之一。社会的发展变化引起词汇的发展变化，这种变化一方面表现在新词的产生和一些旧词的消失上，另一方面又表现在词义的变化上。陈旧的词、各个历史时期新添的词，一个词在不同的语境，在不同的历史时期所具有的不同于本义和常义的意义，都需要加以注释。没有这样的工作，古今异言就难以沟通，新出现的词语和已经消失以及后代产生的词义就难以明了。这也是为什么我国对语言的研究最早是从语义的研究开始的原因。中国的语言研究是从汉代开始的，其代表作是《尔雅》《方言》《说文解字》《释名》。这固然可以从汉代崇尚儒术、提倡读经的社会风尚上得到解释，也可以用斯大林关于词汇的变化理论加以说明。

我们在第一章曾经说过："排除语言文字的障碍，是注释的第一要义。"而释词语则是注释的核心。这一工作，应予以足够重视。

一、被注词的确定和注释

被注词的确定因预先确定的读者对象和注家所确定的注释性质的不同而异。注者必须首先考虑，能不能使所选择的注释对象正好是读者阅读时的语言障碍。假若一望而知的古今沿用的词，尤其是那些基本词，如风、雨、雷、电之类，注家一一为之作注，而那些影响今人阅读、理解的词却忽略过去，就是选词不当。假若为大学生的教材作注与中小学教材的注释无异，那也一定是选词不当的。被注词的确定应当考虑以下所列的九点：

（一）陈旧的、消失的、新生的

从前习用现今不用或偶然在书面语中见到的词就是陈旧的或消失的词。确定这种词，需要对词的历史形态有所了解，如人称代词：第一人称古时有“朕”“台（yí）”“卬”“余”“予”“吾”“我”等；第二人称有“若”“女（汝）”“而”“尔”“乃”“子”“戎”等；第三人称有“其”“之”“厥”等。这些词在现代汉语中主要是“我”“你”“他”。“朕”“台”“卬”“而”“乃”“戎”“其”“之”“厥”等作为人称代词都消失了，在今人旧体诗文中，“吾”“余”“尔”“汝”等偶尔可见，已经是陈旧了。这是容易把握的。又比如指示代词，“之”“其”“尔”“是”“斯”“此”“彼”，大致和“这”“那”相当（“这”“那”是唐代产生的，“这”字在宋代有时写作“者”“遮”）。这两个词沿用至今，其他的或者是消失了，或者是偶尔可见。陈旧的、消失的词一般说来都是应当注释的。

在注释古书时，我们一定要注意在古代同义而现代已经消失和过时的词。这是注释的重要任务。比如：

> 苟余情其信姱以练要兮，长颇颔（kǎn hàn）亦何伤。
>
> 长太息以掩涕兮，哀民生之多艰。
>
> （《楚辞·屈原〈离骚〉》）

“姱”“练要”“颇颔”“太息”就是“美”“精粹”“憔悴”“叹息”

前者已经陈旧、过时，而后者却在现代汉语中使用着。又如：

治离宫别馆，周遍天下。

（《史记·李斯列传》）

晚节更乐放逸，笃好林薮，遂肥遁于河阳别业。

（《文选·石季伦〈思归引序〉》）

方与玄围棋赌别墅。

（《晋书·谢安传》）

“别馆”“别业”“别墅”同义，是本宅外另建的园林游息处所。“别业”“别馆”已不用，而“别墅”沿用至今。

这类现象极为普遍。凡同一时代或不同时代表示同一事物、同一概念的词，有的可能还在使用，有的则可能被淘汰了。被淘汰的往往就是需要注释的，其衡量标准就是看现在还是否习用。

以上是事物、概念并未陈旧、消失，而只是表示它们的众多的词中有的陈旧、消失了。再一种是随着事物、概念本身的消失而消失的词。这种词一般是反映古名物典章制度的。社会制度的改变，生产、文化、科学的发展，使一些事物、概念消失了，而反映它们的词也就跟着消失，它的存在如同“木乃伊”，不过是保存在古老文籍里的僵尸而已。比如“刻漏”是“古时计时的器具，用铜铸成壶，壶底穿孔，壶内竖一支刻有度数的箭形浮标；壶中的水从孔漏出逐渐减少，箭上的度数却依次显露，这样就可以知道时辰”。（《辞源》）与此类似的有“日晷”，是秦汉时已流行于民间的测日影定时刻的仪器。这两种计时器已被钟表代替，成为历史文物，这两个词也就失去了生存的基础，它们只是在博物馆和文献中还有使用价值。

在漫长的历史长河中，消失的事物很多，比如许多古代刑法名现在都不存在了，这些词也就成了死词。如《尚书·吕刑》：“爰始淫为劓、刵、椓、黥。”劓是割鼻，刵是割耳，椓是刹阴，黥是刺面，并以墨涅之。与黥相关的词又有“黥首”（于额上刺字）、刺记（处以黥刑，遣送到边远地服役)、墨刑（即黥刑)。古刑法多,《后汉书·蔡邕传》:“邕陈辞谢，乞黥首刖足，继成汉史。”刖足，是砍掉脚。与此相类的有“膑”。《荀子·正论》:“詈侮捽搏，捶笞膑脚。”膑脚是去掉膝盖骨。又如古器皿、服饰、礼仪制度用语，科举考试和官职等等，反映它们的词语在现代语中不存在了，只是在研究历史、写学术论文、创作历史题材的文艺作品时才会派上用场。

一些词变得陈旧或渐渐消失，同时一些词又不断产生。新词和陈旧的词一样，是一个相对的概念。每个时代都有一些新词，在这一问题的研究上,《辞源》为我们提供了较为详备的资料。《辞源》所列词条，其第一个引例，就是据业已掌握的文献材料尽量选择最早的用例。那么这个最早的用例大致上可以说是那个词的产生时代。比如“仇”字,《诗经》《尚书》时代有“仇方”(《诗经·大雅·皇矣》:“帝谓文王，询尔仇方。”仇方，友好之国)、“仇仇”(《诗经·小雅·正月》:“执我仇仇，亦不我力。”仇仇，傲慢的样子)、“仇饷”(《尚书·仲虺之诰》:“乃葛伯仇饷，初征自葛。”仇饷，杀人而夺去饷馈的食物)；在《左传》时代有“仇雠”(《左传·成公十三年》:“君之仇雠，而我之昏（婚）姻也。”仇雠，仇人)；在《史》《汉》时代，产生了“仇怨”(《史记·留侯世家》:“今陛下为天下，而所封皆萧(何)、曹（参）故人所亲爱,而所诛者皆生平所仇怨。”仇怨,仇恨)、“仇家”(《史记·游侠列传》:“雒阳人有相仇者……（郭）解夜见仇家,仇家曲听解。”仇家,仇人,仇怨之家)、“仇隙”(《后汉书·质帝纪》本初元年诏:“顷者,州郡轻慢宪防,竞逞残暴……恩阿所私,罚枉仇隙。”仇隙，有冤仇的人)、“仇偶”(《文选·王褒〈四子讲德论〉》:“鸣声相应,仇偶相从。人由意合,物以类同。”仇偶,匹配,伴侣，指意气相投的人)。

再举一个“令”字领头的复音词例子。《辞源》“令”字领头的复音词有 65 个，除去异体和地名、姓氏有 61 个。其中先秦时产生的 22 个，汉代 13 个，魏晋南北朝 16 个，隋唐 2 个，宋 5 个，元 1 个，明 0 个，清 2 个。新产生的词也应当选作注释对象。比如“令酒”，出自《红楼梦》第四十回：“薛姨妈点头笑道：‘依令老太太到底吃一杯令酒才是。’贾母笑道：‘这个自然。’”行酒令的人自己先饮一杯，叫令酒。

新生词在现代与科学技术的发展和社会变革的关系极为密切。比如纳米、消磁、存储器、电子眼，假若有一篇谈当代科技的文章选作教材，则这些词一定是注释对象。

不是所有的新生词都应当加以注释，有的词语人人习用，解释它们是词典的事，文章注释是不必理睬的。

（二）词义演变的

词义演变一般表现为概念的扩大、缩小、转移，用传统的简洁说法就是引申。我们知道，一个词在开始只是一个意思，单音词都是这样。但是由于人们运用这个词时，常常会因为运用的具体场合变了，搭配、结合的对象变了，在句子中的地位变了，以及由于人们说话或写作时运用了积极修辞说法（如比喻、借代），甚至有意掺进某种感情，因而造成了词义的或细微或明显的变化，这种变化经过约定俗成的过程，成为了一种固定的用法，表现出一种与本义、常义有区别的意义，这就是引申。这种词义的演变注释家极为关注，现代辞书编写者常以“随文释义”讥刺古人的某些传注，正是古人在一定的语境中研求词义，帮助读者阅读古书的可贵之处。

词义的演变在单音词中尤其明显，大型辞书的字头释义往往能依据大量的文献语言材料加以反映。所释各义（即各个义项）与前人对文籍的注释有密切关系。试以“更”字为例来谈谈注释如何反映词义演变。

“更”的本义是改，《说文·攴部》：“更，改也。”《论语·子张》："过也，人皆见之；更也，人皆仰之。"何晏注："更，改也。"《吕氏春秋·先识》："若使中山之王与齐王闻五尽而更之，则必不亡矣。"高诱注："更，犹革也。"这两个例子都是用的本义。

"更"又有代义。《礼记·儒行》："遽数之不能终其物，悉数之乃留，更仆未可终也。"郑玄注："更，代也。"《淮南子·时则训》："祭不用牺牲，用圭璧更皮币。"高诱注："更，代也。以圭璧皮币代牺牲也。"

"更"又有交替、更迭义。《汉书·万石君传》："九卿更进用事。"颜师古注："更，互也。"互即更迭、交替。这种用法在下面两个例子中十分明显：陆游《赠燕》："四序如循环，万物更盛衰。"黄宗羲《乐府广序序》："朝夕讽咏，更唱迭和。"

"更"又有更换、变易义。《仪礼·大射仪》："更爵，洗。"郑玄注："更，易也。"《战国策·秦策一》："今秦妇人婴儿皆言商君之法，莫言大王之法，是商君反为主，大王更为臣也。"

"更"又有抵偿、报偿义。《周礼·夏官·马质》："马死则旬之内更。"郑玄注引郑司农云："更，谓偿也。"《史记·货殖列传》："豫章出黄金，长沙出连锡，然堇堇物之所有，取之不足以更费。"裴骃集解引应劭曰："堇，少也；更，偿也。"

"更"又有续、相继义。《国语·晋语四》："姓利相更，成而不迁，乃能摄固，保其土房。"韦昭注："更，续也。"《史记·孝景本纪》："孝文在代时，前后有三男，及窦太后得幸，前后死，及三子更死，故孝景得立。"三子更死即三子相继死亡。

文籍注释，释"更"者甚多。除上引各例外，又有释以"历""经""过""递"的。这些随文注释一般都能够准确说明该句中"更"字的含义，对读者极有好处。正是在这些不同的语境中，更字的意义发生了种种变化。词典的义项，就是根据文籍用例，参考注家的解释建立的，如：《说文》："更，改也。"《方言》："更，代也。"《类篇》："更，迭也。"《广雅》："更，偿也。"都是这样。

注释学对词义演变的关注，当然不如词汇学那样深入、细致。比如王力先生讲词义的扩大、缩小、转移，列举江、河、脸、瓦、谷、生、玄、穷等字，援引丰富例证加以说明（见《汉语史稿》第四章），就比一般的文籍注释深入、详备得多。词汇学对词义的观察首先是注意到词义的整体和普遍性，并通过细密深入的考辨来研究词义的演变规律。注释学对词义的研究却更多地注意局部和特殊性，并通过对上下文的分析来判断这个词在这一特定语境中的具体含义和用法。但是这不等于说注家对词的整体就不关心了。注家对多义词在一定语境中的意义的判断，离不开对该词本义、基本义的了解。比如"更"字，注家注释用语，差不多都与"改""代"有联系。有的是明显的同义词，有的联系是隐藏着的，如"偿""历"等，若仔细推敲，它们中的联系也是不难明了的。

（三）词性改变而词义乃至音读改变的

词的活用是古汉语的常见现象。词性的改变有时造成词义乃至读音的改变。这种现象应当加以注释。

词性的变化主要有名词用如动词、名词用如形容词；动词用如名词、动词用如形容词；形容词用如名词、形容词用如动词。

名词用如动词例：

> 《吕氏春秋·执一》："军必有将。"高诱注："将，主也。"
>
> 《史记·秦始皇本纪》："将军击赵。"张守节正义："将，犹领也。"

《说文》："将，帅也。"将为将帅，名词，"军必有将"，释为主，即释本义，名词。"将军击赵"，释为领，即率领，用作动词。又有使动用法：《史记·孙子吴起列传》："齐威王欲将孙膑。"意思是齐威王欲使孙膑当将军。使动用法可不予注释，但今译必须注意。

"将"有jiàng（《广韵》即亮切）、jiāng（《广韵》即良切）、

qiāng（《集韵》千羊切）、yáng（《集韵》余章切）四音。将帅之将、帅领之将均读 jiàng。

《诗经·邶风·绿衣》："绿兮衣兮，绿衣黄裳。"毛传："上曰衣，下曰裳。"

《论语·子罕》："衣敝缊袍，与衣狐貉者立，而不耻者，其由也与？"皇侃疏："衣，犹著也。"

《汉书·韩信传》："汉王授我上将军印，数万之众，解衣衣我，推食食我，言听计从，吾得至于此。"

《说文》："衣，依也。上曰衣，下曰裳。象覆二人之形。"

"绿衣"之衣为名词，"衣敝缊袍"之衣为动词，穿的意思。《汉书》："解衣衣我。"前一衣为名词，后一衣为动词，即以衣被人的意思。衣作名词读 yī，动词读 yì。"推食食我"与"解衣衣我"用法同，前一食为名词，食物的意思，后一食为动词，拿东西给人吃的意思。前读 shí，后读 sì。

名词作动词的例子很多，而且通常会造成词义的变化。而名词用如形容词在词义注释上一般没有意义。如《聊斋志异·狼三则》："其一犬坐于前。"徐珂《清稗类钞·冯婉贞胜英人于谢庄》："莫如以吾所长攻敌所短，操刀挟盾，猱进鸷击，或能免乎？"《史记·廉颇蔺相如列传》："夫以秦王之威，而相如廷叱之。"翻译应为"像犬那样""像猿猴那样""像鸷那样""在朝廷上"。

动词用如名词或用如形容词，也没有词义注释的意义而只有翻译的意义。如："狼亦黠矣，而顷刻两毙，禽兽之变诈几何哉，止增笑耳。"（《聊斋志异·狼三则》）"其妻献疑曰：以君之力，曾不能损魁父之丘，如太行王屋何？"（《列子·汤问》）"佣者笑而应曰：'若为佣耕，何富贵也？'"（《史记·陈涉世家》）"永之人争奔走焉。"（柳宗元《捕蛇者说》）"增笑"之"笑"、"献疑"之"疑"是动词用作名词，"笑而应曰"之"笑"、"争奔走焉"之"争"是动词用如形容词，以动词作状语。

形容词用如名词或动词有些并不造成词义的改变，如“汝心之固，固不可彻，曾不若孀妻弱子”（《列子·汤问》）的“固”、“春风又绿江南岸”（王安石《泊船瓜洲》）的“绿”；有些造成词义变化，如“天下苦秦久矣”（《史记·陈涉世家》）、“子子孙孙无穷匮也，而山不加增，何苦而不平”（《列子·汤问》），前例“苦”义为痛恨，后例“苦”义为愁，担心。词性改变引起词义改变的应予注释。

（四）修辞的比喻、借代用法和因此而产生新义的

比喻用法的长期使用，有时会转化为比喻义。词的比喻义不加注释，可能使读者发生误解。

陛下海涵春育，日镜云伸。

（《艺文类聚·南朝·梁王僧孺〈为临川王让太尉表〉》）

恰才我舍弟言语冒渎，望大人海涵。

（明佚名《袁文正还魂记传奇·千秋》）

前一“海涵”为比喻用法，喻人肚量宽宏；后一“海涵”是比喻义，可对译为原谅、宽容。

凶年饥岁，士糟粕不厌，而君之犬马有余谷粟。

（刘向《新序·杂事》）

然则君之所读者，古人之糟魄（即糟粕）已夫！

（《庄子·天道》）

糟粕所传非粹美，丹青难写是精神。

（王安石《读史》）

前一例“糟粕”为酒渣、恶食；后二例“糟粕”是比喻义，可释为事物粗劣无用的部分。糟粕本为实物，糟粕与粹美相对，含义已经抽象化了。

比喻用法与比喻义，稍有不慎就可能相混。

（民之食）果蓏素食当十石，糠粃六畜当十石。

（《管子·禁藏》）

守门诣阙，献书言计，率多空簿，高自矜夸，无经略之大体，咸糠粃之微事。

（颜之推《颜氏家训·省事》）

“糠粃”即“秕糠”，是米糠和瘪谷，《辞源》于此义下举《管子》例，而以《颜氏家训》例列第二个义项：“比喻细微之事或无价值之物。”“咸糠粃之微事”之“糠粃”的词汇义没有变化，只不过是用来比喻形容微事罢了。《辞源》这样分立一义，反而将比喻用法和比喻义混淆了。

修辞格的比喻手法可能转化为比喻义的，在隐喻中易于发生。但它们有一个发展凝固的过程，这个过程就是用来做比喻的那个词逐渐脱离被比喻的事物，脱离比喻用法的环境，而产生了独立的意义。

蜚鸟尽，良弓藏，狡兔死，走狗烹。

（《史记·勾践世家》）

你元来掉转脸皮，与葑其蔀那厮做走狗了，这样小人！

（明人《牟尼合记·贞窜》）

正排着低品走狗奴才队，都做了高节清风大英雄。

（孔尚任《桃花扇》）

郑板桥爱徐青藤诗，尝刻一印云：“徐青藤门下走狗郑燮。”

（袁枚《随园诗话》卷六）

凡走狗，虽或为一个资本家所豢养，其实是属于所有的资本家的。

（鲁迅《丧家的资本家的乏走狗》）

“走狗”一词，本指随猎人出猎的猎犬，后喻指受人豢养的爪牙，后一义在明以前未见。郑燮所刻印语仍为本义。文章注释，切不可以喻为真。

借代是产生新义的重要途径，古人在诗中特别好用这一修辞手法，以使文意委婉含蓄，耐人寻味。如王勃《滕王阁序》：“睢园绿竹，气凌彭泽之樽，邺水朱华，光照临川之笔。”“彭泽”指陶潜，“临川”指谢灵运。又如“风骚”一词，本指《诗经》和《楚辞》。《诗经》中有《国风》，故以“风”代《诗经》；《楚辞》有《离骚》，故以“骚”代《楚辞》。《宋书·谢灵运传论》：“自汉至魏，四百余年，辞人才子，文体三变……是以一世之士，各相慕习，原其飙流所始，莫不同祖《风》《骚》。”以后又以“风骚”一词泛指诗文，如高适《同崔员外綦毋拾遗……诗》：“晚晴催翰墨，秋兴引风骚。”赵翼《瓯北诗钞绝句·论诗》：“江山代有才人出，各领风骚数百年。”至于“风骚”又有俊俏、秀丽（有时含轻佻、放荡）义，那又是词义的引申了。

借代的方法是多种多样的，彭泽、临川是以地名指人名，风骚是以局部指整体（亦可说是以具体指抽象）。注释学不是词典学，注释是研究文句中词的具体含义，不像词典那样是研究较为概括的词汇义。因此凡属借代，都可以选作注释对象，将具体所指加以说明，以使初学古文的人易于明了。

修辞学对于借代的研究还有广阔的天地。陈望道先生的《修辞学发凡》将借代分为“旁借”“对代”两大类共八小类，朱祖延先生《古汉语修辞例话》不归大类，只分十四小类加以讨论，其细目为：以人名代事物；以地名代事物；以职业、劳动代人；以官名、地名代人；以事物的功用、职能代事物；以事物的特征、标志代事物；以事物的状态、属性代事物；以事物的数量代事物；以部分代整体；以原料代成品；以结果代原因；以特殊代一般；以具体代抽象；以实数代虚数。朱先生的指代分类是目前修辞学论著最为详备的一种，对阅读和注释古籍都很有实用价值。

注释中对于借代可以随上下文意判断，只要是能够从上下文讲得通的注释都是正确的。但是切不可以为每一处借代都能产生借代义，指代修辞手法临时产生的意义不一定都能转化为词汇义的借代义。完成这个转化过程，需要具备习见常用和有独立运用能力两个条件。对于临时的借代，注释可用“此处指”“此处借指”之类。已获得独立运用能力的借代，可径直释义，有时还应当交代来龙去脉。

（五）有明显时代局限性的

有明显时代局限性的词，是指那些在某一个时代流行而在其后不被使用，渐渐淘汰死亡的词，这种词语在古代多保存于俗文学作品中，如唐五代敦煌变文、元曲、明人杂剧。这种词语与新中国成立以来出现的某些词语相类，如土改、镇反、三反五反、抗美援朝、扎根串连、访贫问苦、大跃进、三面红旗、四清、红卫兵、红五类、黑七类、文攻武卫、样板戏、斗批改、早请示晚汇报、最高指示、上管改、工宣队、军宣队、贫宣队、忠字舞、老三篇、老三届，等等。这些词语，五十多岁的人都有深切了解，它们的内涵和外延不会被弄错。二三十岁的人懂得的就少多了。十几岁的娃娃只能当作历史词语来学习。因为它们在现代生活中已经不存在了。

这类词语的注释，对于阅读那个时代的作品有特殊意义。陈垣在《校勘学释例》中以三卷篇幅介绍因时代局限造成用字、用语和名物理解上的错误，对我们讨论这个问题很有帮助。其卷四“元代用语误例”含“不谙元时语法而误例”“不谙元时用语而误例”“因元时用语而误例”“因校者常语而误例”“用后代语改元代语例”“元代用语与今倒置例”六节，值得一读。

对于某一时代语言的研究成果目前还不多。徐嘉瑞的《金元戏曲方言考》、朱居易的《元剧俗语方言例释》、张相的《诗词曲语词汇释》、蒋礼鸿的《敦煌变文字义通释》、陆澹安的《小说词语汇释》《戏曲词语汇释》、顾学颉和王学奇的《元曲释词》、龙潜庵的《宋元语言词典》，都是有较高实用价值的专书。注释和研究隋唐至清的有关文学作品语言应当充分利用这些成果。不利用这些专门研究，我们阅读和注释有关作品就容易发生困难。比如：

丑女既得世尊加被，换旧时之丑质，作今日之面旋。

毁谤河罗叹（汉）果业，致令人貌不周旋。

（《敦煌变文·丑女缘起》）

“面旋”系“周旋”之误，据《敦煌变文字义通释》考释，“周旋”义为漂亮，好看。

幸请方圆，拟求生路。

制不由己降胡虏，晓夜方圆拟皈国。

（《李陵变文》）

车行辋尽，马行蹄穿，姑来过此，任自方圆。

（《下女夫词中儿答》）

一依蕃法，不取汉仪。棺椁穹庐，更别方圆。

（《王昭君变文》）

以上四则“方圆”，《敦煌变文字义通释》分别释为方略、谋画、处置、制度。

表现出一定时代特点的词语，在戏曲一类作品中极多，戏剧是综合艺术，它面对社会各阶层的观众，表现各个阶级各个文化层次的人物，因此所运用的语言非常丰富、复杂。《元曲释词》曾对元曲的词语作了这样的介绍：

有关风俗习惯者，如：“遥装”“拜门”“拜家堂”“门画鸡儿”等。有关历史及典章制度变者，如：“云阳”“半鉴”“衙推”“铺马”“驱口”等。有关兄弟民族及有关外来语者，如：“赤瓦不剌海”“撒敦”“曳剌”“阿妈”“虎剌孩”“多罗”“魔合罗”“石保赤”等。有关歇后语、隐语、谚语、市井用语及插科打诨者，如：“绿石裩皮”“筛子喂驴”“杨柳细”“面糊盆”“卖肉鹌鹑儿”“千斤磨”“弟子孩子”“三更枣”“四星”“日转千阶”等。有关方言土语者，则更多不胜举，其中有一部分还保留在现代语言中，如：“铺迟”“快性”“撒和”“漏蹄”“煞”“骗”“赤留出律”“足律律”“拆白剪绺”“杓徕”“慢腾腾”“气丕丕”“一家一计”“不徕”“不律”等。有关虚词、语助、形容词及曲调特用语者，如：“则”“索”“则道是”“落可便”“热兀剌”“生各支”“乾茨腊”及“唱道”“业么哥”“也波”“也那”等。

（《凡例》）

这些词语，今人能够尽知者恐怕难找。文章注释，对这些文字浅显而语义鲜为后人所知的词语应予以特别重视。注释俗文学作品，尤应如此。

（六）涉及史实人物的

本书起始在介绍《尚书》的一段文字注释的内容时，曾说及“释史实”“释人物”。这一类涉及史实人物的词语，不加注释，读者常常不知作者所说何事，何作此言，因而不能明了原文含义。这一现象有时只是一个词，有时则是一句乃至几句话。只有把原文中的这一类词语乃至几句话的历史背景和人物的基本面貌交代清楚，读者对这个词语乃至几句话才会理解透彻。比如有一种《大学语文》教材就注意到了这个问题：

管晏列传〔1〕（仅录一段）

管仲夷吾者，颍上人也〔2〕。少时常与鲍叔牙游〔3〕，鲍叔知其贤。管仲贫困，常欺鲍叔〔4〕，鲍叔终善遇之，不以为言。已而鲍叔事齐公子小白，管仲事公子纠〔5〕。及小白立为桓公，公子纠死，管仲囚焉。鲍叔遂进管仲〔7〕。管仲既用，任政于齐，齐桓公以霸，九合诸侯〔8〕，一匡天下〔9〕，管仲之谋也。

〔注释〕

〔1〕本文选自《史记》，是春秋时代齐国两位名相的合传。文中突出地叙写了鲍叔让贤和晏子赎贤、荐贤的事迹以及晏子身居相位“食不重肉，妾不衣帛”的俭朴作风。作者叙事，不拘一格，

时而总述，时而分述，在短短的篇幅中，概括了较多的历史事实，包含着丰富的思想内容，表现了几个具有不同性格特点的历史人物。管仲：名夷吾，春秋前期齐相，曾佐桓公成就霸业，桓公尊之为“仲父”。死后赐给他称号“敬”，又称敬仲。晏子：名婴，字平仲。春秋后期齐相，历事灵公、庄公、景公。

〔2〕颍上：今安徽颍上。

〔3〕鲍叔牙：齐国大夫。下文“鲍叔”，均指鲍叔牙。游，交游；来往。

〔4〕欺：这里是占便宜的意思，指下文“分财利多自与”。

〔5〕已而两句：公元前686年，齐襄公昏庸无道，齐将乱。为了避难，管仲、召忽奉公子纠（襄公弟）出奔鲁国，鲍叔奉公子小白（亦襄公弟）出奔莒国。

〔6〕及小白三句：公元前686年，襄公被杀。前685年，鲁国派兵护送公子纠回齐争夺王位，先由管仲带兵阻挡莒齐要道，射中小白带钩。小白佯死，使鲁国延误了公子纠的行程。小白因而先入齐国，后立为桓公。桓公以齐军拒鲁，大败鲁军。鲁国被迫按桓公的要求杀了公子纠，召忽自杀，管仲请囚。

〔7〕鲍叔遂进管仲：桓公即位后，想用鲍叔为相，鲍叔从五个方面说明自己不如管仲，极力推荐管仲。于是齐桓公以解射钩之恨为借口，要求鲁国用囚车押回管仲。管仲返齐，桓公任他为相。

〔8〕九合诸侯：指齐桓公九次以盟主身份邀集各国诸侯开同盟大会。

〔9〕一匡天下：使天下归正的意思。当时诸侯无视周天子，互相攻伐，管仲辅佐齐桓公暂时制止了这种混乱局面，故云。

九条注释除〔2〕、〔4〕两条外，都涉及史实人物。提出对史实人物的关注，在理论上可以这样理解：作家的写作，或为文字的简省、文笔的流畅所需，或为文章本身内容的容量所限，对某些史实人物只是提及，而不作更多的交代和说明；或者作家本人以为这些史实人物在一般的知识范围内，言之过详，反成赘疣。因此一部学术著作或者是文艺作品，时时会有相当数量的词语有词语义之外的知识，而对这种知识作者和读者的掌握又有种种差异，造成了作品和读者之间的矛盾，也决定了注释这类词语本身的伸缩性。

因此，当我们讨论注释史实人物时，就自然地会提出如何把握和处理这些含有大量的、潜在的、有弹性的信息的质和量。比如“九合诸侯”，《大学语文》的注释极简，而《论语·宪问》：“子曰：‘桓公九合诸侯。不以兵车，管仲之力也。如其仁，如其仁。’”邢昺疏却具体详细得多：

> 言九合者，《史记》云，兵车之会三，乘车之会六。《谷梁传》云，衣裳之会十有一。范宁注云，十三年会北杏，十四年会鄄，十五年又会鄄，十六年会幽，二十七年又会幽，僖元年会柽，二年会贯，三年会阳谷，五年会首戴，七年会宁毋，九年会葵丘，凡十一会，不取北杏及阳谷为九也。

康有为《论语注》引《吕氏春秋》和《新序》，也作了具体解释；杨伯峻的《论语译注》却很简略。或简或详，决定于注释的性质和注家所确定的读者对象。大凡学术研究性的于史实人物注释宜详，普及性的供一般阅读的宜略；涉及对文章基本思想内容理解的宜详，反之宜略。比如鲁迅《呐喊》自序有“学洋务”“日本维新”“钞古碑”“金心异”诸词语，理解这些词语与理解文章内容、作者的思想关系密切，注释就较为详明。有的则没有注释，如：“这一学年没有毕业，我已经到了东京了，……我们的第一要著，是在改变他们的精神，而善于改变他们精神的是，我那时以为当然要推文艺，于是想提倡文艺运动了。”这一段话是指鲁迅于 1906 年离仙台医学专门学校到东京宏文学院学习文学的事，若注释对读者有好处。不注虽不影响阅读理解，但读者若不查考，则对这一段话的了解究竟有限。

一般的注释不容许作长篇大论，应当力求以少量的语言，尽可能多地提供史实和人物最基本的知识。如："金心异"一词的注释就恰到好处地介绍了阅读本文所需要了解的部分：

> 金心异　指钱玄同(1887—1939)，名复，浙江吴兴人，曾任北京大学、北京师范大学教授，一九〇八年他在日本东京和作者同听章太炎讲文字学。"五四"时期参加新文化运动，曾是《新青年》编者之一。一九一九年三月，复古派文人林纾，在上海《新申报》上发表题名《荆生》的小说，攻击新文化运动。小说中有一个人物名"金心异"，即影射钱玄同。

鲁迅的《呐喊》自序，记述了写作《狂人日记》的缘起，是因为"金心异"正在办《新青年》，来约写小说，两人交谈了对社会现象的看法。注释对人物的解释所涉及的思想内容，有助于了解作者自序的背景，因而有助于了解自序的内容。作者在自序中谈到了东渡日本学医的原因，其中有一句："又知道了日本维新是大半发端于西方医学的事实。"注释是：

> 日本维新　指发生在日本明治年间（1868—1912）的维新运动。在此以前，日本一部分学者，曾大量输入和讲授西方医学，宣传西方科学技术，积极主张革新，对日本维新运动的兴起，曾产生过一定的影响。

一部好的注释，总是能够把握好史实人物介绍的分寸，使读者的理解和作品的内涵达到和谐和统一。我们应当努力达到这个标准。

（七）名物字词

名物一词，义为名号物色。《周礼·天官·庖人》："掌共六畜六兽六禽，辨其名物。"所指仅牲畜禽兽。我们把植物、文物器皿、天文地理和典章制度的名称也包括在里面。在现代社会，新出现的科技产品名称也应当看作是名物字词。

需注释的名物字，大致有四种情况应特别注意：1.一物多名；2.一名多指；3.古有今无；4.今有古无。

1.一物多名

一物多名是文籍中一个复杂的现象，郭璞注《尔雅》所谓释古今之异言，通方俗之殊语，有很大一部分是指名物字的异名。造成异名的原因一是时间的因素，即古今异言；一是空间的因素，即方俗殊语。还有文人有意造成异名的其他因素。这个问题不解决，也很难阅读古书。下面是几个浅显的例子：

大明生于东，月生于西。

（《礼记·礼器》）

朱光驰北陆，浮景忽西沉。

（《文选·张载〈七哀诗〉之二》）

朱明承夜兮，时不可以淹。

（《楚辞·宋玉〈招魂〉》）

角宿未旦，曜灵安藏。

（《楚辞·屈原〈天问〉》）

峰下阳乌，林生阴兔。

（《艺文聚类·梁元帝〈郢州晋安寺碑铭〉》）

这几个加点的词，从上下文中不难推测所指为何物，但并不是每一个读者都能明白的。人们古今习用的是日、阳、太阳。这几个名称都可以说是通用名，但在今天，则可以“太阳”为正名，因此注释“大明”“朱光”“曜灵”之类都可以统一在“太阳”这个正名之下。“太阳”的异名并不止这些，如“日母”“日驭”“日车”“日君”“日轮”也都是太阳。

文籍用例的名物异名，有时有一定的随意性。如虎、老虎，这是通用名，还有“李耳”“於菟”“大虫”等名，有的诗画又叫“山君”。又如天，又有“上元”“太虚”“圆灵”“洪复”“泰清”“灵曜”“泰元”“圆精”之名。再如植物“蕨”，据陆文郁《诗草木今释》考证，俗名谓之“蕨菜”“米蕨草”；《尔雅》谓之“虇”“月尔”“綦”；郭璞注谓之“紫綦”；陆德明《经典释文》谓之“蘩”；《说文》谓之“虇”；《广雅》谓之“茈綦”；《后汉书·马融传》谓之“茈萁”；《诗毛氏传疏》谓之“柔虇”；《广东新语》谓之“龙头菜”；《救荒野谱》谓之“蕨萁”；郝懿行《尔雅义疏》又谓初生者为“拳菜”，老者为“紫厥”。又有俗名谓之“如意菜”者。（这里面不都是异名，有的只是异体字）

繁多的异名会使人眼花缭乱，注明正名、通用名成了注释学、词典学的一项重要课题。黎锦熙先生1936年在《辞海》序中写道：“物必有名，古今方俗用语不同，必须先就实物采定一个比较通用的标准名称，这就是‘正名’，然后集合同物的异名，考证辨别，确定某物，便注以该物的标准名称，这就是‘辨物’。辞典中名物字最多，假如编大辞典没有这样的准备工作，那就只能类比旧说，有许多‘名’终于不知道是什么‘物’，或彼此缴绕，或前后冲突，概不负责，‘纂诂’而已。”

文章注释与词典不同，词典见到的是汇集起来的材料，而文籍的名物则是分散的。我们在一篇文章见到某一种事物的名称，不论是正名还是异名，大多是单一的，因此，除了凭借注者本人的学识之外，一般都应当考查词典和某些专门著作，比如《尔雅》《方言》及其注疏，又比如李诫的《营造法式》、李时珍的《本草纲目》、徐光启的《农政全书》、吴其濬的《植物名实图考》以及现代编纂的《中国高等植物图鉴》《中药大辞典》等等。

2. 一名多指

与一物多名相反，还有一名多指的情况。不了解这一现象，极易造成张冠李戴的谬误。这在地名中尤其值得注意，比如“景陵”，它是墓名。据《辞源》考释，其一名而五指：

(1) 北魏元恪（宣武帝）墓。也名宣武陵。在今河南洛阳东北北邙山。(2) 唐李纯（宪宗）墓。在今陕西乾县。(3) 金完颜宗尧（睿宗）墓。在今北京房山西北大房山。(4) 明朱瞻基（宣宗）墓。在今北京昌平东北天寿山。(5) 清爱新觉罗玄烨（圣祖）墓。在今河北遵化西北昌瑞山。

又如“曲江”，江苏省扬州南长江的一段，浙江省的钱塘江（本名浙江），陕西西安东南的曲江池，都叫曲江。广东也有曲江，是县名。

将以八月之望，与诸侯远方交游兄弟，并往观涛乎广陵之曲江。

（《文选·枚乘〈七发〉》）

临曲江之隑州兮，望南山之参差。

（《史记·司马相如列传·哀二世文》）

如果不知“广陵”即扬州，则《七发》的曲江断不会明白的；如果不知《哀二世文》是哀秦二世，则也不会了解司马相如所指。

以上所录是《辞源》的材料。其实“曲江”一名的情况比这还要复杂。云南也有水名曲江，吉林又有县名曲江。而曲江池（曲江）又为戏剧名，一为元石君宝撰，一为明周宪王撰。

与“曲江”相似的有“曲水”，稍不留心，就会混同。曲水作为地名，一在江苏省江宁北边，一在浙江省绍兴西南兰亭山，一在西藏拉萨西南。四川省南充西南也有水名曲水。

3. 古有今无

所谓古有今无，是指古时有的名物典章制度名，随着那些事物的消亡，这些词语也就成了死词，如职官名、礼仪名、礼器名、科举考试制度名等等。这一些名称在历史文献中特多，文籍注释不可疏忽。比如常、旂、旜、物、旗、旟、旐、旞、旌，为绘有不同图像、表示不同等级的九种旗帜；三农、园圃、虞衡、薮牧、百工、商贾、嫔妇、臣妾、闲民为九种不同的职业职务；路门、应门、雉门、库门、皋门、城门、近郊门、远郊门、关门，是古天子所居的九门；墨、劓、刖、宫、大辟、流、赎、鞭、扑为九种刑法。

这一类词的注释宜稍详，以使今人能够了解古代事物。《周礼·春官·巾车》：“建大常，十有二斿以祀。”郑玄注：“大常，九旗之画日月者，正幅为縿，斿则属焉。”《仪礼·觐仪》：“天子乘龙，载大旆。”郑玄注：“大旆，大常也；王建大常，縿首画日月，其下及旒，交画升龙降龙。”大常即太常，也就是常，与诸侯的旗帜不同的是，诸侯则交为旂，无日月。

郑玄是汉人，他的注释基础是当时人们对旗帜的了解程度，因此他只指出了绘有日月者为大常这个能够区别其他旗帜的特征。今人对古制的了解除专门的史学、考古工作者之外，一般都比较少，比如“正幅为縿，斿则属焉”，縿、斿为何物，亦不一定了解，因此现代注释就应当更为详明一些。当然有些知识是应在另外的字词里面解释的，注释时可标明参见某页某字之法，这样才有可能弥补一处注释往往不足以提供完备知识信息的缺陷。

4. 今有古无

现代名物字词不如古代复杂。名物字如新发现的化学元素、科技新名称、与政治时事密切相关的名词都需要作注。这种词语出现的背景一般易于了解，注释没有多少困难。

不论哪一类型的名物字词，注释时都应当注意：第一，确定本文或本书注释名物字词的分寸。有的名物字词只需沟通古今，即以今名释古名，以通用名释异名，有的则应对指称对象作具体解释；第二，相关联的概念的互相参见。在选作教材的一篇文章中，注释的面宜广；在一本书中则应注意避免同一词的重复注释，和同一类词的不分主次和详略。第三，名物字词的注释切忌想当然。如果说普通语词的注释可以凭借对上下文的理解来判断其含义，名物词则决不可仅仅根据对上下文的判断来说明是什么。比如：

宪圣再拜对曰：“大姐姐远处北方，臣妾缺于定省。”

（宋叶绍翁《四朝闻见录·宪圣不妒忌之行》）

如果我们以今语套古语，则大姐姐势必解释为姐妹之姐。事实是，宋宫廷中，媳称丈夫的母亲为大姐姐。宪圣指宋高宗后，大姐姐指高宗母韦后。

哥姐一类的称谓，现在最为简单，牙牙学语的小孩儿也决不会弄错，但在古文献中却不可小看这样的称谓字的复杂性。在唐代，不乏以哥呼其父的例子。

《尔雅·释亲》曰："男子先生为兄，后生为弟，男子谓女子先生为姊，后生为妹。"兄在口语中被哥（歌本字）所代替，姊为姐所代替。《说文》曰："蜀谓母为姐，淮南谓之社，从女且声，读若左。"《广雅》曰："姐，母也。"姐字古又作毑。姐字的变义始于汉末，至唐为女子通称。代姊称女兄，始见于宋人著作。洪迈《夷坚志》有"姐姐及贾郎"之语，姐姐即姊姊。宋宫廷以"大姐姐"称母后，一面是保存了古义，一面又以"大"字置于"姐"字之前作为限制，这大约就是何以在词义（指称）已经转移的宋代还保存着古语痕迹的原因。

凡涉及理解上下文意至关重要的名物字词的注释一定要详明具体，切不可因为该词表现得浅显易懂而疏忽过去。

> 景公为台，台成，又欲为钟。晏子谏曰："君国者不乐民之哀。君不胜欲，既筑台矣，今复为钟，是重敛于民，民必哀矣。夫敛民之哀，而以为乐，不祥，非所以君国者。"公乃止。
>
> （《晏子春秋·内篇谏下第二》）

为台、为钟，礼制所允。何以景公欲为钟，晏子要加以劝止？而且说上许多治国的大道理？从上下文意判断，景公能否"为钟"，所为何钟就是问题的关键。

上古时代，礼制等级森严。天子与诸侯城池大小、宫室建筑、礼器设置都有严格规定，不允许有僭越行为。如钟，古之制，天子钟三等：曰特钟，配十二正律，为十二辰钟；曰大编钟；曰小编钟。诸侯钟二等，无特钟。晏子谏止齐侯为钟，从该篇的下一篇《景公为泰吕成将以燕飨晏子谏第十二》看，当指泰吕钟，即天子十二正律之特钟，其僭礼甚矣。故《吕氏春秋·侈乐篇》以为："齐之衰也，作为大吕。"晏子所谏，在于讥刺景公的非礼。吴则虞《晏子春秋集释》，据古礼制释钟，为读者提供必不可少的知识，只是在该注中不提下文所说"景公为泰吕成"，稍嫌不足。

（八）虚词

阅读和整理古籍，克服语言文字障碍主要要做三个方面的工作，一是语句组织方面，一是虚词方面，一是词汇（实词）方面。词汇方面的问题我们在以上各节已有粗略的讨论，深入的讨论是古汉语词汇学的事。文章注释学可以充分吸收它们的成果，而不必作过于专门的系统深入的讨论。语法方面的问题我们在翻译部分会适当提及。这里简略谈谈虚词的注释。

虚实词的观念虽古已有之，明人卢以纬作《虚字说》，我国才有了专门研究虚词的著作。以后研究虚词的人多起来，王引之的《语词误解以实义》(《经义述闻》卷三十二《通说》)、《经传释词》都是有成就的著作，近现代学者裴学海的《古书虚字集释》、杨树达的《词诠》、吕叔湘的《文言虚字》的相继产生，为文籍的研读注释提供了有用的工具书。

虚词的注释有两点值得注意：

1. 虚字和复音虚词或固定结构，今已不用或虽用而古今用法不同的。

不是凡虚词都应当注释。词典的释义应当那样做，文籍注释却没有这个必要。凡是文言虚词已经成为白话虚词的在古文献中一般可不予注释，应注释的是那些今已不用或虽用而用法与今不同的部分。比如疑问代词的"焉、孰、何、安"，副词的"殊、颇、益、弥、唯、陡、特、咸、毕、悉、率、寻、俄、旋、遽、顿、尚、诚、殆、庶几、幸、敢"，连词的"则、况、矧、抑"。复音虚词和固定结构如“然而、然后、然且犹、然且犹尚、然尚、然犹、然则、如何、如或、如其、如台、如有、如之何、若夫、若苟、若何、若或、若令、若乃、若乃夫、若其、若设令、若使、若之何、若至”……（据洪成玉《古汉语复音虚词和固定结构》）这里不列举虚词的全部，代词、副词、介词、连词、助词，还有大量表面看来容易而用现代汉语解释却时有困难的词。文籍注释工作者对于古代虚字和复音虚词应当做到心中有数，先掌握了全貌，再为文籍作注就会方便得多。比如“咸、毕、悉”，义与“皆”同，今可译为“都；全都”。古书中属于“皆”这个用法的除“咸、毕、悉”外，还有“备、俱、具、尽、壹”等等。它们大体上都可释为“皆；都”，但是在使用习惯以及我们现代翻译上也有不完全相同的地方。它们是同义词，在古文中有的可以互换，有的不能。

雷雨作而百果草木皆甲坼。

（《周易·解》）

群贤毕至，少长咸集。

（王羲之《兰亭集序》）

村中闻有此人，咸来问讯。

（陶潜《桃花源记》）

奉使绝域，备遭艰危。

（《后汉书·班超传》）

政事壹决大将军光。

（《汉书·车千秋传》）

王命众悉至于庭。

（《尚书·盘庚上》）

这一些字，除“备”字外都可释为“皆；都”，“备”可释为“尽”。如果试着在这些例子中替换，有的就会破坏语言的习惯，成为不辞的句子。如“政事壹决大将军光”，“壹”若换作“皆”“悉”，似可通，而“皆甲坼”“悉至于庭”却决不可换作“壹”。语言的习惯是必须尊重的。“凶象毕露”之“毕”不可换作“咸”，“老少咸宜”之“咸”可换作“皆”，而不可换作“毕”“悉”。

本书不是要对每一个虚词作出解释，只是要说明，文章注释，对于古今有联系的虚词，对于一类或一组义同义近的虚词，（如表示否定的副词“不、勿、毋、无、弗、靡、莫、非”）一定不能满足于以一个比较宽泛的概念来解释，应当指出那些互相间有区别的因素，这对于今译是十分重要的。

有的词表面上没有变化，而古今用法却不一样。

> 秦王使人谓安陵君曰：“寡人欲以五百里之地易安陵，安陵君其许寡人。”安陵君曰：“大王加惠，以大易小，甚善。虽然，受地于先王，愿终守之，弗敢易。”
>
> （《战国策·魏策四》）

这个“虽然”与现代汉语表示让步关系，后面跟着出现表示转折的连词“却”“但是”的用法不同，它的后面不出现这种转折连词，是“虽说如此”“虽是这样”的意思。它有隐含的转折义，翻译时可以不释“虽然”，而以“不过”相代即可。

虚词也有复杂的多义情况，有时还有相反的含义。如“仅”，现代是叹其少，只有的意思，而杜甫诗“山城仅百层”则是叹其多，是庶几、将近的意思。这都是应予重视的。

2. 固定结构——相关连的虚词

注释古书虚词，不可忽视上下相应的固定结构，如“唯……是……”“何……之有”“奚以……为”。它们既不是单词，也不是复音词，不弄清它们的含义和用法，不明了与它们相互对应的现代汉语的相关连词语，则注释和翻译都会发生困难。

> 荀偃令曰：“鸡鸣而驾，塞井夷灶，唯余马首是瞻。”
>
> （《左传·襄公十四年》）
>
> 无故无新，唯贤是亲。
>
> （《淮南子·主术训》）

"唯……是……"是固定结构。"唯"表示行为对象（即动词宾语）的单一性，排他性；"是"起提宾作用，使宾语得到强调。"唯余"句的意思是只看我的马首行动；"唯贤"句就是只亲近贤者。这种固定结构在现代汉语中还保存着。"唯……是……"也可写作"唯……之……"：

当臣之临河持竿，心无杂虑，唯鱼之念。

（《列子·汤问》）

父母于子，东南西北，唯命之从。

（《庄子·大宗师》）

"唯鱼之念"就是唯鱼是念；"唯命之从"就是唯命是从。

苟非德义，则必有祸。

（《左传·昭公二十八年》）

故君子苟能无以利害义，则耻辱亦无由至矣。

（《荀子·法行》）

苟有一策，即必爵之。

（《汉书·王莽传上》）

"苟……则……""苟……即……"，即现代汉语表示假设关系的复句的关连词，"假如……那么就……"，前为假设的条件，后为在此条件下将产生的结果。

徒取诸彼以与此，然且仁者不为，况于杀人以求之乎？

（《墨子·节葬下》）

"然"，这样；"且"，尚且。"然且"为固定结构，"然且……况于……"表示进一层关系的复句的相关连词语，可翻译为"这样尚且……更何况……"。

同类型相关连虚词某些字可以改换，有的改换纯粹是文字的改换，为同一用法的不同书写形式，有的是用法、内容上微有区别。这方面的研究，目前有洪成玉的《古汉语复音虚词和固定结构》。王力先生为该书写的序中指出，讲古汉语虚词只讲单词，这很不够；讲了复音词，也还不够。只有将那些既不是单词，也不是复音词，而是固定词组，或上下相应的结构也加以研究，“才是全面地讲述了古汉语虚词”。这一部书对于文籍注释有参考价值。

（九）其他

应当注释的词语还有外来词、音译词、各学科的专门术语（如佛学的、方技的）。注释时宜随时查考。

二、注释方法

注释应当有明确的要求，这个要求就是以今释古、以浅释深，以普通话释方言，以具体明确的内容解释含义广泛的概念。这些要求可以视之为注释的原则。

具体地讨论如何以今释古、以浅释深之类并没有必要，在我们讨论注释词语的选择和注释的时候，事实上已经涉及了。从《毛诗诂训传》开始，历代传注笺疏都是这样做的，汉人注先秦典籍，用的是汉代语言；唐宋人注释秦汉作品用的是唐宋人的理解，他们的注释在形式上虽然用的是秦汉语言（文言），而凡涉概念的实质却都是化古为今，化方语为普通话，化抽象为具体的。

下面我们来具体讨论注释方法。

> 《论语·为政》：“子曰：‘道之以政，齐之以刑，民免而无耻；道之以德，齐之以礼，有耻且格。’”

朱熹注：

> 道，犹引导，谓先之也。政，谓法制禁令也。齐，所以一之也。道之而不从者，有刑以一之也。免而无耻，谓苟免刑罚，而无所羞愧，盖虽不敢为恶，而为恶之心未尝忘也。礼，谓制度品节也。格，至也。言躬行以率之，则民固有所观感而兴起矣，而其浅深厚薄之不一者，又有礼以一之，则民耻于不善，而又有以至于善也。一说，

格，正也。《书》曰："格其非心。"〇愚谓政者，为治之具。刑者，辅治之法。德礼则所以出治之本，而德又礼之本也。此其相为终始，虽不可以偏废，然政刑能使民远罪而已，德礼之效，则有以使民日迁善而不自知。故治民者不可恃其末，又当深探其本也。

（朱熹《论语集注》）

《论语·为政》的内容，是关于统治老百姓的道理，我们列举这一段文字并朱注，是因为作为注释方法，自有其典型意义。"道，犹引导""格，至也"为语词对译式；"政，谓法制禁令""礼，谓制度品节"为定义式（即法制禁令谓之政，制度品节谓之礼）；"齐，所以一之也"，以说明其作用释词义，"所以一之"即含"使齐一"之义；"免而无耻，谓苟免刑罚，而无所羞愧"，以释词寓于释句意中。（先秦古书"免"字单用多为"免刑""免罪""免祸"之省略）在词语解释后，又加以对句意和思想内容的补充说明，以使读者透彻地理解原文，如政与刑、德与礼的关系。

（一）词语对译式

这是最主要的方式。阅读古文的障碍，主要在于文言。注释的任务，主要是用白话加以解释。这种解释的目的在于沟通古今，因此古人的单音多义词，注释时应当把在特定语境中的单一意义揭示出来；古人的冷僻单音词，应当把现代与之相应的不论单音词、复音词揭示出来；古人的复音词、多音词现代有相应的复音词多音词的，应当以现代的复音词、多音词来解释。经过这样的步骤，今人阅读文言就如同阅读白话，使今人与古人的语言息息相通。这就是释义的语词对译式。

臣本布衣，躬耕于南阳，苟全性命于乱世，不求闻达于诸侯。先帝不以臣卑鄙，猥自枉屈，三顾臣于草庐之中，咨臣以当世之事，由是感激，遂许先帝以驱驰。

（《三国志·蜀书·诸葛亮传》）

周大璞等《古文观止注译》对这一段的注释主要是运用词语对译式：

布衣：平民。躬耕：亲自种田。南阳：诸葛亮隐居地隆中，属南阳郡。苟全：苟且保全。闻达：扬名显达。卑鄙：地位低下，见识浅陋。猥（wěi委）：语词，乃。枉屈：降低身份，委屈自己。感激：感发激动。驱驰：奔走效劳。

词语对译式的释词最大好处是能够直接使古文今语化，文言白话化，因此，我们甚至可以采用代入法，以所释语词代替被释语词使古语畅然易晓。但是有一个问题值得注意：这种注释多是随文释义的，很有必要加以讨论。

这里涉及作为文籍的释义与词典的义项有何关系。比如“驱驰：奔走效劳”，在《前出师表》这篇文章中是这个意思，但并不能说词典就会立这么一个义项。词典的义项（即词汇义）是概括的，具有普遍意义的词典义项和随文释义的注释是很不相同的。《列子·仲尼》：“东里多才。”张湛注：“有治能而参国政者。”张湛所注是“才”字。在这一语境中，这个“才”完全可以这样解释，但“才”字作为一个多义词，有“才能”“有才能的人”的义项，却不能有这么一个义项。我们之所以承认张注的正确性，是因为《仲尼》这一篇谈的是治国的事情。我们从上下文，也就是从“才”所活动的特定语境中可以悟出这个具体的指称意义。假若“东里多才”的上下文是说的治学、为文、作画，那么这个“才”就是“善治学者”“善属文者”“善作画者”了。

再举一个例子：

《战国策·宋策》：“车至门，扶。”高诱注：“扶，谓下车。”扶字怎么也不会有这么一个含义。高诱注是就整个句子的意思说的。鲍彪补注：“人扶妇下。”鲍注比高注要明白一些，但仍未释“扶”。不过他已经以“人扶妇下”使“扶”字得到了一个通常用法的环境,因此这个“人扶妇下”就是人搀扶妇下,“搀扶”是“扶”的词汇义。

古人注释，没有我们现在的词典义项观念。因此他们的随文释义自有其不科学的部分。如果“东里多才”注为：“才，有才能之人。此处指有治能而参国政者。”“车至门，扶”注为：“扶，搀扶。此处指人搀扶妇下车。”那就将随文释义与词汇义结合起来，不致使读者发生误解。

随文释义有它的局限性，但如果能注意随文解释之义的产生基础，把产生这个具体意义的词义先指出来，这个局限性就得到了补救。

词语对译式的随文释义有时就是词汇义、词典义项。《诗经·大雅·瞻卬》:“此宜无罪，女反收之。”毛传:“收，拘收也。”朱熹集注:“收，拘也。”《诗》的这个句子前有“罪”，后有“收”；前为“无罪”，后为“反收”，都提供了拘收、收捕义的典型环境。因此毛传、朱注的随文释义都十分精当,这里的随文释义与词汇义、词典义项是统一的。

古人注释采用语词对译式好用单字。

《国语·晋语》:“且晋公子敏而有文。”韦昭注:“敏，达也。”

《国语·齐语》:“尽其四支之敏，以从事于四野。”韦昭注:“敏，犹材也。”

《论语·述而》:“我非生而知之者，好古敏以求之者。”刘宝楠正义:“敏，勉也，言黾勉以求之也。”

“达”，谓灵敏，通达；“材”，谓才能；“黾”，谓勤勉。释义虽然准确无误，但是这些单字本身的含义也不是单一的，有时会引起读者误解。

《论语·里仁》:“君子欲讷于言而敏于行。”包咸注:“讷，迟钝也。”

《论语·子路》:“子曰:刚、毅、木、讷近仁。”集解引王肃注:“讷,迟钝也。”皇侃疏:“讷者,言语迟钝。”《说文》:“讷,言难也。”《说文》和皇疏都是释讷本义,是定义式的。“刚、毅、木、讷近仁”,讷字作为一个独立的名词,皇疏是正确的。“讷于言而敏于行”之讷为形容词,包注为迟钝完全正确,讷在这里是修饰“言”的。假若我们用单字释义,“讷,迟也”(《广雅·释诂四》),则《里仁》和《子路》两篇“讷”字的区别就模糊了。

除了意义单一的单字,可以在词语对译时运用外,现代注释古书,一般应以复音词对译,以多字释一字。在对译过程中,应充分考虑上下文的特定环境,把在特定环境中的意义揭示出来,这才有助于读者深入了解文章的内容。这种“随文释义”与“望文生义”是不同的。准确的随文释义在注释中应予承认,而且应视为最重要的工作。

(二)定义说明式

定义说明式适用于某些专门的术语和名称,这一些术语和名称古今并无相对应的词语,不能用同义词互释的方式来解释,需要对它所表示的概念进行说明。揭示概念就是定义,对事物进行叙述、介绍就是说明。

《老子》第一章“道可道”中“道”的概念,任继愈作了这样的解释:

> 《老子》书中的“道”是不能用文字或语言表达的、神秘的精神本体。它是天地万物的本源。它是微妙的、玄虚的,不具有任何质的规定性,不能用正常的方法去认识它。《老子》书中第一次提出“道”这个哲学概念。过去的“道”字的用法都与老子的哲学意义的“道”不同。所以老子首先说明他所谓“道”与一般习惯用法不同。老子的“道”有两个意思:(一)有时是指精神的实体;

(二) 更多的场合下是指万物变化发展的规律。这两者在老子的观念中是不十分清楚的。

对于这种哲学概念的解释有相当的难度。作为语词义的"道理""规律"在这里都是不起作用的，只有对老子这个概念的各方面进行了研究，才能作出上面引文所作的介绍。

孙子曰：兵者，国之大事，死生之地，存亡之道，不可不察也。故经之以五，校之以计，而索其情：一曰道，二曰天，三曰地，四曰将，五曰法。道者，令民与上同意者也，可与之死，可与之生，民弗诡也。

(《孙子·计篇》)

"存亡之道"的"道"是道路、途径的意思。"一曰道"的"道"是政治概念。从孙子在下文的解释（这是古人常用的方法：先提出概念名，然后作具体解释）中可以看出"道"是指政府通过政治手段使民与政府同心同德，能够为政府效力。郭化若《孙子译注》作了这样的解释：

道，在和孙子同时的诸子的著作中，各有各的命意。孙子在十三篇中各处所用的道字也各有所指，互不相同。这里孙子用"道"这一概念（或范畴）主要是指地主阶级的政治。民，当时是指有反抗性的劳动者，即农奴和奴隶。新兴地主阶级的政治（道），其作用是要求有反抗性的民能服从统治者的统治。

郭注首先介绍"道"这一概念与孙子同时的诸子中所赋予的命意各不相同，孙子本人在不同场合运用这个概念也有差别，然后具体说明本篇"道"的含义。这一解释实际上是根据孙子自己对"道"的解释提出的。孙子对"道""天""地""将""法"都有解释，郭注也都有相应的补充说明，使读者对孙子所说决定战争胜负的诸因素有了清楚的了解。

再看几个定义式的例子：

臣者君之阴也。

（《汉书·杜钦传》）

臣，君之股肱耳目。

（《仪礼·士丧礼》“乃赴于君”注）

仕于公曰臣。

（《礼记·礼运》）

臣、妾，男女贫贱之称。

（《周礼·大宰》）

臣、妾，厮役之属也。

（《尚书·费誓》郑注）

臣则事人之称，无定名也。

（《诗经·小雅·正月》笺“人之尊卑有十等”疏）

臣谓征伐所获民虏者也。

（《礼记·少仪》“臣则左之”疏）

臣谓囚俘。

（《礼记·少仪》“臣则左之”注）

这八条关于“臣”的定义或出自经文，或出自注文，可分三组：一组是说明臣与君的关系，一组说明臣的社会地位，一组说明臣的早期来源。在不同的语境中，臣的所指会有若干区别。这些定义都从具体的语言环境出发，对概念所反映的对象的某种属性作了概括。文章注释有随文释义性质，应当说都是正确的。但在现在，这些定义却不能使人满意，我们在作定义时既要概括出普遍的一般属性，又要指出个别特殊的属性。这样才有助于读者获得关于这个词所反映的概念的较为完备的知识。

古人作定义的随意性，可以找到大量材料。比如“仁”这个词，作为一种政治理论概念，在先秦诸子的著作中，全都是根据自己的思想观点随文作出的。“仁”作为普通的语词，它的意义就是“爱”。所谓“仁，亲也，从人从二”（《说文》）就是从造字原理上说的，仁是个会意字，相偶而亲的意思。而作为一个政治理论概念，它成了儒家思想的核心，仅《论语》一书，“仁”字作为一种道德标准，就运用了105次。“克己复礼为仁”（《论语·颜渊》）从整个的社会政治制度这个高度对“仁”这个道德标准作了概括。

企图以最简括的语言对“仁”加以概括的还有《管子》的“以德予人者谓之仁”（《戒》），《韩非子》的“宽惠行德谓之仁”（《诡使》），《周书》的“与民利者仁也”（《本典》）。而《庄子》的定义却更为概括：“德无不容，仁也。”（《缮性》）与这些概括不同还有一些较为窄狭的定义：“非其所欲，勿施于人，仁也。”（《管子·小问》）“恕则仁也。”（《大戴礼记·卫将军文子》）“分均，仁也。”（《庄子·胠箧》《吕氏春秋·当务》）“贵贤，仁也；贱不肖，仁也。”（《荀子·非十二子》）“为天下得人者谓之仁。”（《孟子·滕文公》）

这许多定义都是经文本身的，不是注文。我们作注，假若是如任继愈注《老子》的“道”，郭化若注《孙子》的“道”，切不可为这许多临时性的、适用于局部语言环境的定义所惑，应当就一部书或一个人运用这一概念的全体进行了研究之后，才可以考虑如何概括它的一般属性和本质属性，作出定义。

不只是哲学、政治概念才可以作定义，普通语词也可以作定义。

修旧曰新。

（《诗经·鲁颂·閟宫》“新庙奕奕”郑笺）

缮故曰新。

（《公羊传·庄公二十九年》“新延厩者”何注）

贤，有善行也。

（《周礼·天官·太宰》“三曰进贤”郑注）

贤，有德行者。

（《周礼·秋官·小司寇》“三曰议贤之辟”郑注）

田者，地之表而有人功者也。

（《周易·乾》“见龙在田”王注）

这些定义反映了事物的本质属性和一般属性，是比较准确的。现代注释可以将它们加以改造，成为新注。但是并不是这一类概念都是需要作定义的，这要看具体情况。“新庙奕奕”之“新”，高亨《诗经今注》并无解释，只说：“新庙，即上文所谓閟宫。”《閟宫》这首诗，是歌颂鲁僖公伐淮夷取得胜利，以其战功告祭祖庙的乐歌，歌中对閟宫进行了描绘。“新庙”从郑玄笺看，是告祭前对閟宫进行了修葺、装饰，故面目为之一新，称为新庙。比如“见龙在田”之田，今注不一定应取定义式，释以田地、田野即可。

今人注释古书，应当充分考虑读者的固有知识和理解能力。普通词语的注释，尤其是单字的注释，以少用定义式为宜。

吾尝终日而思矣，不如须臾之所学也。

（《荀子·劝学》）

郡国曰学，县、道、邑、侯国曰校。

（《汉书·平帝纪》）

相从勉讲学，事业在积累。

（陆游《送子龙赴吉州掾》）

假若我们对这三个“学”字，分别注以“从阅读、听讲、研究、实践中获得知识或技能”（《现代汉语词典》释“学习”），“专门进行教育的机构”（《现代汉语词典》释“学校”），“正确反映客观事物的系统知识”（《现代汉语词典》释“学问”），那一定会使人感到别扭。如果只以“学习”“学校”“学问”解释，使古单词现代复音词化，充分利用人们对这几个复音词的基本概念的理解，反而能起沟通古今的作用。

《论语·学而》：“子曰：‘学而时习之，不亦说乎？’”朱熹注：

习，鸟数飞也。学之不已，如鸟数飞也。说，喜意也。既学而又时时习之，则所学者熟，而中心喜说，其进自

不能已矣。程子曰：'习，重习也，时复思绎，浃洽于中，则说也。'

（《四书章句集注·论语集注卷一》）

如果朱注仅有"习，鸟数飞也"，而不作进一步类比解释，则读者将会感到迷惑。当然，朱熹先说习的本义（定义），然后加以申发，有利于深入说明道理，已经是由词义的解释上升到义理的分析了，和程子先以复音词释习，然后加以分析有异曲同工之妙。

（三）相近相关概念比较式

相关连的相近的事物极多，表示它们的词也极多。在词典释义中，相关条目、相关义项的释义要注意平衡和统一。这种平衡和统一首先要求编纂者将这类词先作整体的考察，然后就它们之间的相同和相区别部分加以说明。这些词是大同小异，或是属中有别，其相关连或相近似程度不一。有的是十分接近的同义词（绝对的同义词是极少的）或近义词；有的只是性质属性有一定联系的相关连词，严格说来并不是同义或近义词，有的词本义与另一词无涉，而引申义却有一定的联系甚至同义或近义。这一类词语的注释，由于词本身常常是同类或相近者同出，因此注家常常是注一词而同时注另一词甚至于另几个词。这样的注释不是一个单句（定义），而是两句甚至两句以上的复句，使被注字成为一组相比较的概念，于比较中显出同异，而重点则在辨异。

相关或相近词义的辨析，旧注中一般用"曰""为""谓之"几种固定的术语，注释结构也比较固定，即被释词在后，定义辨析语在前：

……曰X，……曰X。

……为X，……为X。

……谓之X，……谓之X。

这是最常见的形式，下面以《诗经》旧注为例略作说明。

飞曰雌雄，走曰牝牡。

（《邶风·匏有苦叶》传）

龟曰卜，蓍曰筮。

（《卫风·氓》传）

上曰衣，下曰裳。

（《齐风·东方未明》传）

自目曰涕，自鼻曰泗。

（《陈风·泽陂》传）

兽三曰群，二曰友。

（《小雅·吉日》传）

大曰鸿，小曰雁。

（《小雅·鸿雁》传）

谷不熟曰饥，蔬不熟曰馑。

（《小雅·雨无正》传）

土治曰平，水治曰清。

（《小雅·黍苗》传）

以车曰传，以马曰遽。

（《大雅·江汉》释文）

先种曰植，后种曰稚。

（《鲁颂·閟宫》传）

这些被释词多为近义词，有的（如"平""清"）只能说是相关联的词。近义字的组合是构成复音词的重要途径，如"衣裳""卜筮""涕泗""饥馑""鸿雁"等等，是常见的近义复合词。相关联的词，如"平""清"，也可以构成同义复合词，如"清平世界"的"清平"，这两个字都有"治"义。这种词在现代不一定都需要分释，但在古书中为了透彻说明文意，是应当区别的。段玉裁在《说文解字注》中表明了一种浑言不别而析言有别的观点。浑言取其同，析言辨其异。如雌雄、牝牡同表现性别差异，则雌与牝、雄与牡同义。而雌雄用于飞禽，牝牡用于走兽，所适用对象不同，故以"飞曰""走曰"辨其异。这是上古的情形。这几个字的构件，一从隹一从牛，就是造字时为区别对象而加的义符。

雄，鸟父也。从隹厷声。

雌，鸟母也。从隹此声。

（《说文·隹部》）

牡，畜父也。从牛土声。

牝，畜母也。从牛匕声。

（《说文·牛部》）

汉以后区别不那么严格了，《木兰诗》的“雄兔脚扑朔，雌兔眼迷离”就是对规范的突破。而近现代，公与母二字至少在口语中成了通语，如公鸡母鸡、公马母马之类。

有一点应当强调，雄、牡、公可视为同义，雌、牝、母可视为同义，而不能以为雌、雄同义，牝、牡同义。它们只能说是表示相关联概念的词，若要划分类型，应归入反义词。有的论著以为“……曰X”的重叠固定格式，全在于揭示近义词的区别，是不妥的。我们可以将《说文》加以改造：鸟父曰雄，鸟母曰雌；畜父曰牡，畜母曰牝。但不能说“曰X”“曰X”两个X为同义。再看一组例子：

老而无妻曰鳏，老而无夫曰寡，老而无子曰独，幼而无父曰孤。

（《孟子·梁惠王下》）

这是一组相关联概念。不能说都是近义词，如鳏与孤。能够说义近的是鳏与寡，独与孤。

这种相近或相关的词的释语多数整齐对称，前后句释义相辅相成或相反相生，因为有比较故而词义更显明。而比较的内容在上引数例中即涉及对象、方位、数量、大小、工具、时间，词性则有名词、动词、形容词三类。比较的内容也就是辨析的途径，凡名词、动词、形容词所涉及的名物、动作、事物的性状等等差异，都可以构成相关连或相近似因素。因此辨析这类词的区别因素的内容和途径是多种多样的，可以进行十分细微的划分。文籍注释的释义稍有疏忽就可能使传授的知识不够完备。如“死”这一概念，不论何人，死都是表示生命的终结。在古代因为死者的身份、地位不同而有不同的名称。

天子曰崩，诸侯曰薨，大夫曰卒，士曰不禄。

（《公羊传·隐公三年》）

君子曰终，小人曰死。

（《礼记·檀弓上》）

若文籍注释于“崩”“薨”“卒”“不禄”“终”下仅释以死，而不指出尊卑贵贱、身份的差别，就不能正确阐释原义。

以上我们就相关概念和近义词的释义举“……曰X，……曰X”的例子作了粗略说明，和这一固定结构形式相同的还有“……为X，……为X”“……谓之X，……谓之X”。

八尺以上为龙，七尺以上为騋，六尺以上为马。

（《诗经·周南·汉广》疏）

纯著新绵名为襺，杂用旧絮名为袍。

（《诗经·秦风·无衣》疏）

在心为志，出口为言，诵言为诗，咏声为歌。

（《诗经·周南·关雎》题解疏）

诵其言谓之诗，咏其声谓之歌。

（《关雎》题解疏引《汉书·艺文志》）

凡民禀五常之性而有刚柔缓急，音声不同，系水土之风气故谓之风；好恶取舍，动静无常，随君上之情欲故谓之俗。

（《诗经·小雅·谷风》题解疏引《汉书·地理志》）

以上是三种常用格式，还有其他一些格式。如“X是XX，X是XX”“X言XX，X言XX”“XX以为X，XX以为X”“X者XX之X也，X者XX之X也”等等。被释词和释语的前后位置没有一定，“初者裁衣之始，哉者草木之始，基者筑墙之始，肇者开户之始，祖者人之始，胎者生之始也。”（《尔雅·释诂上》“初、哉……始也”条疏）是主语（被释词）在前。总之，不论是何种形式，只要是排列整齐的一组相关或相近概念的注释，都是有明显的比较色彩的。

文籍注释，只要是相近相关词语同时出现，原则上应当注释一串。若仅出现一个或二个，其他的一串是否应出现，当视需要而定。

三、注音和辨字

（一）注音

文籍注音是一项复杂的工作，有一定的难度，这是因为音韵学的研究还没有达到完全准确地反映古代音读的程度。加上一字多音和变读及破读情况，常因上下文意而异，这就使我们在具体的文句中随文注音不那么容易了。

文籍的注音不是词典的注音。词典的注音是把字放在与这个字有关的字韵书及其他文献语言材料中，从整体上加以考查，然后对这个字的音读的历史源流演变进行全面的审订。文籍注音，则是指出某句某字的某一单一的音读。

前人在这方面作出了突出的贡献，唐陆德明的《经典释文》是文籍注释注音的典范。他的注音或用反切，或用直音。如：

窈（乌了反）窕（徒了反）好（呼报反）逑（音求）

洲（音州）（《毛诗音义》上）

《经典释文》的注音是很普遍的，在现在看来十分浅显的常用字也都一一注音。陆氏以为，“楚夏异声，南北语殊”，人们“是非信其所闻，轻重因其所习”是不对的，加上“世变人移，言讹字替”，造成文献语言的混乱，因此他作《经典释文》，着重正音。这是他普遍注音的原因，也是他整理古籍、进行语言规范的贡献。

古文注释注音术语有读若、读为、读如、读曰、读若某同、读与某同。文籍中的“读若”，一般是表示读音，“读为”则是表明假借，即改字而读。段玉裁《说文解字注》于示部“禜”字注中对这两个术语作了这样的区别：

凡言“读若”者，皆拟其音也。凡言“读为”者，皆易其字也。注经必兼兹二者，故有“读为”，有“读若”。“读为”亦言“读曰”，“读若”亦言“读如”。字书但言其本字本音，故有“读若”，无“读为”也。唐人作正义，已不能知，“为”与“若”两字，注中时有讹乱。

《说文》中的“读若”（也作“读与……同”“读若……同”）据陆宗达、王宁著《训诂方法论》附录《训诂学名词简释》所说：不只表示直音，还表示以下四种情况：1. 标明通行的后出字，如“自，读若鼻”。2. 标明通行的异体字，如“譶，读若沓”；“辛，读若愆”。3. 标明通行的假借字，如“敷，读若杜”；“肒，读若旧”。4. 标明互相通用的同源字，如“雀，读与爵同”；“毌，读若冠”。这些情况钱大昕在《古同音假借说》中说得十分明白，他列举了许多字例说明：“汉人言‘读若’者，皆文字假借之例，不特寓其音，并可通其字。”钱、陆二说是正确的，陆说最为精审。

了解这些术语对现代注释的注音和释义是重要的，这可以使我们有所依凭，又可以避免误以假借字音为本身所具有的读音。

假借问题我们将在下一章里讨论，这里仅从单纯的读音谈谈以下几点：

1. 不必字字注音，字字复旧复古，但若古时协韵今不协韵的字应当注音

今人注释古书，不应当复古，无处处字字注音的必要，目前的音韵学研究水平，还不能使我们完全精确地读出上古音来。《汉语大字典》是一部收字最全的字典，其注音反映了古今语音源流的演变。在语音方面除有中古反切、声韵调、上古韵部外，再就

是折合的现代读音。做到这一步已经是不容易的了。语音不过是词的一个临时标记，如果我们以这个临时的标记为永久的标记，则今人读古书，至少应当回到《广韵》时代去。这样每一个字就应当注明它的古代音读，这既不可能也无必要。不论散文韵文，不论是上古中古近代，只要是一般的字词，都是不必注音的。比如：

一弹再三叹，慷慨有余哀。

（《文选·古诗十九首之五》）

小人之过也必文。

（《论语·子张》）

“再三”之“三”旧读 sàn，“文过饰非”之“文”旧读 wèn，这一类字若注以旧读未尝不可，不过现代一般不这样读，不注旧读是可以的，让读者自己各行其是去。但是假若是格律诗，恰巧“三”“文”是应读仄声，那是例外，可以注明正确的音读。至于两句的其他常用字则没有注音的必要。又比如：

北风其凉，雨雪其雱，惠而好我，携手同行。

（《诗经·邶风·北风》）

淇水汤汤，渐车帷裳，女也不爽，士贰其行。

（《诗经·卫风·氓》）

斗为帝车，运于中央，临制四乡，分阴阳，建四时，均五行。

（《史记·天官书》）

“携手同行”之“行”，陆德明释文音“衡”，“士贰其行”之“行”，释文音“下孟反”，王力先生《诗经韵读》都音 heang（阳部）。按词性，前一行是动词，行走的意思，第二个行是名词，德行、行为的意思，现在都读 xíng。《史记》的“五行”之行，古亦读 háng。杨伯峻《破音略考》曾举例证明“古无破读音”中就有这个例子。这类字并不是破读，如何处理多少有些难处。高亨《诗经今注》未注行字音读，陈子展《国风选译》于“士贰其行”下注“阳部”。注 háng 音是必要的，因为凉、雱、行、汤、裳、行是自然地押韵的。至于《史记》的例子，虽然这几句也押韵但毕竟不是诗，读 hàng 还是读 xíng，可由读者自便，没有注音的必要，不是做音韵研究的还是以读约定俗成的音（xíng）为宜。

韵文的音读有两种情况，一种是古协韵，今音虽不同古音，亦协韵的，按今音读，古协韵今不协韵的可考虑注音。比如：

帝高阳之苗裔兮，朕皇考曰伯庸。摄提贞于孟陬兮，惟庚寅吾以降。

（《楚辞·屈原〈离骚〉》）

这个“降”字显然和“庸”字协韵，洪兴祖补注：“降，乎攻切，下也。”音 hóng，义为诞生，降（jiàng）生。按照音随义转的原则，诞生、降生之降应读 jiàng，如《诗经·小雅·节南山》“昊天不惠，降此大戾”之降。考《广韵》降有“下江切”（xiáng）、“古巷切”（jiàng）二音，《集韵》有“胡江”（xiáng）、“古巷”（jiàng）、“乎攻切”（hóng）三读。“乎攻切”来自《离骚》。《尚书·大禹谟》有“降水儆予”，孔颖达疏：“降水，洪水也。”陆德明释文“降”字未注音读。据阮元校勘记考证，“降”系“洚”之误字。因此可以断定“降”读 hóng 是自《离骚》才有的，可能是临时读音。像这样古有协韵的读法而今已无此音，还是以注明为宜。

2. 破读音的注释

破读音是指字的词义分化和词性转化引起的声调变化造成的不同音读。这是从汉代开始，六朝时大量出现的变音现象。这些音读不合于周秦古音，因此清儒多以为是汉代以后经师和韵书作者的“强生分别”。顾炎武的《音论》，钱大昕的《论长深高广字音》《一字两读》，段玉裁的《古音义说》都持这种观点。

破读音是适应词汇和语法的发展产生的，并不是人们的“强生分别”。陆德明《经典释文》对汉魏以来的破读音收罗较广，他对这一现象有较为客观的认识。

> 夫质有精粗，谓之好恶（并如字），凡有爱憎，称为好恶（上呼报反，下乌路反）；当体即云名誉（音预），论情则曰毁誉（音余）；及夫自败（蒲迈反）败他（蒲败反）之殊，自坏（呼怪反）坏撤（音怪）之异，此等或近代始分，或古已为别，相仍积习，有自来矣。
>
> （《经典释文·序录》）

破读字据宋人贾昌朝《群经音辨》统计，有210字，元人刘鉴《经史正音切韵指南》207字，马建忠《马氏文通》202字（其中名词破读字57，动词破读字106）。唐作藩据上述三书所收，共分析了260字的本音和破读音及其演变情况，按现代普通话的读音归为两大类：一类是保留了本音和破读音两读，一类只有一读。他的分析对词典编纂和文章注释有参考意义（详《辞书研究》1979年2期《破读音的处理问题》）。

注音在通常情况下应实行从俗从变从今的原则。凡今音已经稳定，一般的读法不影响词义解释的，一定不要复古。只有那些不注音变不足以释义或区别词性的才应当考虑注音。如“亲”（qīn，qìng）、度（dù，duó）、食（shí，sì）、读（dú，dòu）、大（dà，tài）、父（fù，fǔ）等。有一些字古为破读，以后有加偏旁的字形成古今字专司破读字，则于古字后加注今字即可，如“陈（阵）”“知（智）”。有许多古代破读字，以后成为常用的多音多义字，一般人的阅读不会发生困难，是用不着注音的，如强（qiáng、qiǎng、jiàng）、系（xì、jì）。有些字，如“恶”，用作虚词义为何时读wū，与好恶（有hǎo'è与hàowù两种读法，意义有联系又有区别）不同，是另一个词，对读者对象为普通读者的文章注释，可以注音，不过这已不属破读的范围了。

3. 难字和多音多义字的注音

这是注音的重点，有三种情况：一为某常用字的异体；二为非现代常用字；三为虽是常用字，但非常读音。以下试以杨伯峻《论语译注》"学而""为政"两篇的注音作一简要分析：

学而时习之，不亦说乎？（说——音读和意义跟"悦"字相同，高兴、愉快的意思。）

人不知而不愠，不亦君子乎？（愠 yùn，怨恨。）

其为人也孝弟，而好犯上者鲜矣。（弟，音读和意义跟悌相同，音替，tì，弟弟对待兄长的正确态度。……鲜，音显，xiǎn，少，《论语》的"鲜"都是如此用法。）

孝弟也者，其为仁之本与！（与——音读和意义跟"欤"字一样，《论语》的"欤"字都写作"与"。）

吾日三省吾身。（三省——"三"字有读去声的，其实不破读也可以。"省"音醒，xǐng，自我检查、反省、内省。"三省"的"三"表示多次的意思。）

道千乘之国。（道——动词，治理的意思。千乘之国——乘音剩，shèng，古代用四匹马拉着的兵车。下略。）

父在，观其志；父没，观其行。（行——去声，xìng。）

恭近于礼，远耻辱也。（远——去声，音院，yuàn，动词，使动用法，使之远离的意思。此处亦可以译为避免。）

（以上《学而》）

今之孝者，是谓能养。（养——"养父母"的"养"，从前人都读去声，音漾，yàng。）

有事，弟子服其劳；有酒食，先生馔，曾是以为孝乎？（食——旧读去声，音嗣，sì，食物。不过现在仍如字读shí，如"主食""副食""面食"。馔——zhuàn，吃喝。（下略）（曾——音层，céng，副词，竟也。）

视其所以，观其所由，察其所安，人焉廋哉？人焉廋哉？（廋——音搜，sōu，隐藏，藏匿。）

学而不思则罔，思而不学则殆。[殆——《论语》的

“殆”（dài）有两个意义，下文第十八章“多闻阙殆”当“疑惑”解（说本王引之《经义述闻》），《微子篇》“今之从政者殆而”的“殆”当危险解。]

知之为知之，不知为不知，是知也。（是知也——《荀子·子道篇》也载了这一段话，但比这详细。其中有两句道：“言要则知，行至则仁。”因之读“知”为“智”。如果“知”如字读，便该这样翻译：这就是对待知或不知的正确态度。）

言寡尤，行寡悔。（行——名词，去声，xìng。）

人而无信，不知其可也。大车无輗，小车无軏，其何以行之哉？（輗、軏—輗音倪，ní，軏音月，yuè。古代用牛力的车叫大车，用马力的车叫小车，两者都要把牲口套在车辕上。车辕前面有一道横木，就是驾牲口的地方。那横木，大车上的叫做鬲，小车上的叫做衡。鬲、衡两头都有关键（活塞），輗就是鬲的关键，軏就是衡的关键。车子没有它，自然无法套住牲口，那怎么能走呢？）

非其鬼而祭之，谄也。见义不为，无勇也。[鬼——古代人死都叫“鬼”，指已死的祖先而言，但也偶有泛指的。祭——祭是吉祭，和凶祭的奠不同（人初死，陈设饮食以安其灵魂，叫做奠）祭鬼的目的一般是祈福。谄——chǎn，谄媚，阿谀。]

（以上《为政》）

这两篇的注音，“輗”“軏”“廋”是三个可以视为难读的字，属第二种情况；“说”同“悦”、“弟”同“悌”、“与”同“欤”、“知”同“智”，属第一种情况；“鲜”“三省”“乘”“曾”属第三种情况；“行”“远”“养”属上文所说破读；“愠”“馔”“殆”多见于书面用语；“谄”系现代常用字，有人误读为 xiàn 音，故《译注》特加注明。

难字在古籍中或以反切，或以直音注释，这些音读仅可供参考，有些文籍注释未注音，可以查《广韵》《集韵》，据音义配合、音随义转的原则注音。不过据中古反切折合今音，有时也有一定难处。这方面的工作，台湾学者编的《中文大辞典》、四川辞书出版社和湖北辞书出版社出版的《汉语大字典》已经做了全面的整理，尤其是《汉语大字典》，收字最全，对繁杂的古代音读作了科学的整理，是最有实用价值的工具书，应当好好利用这一成果为古书的注音服务。

4. 某些专名的注音

有的专名虽是常用字，但读法特殊，应当注音。如“龟兹”为古代西域国名，在今新疆库车县一带，读 qiūcí；“万俟”，复姓，读 mòqí；“单于”，汉时匈奴对其君长的称呼的译音，读 chányú。这一类字不注音，极可能误读。不过也不必强调返回古读，注音应当“名从主人”。如“谌”，《通志·氏族略》：“谌氏，《姓苑》，陶侃母谌氏，今南昌多此姓，望出豫章。”音 chén，今俗读 shèn，似也可从俗读。又如山东费县本应读 bì，今本地人已读 fèi，似也可改读今音。严学宭先生在《怎样注音、订音和正音》（《辞书研究》1980 年 3 期）一文中提出“舍古从今”“舍繁从简”的原则，承认某些“积非成是，相沿成习”的音读，不仅适用于人名、地名和其他专名的注音，也适合其他各类型汉字的注音。

至于字音可疑或未详的字，严先生列举出查方言、查反切、查直音、查协韵、查音变、查韵图、查谐声、查异体、查通假、查文义十法，是有参考意义的。《汉语大字典》在这方面做了不少工作，不过音未详的字还有不少。文籍注释要尽可能利用已有成果。

（二）辨字

1. 正体和异体的确定

文籍注释的辨字，若属讹字的订正，宜在注释中说明是某字之讹。这又是校勘问题，前面已经谈过了。若属异体，则应于注释中指明正体。1981 年 10 月，我曾向《汉语大字典》编委会提出处理异体字的若干建议，在“确定正字的标准和依据”一节列有九目：

(1) 凡有简体字（包括类推简体）的，以《新华字典》《现代汉语词典》《辞海》简体字后括号内标明的繁体字为正字。如：挤（擠）以“擠”为正字。繁体字有数形，则以通行的为正字。如：关（關、関）以關为正字。若繁体字的数形并非全同异体，只是音同义近，应在注释中说明。如：叹（嘆、歎），括号中二形音同义近，文籍多混用，今均简化作叹。

(2) 无简体字的一组异体字，以《新华字典》《现代汉语词典》《辞海》所列之正字为正字，括号中的字为异体。如：梅（楳、槑），以梅为正字；蠹（蠧、蝵、螙）以蠹为正字。

(3)《新华字典》《现代汉语词典》《辞海》未作反映的异体，不论旧辞书如何反映，以文籍用例中习见的为正字。如：搹、㧖、扼，文籍中多用扼，以扼为正字。

(4) 古今字以今字为正字。如攂与擂，以擂为正字。

(5) 篆字楷化过程中有数形，以通行之楷体为正字。如𢪊，楷体有扤、扏、扤三形，扤字通行，以扤为正字。

(6) 非常用字按《集韵》并参照其他字韵书确定正字。如：𢭏、撦，《玉篇》作撦，《广韵》《集韵》作𢭏，《康熙字典》以𢭏为正字，以撦为异体。应取《集韵》《康熙》，以𢭏为正字。

(7) 各字韵书写法有别，以《新华字典》《现代汉语词典》《辞海》所取之形为正字。以上三书未收的，以《康熙字典》所取之形为正字。笔形微异之字，以收字组经过整理所确定的字形为正字。

(8) 竹简、帛书、敦煌变文以其整理本在括号中所标之字为正字，括号前之字则为异体（亦有不少讹字）。括号内所标之字若系简体，参照第一条处理。

(9) 据《集韵》或其他字韵书释义为“同X”，而“X”又另有通行字，则在“X”后加括号标出通行字。如：《集韵·戈韵》：“拕，《说文》：曳也。或作拖，亦省（作扡）。”可处理为“扡”，同“拕（拖）”。

建议中未及《辞源》（当时尚未出书），《辞源》应与《辞海》等同看待；亦未及《简化字总表》《第一批异体字整理表》《印刷通用汉字字形表》，因为这些已在《新华》《现汉》《辞海》《辞源》中采用。影印古籍不涉注释不涉辨字，凡重新整理，都应注意字形的规范。

以上建议是就《汉语大字典》的编纂提出的，有的地方明显反映着字典的性质。但对古籍整理和文章注释也是部分适用的。

辨字的注释方式没有一定的规则。某的讹字同某常用字都较易处理。有些字与字的关系既有同的一面，又有不同的一面；一个字在某一音义下同某字，在另一音义下同另一字，在某一音义下又领有自己的异体。这样盘根错节，互相轇轕的现象，是字典编纂和文籍注释难以处理的。举几个例子：

〔諠〕甲、况袁切（xuān）①诈也，忘也。与谖同。《集韵》：“谖，《说文》，诈也。《尔雅》，忘也。亦作諠。”《礼记·大学》：“有斐君子，终不可諠兮。注：諠，忘也。”②喧哗也。与吅、喧、讙、咺、嚾同。《集韵》：“吅，《说文》，惊呼也。亦作讙、喧，通作諠。”《史记·晁错传》：“诸侯皆諠哗疾晁错。”乙、火远切（xuǎn）忘也。通作谖。《集韵》：“諠，忘也。通作谖。”《文选·班固〈幽通赋〉》：“犹諠己而遗形。”注：“善曰：諠，忘也。”

〔諼〕甲、况袁切（xuān）乙、况晚切（xuǎn）③忘也。又作諠。《尔雅·释训》：“谖，忘也。”《集韵》：“谖，《尔雅》，忘也。亦作諠。”《诗·卫风·淇奥》：“有匪君子，终不可谖兮。”传：“谖，忘也。”④忘忧草也。又作萱、蘐。《诗·卫风·伯兮》：“焉得谖草，言树之背。”传：“谖草，令人忘忧。”释文：“谖，本又作萱，或作蘐。”⑤讙哗也。与讙通。《礼记·少仪注》：“少作谖。”释文：“谖，谖哗。”《一切经音义》二十一：“古文谖、讙二形，今作諠，同。”⑥或作蕿。《集韵》：“谖，或作蕿。”

〔讙〕甲、呼官切（huān）①哗也。……④喜悦也，与欢通。《书·无逸》：“言乃讙。”郑注：“讙，喜悦也。”《礼记·乐记》：“鼓鼙之声讙。”注：“讙，或为欢。”⑧与吅、諠通。《一切经音义》十二：“讙，古文作吅，又作諠，同。”《左传·昭公元年》：“不得恶讙哗之声。”释文：“讙，本作諠。”乙、说袁切（xuān）①惊嘑也。与吅、喧、諠同。《集韵》：“吅，《说文》：‘惊嘑也。’亦作讙、喧，通作諠。”丙、古玩切（guán）喜款也。与懽同。《集韵》：“懽，《说文》：‘喜款也。’或从言。”丁、呼玩切（huán）评也。与唤、嚾同。《集韵》：“唤，《说文》：‘评也。’或作嚾，亦从言。”

（以上据《中文大辞典》略有改造）

这一组例子还可以就有关的字追索下去，找出其他的一些异体关系来。要说困难，这一些字的相互关系的确是够复杂的；要说不难，有几个音义的字今天已经作了整理和规范。萱草字作萱，喧哗字作喧，欺诈、忘记之谖作谖，欢乐喜悦字作欢。至于一义不止一音者，今注可以取其主要音读。如“諠”“谖”的火远切（xuǎn），今注就可以不取。

有两点是应予注意的：一是《集韵》所整理的异体有时与通假相混，音义配合又过于复杂、繁琐，不可尽信。《汉语大字典》在《集韵》的基础上对异体字也作了整理，提高了一步，可信程度高，应利用这一成果。二是局部音义的异体和一组字的互为正体、异体的交叉现象，应特别留心，切不可以这种部分和交叉异体为全同异体。在文籍注释中既不可轻率，亦不可拘谨、保守，凡现在已经整理过的，作了字形的规范的，都应以今为正。

2. 注释异体字和讹字的方式

注释异体字和讹字的方式，一般是注释说明，有的是以括号标出正字或本字，如出土的竹简和帛书就是这种方式。

复音词的异写或者是音、字小变而意义全同的不在少数：

保厥美以骄敖兮。

（《楚辞·离骚》）

低卬夭蟜，据以骄骜兮。

（《史记·司马相如列传》）

今人主诚能去骄傲之心，怀可报之意。

（《汉书·邹阳传》）

生富贵而能不骄慠者，未之有也。

（《后汉书·崔骃传》）

兕觥其觩，旨酒思柔。彼交匪敖，万福来求。

（《诗经·小雅·桑扈》）

故《诗》曰：兕觵其觩，旨酒思柔。彼交匪傲，万福来求。

（《左传·成公十四年》）

公孙段赋《桑扈》，赵孟曰：匪交匪敖，福将焉往。

（《左传·襄公二十七年》）

故《诗》曰：兕觥其觩，旨酒思柔。匪儌匪傲，万福来求。

（《汉书·五行志中》）

这一组例子有两种类型，一种是前四句骄字领头的“骄敖”“骄骜”“骄傲”“骄慠”，所变者为“傲”字。“傲”是今通行字，古作慠，省作敖，又与骜通；一种主要是“交”字领头的“交敖”“交傲”。此词出自《诗经》，作“交敖”，《左传》引作“交傲”，《汉书》引作“儌傲”。《诗》郑笺说：“彼，彼贤者也。贤者居处恭，执事敬，与人交必以礼，则万福之禄，就而求之。”这是望文生训、牵强附会的解释。“彼……匪……”，就是“匪……匪……”。匪交匪傲，就是不骄不傲。交、傲都是骄的假借字。朱起凤《辞通》收列上引各例，辨析甚明。复音词的异写，或一字变化，或二字均变，有的可视为异体，有的则是通假，应当明辨。注释时可以今之常见符号为正体，并酌加说明原委。《三国志·蜀书·刘璋传》：“恃功骄豪。”豪，匣纽宵韵；傲，疑纽宵韵，二字同韵旁纽，可以通假。《后汉书·西域传》：“自阳嘉以后，朝威稍损，诸国骄放，转相陵伐。”骄放与骄傲是同义词，不属一词的异字，注释时应当分清。

第七章　明　通　假

一、通假的所属范畴

通假不仅是文字学的问题，也是音韵学和词汇学的问题。我们讲汉字的构造，要讲“六书”，即象形、指事、会意、形声、转注、假借。六书的假借概念是从造字方法和条例上说的。在用字上也有假借，即上古时代写别字的现象。这种写别字的现象是古文字学研究必须重视的课题。所以我们说通假字是古文字学的问题。

上古的写别字并不是无原则的，它必须以音同音近为前提。因此，我们研究古汉语、注释先秦两汉文籍，对那些从字面上讲不通的字，常常是从语音这条线索去寻求另一个字（即本字）。求得了本字，才能弄清文意。那么，古人写别字在音同音近上有些什么情况，有没有规律可循呢？只有古音韵学的研究才能够帮助我们作出明确的回答。通假又叫古音通假，所以我们说通假又是音韵学的问题。

从字（词）义方面看，汉字的每个字都有它的本义，有许多字还有引申义。引申义是本义的演变和发展，这种现象我们叫做一词多义，其中许多意义是互相联系的。但是我们常常看到，有些字本义不可能引申出某义，而在文籍用例中却只能作某义讲，比如崇高的崇，在有的地方只能解释为终结的终，这个终义是崇字本义所不能引申的。对崇的本义及其引申义说，这个终义仿佛是天外来客。词汇学的任务之一是要研究词义引申的规律，而这天外来客既与引申无关，我们就要寻根究源，找到这个词义的来源。这个来源就是通假。所以我们说通假又是词汇学（当然包括词典学）的问题。

二、上古使用通假的情况

用音同或音近的字代替本字，在上古是普遍现象。仅据朱骏声《说文通训定声·丰部》326字统计，涉及通假的就有132字之多，而列为假借之目的“单辞形况”“重言形况”“双声连语”“叠韵连语”“托名幖识”字还不在统计之列。

从书写形式上看，甲骨文、金文、石刻、竹简、帛书，都广泛地使用通假字；从文字内容上看，不论是何词类，不论内容的庄严与否，也不论字所表示的对象的等级差别，几乎是百无禁忌。如皇帝、皇天的皇可以借为横，君主的君可以借为群，皇天后土的后可以借为前後的後。四川都江堰分水处有一石像，上刻“珍水万世焉”，以珍为镇。长沙马王堆帛书写月阴十二名竟与《尔雅·释天》月阴十二名有十字不同。《尔雅》：“正月为陬，二月为如，三月为寎，四月为余，五月为皋，六月为且，七月为相，八月为壮，九月为玄，十月为阳，十一月为辜，十二月为涂。”这十二名马王堆汉墓帛书分别写作：取、女、秉、余、好、觑、仓、臧、玄、扤、姑、荼。帛书《易经》六十四卦名，有三十三卦与传世本不同。

通假字的总数现在还无精确统计，全国部分高等师范院校协编教材《古代汉语参考资料·常见假借字表》收列256字，总数当远不止此。翻翻《说文通训定声》《辞通》，我们就会获得粗略的印象。

上古使用假借字，只取其音同音近，而音同音近字又极多，所以在运用假借字时又有一字为数字之用和数字用为一字两种现象。比如“敦”字，《说文通训定声》共列借为憝、端、惇、谆等二十字，“才”字有材、财、哉、载、裁等借字。

三、通假产生的原因

汉字是形、音、义结合的文字。假借字的运用却不能体现形、音、义的结合，造成了阅读的困难，不利于发挥文字的正常作用。那么这种于交际不利的东西为什么产生，以至大量存在呢？

我国的文字由殷商（约前16世纪—前1066年）甲骨文和青铜器铭文到秦始皇二十六年（公元前221年）统一全国文字（书同文），经历了大约一千四百年时间。在这一时期内，中央集权国家还没有形成，文字异形、言语异声的现象不可避免地会十分严重，无规可循，因此一字多形和一字多用就很普遍了。

秦始皇统一了中国，以秦篆统一了全国的文字，在汉代又通行了隶书。为什么在秦汉之际仍然大量地使用假借字呢？这与当时的文化教育还不够发达有直接关系。那时并不像我们现在这样有统一的教科书，有统一的字模印刷。教学往往是口耳相传，而且家各一经，经各一师，门户之见很深。秦火以后，经书多被焚灭。汉代搜求六经，往往是靠人们的记忆和背诵。这样诸如三家诗、春秋三传一类典籍的异文就自然多了。

作为记录语言的符号应当是规范的。一个词应当有标准的读音、标准的解释、标准的写法。这些标准，我们叫做规范。文字规范的工作应当说在青铜器铭文时代就已经开始了。到了周宣王时代的《史籀篇》，可以说是以政府的名义颁布了规范字表。这一工作在秦汉之际做得很多，如秦始皇时代的《苍颉篇》《爰历篇》《博学篇》，西汉时代司马相如的《凡将篇》、史游的《急就篇》，都是汇集常用字，用韵语加以编排，并且在一些地方按照偏旁结构分别部居的方法来排列。这些字表加上训释，就接近了字典。这些字表既有教蒙童识字的作用，也有文字规范的作用。写文章应当怎样选择词语，写什么字都有一定标准。然而由于作者一时疏忽偶然写了别字，或者忘却了本来写法，而以一个同音字代替，在当时书写工具笨重的情况下，大家也都能原谅。于是以讹传讹，习讹不改，甚至于借义行而本义废，借字行而本字废，弄得不可收拾，这不能说不是规范化观念淡薄的反映。清代杰出的语言学家朱骏声说假借有“偶书他字”和“习讹不改”几种情况，就约略地表示了他不认为写假借字属于正常。

文字有三种类型，即表形文字、表意文字、表音文字，这三种文字类型通常被认为是标志着文字发展的三个阶段。汉字是世界上最古老的文字之一，已经有了六千年左右的历史。从殷商甲骨文和稍后的金文算起，汉字由表形到表意已有了三千多年历史。但是在这么长的时间里，汉字却一直没有向表音阶段发展，从以不造字为造字的“六书”假借，到本有其字不用本字而以同音字相代的用字通假；从一字具数字之用，到数字用为一字，似乎都带有追求使文字形义分离，仅仅是一个表音符号的性质。但是这所有的尝试都未能使汉字发生质的改变。而到了19世纪和20世纪，不少有识之士又开始寻找从根本上改变汉字的性质的方法，有不少学者甚至提出走拼音化，用拉丁字母拼写的道路。然而这些努力除了在注音方面起的作用外，走拼音化、用拉丁字母拼写的道路，在汉字的母国——我们中国已少有人再提及，看来也是“此路不通”了。究其原因，形音义密合的表意文字——汉字，就汉民族、就中国而言，极可能就是一种最完美的文字形态，而且这种形态又能在现代高科技的电脑中运用自如，有从根本上加以否定的必要吗？我年轻时曾撰文分析鲁迅的文字观，赞成走拼音化道路。现在我却以为我们祖先留下的最大遗产、最可宝贵的传统就是这方块的形音义密合的汉字。我们讲通假实际上就是讲的上古书写的非规范行为以及这种行为涉及的音韵和训诂问题，现代人若用假借字就更应当看作是不守规范的表现了。这是应当申明的。

四、处理通假的基本方法

如上所说，汉字是形音义密合的文字。我们阅读古籍，首先会从形义的结合上去分析每一个词义，以了解文章的意思。假借字的运用却造成了形义的分离。在某些文句中，凭形义结合、以形说义去理解文意往往会“此路不通”。王引之在《经义述闻·自序》中说：“如其假借之字而强为之解，则诘𥫗为病矣。”就说的是这种情况。如：

《论语·微子》：“齐人归女乐，季桓子受之，三日不朝，孔子行。”

《战国策·秦一》：“面目犁黑，状有归色。”

《说文》：“归，女嫁也。”《诗经·周南·桃夭》：“之子于归，宜其室家。”《春秋·庄元年》：“王姬归于齐。”归都是女嫁之义。归又有返回、归还、归附、归宿等义。用归字本义和引申义来解释上二例都不可通。“齐人归女乐”是齐国送给鲁国女乐，并非从鲁国借了女乐现在来归还、送回；“状有归色”是脸上露出惭愧的神色，并非露出要回去的表情。前一句归应读为馈赠之馈，后一句归应读为惭愧之愧。这样改读为“馈”为“愧”才能使文意畅通，怡然理顺。又如：

《左传·成公十七年》：“乱在外曰奸，在内曰轨。”

《说文》：“轨，车辙也。”车子两轮间的距离称轨，车轮滚过留下的痕迹亦称轨。车道称轨，又可喻指法度、规矩，用作动词则为遵循、依照（一定的准则）。这许多含义与“乱在外曰奸，在内曰轨”毫无关涉。从形义结合这一途径来解释这个轨字是行不通的。“在内曰轨”的轨已经是形义分离了，我们得从另一条途径去求得正确解释。与轨字同音的有“宄”字，音居有切，上古音属见纽幽韵上声。《说文》：“宄，奸也。外为盗，内为宄。”段玉裁注：“奸宄者通称，内外者析言之也。凡盗起，外为奸，中出为宄。”《广韵》：“宄，内盗也。”按照字韵书的解释，从内部作乱就是宄的含义。《国语·晋语》：“乱在内为宄，在外为奸。御宄以德，御奸以刑。”用的是本字本义。《左传》“在内曰轨”，本字当作宄。以宄来解释《左传》，才算找到了说通文意的关键。

清人阮元为王引之《经义述闻》作序，分析有人误读古书、沿习旧误的原因时说，此“皆由于声音、文字、假借、转注未能通彻之故”，是很中肯的。假若我们读以上三例“如其假借之字而强为之解”，那就必然会“诘𫌀为病”。而改读“归”为“馈”为“愧”，读“轨”为“宄”，才能使文意贯通。这就是陆宗达先生所说的“排除通假造成的形义分离的现象，求得本字以便更好地运用以形说义的原则”。[①] 由此我们可以用八个字来概括处理通假字的原则和方法：因声求形，以形说义。就是说，我们把假借字只当作一个标音符号，根据这个音的线索去求得本形，然后以形义结合的原则来解说词义。不运用这一方法，就不可能完全读懂先秦两汉的文籍。

五、通假的界说

（一）造字假借

假借为汉字的六书之一，它与词汇学、与古籍的研读关系不是很密切，至多我们只能从词的文字符号来源上说明，为什么尚形表意的文字会有一些例外，这个文字符号的构造本身和词义没有多少关系。我们在讨论通假时之所以要先谈造字的假借，是为了划清与用字假借的界限，以便从用词（字）的角度更好地说明问题。

“六书”之名始见于《周礼》。《汉书·艺文志》载：“古者八岁入小学，故《周官》保氏掌养国子，教之六书，谓象形、象事、象意、象声、转注、假借，造字之本也。”许慎《说文解字·叙》谓之指事、象形、形声、会意、转注、假借。所谓“造字之本”，

① 见陆宗达《训诂简论》，北京出版社，第106页。

就是说这六书是构造汉字的基本方法。

什么是六书的假借？许慎说："假借者，本无其字，依声托事，令长是也。"意思是说，某一事（概念）已经有了词（表示事的声音）而没有文字符号，就依这个声音找一个现成的字来表示，即以不造字为造字，他认为"令"和"长"两个字就是这样。

《说文》："令，发号也。"《尔雅》："令，告也。"这是令的本义。《诗经·齐风·东方未明》"自公令之"，《尚书·冏命》"发号施令"，都是用的本义。《广韵》："令，律也，法也。"系从发号、告喻引申而来。《新书·等齐》说："天子之言曰令。"封建时代，天子具有至高无上的权威，天子之言既是发号，当然也具有律、法的性质。发号、天子之言以及律、法各义都是互相联系的。从本义到引申，脉络十分清楚。令又有美善义。《仪礼·士冠礼》："令月吉日，始加之服。"义与"吉"同。《诗经·大雅·卷阿》："如圭如璋，令闻令望。"义为美善。美好的品德谓之令德，美好的名声谓之令誉，优秀的人才谓之令器。对于天子之言、律令美而善之、尊而敬之是自然的。由发号到美善，是词义的逻辑发展。许慎以为，这些事（义）都是本有其字（形）的。

何以许慎举"令"字来作为造字假借的例字呢？

"令"字又为官名，春秋时楚有"令尹"，是楚国的最高官职。秦汉时县官满万户的叫"令"，万户以下的叫"长"。许慎以为，县令之令与发号之令不相关涉，而用命令字以为县令字，是因为已经有了县令之令这个事（词），还没有表示这个事的字，于是就以不造字为造字，依令这个音，找到号令这个令字来托县令这个事。这就是"本无其字，依声托事"。

许慎在六书界说之后各举二字为例，象形举日、月，指事举上、下，会意举武、信，形声举江、河，转注举考、老，假借举令、长。所举二字，同为一义类。

长字与令字同一类型。《说文》："长，久远也。"借表久远的长来表示县长的长，同属“本无其字，依声托事”，以不造字为造字。

对许慎的假借界说和举例，学者们往往持不同看法。清代以来众多的小学家运用他们关于字义引申的观点和古文字学的研究成果来批评《说文》，有时又不分造字假借与用字假借来修改定义，替换例字，都是不可取的。

用现代语言学的观点，令字由发号到天子之言到律、法以至于到县令，都不难说出它们的联系。县令虽然官职卑微，毕竟也是一个小小的发号者，在一县之内他也是至高无上的。他是天子的一个代表，他可以发号，他们的号令也具有律、法的性质。人们对他也得尊而敬之、美而善之。

“长”字的古文本来就是人的头发长得很长，因而引申为生长之长、长幼之长、县长之长都是可以说得过去的。久远一义可以从长短之长义引申。

令、长的这种在后代学者看来的引申，在许慎看来是造字假借。用许慎的本无其字的假借观点来分析大量的古今字（即区别字），可以认为，在区别字造字之前也是以不造字为造字的造字假借。比如“支”字，它的本义是“去竹之枝”，表示从竹枝上分出一部分。而人的四肢也以支表示，人的四肢与去竹之枝虽然也可以说有某些相似之处，但毕竟是两种事物。因此当以支表示肢体之肢时，同样是“本无其字，依声托事”。一旦造了新字“肢”字之后，则这肢体一事就“本有其字”了。

段玉裁看到了某些“本无其字，依声托事”的造字假借的字义间千丝万缕的联系，所以他解释许慎的“假借”说：“托者寄也，谓依傍同声而寄于此。则凡事物之无字者，皆得有所寄而有字。如汉人谓县令曰令长。县万户以上为令，减万户为长。令之本义发号也，长之本义久远也。县令县长本无字，而由发号久远之义，引申展转而为之，是谓假借。许独举令长二字者，以今通古，谓如今汉之县令县长字即是也。”（见段玉裁《说文解字注·叙》）

由此可知，许慎说造字假借，立足于概念的质的区别，而不在词义是否可以引申。段玉裁的注释是与许慎本义基本相合，只是“引申展转而为之”以偏概全，不能包括那些全无“引申展转”关系的假借字。

在上述令、长、支、肢例中可以看出两种情况：一种是没有再造正字的假借字；一种是以后造了正字的假借字。前一种情况，许慎用“以为”二字表明，后一种情况，用“古文以为”表明。我们佩服段玉裁的精明，他对《说文》的假借说是解释得最为精到的。在上一段注释之后，段玉裁接着作了如下的分析：

> 原夫假借[①] 放于古文本无其字之时，许书有言以为者，有言古文以为者，皆可荟萃举之。以者用也，能左右之曰以。凡言以为者，用彼为此也。如来，周所受瑞麦来麰也，而以为行来之来；乌，孝乌也，而以为乌呼字；朋，古文凤，神鸟也，而以为朋党字；子，十一月阳气动万物滋也，而人以为称；韦，相背也，而以为皮韦；西，鸟在巢上也，而以为东西之西。言以为者凡六，是本无其字，依声托事之明证。

这六个言“以为”的字是典型的造字假借字，“假借之后，终古未尝制正字”。而“古文以为”的字，却是在后世造了正字（即区别字，今字）的字。段玉裁接着写道：

> 其云古文以为者，洒下云，古文以为灑扫字；疋下云，古文以为《诗》大雅字；丂下云，古文以为巧字；臤下云，古文以为贤字；旅下云，古文以为鲁卫之鲁；哥下云，古文以为歌字；诐下云，古文以为颇字；𠥓下云，古文以为靦字；爰下云，古文以为车辕字；𢾭下云，周书以为讨字。此亦皆所谓依音托事也。

① 段玉裁、朱骏声均作“叚借”，为字形统一，改作“假借”。

这十个字与前六个字不同，他推测说："然或假借在先，制字在后，则假借之时，本无其字。"

我们不厌其烦地引录段氏的论述，其用意在于说明用字假借（通假）与上述造字假借是完全不同的概念，以便防止在注释古文典籍和编纂词典中将两个概念混淆。

（二）用字假借

和"本无其字，依声托事"、以不造字为造字的假借不同，在本有其字的情况下也有不写本字而写别一同音字代替的假借，这就是用字的假借，其具体情况上文已略作说明。

假借一词，一名而兼二用二解，是造成后代学者众说纷纭的原因之一。王筠在《说文释例·假借》中说："古人造字之初，本有假借，不徒后人用字始相借也。"有两种假借，这是不错的。然而他却以象形、指事、会意、谐声为造字之本，而以"转注、假借为纬，用字之法"。这一观点和《汉书·艺文志》所说的六书为"造字之本"发生了矛盾。乾嘉学派的领袖戴震也以指事、象形、形声、会意四者为字之体，而以转注、假借为字之用，是错误的。朱骏声在分析假借的几种类型时说："假借之原三：有后有正字先无正字之假借，如爰，古为车辕，洒，古为洒扫。有本有正字偶书他字之假借，如古以堲为疾，古以莫为蓦。有承用已久，习讹不改，废其正字，专用别字之假借，如用草为艸，用容为颂。"（见《说文通训定声·自叙》）也是把造字假借和用字假借混为一谈了。

不明确区别造字假借与用字假借，是不可能对"六书"的假借作出正确解释的，也不可能对用字假借作出科学的判断。以字义的引申为通假[①]，以古今字、区别字为通假，与不分造字假借和用字假借有直接关系。

① 造字假借不得叫通假。

（三）通假的定义

说明了用字假借和造字假借的区别，指出了混二为一的不当，我们就具备了为用字假借下定义的条件。为了避免概念的混同，下面将使用“通假”这一术语。通假的定义就是用字假借的定义。

给通假下定义，首先应谈到戴震。他在《答江慎修论小学书》中说：“一字具数字用者，依于义以引申，依于声而旁寄，假此以施于彼曰假借。”戴氏既以假借为字之用，这一定义视作说通假是说得过去的。其定义的可取处是“依于声而旁寄，假此以施于彼”“一字具数字用”。所谓一字与数字、此与彼，都明确表示这是几个字同时存在的用字假借。而依声旁寄则揭示了假借的基本条件。这一些都是合理的部分，我们是可以吸取的。但是，正如我们在上文所说，戴氏并没有明确的造字假借与用字假借的观念，他以转注、假借为字之用，与其他造字之本（法）相对立，因此他的定义我们不能不问前提而盲目接受，而所谓“依于义以引申”，又把字义的联系牵扯进去，和“依于声而旁寄，假此以施于彼”发生了矛盾。

前修未密，后出转精，戴震的弟子段玉裁的论述纠正了老师的错误。他的定义要科学得多。

段玉裁把假借分为三个阶段：

> 假借之始，始于本无其字。及其后也，既有其字矣，而多有假借。又其后也，且至后代讹字，亦得自冒于假借。博综古今，有此三变。以许书言之，本无难、易二字，而以难鸟、蜥易之字为之，此所谓无字依声者也。至于经传子史，不用本字而好用假借字，此或古古积传，或转写变易，有不可知。

段氏的三变说，清楚地说明了造字假借、用字通假、后代讹字的区别，划清了界限，是十分精辟的。基于这种认识，他给通假的本质作了科学的概括，他写道：

> 许之为是书也，以汉人通借繁多，不可究诘，学者不识何字为本字，何义为本义，虽有《仓颉》《爰历》《博学》

《凡将》《训纂》《急就》《元尚》诸篇，扬雄、杜林诸家之说，而其篆文，既乱杂无章，其说亦零星间见，不能使学者推见本始，观其会通。故为之依形以说音义，而制字之本义昭然可知。本义既明，则用此之声而不用此字之义者，乃可定为假借。本义明，而假借亦无不明矣。①

这是极为精彩的议论。段氏紧承假借三变说，分析许慎作《说文解字》的原因，然后加以总括，得出科学结论，以肯定的语言，说明“用此字之声，而不用此字之义者，乃可定为假借”。这就清楚、明确、简括地把通假的实质揭示出来，并纠正了戴震的错误。

与段玉裁同时，同属戴门弟子的高邮王念孙、王引之父子对通假本质的认识与段玉裁完全一致，而论述却更为周全。他们在理论上阐明了通假的原理，在实践上解决了许多疑难。王引之在《经义述闻》中写道：

家大人曰：训诂之旨，存乎声音，字之声同声近者，经传往往假借。学者以声求义，破其假借之字而读以本字，则涣然冰释。如其假借之字而强为之解，则诘𨍏为病矣。

（《经义述闻·自序》）

至于古字声近而通，则有不限于无字之假借者。往往本字见存而古本则不用本字，而用同声之字。学者改本字读之，则怡然理顺；依借字解之，则以文害辞。是以汉世经师作注，有“读为”之例，有“当作”之条，皆由声同声近者以意逆之而得其本字。所谓好学深思，心知其意也。

（《经义述闻·卷三十二“经文假借”条》）

这两段话要点有四：1. 通假的研究对象是经传用字；2. 通假的标志是本字现存不用，而用了从字面上讲不通的别字；3. 写别字的条件（亦即通假的条件）是同声；4. 训释的方法是离开假借字的

① 见段玉裁《说文解字注》卷十五。

形体，从上下文意中去寻求与借字同声又能使文意贯通的那个本字。和段玉裁相比，段氏重在揭示定义，王氏父子重在条件分析。

综上所述，段、王关于通假的论述完整地揭示了通假的本质和内涵。因此我们采用拿来主义的办法来说明我们的观点，通假的定义就是：本字现存不用，而用声同声近的别字。此别字只借其声，不用其义。

六、通假条件和原则的分析

通假的条件和原则有四个应当注意的问题：一是时限，二是音同音近的标准，三是本字与借字在意义上有无联系，四是文献语言材料的证明。

（一）时限

上文业已指出，通假在甲金文字中就已大量使用。到了汉代，通假运用得更加普遍，以至于“不可究诘”。那时运用文字的习惯如此，我们是承认它的客观存在和合法地位的。汉以后，比如魏晋，除沿用古已通行的假借字外，大家习以为常，为约定俗成者，我们也还承认它的合法性。《汉语大字典》编写条例在处理通假字的时限上作出下限不得晚于魏晋，是值得称道的。王引之指出通假是“古本”用字，段玉裁指出“经传子史，不用本字，而好用假借字”，都明确说明了时限是上古。对以后出现的同音相代的字，段玉裁是以“讹字”看待的，认为是“自冒于假借”。他们的观点是明确的、符合实际的。据《常用假借字表》所列假借字 256 个，假借义 388 个的出处统计，最晚的是南朝（宋）范晔撰《后汉书》，仅有 5 例，如“渠”通“举”、“斁”通“度”、“剽”通“标”、“裁”通“才”、“毛”通“无”。这五例或者出处有更早的，或者本无所谓通假，兹作辨证如下：

《假借字表》举《后汉书·张衡传》：“惟盘逸之无斁。”以为

“斁”通“度”。按：《诗经·鲁颂·泮水》：“徒御无斁。”又按：《说文》：“斁，解也。”段玉裁注：“此与释音义同。”《诗》：“徒御无斁。”郑玄笺：“徒行者，御车者皆致其事又无厌倦也。”“斁”可释为厌，又为懈，与本义近，不必言通言借。

《假借字表》举《后汉书·崔寔传》“剽卖田宅”，以为“剽”通“标”。按：《荀子·赋》有“长其尾而锐其剽者邪”。此“剽”与“尾”相对，义为末，与“标”通。所不同者，标有多义，前例通“标”为标示、标价；后例通“标”系标字本义（《说文》：“标，大杪也。”）的近引申。

《假借字表》举《后汉书·马援传》“裁买城西数亩地”，以为“裁”通“才”。按：《汉书·王贡两龚鲍传》序有“裁日阅数人”，又《高惠高后文功臣表》有“裁什二三”。

《假借字表》举《后汉书·冯衍传》“饥者毛食”，以为“毛”通“无”。按：王先谦集解引钱大昕曰：“古言无如模，声转为毛。今荆楚犹有此音。”《佩觿》卷上：“河朔谓无曰毛。”此系方言的“同实殊号”，不得言通。

《假借字表》举《后汉书·蓟子训传》“轩渠笑悦”，以为“渠”通“举”。按：其说是，亦未见早于此例者。五例中有三例有更早的例证，一例不属通假，仅一例可以成立。从《假借字表》所反映的事实看，通假的时限应当是上古。假若不在时限上加以严格规定，势必会承认后代的讹字为假借字，这样唐代的《敦煌变文》和唐宋以来俗文学作品中的大量错别字就合法化了，通假字与错别字的界限也就没有了。这对于文字的规范，古籍的阅读和整理都是不利的。

（二）音同音近的标准

通假又叫古音通假，语音的共同性是通假得以存在的基本条件。两个字（本字和借字）的语音的共同性有多少和程度之分。声韵调全同的两个字，具有语音的完全的共同性，是确定通假最理想的条件。声韵部分相同的两个字，具有部分的共同性，是其次的条件。从原则上说，两个字的部分的共同性应当要严格一些，即声与韵应当有一个方面全同，而另一方面部分相同。王力先生说，音近应当是十分地相近，而不是某种松散的联系。就是说，假若声同，则韵的发音部位应当接近；假若韵同，则声的发音部位应当接近。这就是十分接近。

同音的标准是单一的，查一查有关的手册，上古音字表方面的工具书，对号入座就是了[①]。音近的情况比较复杂，较难掌握。不熟习音韵学的人，常常要望着旁转、阴阳对转、一声之转兴叹。这些个转，其实都说的是语音的部分或紧密或松散的联系。我们说音近，与这些问题有密切关系。下面我们用王力先生在《同源字典》中所绘制的《韵表》和《纽表》来作说明：

韵　表

甲类	之 ə	支 e	鱼 a	侯 o	宵 ô	幽 u	—— 阴
	职 ək	锡 ek	铎 ak	屋 ok	沃 ôk	觉 uk	—— 入(阴)
	蒸 əng	耕 eng	阳 ang	东 ong			—— 阳
乙类	微 əi	脂 ei	歌 ai				—— 阴
	物 ət	质 et	月 at				—— 入(阴)
	文 ən	真 en	元 an				—— 阳
丙类	缉 əp		盍 ap				—— 入(阴)
	侵 əm		谈 am				—— 阳

⑴同韵部者为叠韵；⑵同类同直行者为对转；⑶同类同横行者为旁转；⑷旁转后对转者为旁对转；⑸不同类而同直行者为通转。所谓阴阳对转，是指直行间的转变，旁转是阴和阴、阳和阳、入和入的转变。在《韵表》后，我们加上了阴、阳、入，清代学

① 上古音的研究，还没有完全统一的体系。本文的提法，只就一般情况而言。

者多以入声归阴声类，所以用括号标出。

纽 表

喉		影○						
牙		见 k	溪 kh	群 g	疑 ng		晓 x	匣 h
舌	舌头	端 t	透 th	定 d	泥 n	来 l		
	舌面	照 tj	穿 thj	神 dj	日 nj	喻 j	审 sj	禅 zj
齿	正齿	庄 tzh	初 tsh	床 dzh			山 sh	俟 zh
	齿头	精 tz	清 ts	从 dz			心 s	邪 z
唇		帮 p	滂 ph	並 b	明 m			

⑴同纽者为双声；⑵同类同直行，或舌齿同直行者为准双声；⑶同类同横行者为旁纽；⑷同类不同横行者为准旁纽；⑸喉与牙，舌与齿，鼻音与鼻音，鼻音与边音为邻纽。

通假的音近，就是要求在双声的前提下，韵母符合对转、旁转等几种联系紧密的情况；在叠韵的前提下，声母符合准双声、旁纽等几种联系紧密的情况。当然，通假不仅仅看音，还要考虑其他因素。在通常情况下，联系松散，需要几次转换，是应当慎重对待的。王力先生指出，声母发音部位很远的叠韵字与韵母发音部位很远的双声字是不可能通假的[①]。这是值得重视的意见。

有一篇文章谈叠韵通假，举“籍”“赫”例说：

《汉书·陆贾传》：“贾以此游汉廷公卿间，名声籍甚。”按：籍当读为赫。《小尔雅·广言》：“赫，显也。”是籍甚犹言赫盛或显盛矣。注引孟康曰：“言狼籍甚盛。”未免望文生训耳。籍，古音酢，在各切。从纽铎韵，开洪；赫，古音壑，呵各切，晓纽铎韵，开洪。籍、赫同韵异类，

①见王力《龙虫并雕斋文集》中的《训诂学上的一些问题》。

故得通假。

从组属齿音，晓组属牙音，声母发音部位相去很远。再看字义。

籍，《说文》释作“籍书”。其引申义有门籍、登记、没收入官、赋税等等。朱骏声《说文通训定声》列其假借为藉、为耤、为锄、为阼、为䧿几项，不言为赫，而谓籍籍为重言形况字：“又重言形况字。《汉书·刘屈氂传》‘事籍籍如此’注，犹纷纷也。《江都易王非传》‘国中口语籍籍’注，喧聒之意。”朱骏声于假借项下列托名幖识、重言形况、单辞形况诸目，与我们所说本有其字的用字假借不同，籍籍重言形况又有显赫之义，韩愈《送僧澄观》诗：“借问经营本何人，道人澄观名籍籍。”纷纷义、喧聒义、显赫义相互间的联系是明显的。“籍甚”即籍籍之甚。

赫，《说文》释作“火赤皃”，引申为显明，显盛。《诗经·大雅·大明》：“明明在下，赫赫在上。”《国语·楚语》：“赫赫楚国，而君临之。”《汉书·何武传》：“武为人仁厚，其所居亦无赫赫名。”都是显赫之义。朱骏声谓赫赫亦为重言形况字。所不同者，籍籍的纷纷、喧聒、显盛义与籍本义不相属，而赫赫则本有其义。但是重言形况、单辞形况、托名幖识字并不要求与本义的联系。况有某些词义不明来源（既不能看出引申，又不能确定假借）也是常有的事，这种未可知数清代小学大家段玉裁也是承认的。

“籍甚”在《史记》中作“籍盛”。自《汉书》后籍盛作籍甚，成为常语。朱起凤《辞通》列“籍甚”七例，谓籍盛两字平列，皆煊赫之义，言籍字古通作藉，而不言籍借为赫。《辞通》于复音词通假发明极多，而不言籍通赫者，未见有“赫甚”实证故也。无文献语言材料的有力证明，仅凭语音的松散的联系来说通假是不能使人信服的。语音的这种松散联系的用字同义现象不如叫做同义词。

现在我们来谈谈古音通假的主要形式：

第一，同音通假

才、裁例：

才（之韵从纽平声。今音 cái）

裁（之韵从纽平声。今音 cái）

《说文》："才，艸木之初也。"段玉裁注："引申为凡始之称。"又为副词，有仅、只义。《说文》："裁，制衣也。"因有制裁、决裁义。

才通裁。《战国策·赵策一》："今有城市之邑七十，愿拜内之于王。唯王才之。"义为裁决、裁夺。

裁通才。《汉书·王贡两龚鲍传》："裁日阅数人。"义为仅、只。

逑、仇例：

逑（幽韵群纽平声。今音 qiú）

仇（幽韵群纽平声。今又音 chóu）

《说文》："逑，敛聚也。……又曰，怨匹曰逑。"段玉裁注："又曰与一曰同，别一义也。桓二年《左传》曰：嘉偶曰妃，怨耦曰仇，古之命也。谓古者命名之法如是。逑、仇古多通用。《关雎》君子好逑，亦作仇。《兔罝》云好仇。毛传：逑，匹也；《释名》：仇，匹也。孙炎曰：相求之匹。则孙本《释诂》亦作逑可知。逑为怨匹，而《诗》多以为美词者，取匹不取怨也，浑言则不别。《尔雅》'仇、妃，匹也'是也。析言则别，左氏嘉耦、怨耦异名是也。许所据《左氏》《尔雅》作逑。《太玄》《方言》之㳶即求字。"

《说文》："仇，雠也。"段玉裁注："雠犹应也。《左传》曰：嘉偶曰妃，怨偶曰仇。按：仇与逑古通用。《辵部》：怨匹曰逑。即怨偶曰仇也。仇为逑匹，亦为嘉偶，如乱之为治、苦之为快也。《周南》君子好逑，与公侯好仇同义。"

逑通仇。（例见上）

第二，叠韵通假

宗、众例：

宗（冬韵精纽平声。今音 zōng）

众（冬韵章纽平声。今音 zhòng）精、章（照三）准双声。

《说文》：“宗，尊祖庙也。”本义为祖庙，引申为祖宗、祖先。《说文》：“众，多也。”

宗通众。《广雅·释诂三》：“宗，众也。”朱骏声《说文通训定声》：“宗，又假借为众。”《逸周书·程典》：“商王用宗谗。”孔晁注：“宗，众也。”《楚辞·招魂》：“室家遂宗，食多方些。”王逸注：“宗，众也。”《法言·孝至》：“宗夷猾夏，蠢迪王人，屈国丧师，无次也。”李轨注：“宗夷者，四方群夷也。”

而、能例：

而（之韵日纽平声。今音 ér）

能（之韵泥纽平声。今音 néng）日泥准双声。

《说文》：“而，须也，象形。《周礼》曰，作其鳞之而。”段玉裁注：“各本作颊毛也，像毛之形。今正。”“戴先生云：鳞属颊侧上出者曰之，下垂者曰而。此以人体之称施于物也。”而又作人称代词汝，又作连词。《说文》：“能，熊属……能兽坚中，故称贤能，而强壮称能杰也。”引申为能够。

而通能。《周易·屯》：“宜建侯而不宁。”陆德明释文：“郑读而曰能。能犹安也。”《吕氏春秋·去私》：“其谁可而为之。”《淮南子·人间训》：“国危不而安，患结不而解，何谓贵智？”王念孙《读书杂志》云：“而读曰能，曰危不能安，患不能解。”按：段玉裁《说文解字注》云：“而或释为能者，古音能与而同。假而为能，亦假耐为能。”

第三，双声通假

数、缩例：

数（屋韵生纽入声。今音 shù，shuò）

缩（觉韵生纽入声。今音 suō）屋、觉旁转。

《说文》：“数，计也。”又，郝懿行《尔雅义疏·释诂上》：“数省，与屡同意。”《说文》：“缩，乱也。”按：《通俗文》谓物不申曰缩。

不申则乱，故曰乱。治缩亦为缩，去其余，歛其散亦为缩。《礼记·郊特牲》“缩酌用茅，明酌也”，谓酒之取清缩去滓，义本此。

数通缩。《周礼·春官·司尊彝》：“醴齐数酌。”郑玄注：“故书缩为数。《郊特牲》曰，‘缩酌用茅，明酌也。’……杜子春云，‘数当为缩……缩去滓也。’”按：朱骏声《说文通训定声》：“数，假借为缩。”

第四，旁纽通假

过去人们把本字与借字不论韵母是否相同，只要是声母同类，就叫做旁纽通假。我们把韵母相同而声母同类者取其相同点放在叠韵通假的一类。只是声母同类又发音部位全同（即纽表同横行者），韵母不相同的才能叫做旁纽通假。赵元任先生举“爼”“荐”二字，属于这种情况。所举“庶”“度”例，“毒”“笃”例应放入叠韵类。取这种语言联系松散的通假应当谨慎。

此外，切音通假也是可以研究的对象。

这种例子不很多，但在训诂中也是一种用以考察本字本义的方法。闻一多先生解释《诗经·邶风·新台》“鱼网之设，鸿则离之”的“鸿”就是从切音找到本字（词）的。

《诗经》的这一句，一直无人解释清楚，旧注训鸿为鸿鹄，而全诗文义不能贯通。闻一多先生以为，“鸿即苦蠪之合音”，苦蠪就是癞虾蟆[①]。这样全诗的意思就畅通了[②]。诗的原文三节，第三节：“鱼网之设，鸿则离之。燕婉之求，得此戚施。”意思是一个女子想嫁一个美男子，而却配了一个丑丈夫。余冠英先生是这样翻译的：“下网拿鱼落了空，拿下个虾蟆在网中。只道嫁个称心汉，嫁着个缩脖子丑老公。”闻先生利用合音找到本字，证据确凿，为训诂界所普遍称道。余冠英先生据以翻译，高亨先生据以注释，

---

① 见《广雅·释鱼》：“苦蠪，虾蟆也。”

② 见《闻一多全集·诗经通义》。

郭沫若先生在为《闻一多全集》写的序中特别举出这个例子，来证明闻先生的巧妙考证和重大发现。

（三）借字与本字必无意义联系

借字与本字是否有词义联系，假借义与本义是否有引申关系，还没有完全统一的认识。绝大多数学者的意见是用字假借纯粹借声，借字与本字无词义联系，也就是说借字的本义不能引申出那个义。章太炎先生说："若本有其字，以声近通用者，是乃借声，非六书之假借也。"[①] 代表了大多数学者的观点。但是有的训诂著作认为词义有联系的两个字也可以通假，一如戴震所说的："依于义以引申，依于声而旁寄。"这种观点违背了通假的原则——词义本可引申，又何必言借？从汉字形义结合、以形说义的原则上看，"借字"在这里并未破坏这个原则，又有何必要去扫除这个障碍来求"本字"！形义未曾隔离而别求"本字"，在理论上和实践上都是说不通的。下面我们举《假借字表》的一个例子来作分析。

《诗经·小雅·大东》："维天有汉，监亦有光。"《假借字表》以为本字当作鑑，即监通鑑。《辞源》监有二音，于 jiān 音下列"自上临下，监视"义；于 jiàn 音下列"照视，通鑑、鉴"义。

监，《说文》："临下也。"段玉裁注："《小雅》毛传：监，视也。许书：瞷，视也；监，临下也。古字少而义赅，今字多而义别。监与鑑互相假。"

鑑，《说文》："大盆也。一曰：鑑者，可以取明水于月。"徐灏笺："鑑，古衹作监，从皿以盛水也。其后范铜为之，而用以照形者，亦谓之鑑，声转为镜。"

朱骏声《说文通训定声》："监，假借为鑑，实为镜。《诗·大东》：'监亦有光'笺：视也。""鑑，假借为镜。《说文》一曰方诸，可以取明水于月。《周礼·司烜氏》'以鉴取明水于月'注：鉴，镜属。

① 见《文始》略例乙。

取水者，世谓之方诸。”

以上解说不尽相同。段玉裁既说“古字少而义赅，今字多而义别”，则以监本有瞷、鑑多义无疑，而瞷、鑑为后造区别字。古既有其义，不可言借，徐灏谓“鑑，古衹作监”，与段氏“古字少而义赅”实同。朱骏声谓“监，假借为鑑，实为镜”。鑑与镜系双声互训字。

从以上分析可以看出，监与鑑在词义上的联系是十分密切的。监的“照视”义与“自上临下，监视”义属于词义引申。段玉裁所说这两个字“互相假”可以理解为同义词的互用。徐灏本以监、鑑为古今字，古今字不可言通，这是学者所公认的。至于朱骏声，他在《说文》中求本字，其标准过于宽泛，混古今字、同源字、同义词为通假字，是不可取的。《假借字表》不作分析，以为监通鉴是错了。

那么正确的处理是什么呢？“维天有汉，监亦有光。”毛传：“汉，天河也，有光而无所明。”郑玄笺：“监，视也。喻王闿（开）置官司而无督察之实。”孔颖达疏：“维天之有汉，仰监视之亦有精气之光，是徒有光而无明。”今高亨先生注《诗》，以“观览”为释，也不言通假。王力先生则以镜、鑑为同源字，以鉴、监为鑑的异体。王力先生的看法与徐灏大致相同，是正确的。

以为字义有联系可以通假，以为借义可以从本义引申，势必会造成混淆区别字（古今字）、同义词、异体字与通假字的概念而滥用通假的恶果。

产生这种错误的原因有二：一是忽略了借字与本字必属同一历史平面，一是对古汉语单音节词的多义性与用法的灵活性以及作者遣词造句的多种选择的可能性缺乏了解。

汉字最初一字一义，后来许多字发展为多义（有字义引申和造字假借）。为了精确表达，将其一义造成新字以示区别，这就是古今字或者叫区别字，如坐与座、支与肢。这种后造区别字与原字既有联系的一面，又有独立的一面。所谓独立，就是它专司原古字的某一义，并由这一义又引申出新义。比如“支”，它的本义是去竹之枝、树木枝条，引申义有分支、支持、支付等。人体四肢一如树木枝条，古亦用支表示，如：《周易·坤》：“美在其中，而畅于四支。”《国语·齐语》：“霑体涂足，暴其肤发，尽其四支之敏。”都不用肢。“肢”字始见于《管子·君臣下》：“四肢六道，身之体也。”假若以为支通肢，则《周易》以支为肢体字时，肢字还未造出，怎么能通？肢字出现以后《国语》仍以支表示四肢，那是用的古字，也不能说是通肢。在这种情况下，大型辞书在释义时可以先释义，再指出后用“肢”或后作“肢”，这样字的源流就清楚了。

“枝”和“肢”一样，是后造区别字。肢专表肢体之肢，枝专表枝条之枝。这两个字虽同出一源，但由于它们各有所司，则枝、肢的互用就不应看作是字义引申，而应看作是通假。王力先生指出同源字不能看作是通假字①，就流和源或母和子说是正确的，但同出一源的区别字之间却是存在通假关系的。比如《荀子·儒效》：“行礼要节而安之，若生四枝。”以枝为肢，就是枝通肢。

汉语词汇的丰富多彩，给作者以选择的多种可能，表示相同的意思，某甲选择了一个字，某乙选择了另一个字，这两个字在语音上又有联系，于是注家或以为某甲用的字为本字，某乙用的为借字，或者以某甲用的为借字，某乙用的为本字。殊不知这两个字本无通假可言。

（四）文献语言材料的证明

通假既是用字现象，当然应以有文献语言材料证明为前提，同一文句的某字在不同文献中的不同写法（异文），音读又相近或相同而非同源字、异体字者，是确定通假的重要依据。没有这个

① 见王力《同源字典·同源字论》，商务印书馆，1999年。

依据，不可贸然定为通假。

七、应注意的问题

（一）是用本义不可别求通假

是用本义而别求通假是由误解词义造成的。比如《论语·宪问》："桓公九合诸侯。"《假借字表》以为"九合"当作"勼合"，即九通勼。

九为数目字。朱骏声《说文通训定声》："九，假借为勼。《庄子·天下》：'九襍天下之川。'按：勼，集也。"

勼，《说文》："聚也。"段玉裁注："《释诂》曰：鸠，聚也。《左传》作鸠，古文《尚书》作逑。《辵部》曰：逑，聚也。《庄子》作九。今字则鸠行而勼废矣。"

九为数字，勼为聚集。以数字之九，表聚集之勼，则《庄子·天下》"禹亲自操槖耜而九襍天下之川"（禹亲自拿着土筐和掘土工具汇集和疏通了天下的河流）的九通勼无疑。但《假借字表》以为"桓公九合诸侯"的九通勼，把"九合"当作同义复合词却值得斟酌。

九为数字之极。除了本义属实数外，表示数目之多也往往用九。清代学者汪中在《述学·释三九》中说："凡一二之所不能尽者，则约之以三，以见其多，三之所不能尽者，则约之以九，以言其极多。"超过三即可用九，这是古人的习惯。比如屈原《九章》包括九首诗，或以九为实数；而《九歌》包括十一首诗，或以九为虚数。是实是虚，需视具体情况而定。那么"桓公九合诸侯"的九是用的数目字呢，还是别的通假字？

春秋时齐桓公、晋悼公都有九合诸侯之事。《论语·宪问》："子曰，桓公九合诸侯，不以兵车，管仲之力也。如其仁，如其仁。"邢昺疏云："言九合者，《史记》云，兵车之会三，乘车之会六。《谷梁传》云，衣裳之会十有一。范宁注云，十三年会北杏，十四年会鄄，十五年又会鄄，十六年会幽，二十七年又会幽，僖元年会郢，二年会贯，三年会阳谷，五年会首戴，七年会宁母，九年会葵丘，凡十一会，不取北杏及阳谷为九也。"《左传·襄十一年》载晋悼公"八年之中，九合诸侯"，系实数。假若以九为勼，则"八年之中，勼合诸侯"，那真是不辞之甚了。可见"九合诸侯"为数字而不是聚集的"勼"无疑。再从文意上看，释九为勼，仅仅是聚集了诸侯，而孔子一再称赞"如其仁，如其仁"似觉过分。聚集义在合字中已经具备，唯次数如此之多，且不以兵车，所以孔子才一叹再叹。从本义上完全可通，硬要牵扯一个破坏文意、违反事实的字来作本字，真是多此一举。究其原因，与不能正确把握通假字在词义上的要求有关。今杨伯峻先生译注《论语》说："齐桓公纠合诸侯共计十一次，这一'九'字实是虚数，不过表示其多罢了。"不言通假，是正确的。

（二）是字义引申不可强求通假

是字义引申，往往亦被注家强求一个"本字"。比如《诗经·大雅·卷阿》："如圭如璋，令闻令望。"《假借字表》以为令通良。

令字本义及其引申义，在造字假借一节中已详为论说。"令闻令望"之令义为美善，系令字本身所具有，而《假借字表》以为通良，是因为良义为美善，且令、良双声。所以朱骏声说："令，假借为灵，实为良。"这是一种在《说文》中强求本字，而不问该义是否为本身所引申的典型例子。《广韵》释令为"善也，命也，律也，法也"，以引申义冠其首。说令的善美义来自良，在文献用例中，以为训令为美善者，本字当作良，是不妥的。

令与良有一些构造相同的复合词，如：令人，良人；令士，良士；令妻，良妻。这些不是通假关系，只能说是同义词。

又如"伪"字。《荀子·性恶》："人之性恶，其善者伪也。"天津《荀子选注》三结合注释组注："伪，通'为'，人为的。这句的意思是，人的本性是恶的，他所以善良是因为经过学习改造的缘故。”注释大意不错，但以为伪通为不妥。

《说文》：“伪，诈也。”段玉裁注：“诈者，欺也。《释诂》曰：诈，伪也。按：经传多假为为伪，如《诗》人之为言，即伪言；《月令》作为淫巧，今《月令》云诈伪淫巧；《古文尚书》南伪，《史记》作南为；《左传》为读伪者不一，盖字涉于作为则曰伪。徐锴曰：伪者人为之，非天真也，故人为为伪是也。荀卿曰：桀纣，性也；尧舜，伪也。人之性恶，其善者伪也。不可学，不可事而在人者谓之性；可学而能，可事而成之在人者谓之伪，又曰：生之所以然者谓之性，心虑而能为之动谓之伪，虑积焉能习焉而后成谓之伪。荀卿之意，谓尧舜不能无待于人为耳。

段注极是。伪从人为声，形声兼会意。所谓“诈”者，非本真也。人为之为伪，诈是蓄意改变本来面目，也是人为之。荀子是性恶论者，与孟子性善论对立。荀子强调后天的学习和修养，以达到去恶从善。《性恶》篇所用伪字，均系本义引申无疑。段玉裁注《说文》，注意到了经传假“为”为“伪”，即“为”通“伪”，而不说“伪”通“为”是有道理的，本有其义而言通是应当避免的。

（三）在几个符合通假条件的字中，应视上下文意来确定本字

在文籍传注和训诂著作中，对一个借字往往有歧说。音义有联系的字很多，发生这种现象是难免的。比如：

《论语·阳货》：“阳货欲见孔子，孔子不见，归孔子豚。孔子时其亡也，而往拜之。遇诸途。”

“时”为借字。本字当为何字，注家认识不一。邢昺疏说：“时其亡而往拜之者，谓伺虎不在家时而往谢之也。”朱骏声《说文通训定声》说：“时，假借为司。《广雅·释言》：时，伺也。《论语》‘孔子时其亡也’疏，伺虎不在家时。《庄子·齐物论》‘见卵而求时夜’司马注，司夜，谓鸡也。”陆宗达先生以为本字作伺、作司均不可通，应作“待”，即“时”通“待”。陆先生从时、伺、司、待等字出现的时代，音读的异同、文献语言的运用等方面作了深入考证[①]，是很有启发性的。但我以为，陆先生所强调的“应首先从文句上正确解释它，还它以本来面貌”，在这里却没有很好体现。陆先生以为训时为伺（即借为伺，实为司），意为“窥测”，有损于孔子的形象：“《论语》是孔子弟子记载他的言行的书，不会用这种形象来描绘孔丘。”

时与是、司、待、莳都有通假关系。在这一组符合通假条件的字中判断某一文句时字本当作何字，必须在上下文意中用力。阳货系鲁国季氏家臣，而专鲁国之政。他想要孔子出来做官，替他办事，孔子不愿意见他。于是阳货趁孔子不在家时送了孔子一个蒸熟的小猪，使孔子到他家来道谢，这样就可以见到孔子。这是一个很聪明的做法。当时的礼俗，“大夫有赐于士，不得受于其家，则往拜其门”。孔子当然了解阳货的用心，也来一个趁阳货不在家时去拜谢。这样既不失礼，又可避免见阳货。这也是很聪明的做法。这就是瞰亡往拜。只是很不凑巧，孔子在返回的路途上与阳货相遇。两人斗心计，是需窥测时机的，释时为伺，即时通司，恰到好处地描写了当时的情形，表现了孔子的聪明才智。假若释之以“待”，则斗心计的意味就减弱了。伺字后起，古祇作司。通“司”是不错的。孔安国释“归孔子豚”说：“欲使往谢，故遗孔子豚。”早看出了两人斗心计的实质，邢昺疏谓“伺虎不在家时而往谢之”都是合于上下文意的。杨伯峻先生以探听译时（见《论语译注》），与古注合。

（四）分清“通”和“假”

通假是一个术语，却包含着借与被借两个方面。通假浑言则不别，析言是有区别的。鉴于有的字典词典概念混淆，我们也有

① 见陆宗达《训诂简论》，北京出版社，第 144 ~ 146 页。

加以区别的必要。

通假涉及的两个字，一个是本有其意的字，一个是本无其意的字。本有其意的字不用，却要用一个本无其意的字，就是假。比如《诗经·魏风·硕鼠》："逝将去女，适彼乐土。"本当用"誓"(《公羊传》徐彦疏引作"誓")却用"逝"，就是说誓借了逝；对"逝"来说刚好相反，它本无发誓意，而在"逝将去女"中却分明表示着这个意思，这个意思与"誓"的意思相通，这就是"通"。说得更简括一些就是，从用字说是假，从词义说是通。

古代小学家多能注意它们的区别。如《说文通训定声》："敌，《广雅·释诂一》：敌，正也；《释诂三》：主也。《释名》：嫡，敌也，与相匹敌也。经传多以適以嫡为之。"又："適，假借为敌。""嫡，假借为敌。"类似例子极多，此不尽举。凡"以某为之""借某为之""借某"，都是"假"；凡"假借为某""字本作某""读曰某"都是"通"。在处理通假关系时应留心术语运用，不要误假为通，误通为假。

第八章　古汉语词义注释中的若干问题

一、妄说义理

所谓妄说义理，是指那些从某种先入为主的思想观念出发，曲解词义，然后加以申发，揭示其思想内容的现象。这样的揭示必然是荒诞不稽的。

文章由字词句组成，我们要读懂一篇文章，了解它的思想（也就是义理），首先必须了解它的字词句。这是再简单不过的道理。马克思曾经说过，“语言是思想的直接现实”[①]。就是说我们要了解人的思想，就必须首先了解人的语言；我们要想了解古人的思想，就必须了解古人的语言，也就是字词句。这是最基础的工作。我们研讨古汉语词义，就是为了把这个基础打好。

但是要真正做到这一点却很不容易。我们的古人对儒家经典乃至诸子百家、历史专著和诗文集，都是注意做训诂（首先是解释词义）工作的。在解释词义之后，往往又对一个词或一句话表现的思想内容加以阐述。这种阐述是必要的。阐述正确，可以帮助读者正确理解文章的义理；要是阐述得不对，那就是以其昏昏，使人昏昏了。

解释文章的义理是否正确，前提是对词义要有准确的理解。不能准确解释词义，就必然造成空言义理，或者是妄说义理。比如：

《诗经·召南·野有死麕》：“有女怀春，吉士诱之。”毛传：“诱，道（导）也。”郑玄笺：“有贞女思仲春以礼与男会，吉士使媒人道成之，疾时无礼而言然。”毛亨、郑玄都是汉朝人，唐朝的孔颖达疏不破注，和郑玄的看法一致。宋人欧阳修写了一部《毛

① 马克思、恩格斯《德意志意识形态》。

诗本义》，对汉唐人传、笺、疏进行了大胆的怀疑和批判，他说这“诱”字是“挑诱”的意思，用现在通俗的话说是“撩”，是“挑逗”。清人钱大昕大为不满，他说：“自晋代尚空虚，宋贤喜顿悟，笑问学为支离，弃注疏为糟粕，谈经之家师心自用，乃以俚俗之言诠说经典，若欧阳永叔解‘吉士诱之’为‘挑诱’，后儒遂有诋《召南》为淫奔而删之者。古训之不讲，其贻害于圣经甚矣。”[①] 从汉至清，这个“诱”字竟成了一桩公案。钱氏对欧阳氏的批判列了四条罪状：1. 否定前人成果（“弃注疏为糟粕”）；2. 不尊重客观事实（“师心自用”）；3. 对经典的解释太不严肃（“以俚俗之言诠说经典”）；4. 危害甚大（“遂有诋《召南》为淫奔而删之者”）。

其实钱大昕的批判是错误的，毛亨说“诱”为“导”，郑玄又在毛传的基础上阐发义理，所使用的方法是孟子“以意逆志”的方法。《孟子·万章上》中有几句话说得很好：“说诗者，不以文害辞，不以辞害志，以意逆志，是为得之。”这几句话意思是：解说诗的人，不要只重文采而误解词句，也不要死抠词句而误解原意，要根据整个诗篇，用自己切身的体会，去推求诗的本意。[②] 朱自清先生在《诗言志辨》中对“以意逆志”作了这样的解释：“以己意己志去推作诗之志。”要而言之，孟子的主张是通过对诗的字词的分析去以自己的思想见解推求诗的本义。这个主张从步骤到目的都是进步的。它和对《春秋》的断章取义、穿凿附会引《诗》现象大不相同。[③] 问题在于，说诗者本身的思想见解不可能是一把衡量真理的标尺，知识的涵养、思想方法和阶级立场的局限和美学观点都会明显地影响说诗，影响对字词句的解释和义理的揭示。在这种情况下要使自己主观的认识和诗歌本身内涵的客观实

① 《经籍籑诂》钱序。

② 见夏传才《诗经的研究史概要》，本节所举诗经例部分地参考了该著的观点。

③ 这一问题《诗言志辨》论述甚详。

际相一致是困难的。汉唐人注诗和其他经典差不多都是为了维护封建的正统思想观念。这种思想观念使他们对那些不太符合封建伦理道德的诗作，采取了曲解词义以求其阐发的义理符合封建道德规范的手法。郑玄从毛传训“诱”为“导”，并振振有词地说了一番义理，正是这样。

不仅这个“诱”字，“有女怀春”的“春”字也是如此。毛传说：“怀，思也；春，不暇待秋也。”郑玄笺也说这个春是仲春（见上文）。为了使他们的解释符合封建伦理道德的规范，孔颖达作了进一步的解释：“传以秋冬为正昏，此云春者，此女年二十期已尽，不暇待秋也。此思春，思开春欲其以礼来。”

对具体语境中的词义的解释一定要把握住上下文意乃至全篇的意思。这首诗的真正含义我们从全诗的字词句中可以看出，“春”的含义只能有一个解释：春情。《周礼》上有“中春之月，令会男女”的记载，后因谓男女相悦之事为春，谓人的牡牝之欲为春心、春情。只有这样解释，我们才能正确理解“怀春”和“诱”的关系，才可以正确理解全诗的内容。余冠英先生是这样翻译这首诗的：

译文	**原文**
死獐子撂在荒郊，	野有死麕，
白茅草把它来包。	白茅包之。
姑娘啊心儿动了，	有女怀春，
小伙子把他来撩。	吉士诱之。
森林里砍倒小树，	林有朴樕，
野地里躺着死鹿，	野有死鹿，
茅草索一起捆住。	白茅纯束。
姑娘啊像块美玉。	有女如玉。
慢慢儿来啊，	舒而

轻轻地来啊！　　　　　　脱脱兮！

我的围裙可别动！　　　　无感我帨兮！

别惹得狗儿叫起来啊！　　无使尨也吠！

这首诗写一个猎人在丛林里获得獐和鹿，也获得了爱情，纯粹是一首民间情歌。对“风”诗中的“里巷歌谣”和“男女相与咏歌各言其情”的篇章的本来面目的揭示，一代文豪欧阳修的《毛诗本义》是立下了功劳的。他释“诱”为“挑诱”，拨开了汉唐人蒙在一些诗句上经学的卫道者的迷雾，是完全正确的。

以上举这两个例子，并不是说汉唐人的解说词义和义理都不可取，在词义的解说中正确的是主要的，透过词句本身揭示思想内容有不少是很正确的。例如《魏风·硕鼠》：“硕鼠硕鼠，无食我黍。三岁贯女，莫我肯顾。逝将去女，适彼乐土。乐土乐土，爰得我所。”毛传：“贯，事也。”郑玄笺：“硕，大也。大鼠大鼠者，斥其君也。女无复食我黍，疾其税敛之多也。我事女三岁矣，曾无教令恩德来顾眷我，又疾其不修政也。……逝，往也。往矣将去女，与之诀别之辞。乐土，有德之国。”毛诗序说：“《硕鼠》，刺重敛也。国人刺其君重敛蚕食于民，不修其政，贪而畏人，若大鼠也。”

为了避免曲解词义、妄说义理的弊端，必须具有从语言事实出发的指导思想。王力先生曾说：“我们只能通过他的书面语言去了解他的思想；我们不能反过来，先主观地认为他必然有这种思想，从而引出结论说，他既然有这种思想，他这一句话也只能作这样解释了。”例如《庄子·胠箧》篇，借盗跖之徒与跖的一段对话讽刺了儒家的仁义道德：

> 跖之徒问于跖曰：“盗亦有道乎？”跖曰：“何适而无有道邪？夫妄意室中藏，圣也；入先，勇也；出后，义也；知可否，知也；分均，仁也。五者不备，而能成大盗者，天下未之有也。”

跖是古代奴隶起义的领袖，庄子对他是嘲讽批判的。在 20 世纪 70 年代的一段时间，从字里行间找到只言片语，按照某种政治需要加以解释，从而阐明某一大道理成了风尚。有人据《庄子》这一个编造的故事，找到了春秋时代我国奴隶阶级的哲学思想体系，把这句仅表现了“仁爱”义的“仁”当作奴隶阶级的哲学思想核心，并主张把这种解释写到词典里去。这一种解释词义的方法正是王力先生所批评的那种方法，是唯心主义的。

词义的解释是词汇学的问题，也是训诂的问题。从词汇学的角度看，解释词义仅仅就是解释词义；揭示义理是训诂学的事。但是揭示义理的基础是辨明词义，而人们在词义解说中又往往以先入为主的思想观念为出发点，结果造成曲解词义，妄说义理。因此我们在研究解说词义的弊端时，首先就指导思想加以讨论，以便防止不问语言实际而曲为之说的倾向。

二、文以载道

所谓“文以载道”，是指对某些语词进行语词义以外的政治思想观念的说教。

词涉及的社会生活和自然生活面非常广泛，有些词汇本身还具有一定的政治色彩。但是作为语言现象，从总体上看语词义就是语词义。人们的思想交际之所以可能，首先是对这种语词义的基本内容有共同的理解，例如数目字的一二三四五六七八九、玉石的玉、帝王的王等等。

但是古人在解说词义中往往有离开语词义加上一段政治说教的成分的现象，把先民造字的思想说得那么玄奥，似乎有些字的造出是经过了哲理的思考一般，在那些字的背后似乎是表现了一种高深莫测的神秘的意识。比如《说文》：

三，天地人之道也，从三数。

五，五行也，从二，阴阳在天地间交午也。

玉，石之美有五德，润泽以温，仁之方也；䚡理自外，可以知中，义之方也；其声舒扬，尃以远闻，智之方也；不桡而折，勇之方也；锐廉而不技，絜之方也。

水，北方之行，象众水并流，中有微阳之气。

许慎不是不知道这些字的含义是什么，只是他明知词汇义是什么，而偏要用那些封建伦理道德和阴阳五行的说教来进一步说明。比如：玉，“石之美者。”这个解释就很好，可偏要来比附封建伦理道德，把玉人格化。

《说文》是我国古代第一部字典，也是世界最早而且具有很高学术价值的字典，“文以载道”的成分毕竟是很少的部分。而且即令是这些字的解说，也并不是一概可以排斥的。一方面，其中毕竟有字义解释的因素，另一方面在比附中往往还有某种可以参考的成分。比如“玉”字，“石之美者”是一种比较的定义，而以下的解说却多少反映了玉的某些特征。又比如“王”字：

王，天下所归往也。董仲舒曰：古之造文者三画而连其中谓之王，三者天地人也，而参通之者，王也。孔子曰：一贯三为王。

许慎罗列三种解释，第一种是介乎于声训和义训之间的解释。从封建正统王权的观念说，“王”与“天下”（人）的关系，是天下人归附于王；用我们现代的思想观点解释，“王”是天下人民群众的最高统治者。第二、三两种实际上是一回事，是用君权神授的思想观点解释的：王代表着天意，在他的国土上主宰臣民。再如“一”字：

一，惟初太始，道立于一，造分天地，化成万物。

这虽说是典型的“文以载道”的字例，但从那些非语词义的宇宙观的表述中，似乎可以看到许慎是在探索世界和物质的起源，而且还多少表现出某种唯物的因素。再如“示”字：

> 示（示），天垂象见吉凶，所以示人也，从二（二，古文上字），三垂，日月星也。观乎天文以察时变，示神事也。

这个字形分析是荒唐的，但是却反映了古人为何把天象和人事结合起来，与“示”不能说没有关系。

“文以载道”和上一节所说的“妄说义理”在本质上没有多少差别。离开语言文字本身，去阐发某种观念形态的东西，是一种极有害的倾向。它会破坏语言学的科学性，使它成为经学和某种政治思想的附庸，我们在释词义时一定要避免。

三、不辨真伪

“不辨真伪”是指那些不问被注释字词是不是真是那样而为之作注的现象。这本是校勘学的问题，但是和释词关系密切。

整理古籍，注释文句，应当首先做到正本清源，也就是说，先要弄清古人的原话，然后才能弄清古人的原意。段玉裁说：“不先正底本，则多诬古人。”连原话都不清楚，怎么能了解原义？为误字、衍字作注，只会隔靴搔痒，大闹笑话，既诬古人，又误今人。下面举几个例子：

为误字作注　为误字作注例子很多。比如《战国策·楚策二》：“寡人之得求反，主坟墓、复群臣、归社稷也。”鲍彪注本说，求反国而得。王念孙《读书杂志》以为“求”系“来”字之误。

此句出自“楚襄王为太子之时”：

> 楚襄王为太子之时，质于齐。怀王薨，太子辞于齐王而归。齐王隘之：“予我东地五百里，乃归子。子不予我，不得归。”太子曰：“臣有傅，请退而问傅。”傅慎子曰：“献之地，所以为身也。爱地不送死父，不义。故臣曰，献之便。”太子入，致命齐王曰：“敬献地五百里。”齐王

归楚太子。

太子归，即位为王。齐使车五十乘，来取东地于楚。楚王告慎子曰："齐使来求东地，为之奈何？"慎子曰："王明日朝群臣，皆令献其计。"

上柱国子良入见。王曰："寡人之得求反，主坟墓、复群臣、归社稷也，以东地五百里许齐。齐令使来求地，为之奈何？"（以下是群臣的献计和事情的结果。从略）

这几段文字的大意很明白：楚襄王为太子时，在齐国做人质，他的父亲怀王死后，他要求回归楚国，齐王提出，只有割让五百里土地才能让他回国。楚王对子良说的话，首先就是说明这个原委。然后就齐国果真来索地，征求群臣的对策。显然，"求"字应作"来"字。"寡人之得来反"与"以东地五百里许齐"是结果与条件的关系。从文意上看，只有"来反"才与"主坟墓、复群臣、归社稷"贯通。"主""复""归"都是"来反"的补充说明，即反回以后，即了王位所做的事。若是"求"字，就无原委可说了，而且文理不通。"求反"与"以东地五百里许齐"没有果和因、结果和条件的关系，"求反"与"主坟墓、复群臣、归社稷"之意也不相属。王念孙从文意上断定"求"应作"来"，又从隶书上求、来互讹，以及《逸周书·周祝篇》《孟子·离娄篇》《史记·李斯传》"来"字讹作"求"，而《太平御览·人事部》引《战国策》该句正作"来反"从而证明鲍彪注是"曲为之说"。

为误字作注，辞书也难免。比如《广雅·释诂四》："捈，锐也。"《中华大字典》《中文大辞典》均据以建立了"捈，锐也"义项。其实"捈"的本义是"引"，无"锐"义。与"捈"字形近的有从木的"梌"字。《广韵》说："吴人谓刺木曰梌也。"《集韵》说："梌，木名，楸也，或作捈。""捈""梌"二字均可读 tú，从手的捈义为引，从木的梌义为刺木。从"锐"的义原看，只能是释为刺木的"梌"字。刺木带刺，尖锐刺人，所以有锐义。《广雅》"捈，锐也"之"捈"，显然是“梌”的讹字。《广韵·模韵》就改正了：“梌，锐也。”《中华》《中文》两部大辞书不辨真假，以讹传讹，发生了差错。

为误字、讹字作注较为普遍。从《说文解字》到《康熙字典》以及各种文籍传注，都未能避免。因此我们学习古代汉语词汇知识，注释古书，对这个现象要有充分的估计，要多阅读一些考校方面的文章和著作，如段玉裁《说文解字注》、王念孙《读书杂志》《广雅疏证》、王引之《经义述闻》《经传释词》、俞樾《古书疑义举例》、方成圭《集韵考正》等等，以尽量减少差错，尽可能做到既不诬古人，也不误今人。做到了“正本清源”，则整理古籍就有了好的基础。

为衍字作注　非本来所有而妄加的字叫衍字。前面举阮元为王引之《经义述闻》所写序中引《韩非子》的一则笑话，是为衍字作注有趣的例子。又如：

> 《荀子·仲尼》：“夫齐桓公有天下之大节焉，夫孰能亡之？倓然见管仲之能足以托国也，是天下之大知也。安忘其怒，出忘其雠，遂立为仲父，是天下之大决也。”杨倞注：“安犹内也，出犹外也。”王念孙曰：“《荀子》书通以安、案二字为语词……忘其怒，忘其雠，遂立以为仲父。三句文义甚明，则忘其雠上不当有出字，盖衍文也。杨注云：安犹内也，出犹外也。此不得其解而为之词。”
>
> （《读书杂志·荀子第二》）

忘其怒、忘其雠，系指管仲为公子纠射桓公而中其带钩之事。忘其怒、雠需分内外，于文义不可通，王说是正确的。

四、误虚为实

误虚为实是指那些把在文句中仅有语法功能、表示语法意义的字当作表示概念的字加以解说的现象。虚词的概念古已有之，秦汉之际的训诂著作称为词、辞、语助，都是说的虚词。但是直到元代卢以纬作《语助》才算产生专著。清王引之作《语词误解以实义》，对虚词的作用作了这样的概括："经典之文，字各有义，而字之为语词者则无义之可言，但以足句耳。"[①] 这一类词，也如段玉裁所说："皆取诸字音，不取字本义。"[②]

很明显，起足句作用的虚词不具备实在的表示客观事物概念的意义。所以王引之又说："语词而以实义解之，则扞格难通……善学者不以语词为实义，则依文作解，较然易明。"

但是由于虚词借自实字，而虚义有时又源于实义，加上古代虚词的理论很不完备，所以在文籍注释中就有了以实义释虚字的现象，下面是两个例子：

1.《尚书·金縢》"予仁若考"的若字，前人训为顺从的顺，王引之释为"而且"的"而"：

> 家大人曰：《金縢》予仁若考，《史记·鲁周公世家》作旦巧。考、巧古字通，若、而语之转。予仁若考者，予仁而巧也。惟巧故能多才多艺，能事鬼神，意重巧不重仁。故下文但言乃元孙不若旦多才多艺也。若如传曰周公仁能顺父，则武王岂不顺父者耶？且对三王言之，亦不当独称考也。
>
> （《经义述闻》卷三"予仁若考"条）

寥寥数语，拨开千年迷雾，既从语词上说明若训而，因而实词考训巧意的由来，又从义理上说明若训实义顺，考训考妣之考，则有周公自褒而贬武王之弊，与文意不合。辨识何等精确！

2.《诗经·邶风·终风》"终风且暴"的"终"字：

> 《诗经·邶风·终风》有"终风且暴""终风且霾"

---

① 见清王引之《经义述闻·通说》。

② 见段玉裁《说文解字注》中的"缇"字条。

“终风且曀”之句。毛传释“终风”为“终日风”,《韩诗》释为“西风”,郑玄释为“竟日风”,与毛传同。

“终”之本义为“缫丝”,而本义废;“冬”之本义为四时之尽的季节,引申为“极”,为“穷”,为“竟”,其引申义为“终”字所夺。故《广雅》释“终”为“终极也,穷也,竟也”。毛传、郑笺以常义释“终”,未审上下文意,且不知“终……且”关联,为固定结构,故不得诗之本意。自汉以降,两千年间未得确解,唯王念孙释终为“既”,表已然之词。在外部联系上,终、且关联,在内部联系上,极、尽、穷、竟之虚化则表已然、既了之意。其说至精至确,使“终风且暴”成为训诂名例。王引之在《经传释词》中对此作了深入考证:先指出毛、韩、郑之释系缘词生训;继以《尔雅》释南风(凯风)、东风(谷风)、北风(凉风)、西风(泰风)、回风(飘)等通释(诗)词和专释此诗“日出而风为暴,风而雨土为霾,阴而风为曀”而均不及“终风”,说明《尔雅》并未以“终风”为一个词而以“竟日风”释之,以证明毛、郑、韩等释义之不确;接着则举《邶风·燕燕》“终温且惠”、《北门》“终窭且贫”、《小雅·伐木》“终和且平”、《齐风·甫田》“终善且有”、《小雅·正月》“终其永怀,又窘阴雨”等“终……且”“终……又”固定结构例,通过上下文意的分析,类比归纳,从而有力说明“终”义为“既”,令人信服。王氏之释“终”,对《诗经》作了引得式的汇集材料工作,治学态度之谨严,堪称训诂的典范。(见《经传释词》卷九)

五、拆骈为单

拆骈为单,是指本为同义复合词或本为联绵字而以为上下二字都是单音词的解释现象。这是古汉语词汇学中较难处理的问题。因为古汉语单音词多,而由单音词发展演变为复音词往往又有一个渐变的过程。那些由同义或近义单音节词复合而成的双音节词

(亦叫连语)，有可能因为它们原本有相同的意义，又有不相同的意义而造成人们的误解。注释者不注意完全相同的一面，却看到它们不相同或略异的一面，这就免不了将复音词误作两个单音词，殊不知这两个单音词相结合的基础就是它们有完全或基本相同的意义，比如：

〔咸和〕《尚书·无逸》："文王卑服，即康功田功……自朝至于日中昃，不遑暇食，用咸和万民。"孔安国传："从朝至日昳不暇食，思虑政事，用皆和万民。"孔颖达疏："所以不暇食者，为思虑政事，用皆和万民。政事虽多，皆是为民，故言咸。咸训皆也。"

传、疏以咸为皆，取其常义，而不知咸与諴通，当训为和。《说文·言部》："諴，和也。《周书》曰：不能諴于小民。"此"諴"字用法与"咸和万民"的"咸和"同，只是一为单音词，一为同义复合词。释"咸和万民"为"皆和万民"，于义不可通。所以俞樾说"咸和一义""以为皆和万民，则不辞矣"。[①]

〔仪表〕《汉书·哀帝纪》："为宗室仪表。"颜师古注："言为礼仪之表率。"《汉书·酷吏传赞》，"其廉者足以为仪表。"颜师古注："谓有仪形可表明者。"

颜师古对同一个复音词（同义复合词）作了不同的解释，两处解释都将仪与表分割开来。王念孙《读书杂志·汉书第十六》"连语"条考辨云：

《哀纪》云：为宗室仪表。《酷吏传赞》云：其廉者足以为仪表。念孙按：立木以示人谓之仪，又谓之表。《说文》：檥，干也。从木義声。经传通作仪。故《尔雅》云：仪，干也。《吕氏春秋·慎小篇》注云：表，柱也。故德行足以率人者，亦谓之仪表。《缁衣》曰：上之所好恶不可不

① 见清俞樾《古书疑义举例七·两字一义而误解例》。

慎也，是民之表也。郑注言民之从君，如景（影）逐表。《荀子·君道篇》曰：君者仪也。仪正而景正，是仪即表也。《管子·形势解篇》曰：法度者，万民之仪表也。礼义者，尊卑之仪表也。《淮南·主术篇》曰：言为文章，行为仪表。《文六年左传》曰：陈之艺极，引之表仪。或言仪表，或言表仪，其义一也。师古注《哀纪》则云言为礼仪之表率；注《酷吏传》则云谓有仪形可表明者。望文生义，而注各不同，皆由不知仪、表之同为立木，又不知仪为檥之借字故也。（《读书杂志·汉书第十六》"连语"条）

在连语条中共列举仪表、感慨、魁梧、醞藉、惊鄂等二十余例，逐一分析上下二字，得出"凡连语二字，皆上下同义，不可分训"的结论。此类连语较多，不必细述。假若"望文生义，往往穿凿而失其本指"，"强为区别"则"求之愈深，失之愈远"。

骈字不仅仅是同义复合，还有其他的构造方式。其他构造方式的复合词有的是可以分训的。不可分训的除同义复合词外，还有联绵字。

联绵字由两个音节组成表示一定的意义，这两个字分割开来一般没有意义，或者其中的一个没有意义，如"玲珑""蝴蝶"。而有的人在注释文籍、解说词义时却将它们分开先作单音节词解释，再合起来解释。比如：

〔窈窕〕《诗经·周南·关雎》："窈窕淑女，君子好逑。"毛传："窈窕，幽闲也。淑，善；逑，匹也。言后妃有关雎之德，是幽闲贞专之善女，宜为君子之好匹。"郑玄笺："怨耦曰仇。言后妃之德和谐，则幽闲处深宫。"孔颖达疏："窈窕者，谓淑女所居之宫形状窈窕然……传知然者，以其淑女已为善称，则窈窕宜为居处，故言幽闲，言其幽深而闲静也。扬雄云善心为窈、善容为窕者，非也。"

"窈窕"一词系叠韵联绵词，凡山水宫室幽深可谓之窈窕。《玉篇》：

“窈窕，深远也。”《文选·孙绰〈游天台山赋〉》：“邈彼绝域，幽邃窈窕。”又陶潜《归去来辞》：“既窈窕以寻壑。”又曹摅诗：“窈窕山水深。”上为状山水例。《文选·王延寿〈鲁灵光殿赋〉》：“旋室也嫂娟以窈窕。”此状宫室例。状山水宫室的窈窕写法颇多，如“窈窱”“窅窱”“挠挑”“雾霓”，状宫室的窈窕有“杳窱”“窈窱”。凡女子姿色秀美亦谓之“窈窕”，如“窈窕淑女”。《楚辞·九歌·山鬼》：“子慕予兮善窈窕。”王逸注：“窈窕，好貌。《诗》曰：窈窕淑女。”洪兴祖补注：“《方言》云：美状为窈，美心为窕。注云：窈，幽静；窕，闲都也。”扬雄《法言·吾子》：“或曰，女有色，书亦有色乎？曰：有。女恶铅华之乱窈窕也，书恶淫辞之淈法度也。”《文选·李斯〈谏逐客书〉》：“佳冶窈窕，赵女不立于侧。”又陆机《日出东南隅行》：“窈窕多仪容。”状女子姿色，窈窕一作“苗条”。[①]

无论状山水幽深，状女色秀美，“窈窕”均是由两个音节联缀成义而不可分割的联绵词。扬雄分训窈与窕，洪兴祖复引《方言》及郭璞注分训窈与窕，都是不妥的。同义复合的复音词（连语）尚且不可分训，而对纯由其声音的联缀才产生某一意义的联绵字加以分训就更为不妥。刘师培《古书疑义举例补》写道：

> 《诗·关雎》篇云：“窈窕淑女，君子好逑。”毛传云：“善心曰窈，善容曰窕。”案：窈窕二字，乃叠韵字之表象者也。善心善容分训之，未免迂拘。毛传解诗，类此者甚多，学者不必笃信也。

分训窈窕“未免迂拘”，是说得对的。只是很可惜，分训“窈窕”者并非毛传，而是扬雄的《方言》，刘先生偶而疏忽了。

“好逑”一词也是一例。习惯上的解释是“逑”训“仇”，即“匹耦”，而“好”训“美好”，为形容词，是逑的修饰成分。闻一多先生考辨说：“好字从女从子，其本义，动词当为男女相爱，名词当为匹

① 见《晋书·皇后传》注。

耦，形容词美好，乃其义之引申耳。”因此他释《卫风·木瓜》“永以为好也”，为“永以为偶也”，释“好逑”为“匹偶”：“‘君子好逑’者，逑训匹，‘好逑’叠韵的连语，犹匹耦也。”[①]

最为著名的例子是“犹豫”一词。周大璞先生在《训诂学要略》中分析训诂流弊即举此例，以说明联绵字“两个字不能拆开解释”。“犹豫”为双音字，又作“犹预”“犹与”“容与”“夷犹”，是迟疑不定的意思。分言之则曰犹曰豫，合言之则曰犹豫，转之则曰夷犹，曰容与。不论分言、合言，其实质不变。王引之在《经义述闻·通说》中考辨精审，兹抄录如下：

> 家大人曰：犹豫双声字也，字或作犹与。分言之则曰犹曰豫。《管子·君臣篇》曰：“民有疑惑贰豫之心。”《楚辞·九章》曰：“壹心而不豫兮。”王逸注：“豫，犹豫也。”《老子》曰：“与兮若冬涉川，犹兮若畏四邻。”《淮南·兵略篇》曰：“击其犹犹，陵其与与。”合言之则曰犹豫，转之则曰夷犹，曰容与。《楚辞·九歌》：“君不行兮夷犹。”王注曰：“夷犹，犹豫也。”《九章》曰：“然容与而狐疑。”容与亦犹豫也。案，《曲礼》曰：“卜筮者，先圣王之所以使民决嫌疑定犹与也。”《离骚》曰：“心犹豫而狐疑兮。”《史记·李斯传》曰：“狐疑犹豫，后必有悔。”《淮阴侯传》曰：“猛虎之犹豫，不若蜂虿之致螫；骐骥之蹢躅，不如驽马之安步；孟贲之狐疑，不如庸夫之必至也。”嫌疑、狐疑、犹豫、蹢躅皆双声字，狐疑与嫌疑一声之转耳。后人误读狐疑二字，以为狐性多疑，故曰狐疑；又因《离骚》犹豫、狐疑相对为文而谓犹是犬名，犬随人行，每豫在前，待人不得，又来迎候，故曰犹豫；或又谓犹是兽名，每闻人声，即豫上树，久之复下，故曰犹豫；或

① 见《闻一多全集·古典新义》。“好”“逑”上古属幽部。

又以豫字从象，而谓犹豫俱是多疑之兽。以上诸说具见于《水经注》《颜氏家训》《礼记正义》及两《汉书》注、《文选》注、《史记》索隐等书。夫双声之字，本因声以见义，不求诸声而求诸字，固宜其说之多凿也。

王引之在这里提出了解释联绵字的一个重要原理：不能求诸字，只能求诸声音。这和现代对联绵字的界说是吻合的。

六、扩大范围

词汇学的释义仅仅只能是释词义或者是释词素义，而不能像训诂学那样随意扩大释义范围，在某一字词下释了上下文义、句义。扩大释义范围是文籍传注和辞书中常犯的毛病。

（一）释单音词释了复词义

《庄子·至乐》："檄以马捶。"《中文大辞典》"捶"字据以建立马杖字，并引陆德明释文："捶，马杖也。"

"捶"，木义为杖击，这里借为"箠"。箠是鞭子，又特指马鞭。如《武祠画像》："子赛衣寒，御者失捶。"这个"捶"就是指马鞭。但是当前面缀一马字，则"捶"就只有鞭子、杖义了。释"马捶"之"捶"为马杖，就是以复音词义为单字（词）义，扩大了释义范围。郭象注谓："马捶，犹马杖也。"事实上，陆德明释文是："马捶，拙蘗反，又之睡反，马杖也。"是《中文大辞典》弄错了。

望，相看也。马融《围棋赋》："缘边遮逦兮，往往相望。"《文选·魏文帝〈燕歌行〉》："牵牛织女遥相望。"

（《中文大辞典》）

"相看"就是"相望"，"相望"的"望"字仅有"看"义。

（二）释词义带进了上下文义

《左传·隐公四年》："此二人者实弑寡君。"（"人"指州吁、石厚二人）

《左传·僖公十五年》："史骈之人欲尽杀贾氏以报焉。"（人指史骈的群众）

例句及释义系录自陆宗达先生《训诂简论》。陆先生系当代训诂学大师，所著《训诂简论》论述举例往往极精。而此二例释义似有未当。陆先生说："词义在其概括性的基础上，还有其灵活性。就是说，它在上下文里必定显示说话人具体所指，表现出说话人的态度和感情。训诂在解释古代语言时，往往需要把这种在概括意义基础上的具体含义指出，以帮助阅读者了解当时的具体情景。"这是完全正确的。问题是指出特定语境中的具体含义决不意味着可以在释义时带进其他部分。"'人'指州吁、石厚二人"其实是释的"此二人"。"'人'指史骈的群众"是释的"史骈之人"。相比之下，陆先生所举的另一些例子却十分精当：

《左传·文公十一年》："子无谓秦无人。"（"人"指贤能之士）

《左传·襄公二十二年》："入于人中。"（"人"指人群）

《左传·襄公二十八年》："人各有以事君。"（"人"义为每个人）

《左传·庄公八年》："豕人立而啼。"（"人"义为像人的样子）

这几个例子的"人"字，在不同的语境中具有的不同含义，陆先生都作了准确的解释，而这些解释毫无疑问都是具体语言环境中的意义，显示出了"人"在一定上下文里的具体所指，而并未带进上下文的其他语言成分。"子无谓秦无人"的"人"活动的环境是作"贤能之士""人才"解释的环境，如现在我们所说这个地方出人，那个单位有人，"出人"显然不是说出产区别于一般动物的人，"有人"决不是说是这个单位有多少人口。释为"贤能之士"，正体现了"人"这个词在这一语言环境中的意义，而未挟带"人"之外的其他意义。"入于人中"的人，因"入于""中"这个前后的语境表现出人群义，“人群”一释也仅仅只是“入于人中”“人”的意义，而不掺杂“入”或“中”的意义。“人各有以事君”的人义为“每个人”，起决定作用的是“各”字。

释词义带进上下文义，在古人文籍传注中很多。如《吕氏春秋·首时》：“伍子胥说之半，王子光举帷，搏其手而与之坐。”高诱注：“搏，执子胥之手，与之俱坐听其说。”“搏”本义为索持，捕捉，本句中为执持，训执足矣。高诱解释，于词义之外又释词义，扩大了范围。

词典的释词义与文籍传注的释词义都必须严格地限制释义的对象，不可扩大范围，增加词义内涵。词典释义和文籍传注随文释义若必须涉及超出词义的具体所指，则应在文字表达中充分注意，务必使读者不致发生误会。比如高诱注改为：“搏，执也。执子胥之手，与之俱坐听其说。”也许会妥当一些。随文释义的文籍注疏是允许这样做的，词典的释义则以“执持”作注即可。

七、不辨古今

释义不辨古今死活，不能以史的观念来研究词义的源流演变，这是辞书和古籍注释中一个值得重视的问题。

词义的产生和发展是语言历史的反映，王力先生在《新训诂学》一文中曾提出“为‘史’而治小学”的口号。他认为“字的形、音、义变化，乃是文化史的一部分”。他又认为，“等到训诂脱离了经学而归入了史的领域之后，新的训诂学才算成立”。

这是很可贵的观点。古人对语义的研究，重点在先秦，清人的研究一般也只到唐代，严重地存在着重经轻俗、重古轻今的倾向，因而使得在历史发展过程中产生的新义得不到应有的反映。比如1915年出版的《辞源》(1939年出正续编合订本)释“仅”就是这样：

〔仅〕少也，谓止于此也。

“仅”的本义,《说文》释作“材能”，就是“才能够、只能够”的意思。这种意思从先秦至今一直沿用。凡叹其少者均用“仅”，如“邯郸仅存”(《战国策·齐策》),“仅至于鲁司寇”(《吕氏春秋·遇合》)。《经籍籑诂》辑录先秦两汉文籍十余例，义均为“少”。到了汉末，“仅”字有了“庶几”的意思，如《宋书·天文志一》引汉蔡邕上书:“论天体者三家，宣夜之学，绝无师法,《周髀》术数具存，考验天状，多所违失，惟浑天仅得其情。”而到了唐代，由“庶几”又明显地产生了叹其多的含义。段玉裁考证说:

> 唐人文字,仅多训庶几之几。如杜诗“山城仅百层”;韩文“初守睢阳地，士卒仅万人”，又“家累仅三十口”;柳文“自古贤人才士，被谤议不能自明者，仅以百数”;元微之文“封章谏草，䌛委箱笥，仅逾百轴”。此等皆李涪所谓以仅为近远者，于多见少，于仅之本义未隔也。今人文字皆训仅为但。

段玉裁是一个有历史眼光的训诂学家，他以大量的例证说明了唐代“仅”字的庶几、将近义已成了常义。杜甫《泊岳阳城下》“江国逾千里,山城仅百层”之“仅”,浦起龙《读杜心解》作“近”。段玉裁所举各例，都与一个大数目字连缀，虽然与那个大的数字相比，只是一种“近”义，与“才能”本义还保持着联系，但毕竟一是叹其少，一是叹其多了。

“仅”在唐、宋诗文中还有表示程度之甚的用法，如白居易诗《昭国闲居》:“槐花满田地，仅绝人行迹。”李贺《乐词·七月》:“仅厌舞衫薄，稍知花蕈寒。”这两句可释作几乎、将要、竟至于。

假若不辨古今,不知发展演变,则注杜、韩、柳、元、白、李（贺）等人诗文本叹其多者而释以少，本叹其程度之深者而释以才能，这就不能正确反映诗文本义，既诬古人，又误今人。新本《辞源》立 jǐn、jìn 两音项，义三（在 jìn 音下）为“几乎，接近”，处理是正确的。这样“仅”字的词义的历史发展面貌就反映出来了。

又比如“僵”字。《说文》：“僵，偃也。”段玉裁注：“玄应引‘僵，却偃也’；‘仆，前覆也’。按：僵谓仰倒，如《庄子》‘推而僵之’、《汉书》‘触宝瑟僵’皆是。今人语言乃谓不动不朽为僵，《广韵》作‘殭，死不朽也’。”段玉裁说明，《说文》以为僵的本义是仰倒，僵硬不活动的意思是后起的。

段氏的考证基本正确，目前我们见到最早的例子是《庄子》，僵义为偃，为仰倒。“偃”与“仆”是相类而又部分相反的两个概念。伏倒为仆，仰倒为偃。前覆、伏倒为仆，到现在还没有变化；偃是仰倒，其仰义在古代汉语中较多。如《孙子·九地》：“坐者涕霑襟，偃卧者涕交颐。”仰义至为显明。《庄子》的“推而僵之”的“僵”是仰倒，《吕氏春秋·贵卒》：“管仲扞弓射公子小白，中钩，鲍叔御，公子小白僵。”注：“僵，犹偃也。”也是仰倒的意思。（新）《辞源》据此例释为“倒下”，则内涵少，而外延宽，失之模糊。《辞源》释“僵”的第二个义项是“不活动。通作‘殭’”。举例为《灵枢经·癫狂》：“癫疾始作，先反僵。”亦不妥。癫痫是一种常见的神经病，发作之时，面色苍白，翻倒于地，口吐白沫，失去知觉。

段氏谓“今人语言乃谓不动不朽为僵”，并引《广韵》“殭，死不朽也”，虽未明言“今”指何时，但大约指唐宋后无疑。在秦汉，我们找不到僵义为殭的用例，汉贾谊《新书·淮难》“天下使者奉诏而弗得见，僵卧以发诏书”之“僵”，《后汉书·耿弇传》“伏兵起，纵击追至，钜昧水上，八九十里僵尸相属”之“僵”，都不是殭义。“僵卧”是仰卧不起，“僵尸”是倒毙之尸。唐房玄龄等撰《晋书·卞壸传》“其后盗发壸墓，尸僵”，李延寿《南史·殷不害传》“举体冻僵”，韩愈《月蚀诗效玉川子作》“森森万木夜僵立”之“僵”的“殭”义才明显。

“僵”的“仰倒”义极易误解为“僵硬”义。《辞海》释“僵”一为“仆倒”（不妥），二为“不活动，僵硬”。举例有“百足之虫，死而不僵”。以“百足之虫，死而不僵”之“僵”为“不活动，僵硬”是错误的。这个“僵”仍是“仰倒”义。《红楼梦》第二回：“古人有言，百足之虫，死而不僵。”正是用的仰倒义。虫死必僵，而“百足之虫，死而不僵”者，谓因其足极多，虽死犹能支撑身体而不翻倒。《文选·曹冏〈六代论〉》：“百足之虫，至死不殭（僵），扶之者众也。”是其证，《红楼梦》谓此句为古语，古至何时，尚不可知，但用的古义，且符合科学常识，与作品内容切合，是自不待言的。《红楼梦》例或以死为释，死而不死，殊为不辞。

以今律古，以今之常义释古义，在阅读整理古籍时都可能发生。比如：

〔**勾当**〕《水浒传》第十六回：“夫人处分咐的勾当，你三人自理会。”《北史·序传》：“事无大小，（梁）士彦一委（李）仲举，推寻勾当，丝发无遗。”

前一“勾当”为事情，后为办理，今之“勾当”虽可解释为事情但有贬义，后一义为今所无。读者不知，极易误解。

〔**勾引**〕《北史·蛮僚传》：“勾引梁兵，围逼晋寿。”姚合《送别友人》：“独向山中觅紫芝，山人勾引住多时。”

前一“勾引”为引诱，后为挽留。挽留义今已鲜为人所知，假若说以常义，那就以善意为恶意了。

〔**危言**〕《论语·宪问》：“邦有道，危言危行。”《史记·管晏列传》：“其在朝，君语及之，即危言；语不及之，即危行。”《后汉书·党锢传序》：“又渤海公族进阶，扶风魏齐卿，并危言深论，不隐豪强。”

今习用“危言耸听”，谓故作惊人之语为危言。上三例之危言义为直言。《后汉书》“危言深论”李贤注说：“危言，谓不畏危难而直言也。”假若以今义为释，则本为褒义而释作贬义了。

〔**取舍**〕《汉书·王贡两龚鲍传》：“世称‘王阳在位，贡公弹冠’，言其取舍同也。”颜师古注：“取，进趣也；舍，止息也。”指同进退。

取舍古今沿用义为采取或舍弃。以今义为释则于文意不可通。

时有古今，词义发展演变与时推移，整理古籍必须明辨词义演变的历史轨迹：词的本义是什么，何时引申，何时某义消失而又产生新义。一个人的知识总是有限的，对词义的全面反映，有赖于大型详解性辞书。注释古书，切不可妄以今义释古，需勤查辞书，务求准确解释。上所举“勾当”“勾引”“危言”“取舍”，均取自《辞源》。《辞源》并非详解性大型辞书。现在分卷出版的《汉语大字典》《汉语大词典》已较为完备地反映字词义的历史源流，是我们用得着的好工具书，应当注意参考。

八、众字一释

所谓众字一释是指《尔雅》《广雅》一类的古代词典汇集经籍传注，以同义为排列原则而不加区别就某一共同含义作解释的现象。比如：

初、哉、首、基、肇、祖、元、胎、俶、落、权舆，始也。

（《尔雅·释诂上》）

鸿、昏、於、显、间，代也。

（《尔雅·释诂下》）

赓、扬，续也。

（《尔雅·释诂下》）

《尔雅》是我国第一部词典，这部词典的特点是据周、汉诸书如《诗经》《尚书》等典籍传注，按其义类加以编排，每一卷又将同训字排在一起，形成了类义词、同义词词典的风格。在整理故训，依类依义编排方面，它的功绩不可磨灭，在我国词汇学、训诂学、词典学史上占有十分重要的地位。下面我们只是从一个优点而同时产生的相应的缺点方面来分析上面几组例子，来看看我们在研讨古汉语词义和进行古籍整理时应注意什么。

“初、哉……始也”是训诂学论著常引用的一组例子。初至权舆十余字训一“始”字，郝懿行《尔雅义疏》辨析甚明。初是裁衣之始，哉（才的借字）是草木之始，基是筑墙之始，肇是开户之始，祖是人之始，胎是生之始，……各字有始义，或者并非有始义，却有始的性质，或者可从始的方面去理解。这是义疏所做的工作。凡有用例可证明的，当然得承认它的词汇义确实有某义，而无例句证明的我们不妨对某一训释，或某一典籍注释取保留或怀疑态度。比如“落”字，义疏这样考辨：

> 落者，《诗》“访予落止”，《逸周书·文酌篇》云“物无不落”。毛传及孔晁注并云：落，始也。落本殒坠之义，故云殂落。此训始者，始终代嬗，荣落互根，《易》之消长，《书》之治乱，其道胥然。愚者阇于当前，达人烛以远览，落之训死又训始，名若相反，而义实相通矣。

“落”字训始，不如初、哉（才）、首等字易于知晓，那些字在文籍用例或它们作为词素构成的复合词中我们不难找到事实的证明，而“落”则不然。虽然“访予落止”“物无不落”有毛传、孔晁注，还有其他人为之笺疏，但我们仍然觉得解释是无说服力的。“访予落止”毛传：“访，谋；落，始。”郑玄笺：“成王始即政以承圣父之业，俱不能遵其道德，故于庙中与群臣谋我始即之事。”朱骏声《说文通训定声》以为“落”的“始”义来源于頟（额），说是“頟”的借字。他说：“頟之为始，犹元首之为始也。”也举了义疏的两个例子。而今人高亨注《诗·周颂·访落》“访予落止”说：“予，成王自称。落，借为略，谋略。止，语气词。”而释“访”为“问”。他翻译“访予落止，率时昭考”句义：“此二句言：问我的谋略，只有遵循武王。”似较毛、郑为长。

古汉语单音词义往往变化无穷以至于不可捉摸。词义的引申已经是很复杂的了，加之一词义兼正反，时有假借，常使读者如入云雾之中，即便是修养有素、学识赅博的训诂学家也不能众口一词。“落”的“始”义，似乎在《左传·昭公七年》“楚子成章华之台，愿与诸侯落之”杜预注中表现得最为明显：“宫室始成，祭之曰落。”《辞源》等字辞书均据以建立“始”义。今凡称工程建筑完竣为“落成”，盖源于此。“宫室始成，祭之曰落。”现在的“落成”典礼还保存着古人遗风。然而训落为始，不若训落为终为成。所谓“始终代嬗，荣落互根”，草木之生，以“落”为终，即为生命过程的完成；宫室之筑，以“落”为终，即为建筑过程的完成。唯其完成，始可言祭，言庆。故训落为始，不若训落为成；成，成也，落亦成也，同义复合，于本义为近，不必辗转引申，反义为训，牵合为之说。王引之谓连语之字，上下二字同义，不可分训，“落成”即是其例。

众字一释，不能揭示各被释字的区别性特征，而有些解释又不属语义范畴，若不问是非，盲目作注，势必牵强附会，妄断词义。“鸿、昏、於、显、间，代也。”“赓、扬，续也。”即是其例。为了证明《尔雅》训释的由来，训诂学家极尽曲喻旁通之妙，如“鸿雁是往来相代”，“昏者明之代”，“於者间之代”，“显者明也，明者昏之代”，“扬训续者，盖飞扬轻举亦有连续之形，故又训续，古义或如此也”。郝懿行在作这样的疏证时，亦未拿出多少例子，只是说明了某些特性，如“扬”，由低到高，是继续的过程，一如今说“发扬”，必有得以发扬的基础，由此基础而提高光大之，自然也就有连续的性质。能够作为语词义加以运用的，在这两组例子中是少的。有的字（如“於，代也”“扬，续也”）连郭璞也说“未详”。

九、单字为训

古代汉语单词占优势，那时的词典和文籍传注多以一字释一字是语言发展一定历史阶段的必然反映。对这种释义方式，我们不必以现代词汇学和语义学的眼光把它说得一无是处，要充分认识它在沟通词与词的关系、解说词义方面的历史作用；但是指出它的局限，对理解词义、克服古籍整理方面的弊病却是必要的。

单字为训，有“互训”“递训”“同训”。

互训如：

“柔，弱也。”

（《广雅·释诂一》）

“弱，柔也。”

（《淮南子·原道训》注）

“穷，极也。”

（《说文》）

“极，穷也。”

（《楚辞·离骚》注）

递训如：

“摇，动也。”“动，作也。”“作，起也。”

（《说文》）

同训如：

“转，还也。”“偿，还也。”

（《说文》）

“赫，赤也。”“朱，赤也。”

（《广雅·释器》）

以上例子，有的取自字辞书，有的取自文籍传注。它们的弊病主要有两点：1. 注释字的多义性会造成释义的模糊；2. 会使人误以为词义相去甚远或虽相近而有明显区别的字是同义词乃至等义词，这势必使人以为转、偿同义，赫、朱同色，摇可训起。

以下试以“柔”字为例来谈谈单字为训。

《说文》：“柔，木曲直也。”段玉裁注：“凡木曲者可直，直者可曲曰柔。”柔字从木，义为木质柔软，可以使曲使直。《诗经·小雅·巧言》:"荏染柔木,君子树之。"孔颖达疏:"言荏染柔忍之木,君子之人所树之也。"以"柔忍"(即:"柔韧")为释,词义明晰。《礼记·曲礼下》:"凡祭宗庙之礼……羊曰柔毛。"孔颖达疏:"若羊肥则毛细而柔弱。"以"柔弱"为释,词义明晰。《诗经·豳风·七月》:"女执懿筐,遵彼微行,爰求柔桑。"郑玄笺:"柔桑,稚桑也。"又《诗经·小雅·采薇》:"采薇采薇,薇亦柔止。"毛传:"柔,始生也。"《文选·曹植〈美女篇〉》:"柔条纷冉冉,叶落何翩翩。"李周翰注:"柔条,嫩枝也。"郑玄以"稚桑"释"柔桑",李周翰以"嫩枝"释"柔条",词义均极明晰。毛传以"始生"释"柔",词义亦可推求出始生之苗必柔嫩。故毛训"始生"。《采薇》一诗,共六节,第一节首句:"采薇采薇,薇亦作止。"第二节首句:"采薇采薇,薇亦柔止。"第三节首句:"采薇采薇,薇亦刚止。"第一节作训出,言芽始出;第二节柔训始生,言苗已生长,而基叶柔嫩;第三节刚训坚,言薇菜长大,茎叶较坚实。薇是野豌豆,这三节说的是生长过程,因此"始生"一训,虽未及词义,而词义从上下节中可以体会。以多字释一字的好处是所指具体明确。

以单字为训则不然。《国语·晋语》:"祝融亦能昭显天地之光明,以生柔嘉材者也。"韦昭注:"柔,润也。"《淮南子·说山》:"厉利剑者,必以柔砥。"高诱注:"柔,濡。"假若没有相当的古代汉语词汇学修养,就不会知道"润"与"濡"都是润泽的意思。《尚书·尧典》:"柔远能迩。"孔传:"柔,安也。"《左传·文公七年》:"叛而不讨,何以示威?服而不柔,何以示怀?"杜预注:"柔,安也。"《尔雅·释诂》曰:"柔,安也。"郝懿行义疏:"柔者,和也,顺也,与安静义近。"若据此而释《尚书》《左传》例为"安静",于文义不可通。段玉裁《说文解字注》说:"柔之引申凡安抚之称。"以安抚释以上二例,于文义始可通。

这是几个浅显的例子,大凡古文修养稍可的人都不难知道《书》

《左传》这两个例子柔训安的准确含义，但是总不如用复音词来得明确，假若用复音词注释，就会少一些阅读上的障碍。

有的单字为训，竟类似猜谜语，致使有的大型字辞书，不辨其义，义项森列，多而无当。殊不知有些不同的单字注释，其义无别。

不论字书辞典，还是文籍传注，都必须替读者着想，除可用含义单一的单字或不可能引起歧解的单字注释外，原则上都应当做到以多字释一字。王力先生在他的著名论文《理想的字典》[①]中明白地提出："理想的字典，是应该处处避免'浑言'的；然而若要避免'浑言'，必须先尽量避免以一字释一字。"这对辞书释义和文籍注释都是有益的。

十、滥用声训

声训是我国训诂学的重要手段，它利用声近义通、声同义同、同音通假的方法，解决了文籍注释的大量疑难。汉代最著名的语言学家许慎从分析字的形体结构入手，探求造字之原，而郑玄则主声训，以推受义之故。郑玄之学，承前人遗绪而推衍之，循声以求义，取得了辉煌成就。他的学生刘熙作《释名》，把声训发扬光大，探求事物命名之由，在我国训诂学史上占有重要地位。张舜徽先生在《郑玄训诂学发微》[②]一文中对此作了论述。声训之法的运用在清代已达高峰，高邮王氏父子是突出的代表。乾嘉学派大师戴震曾说："俾疑于义者，以声求之；疑于声者，以义证之。"王力先生指出："这样做，实际上是纠正了前人把文字看成是直接表示概念的唯心主义观点"，"标志着中国语言发展的一个新阶段"。[③]但是单凭声音这条线索，也正如周大璞先生所说："便缺少确实

① 见王力《龙虫并雕斋文集》。

② 本文系中国训诂学研究会第一次学术讨论会论文。

③ 见王力《龙虫并雕斋文集·新训诂学》。

可靠的根据，只不过是玩弄一些音同、音近、音转的词语，胡乱猜想，那就会陷入唯心主义的泥坑。”[①]

声训的滥用是存在的，比如：《说文》：“室，实也。”“酒，就也。”“王，天下所归往也。”“妻，妇与己齐者也。”这都近乎呓语，“实”“就”“往”“齐”都不是被释字的词义，也并不能反映词得名的原由。这种捕风捉影的东西是不可取的。

声音是词的临时标记。声音与词义并无必然的联系。它们的联系是偶然的。一旦这种联系存在于某一事物，则与之相关的事物往往以与之相近的声音表示。假若只强调后者，把表示概念的临时标记当作了永恒标记，以致于有时在不足以用语音这条线索说明问题时，仅凭语音判定是非，作出结论，势必会苍白无力。例如王念孙《读书杂志·墨子第二》“籍敛、作敛、措敛”条：

其使民劳，其籍敛厚。引之曰，籍敛，税敛也。……《非乐》篇厚措敛乎万民，措字以昔为声，措敛亦与籍敛同。

措与籍，古韵同在鱼部，声纽亦同属齿音，但字义并无相同相似处。《说文》：“籍，薄也。”引申为凡著于竹帛之称；“措，置也。”立之为置，舍之为置，筹措之亦为置，本义相去既远，引申亦各不相属。王念孙说的是《墨子》的这两个词义。因此这里我们只谈《墨子》。

“措敛”出自《墨子·非乐上》，凡三见：

必将厚措敛乎万民，以为大钟鸣鼓琴瑟竽笙之声。

古圣者，亦尝厚措敛乎万民，以为舟车。

是故墨子曰，姑尝厚措敛乎万民，以为大钟鸣鼓琴瑟竽笙之声，以求天下之利，除天下之害而无补也。

“籍敛”出自《节用上》，仅一见：

今天下为政者，其所以寡人之道多，其使民劳，其

① 见周大璞《训诂学要略》。

籍敛厚。民财不足，冻饿死者，不可胜数也。

上三例均为“厚措敛乎万民”，用现代汉语说就是沉重地征收老百姓的资财，也可译作沉重地搜刮老百姓。厚是状语，措敛是动词，万民是宾语。下一例“其籍敛厚”可译作他实行的赋税很重。籍敛是名词，厚是谓语。这两个词在《墨子》中的区别十分明显，是不能说“同”的。朱起凤在《辞通》“敛”字条说“措”为“籍”的讹缺，恐亦不确。

过分地强调声音的作用，而不考虑构词和词性以及上下文意就作出这种武断的结论是很可惜的。智者千虑，或有一失，当说解不注意列举充分的事实根据，片面地强调某一点，然后用形式逻辑的方法加以简单推理时，结果就走到自己所确定和实行的原则、方法的反面去了。

第九章　今　译

一、翻译和今译

以一种语言文字换易另一种语言文字而不变更所含蕴的意义就是翻译。这是各种辞书和有关专著的一般解释。若按照“翻译”一词的本义，我们只能把研究的范围限定在不同语种的对释上。这种工作在《周礼·秋官·司寇》中就有了记载：

> 象胥掌蛮夷闽貉戎狄之国，使掌传王之言而谕说焉，以和亲之。若以时入宾，则协其礼与其辞言传之。

所谓“与其辞言传之”者，贾公彦疏说：“谓外之众须译语者也。”不过这“外之众”的“外”与现代所说的外国不同，大约相当于现代所说的少数民族和不同的方言区。上古时代，黄河流域是中心，周围其他地区称为四方，即蛮夷之地。《礼记·王制》记载甚详：

> 五方之民，言语不通，嗜欲不同。达其志，通其欲，东方曰寄，南方曰象，西方曰狄鞮，北方曰译。

寄、象、狄鞮、译都是翻译名。我国文字记载的翻译始于汉武帝通西域后的佛经翻译，就是把梵语（印度古代的一种语言）译成汉语。

汉语译梵语，在我国说得上是源远流长。以汉语译我国其他民族语历史更为久远。这里面除不同语种之外，还包含着译方言。郭璞注《尔雅》所说的“方俗殊语”，大体上可以从这两方面理解。

注释学所讨论的翻译，是以今语译古语，在现代则是以白话译文言，以克服“古今异言”的障碍，沟通古今。因此现在所用的术语叫译、今译，含注者为注译、译注。如余冠英《诗经选译》，郭沫若《屈原赋今译》，杨伯峻《论语译注》，沈玉成《左传译文》，陆侃如、牟世金《文心雕龙译注》，谭戒甫《墨经分类译注》，周大璞等《古文观止注译》。

翻译与今译的差别是，前者包含着地域与时间两种因素，后者仅含时间因素。外民族语换易成本民族语，本民族语的古语换易成今语，都是翻译的本职。而仅是本民族语的以今译古，名之曰“今译”，以标示所译为古文，则含义更为显豁。译、翻译适用于各种情况的语言换易，而今译却是增加了内涵，因而缩小了外延，不能用于译外语。

二、译文的要求

译文的要求可以用三个字概括：信、达、雅。

我国古代佛经翻译既多，探讨翻译的理论会十分自然地产生，自汉至今，有关翻译的文论，罗新璋编《翻译论集》就收辑了一百八十篇，足可以写成一部翻译学。

三国时支谦所写《法句经序》是目前所见我国最早讨论翻译的文字，他写道：

> 诸佛典皆在天竺。天竺言语，与汉异音……名物不同，传实不易……仆初嫌其辞不雅。维祇难曰：“佛言依其义不用饰，取其法不以严。其传经者，当令易晓，勿失厥义，是则为善。”座中咸曰：“老氏称‘美言不信，信言不美’……今传胡义，实宜径达。”是以自偈受译人口，因循本旨，不加文饰。

支谦的认识在于强调译文的准确与明了。到了清末严复于《〈天演论〉译例言》中提出“信、达、雅”，则翻译的要求就是标准问题才得到更为完备的概括：

> 译事三难：信、达、雅。求其信，已大难矣！顾信

矣不达，虽译犹不译也，则达尚焉。海通以来，象寄之才，随地多有，而任其一书，责其能与于斯二者，则已寡矣！

故西文句法，少者二三字，多者数十百言。假令仿此为译，则恐必不可通，而删削取径，又恐意义有漏。此在译者将全文神理，融会于心，则下笔抒词，自善互备。至原文词理本深，难于共喻，则当前后引衬，以显其意。凡此经营，皆以为达；为达，即所以为信也。

《易》曰："修辞立诚。"子曰："辞达而已。"又曰："言之无文，行之不远。"三者乃文章正轨，亦即为译事楷模。故信达而外，求其尔雅。

这三条标准，信讲译文与原文含义相合，达讲文意前后贯通，语言晓畅；雅讲译文富有原文情趣，文辞优美。这三条虽是说外语翻译，却也适于古文的今译。"中国的文言和白话的分别，其实等于拉丁文和法文的分别。"（瞿秋白《论翻译》）这是为什么我们在讨论古文今译时要引进翻译外语的理论的原因。三条标准，信是前提，是基础。不能准确表达原文含蕴，则达与雅使失去了依托。严复自己所译《天演论》《法意》等书，在"信"这一点上，就受到过傅斯年、蔡元培、胡适等人的批评。我们要求的译文是以"信"为基础的三者的和谐统一。

这三者的和谐与统一很难做得尽善尽美。从方法论上说，重于信者可叫做"直译"，重于达、雅者可叫做"意译"；从翻译史上看，"汉末质直"（鲁迅语），即所谓"因循本旨，不加文饰"，"案本而传，不令有损言游字"，而且连词序都不予改动。这是东晋前秦道安的做法。他力主完全忠于原文，传达出原文所具有的各种含蕴，认为"传事不尽，乃译人之咎"（道安《鞞婆沙序》）。

注重"信"，主"直译"在六朝受到了批评。后秦著名翻译家鸠摩罗什（原籍天竺，生于西域龟兹国）在《为僧睿论西方辞体》中说："但改梵为秦，失其藻蔚，虽得大意，殊隔文体，有似嚼饭与人，非徒失味，乃令呕秽也。”（《全晋文》卷一六三）他与弟子八百人用意译法，义皆圆通。据慧观《法华宗要序》说：“什自手执胡经，口译秦语。曲从方言，而趣不乖本。”

唐朝翻译重“信”。但是绝对的信是没有的，唐代大翻译家玄奘的译经，并不都是“直译”。他以直译为主，有时用意译，达到了二者的圆满调和，入于化境的程度。

讨论翻译的标准和方法的理论，在清代西学东渐之后渐趋深入。马建忠、梁启超、严复、林纾、鲁迅、瞿秋白、郭沫若、茅盾、赵元任、钱钟书等人都发表过很好的见解。

我以为，注释学所讨论的翻译是以白话译文言，译文实际上是帮助阅读和理解原文的媒介，因此应当以直译为主，以信为本。沈玉成的《左传译文》就是实行的这一原则：

> 这一册译文，目的十分明确。它和注释相辅相成。读者在阅读注文以外，再参考译文，对理解原文也许可以增加一些方便。为此，翻译采取了直译的方法，即在词义和语法上力求和原文对应，而于某些专门性名词术语，注释中已有了详细的说明，译文即直录而不再费周折。其有不易直译的，则适当参以意译。也就是说，按照“信、达、雅”的标准，译文偏重于“信”，行有余力，才考虑兼及“达、雅”。

《左传译文》在词语对译上主要依据是杨伯峻的注释。其翻译指导思想亦与杨伯峻先生相一致：

> 译文在尽可能不走失原意，并保持原来风格下力求流畅明白。但古人言辞简略，有时不得不加些词句。这些在原文涵义之外的词句，外用方括弧〔〕作标志。
>
> （《论语译注·例言》）

三、译文举例及其分析

译文的标准、原则和方法，我们将以《左传·隐公元年》很出名的一段（即选本称之为《郑伯克段于鄢》的一节）译文和原文的对照来进行几种译文的比较，对照比较分析用图表形式。译文取许啸天《古文观止注译》（下称许译）、沈玉成《左传译文》（下称沈译）、周大璞等《古文观止注译》（下称周译）。周先生译本晚出，故列于最后。原文标点用周译。

《郑伯克段于鄢》三家译文对照表

原文	三家译文
①初，郑武公娶于申，曰武姜，生庄公及共叔段。	从前郑国的武公，到申国去讨了一个老婆，名叫武姜。生下一个庄公，和一个共叔段。 起初，郑武公在申国娶妻，名叫武姜，生了庄公和共叔段。 当初，郑武公在申国娶的夫人，称为武姜，生下了庄公和共叔段。
②庄公寤生，惊姜氏，故曰寤生，遂恶之。	庄公生下地来，正是他母亲熟睡的时候，吓了姜氏一跳，所以取名叫做寤生。因此，心里便厌恶他。 庄公是脚先头后出生的，这使姜氏感到惊恐，所以取名寤生，并因此讨厌他。 生庄公时难产，使姜氏受了惊，因此取名为寤生，从此就嫌恶他。
③爱共叔段，欲立之，亟请于武公，公弗许。	喜欢这一个共叔段，打算要立他做国王；常常把这个意思，去对武公说，武公不答应。 姜氏喜欢共叔段，要立他为太子，屡次向武公请求，武公不答应。 喜欢共叔段，想立他为太子，一再向武公请求，武公不答应。

（续 表）

④庄公即位，为之请制，公曰："制，岩邑也，虢叔死焉。佗邑唯命。"	等到庄公接下他父亲的位置去做国王，更替他求那制城地方，给共叔段住。庄公说道："这制城地方，是一个危险的城池呢！从前虢叔死在这个地方的啊！若要别的城池，总依母亲的话。" 等到庄公即位，姜氏为共叔段请求制地作为封邑，庄公说："制地是地势险要的地方，虢叔死在那里。其他地方唯命是从。" 等到庄公即位，姜氏替共叔段请求制邑，庄公说："制邑是险要的城邑，虢叔从前就死在那里。其他地方一定从命。"
⑤请京，使居之，谓之京城大（太）叔。	便向他讨京城地方。叫他去住着，称他做"京城大叔"。 姜氏改而请求京城，让共叔段住在那里，称为"京城大叔"。 又请求京邑，庄公便派共叔段住在那里，称他为"京城大叔"。
⑥祭仲曰："都城过百雉，国之害也。先王之制，大都，不过三国之一；中，五之一；小，九之一。今京不度，非制也，君将不堪。"	有一个臣子，名叫祭仲的，说道："那大城池的墙，过了一百个城垛，是国度里的一件不好的事体呢。从前国王，定下来的规矩，大的城池的长，不能超过那封侯封伯的国里的城池三分里一分的大；中等的城池，五分里一分的大；小的城池，九分里一分的大；现在京城的大，不照规矩，是不依从前国王定下来的法度呢；你做国王的，快要当不住了。" 祭仲对庄公说："凡属都邑，城垣的周围超过三百丈，就是国家的祸害。先王规定的制度：大的都邑，不超过国都的三分之一；中等的，不超过五分之一；小的，不超过九分之一。现在京城不合规定，这不是应有的制度，君王会受不了的。"

（续 表）

	祭仲说："都邑的城墙，周围超过了三百丈，就是国家的祸害，先王的规定制度：大的城邑，不超过国都的三分之一；中等的五分之一；小的九分之一。现在京城的规模不合乎法度，不是先王的制度，这样下去，君王会忍受不了的。"
⑦公曰："姜氏欲之，焉辟害？"	庄公说道："那姓姜的母亲，愿意这个样子，叫我怎么能够躲开这个害处呢？" 庄公说："姜氏要它，又哪能避免祸害呢？" 庄公说："姜氏要这样，我到哪里去避祸呢？"
⑧对曰："姜氏何厌之有？不如早为之所，无使滋蔓。蔓，难图也。蔓草犹不可除，况君之宠弟乎？"	回答道："那姓姜的女人怎么能够有心里满足的时候？还不如早打算一个法子，不要给他的害处蔓延大来；待到蔓延大了，是不容易想法子收服他的呢。那四处长起来的野草，尚且不容易拔去，何况你做国王的对那得宠的兄弟呢？" 祭仲回答说："姜氏怎么能满足？不如及早加以安排，不要让它各处蔓延。一经蔓延就难以于对付了。蔓延的野草尚且不能锄掉，何况是您受宠的兄弟呢？" 祭仲回答说："姜氏有什么满足的？不如及早对这件事加以处置，不要让它蔓延；一旦蔓延，就难以图谋了。蔓延的杂草尚且不能除掉，何况是君王宠爱的弟弟呢？"
⑨公曰："多行不义，必自毙。子姑待之。"	庄公说道："多做那不规矩的事体，一定要自己害死自己，你姑且等着他。" 庄公说："多行不义，必然自己摔跤子，您姑且等着吧！" 庄公说："非正义的事干多了，自己必定要失败。你姑且等着吧！"

同一节文字，许、沈、周三家译文不尽相同或差别很大，说明译文和原文间在内容的含蕴和文字详略以及其他因素方面是不容易甚至不可能做到完全一致的。〔苏〕费道罗夫在他的《翻译理论》中主张译文与原文的“等值”，要求在内容和修辞上的完全准确和一致。这一至高标准不仅不同民族语文的翻译难以达到，以现代汉语翻译古代汉语也不可能丝丝入扣完全达到等值。这是因为古汉语词汇和现代汉语词汇有差别，在语法和修辞上也有差别，因此以白话译文言就极难使这些差别完全弥合。

三家译文相较，后二家要好得多。许啸天的译文存在如下几个问题：

误译：

①“郑武公娶于申”，许译“于”为“到”，误。此句“于”是介词，表方所，是“在”的意思。沈、周译是。

②“庄公寤生”，许译“寤”为“熟睡”，很不合情理。“寤生”一语多歧说，或释为胎儿生而张目而视，或释为产妇熟睡时儿出，醒时才发觉，或释为难产。难产之说是。寤，通“牾”，当释为逆，倒着。胎儿头先出为顺产，足先出为逆产。庄公足先出，难产，故惊姜氏。沈、周译是。

⑥“君将不堪”，许译“你做国王的，快要当不住了”，与原文不合，不能承受、忍受谓之“不堪”。沈、周译是。

⑦“焉辟害”，许译“害”为“害处”，不若沈译“祸害”，周译“祸”精当。“躲开这个害处”词语搭配不当。

⑧“蔓草犹不可除”，许译“除”为“拔”，不当。除的外延宽，拔的外延窄。拔虽是除的一种方式，但除不局限于拔。沈译“锄掉”亦译得太死，周译“除掉”，不问除的具体方式，与原文意合。

⑨“多行不义必自毙”，许译“毙”为“死”，误。杜预注曰：“毙，踣也”，义为倒仆。沈、周译是。

妄添：

①“生庄公及共叔段”，许译“生下一个庄公，和一个共叔段”，

原文无数量词亦不需要数量词,“一个”赘。

②“惊姜氏”,许译“吓了姜氏一跳”,“一跳”赘,可译为“吓坏了姜氏”,或如沈、周译文。

③“爱共叔段”,许译“喜欢这一个共叔段”,“这一个”赘。

④“制,岩邑也”,许译“这制城地方,是一个危险的城池呢”,“这……地方”“一个”赘。

⑥“祭仲曰”,许译“有一个臣子,名叫祭仲的,说道”,“有一个臣子”“名叫”“的”,赘。

添枝加叶,可用于改写古文为白话故事,一般不宜用于古文今译。

当省不省:

⑨“子姑待之”,“之”和白话“他”字相当,通用于人、物、事,指事者很少,此处指事,翻译宜采用省说法。(参见吕叔湘《文言虚字》)沈、周译是。

妄改:

⑦“姜氏欲之”,许译“那姓姜的母亲,愿意这个样子”。

⑧“姜氏何厌之有”,许译“那姓姜的女人怎么能够有心里满足的时候”。古称妇人为氏。《仪礼·士昏礼》:“祝告,称妇之姓曰:‘某氏来归。’”注:“某氏者,齐女则曰姜氏,鲁女则曰姬氏。”为子者断无称自己的母亲为“那姓某的母亲”,为人臣者断无称国君的母亲为“那姓某的女人”之理。不必译而译,只有硬译妄改。

译文别扭不通:

⑧“不如早为之所……况君之宠弟乎”一段译文最为别扭、不通。

许译的这些弊病,在古文今译中有一定的典型意义。它部分地反映了古文今译应当注意的方面。

四、翻译的方法

（一）普通语词应当是等值或近似等值的对译。这种对译或者是以今复音词译古单音词，以今常用词译古常用今不常用的词，以几个现代词语的组合译古代的某一不易用一个对等的词表示的概念，这就是次于直译的意译。大多数今译在可能条件下都是这样做的。而要做到这一点，必须有准确的注释。因此可以说，翻译的基础是训诂，是释词。

（二）古文多简略，译文在某些简略处应当有适当的补充。这种补充，有时是内容方面的，有时是语法方面的。杨伯峻《论语译注》《孟子译注》注意了这个问题。《郑伯克段于鄢》一节，三家译文似都注意不够。“祭仲曰：‘都城过百雉……今京不度’”一节文字，紧承“请京，使居之，谓之京城大叔”，中间省略了太叔使京邑的规模超过了法度。没有这一层，就不会引出祭仲的一段很重要的话。从庄公所说“姜氏欲之，焉辟害”以及“多行不义，必自毙。子姑待之”可以看出，太叔在姜氏的庇护下，在京邑很快开始了扩充实力的活动，首先是整治城郭，扩大京邑，因此下文才有“既而大叔命西鄙、北鄙贰于己”（不久，大叔命令西部、北部边境的两个城邑像臣属庄公一样臣属自己），“大叔完聚，缮甲兵，具卒乘，将袭郑”（太叔加固城池，积聚粮草，备足兵士和战车，准备袭击都城）。“今京不度”是行不义，“既而”之后则是“多行不义”，这是共叔段图谋不轨的一个完整过程。译文若在“祭仲曰”前略作补充交代，则文意就会贯通了。对这一过程的不理解，导致了沈译的错误：“姜氏要它，又哪能避免祸害呢？”许译“那姓姜的母亲，愿意这个样子”，周译“姜氏要这样”是对的。沈译的不足除了对共叔段“多行不义”这一过程缺乏介绍之外，还疏忽了上文的“佗邑唯命”，“请京，使居之”。

任继愈的《老子新译》在这一方面做得很好，很有参考价值。在内容上，《新译》“为了使意义表达得完整，有时也在译文上加以补充的字句”。(《老子新译·译例》) 所补充字句用方括号〔 〕标示。例如：

原 文	**译 文**
不知常，妄作。——凶。	不认识“常”(汪按：老子认为静是万物变化的总原则，所以是常（不变)），而轻举妄动。——〔其结果必〕凶。
	(《十六章》)
知者不言，	懂得的不〔乱〕说，
言者不知。	〔乱〕说的不懂得。
	(《五十章》)
天之道，	天的“道”，
其犹张弓欤？	不很像拉开弓〔射箭瞄准〕吗？
高者抑之，	高了就把它压低一些，
下者举之，	低了就把它升高一些，
有余者损之，	过满了就减少一些，
不足者补之。	不够满就补足一些。
	(《七十七章》)

在句法上，原文有些句子常常省去联系词、代名词，以至一句中的主语。《新译》为了使意义明确，把句子补成了完整的形式。例如：

宠为下，	虚荣本来就卑下，
得之若惊，	(可是人们）得到它，为之惊喜，
失之若惊，	失掉它，为之惊惧，
是谓宠辱若惊。	这就叫做爱虚荣以至于惊恐。
	(《十三章》)
悠兮，贵其言，	〔最好的统治者〕是那样的悠闲，它很少发号施令，
功成事遂，	事情办妥帖了，

百姓皆谓“我自然”。	百姓都说“我们本来就是这样的。”

（《十七章》）

乐与饵，	音乐与美食，
过客止，	能使行路的人为之停止。
道之出口，	〔但是〕“道”说出来，
淡乎其无味，	它淡得没有味道，
视之不足见，	看它，又看不见，
听之不足闻，	听它，又听不到，
用之不足既。	用它，又用不完。

（《三十五章》）

补充必要的内容，补足必要的句子成分是使文意贯通，易于明了的重要方法，是使译文在“信”的前提下达到“达”和“雅”的条件，应予以足够重视。

译文在内容上的补充，需要了解原文某些隐含的内容。译文是给今人看的，若不译出这些隐含的部分，不使这些需要细心体会的东西显露出来，会造成读者理解的困难，有时还会使译文不够晓畅、完美。

译文在句法上的补充，需要对古文的省略规律有全面的了解，尤其是那些古语可以省略而今语不可省的部分，这样我们才能在今译时把握分寸，补充必当补足的句子成分。比如：

主语的省略：

其子厚与州吁游，禁之，不可。桓公立，乃老。	石碏的儿子石厚与州吁交游，石碏禁止他，不听。卫桓公即位，石碏就告老辞官了。

（《左传·隐公三年》周译）

子曰：“隐者也。”使子路反见之。至则行矣。	孔子道：“这是位隐士。”叫子路回去再看看他。子路到了那里，丈人已经走了。

（《论语·微子》）

动词谓语的省略：

象曰："谟盖都君咸我绩，牛羊父母，仓廪父母，干戈朕，琴朕，弤朕，二嫂使治朕栖。"	舜的兄弟象说："谋害舜都是我的功劳，牛羊分给父母，仓廪分给父母，干戈归我，琴归我，弤弓归我，两位嫂嫂要她们替我铺床叠被。" （《孟子·万章上》杨伯峻译）

宾语的省略：

吕禄信郦寄，时与出游猎。	吕禄信任郦寄，时常与他出游打猎。 （《史记·吕太后本纪》）
凶年饥岁，君之民老弱转乎沟壑，壮者散而之四方者，几千人矣；而君之仓禀实府库充，有司莫以告。	当灾荒年岁，您的百姓，年老体弱的弃尸于山沟荒野之中，年轻力壮的便四处逃荒，这样的人有千把了；而在您的谷仓中堆满了粮食，库房里装满了财宝，官吏们没有谁把这种情况告诉您。 （《孟子·梁惠王下》）

介词"于""以"的省略：

楚庄王围郑，郑告急晋。	楚庄王攻郑国，郑国向晋国告急。 （《史记·鲁世家》）
胥靡逃之魏，卫赎之百金，不与，乃请以左氏。	胥靡逃到魏国，卫国以百金赎他，魏国不给，于是请求拿左氏这地方去赎他。 （《战国策·卫策》）

分句的省略：

子贡曰："纣之不善，不如是之甚也。是以君子恶居下流，天下之恶皆归焉。"	子贡说："商纣的坏，不像现在传说的这么厉害。所以君子憎恨居了下流，一居下流，天下的什么坏名声都会集中在他的身上了。"

（《论语·子张》杨伯峻译）

"曰"字的省略：

陈亢问于伯鱼曰："子亦有异闻乎？"对曰："未也。尝独立，鲤趋而过庭。曰：'学诗乎？'对曰：'未也。''不学诗，无以言。'鲤退而学诗。"	陈亢向孔子的儿子伯鱼问道："您在老师那儿，也得着与众不同的传授吗？"答道："没有。他曾经一个人站在庭中，我恭敬地走过。他问我道：'学诗没有？'我道：'没有。'他便道：'不学诗，就不会说话。'我退回便学诗。"

（《论语·季氏》杨伯峻译）

王力先生在《汉语史稿·语法的发展》中指出："省略是语言所必有的事；只要不妨碍了解，省略完全是可能的。关于省略法的演变是谈不完的，因为省略的可能性是各种各样的。"以上所列几点是王力先生、吕叔湘先生和其他语法论著所讨论过的。古文今译，并不是凡省略都应补足，现代汉语也有省略，过分注重句法的完整，不问上下文意是否需要作补充而补充之，弄不好就是画蛇添足。列出上面所说的几个方面，不过是提出应当留心的方面而已。有些省略，如宾语的省略，吕先生讨论得很细，本书不是讨论古汉语语法，只是适当利用已有的成果，来说明古文今译的基本规律，因此在引用时都很简略。

"曰"字的省略以及曰字前主语的省略，在现代文艺作品中也很普遍，现代文艺作品的对话可以分项排列，如同诗句。古文不能这样，所以凡可引起阅读者的疑惑的都应当补充翻译出来。"分句"的省略，鲍善淳在《怎样阅读古文》中说得很好，本书借用过来了。这其实是内容的省略，在《老子新译》中有的补充部分正可理解为分句的省略。

（三）不译。当译者必译，不当译者不译。不译有两种情况：

1. 古今无异的普通词语

原 文	译 文
遂置姜氏于城颍，而誓之曰："不及黄泉，无相见也。"	于是庄公将姜氏安置在城颍，对她发誓说："不到黄泉，不要相见。"

（《郑伯克段于鄢》周译）

2. 某些哲学名词、专门术语、专名、称谓

有的哲学名词、专门术语、专名、称谓是不可译得清楚的。它们或者有特定的内涵，或者是古代特定的称谓。如《老子》六章：

原 文	译 文
谷神不死	"道"（谷神）是永恒存在的，
是谓玄牝。	这叫做"玄牝"。
玄牝之门	"玄牝"之门，
是谓天地根。	这叫做天地的根。

"道""玄牝"都是不好翻译的。翻译与注释相辅相成，这些不译的词可以从注释中去了解。假若我们将第六章译为"万物的变化与发展是永恒的存在，这就是看不见，深远的生产万物的生殖器官。这生殖器官，就是天地的根本"，将使人感到和译"姜氏"为"那姓姜的母亲""那姓姜的女人"一样别扭。

译或不译，各人掌握分寸不同。"多行不义，必自毙"一句，许、周都翻译了，沈译却未译"多行不义"。以白话译古文，目的在于使古语现代化，即令是现已习用的成语典故，也以翻译为宜。"多行不义必自毙"已具有成语性质，沈只译后半似欠妥。

译或不译应当有一条界限：不论是哲学名、术语、专名、称谓的哪一种，只要是有今语（词、词组）可以代替的，就都应翻译。例如：

原　文	译　文
故经之以五，校之以计，而索其情：一曰道，二曰天，三曰地，四曰将，五曰法。	所以，要用五项〔决定战争胜败的基本因素〕为经，把〔对敌对双方的优劣条件的〕估计作比较来探索战争胜负的情势；〔这些主要条件是〕一政治，二天时，三地利，四将帅，五法制。 （郭化若《孙子译注·计篇第一》）
故上兵伐谋，其次伐交，其次伐兵，其下攻城。攻城之法为不得已。	所以，指导战争的上策是挫败敌人的战略计谋，其次是挫败敌人的外交，再次是进攻敌人的军队，下策是攻城。攻城的办法是不得已的。 （《谋攻篇第三》）

（四）省略。古语今译，有时省略一些不必要的词语，如古语有些虚词，今译就不必译出。例如“之”字。

原　文	译　文
高祖持御史大夫印弄之。	高祖拿着御史大夫印抚玩。 （《汉书·周昌传》）
欲见贤人而不以其道，犹欲其入而闭之门也。	想同贤人会晤，却不依循规矩礼节，就正好像要请他进来却关闭着大门。 （《孟子·万章下》杨伯峻译）

以上“之”字，杨树达《词诠》译为代词“彼”。释为“彼”的“之”有的可译，有的不必译。

渊深而鱼生之，山深而兽往之，人富而仁义附焉。	池水深广鱼鳖就会生长，山林深广鸟兽就会去居住，人富裕了就会讲求仁义。

（《史记·货殖列传》）

《词诠》释之为“指示代名词，作‘焉’字用。于是也”。于是即于此。两个“之”字分别指深渊、深山，“焉”指富裕之人。若译出“之”字，当为“池水深广，鱼鳖就会生长在它里面……”，这是没有必要的。“人富而仁义附焉”一句，“附”可释为依附、归附、附着。这句和“为富不仁”说相反，是说的衣食足礼义兴，一定的物质文明产生一定的精神文明，所以译文改造“附”义，译为讲求。讲求仁义，仁义也就附着他了。这实际是曲从古语，“趣不乖本”的意译手法，不得已而为之的。

目好之五色，耳好之五声，口好之五味，心利之有天下。	眼睛爱看艳丽的色彩，耳朵喜听动人的声音，口里好吃甘美的食物，心中贪求占有天下。

（《荀子·劝学》）

《词诠》释“之”为“介词，於（于）也。”若译出来，则是“对美的色彩眼爱看，对美的声音耳爱听，对美的食品口爱吃，对天下心想占有”，佶屈聱牙，非常别扭，因此不宜译出。

民望之，若大旱之望云霓也。	人们盼望他，正好像久旱盼望乌云和虹霓一样。

（《孟子·梁惠王下》杨伯峻译）

问曰：“子之居楚何官？”曰：“为都尉。”	问他道：“您在楚国做什么官？”回答说：“做都尉。”

（《史记·陈丞相世家》）

此二“之”字为连词，与现代“的”字相当，起作“化句子形式为主谓短语”（吕叔湘《文言虚字》）的作用。“之”在这样的句子中也可以说“不是必要的”（同上），“民望之，若大旱之望云霓”，“子居楚何官”，意义并无改变。因此今译不必译出。

孟武伯问孝，子曰："父母唯其疾之忧。"	孟武伯向孔子请教孝道。孔子道："做爹娘的只是为孝子的疾病发愁。" （《论语·为政》杨伯峻译）
东略之不知，西则否矣。	是否要向东边有所举动，还不知道，攻打西边是不会了。 （《左传·僖公九年》沈玉成译）

《词诠》释此二句"之"字为："句中助词，无义，宾语倒置于外动词之前时用之。"正确。"唯……之……"即"唯……是……"，系固定结构。"唯"表示行为的对象（动词宾语）的单一性，"之"，提宾语于动词前，表示强调。不必亦不可译出。

"之"字作助词，或用于语首，或用于语中，或用于语末，虽都无意义，译文却不可一概不译，需视文意、语气需要而定：

鸜之鹆之，公出辱之。	鸜啊鹆啊，国君出国受到羞辱。 （《左传·昭公二十五年》沈玉成译）
七八月之间旱，则苗槁矣。天油然作云，沛然下雨，则苗浡然兴之矣。	当七八月间，若是长期不下雨，禾苗自然枯槁了。假若是一阵乌云出现，哗哗啦啦地落起大雨来，禾苗便又猛然茂盛地生长起来了。 （《孟子·梁惠王上》杨伯峻译）

又如"所"字，"为……所……"，"为"可释为被，"为……所……"是表示被动句的固定结构，"所"字不可翻译。译文当省略的虚字还有一些。译者应全面了解文言虚词、固定结构与白话的对应规律，做到心中有数。

（五）颠倒。颠倒是词序问题。古代汉语的词序和现代汉语的词序变化是不大的。某些词序和现代汉语不同，为现代所不允许，因此今译时需要按现代汉语的方式加以调整，这就是我们所说的颠倒。

宾语的前置：

无父何怙？无母何恃？	没有父亲靠谁？没有母亲靠谁？（《诗经·小雅·蓼莪》）
吾谁欺？欺天乎？	我欺谁？欺天么？（《论语·子罕》）
子曰："'相维辟公，天子穆穆'，奚取于三家之堂？"	孔子说："〔《雍》诗上有这样的话：〕'助祭的是诸侯，天子严肃静穆地在那儿主祭。'这两句话，用在三家祭祖的大厅上在意义上取它哪一点呢？"（《论语·八佾》杨伯峻译）
天子之父归之，其子焉往？	天下的父亲都归去了，他们的儿子还会到哪里去呢？（《孟子·离娄上》）

以上是疑问代词作宾语的前置，是古汉语的普遍现象。

无我怨。	不要怨我。（《尚书·康诰》）
岂不尔思？	岂不思念你？（《诗经·卫风·竹竿》）
非子莫能吾救。	不是您就不能救我。（《战国策·中山策》）
楚君之惠，未之敢忘。	楚君的恩惠，我不会忘记。（《左传·僖公二十八年》）

以上是否定句人称代词和指示代词作宾语的前置。又有"是""之"的提宾句法。如"唯命是听"，"唯命是从"，"是"亦可换为"之"。不过"之""是"，在前面已经说过，译文应予省略。"未之敢忘"的"之"亦不可译出。

王力先生《汉语史稿·词序的发展》又指出："主——动——宾的词序，是从上古汉语到现代汉语的词序，但是，在上古汉语里，有一些特殊的情况，就是宾语可以放在动词的前面。这种结构是有条件的。总的条件是：这个前置的宾语必须是一个代词。”对这种特殊情况，今译的办法就是使它变为普通的非特殊的形式。应当指出，其中有些倒置的宾语是可以省译的。在现代译文中这种例子不少。

介词结构作状语的后置：

逢蒙学射于羿。	逢蒙跟羿学射箭。

（《孟子·离娄下》杨伯峻译）

百里奚居虞而虞亡，在秦而秦霸，非愚于虞而智于秦也，用与不用，听与不听也。	百里奚住在虞国而虞国灭亡，在秦国而秦国称霸。〔百里奚〕并不是在虞国时愚蠢而在秦国就变得聪明，而是任用他与不任用他，听取他的计谋和不听他的计谋的缘故。

（《史记·淮阴侯列传》）

汉王遇我厚，载我以其车，衣我以其衣。	汉王待我的恩德是很重的，把他的车子给我坐，拿他的衣裳给我穿。

（《史记·淮阴侯列传》）

王力先生指出：“处所状语和工具状语的位置放在动词后面的结构是常见的结构。”现代汉语，除了诗歌之外，介词结构作状语是应当放在动词、形容词前面的。今译必须颠倒过来。

定语位置的后置：

孔子少孤，不知其墓。殡于五父之衢，人之见之者，皆以为葬也。	孔子幼小时死去了父亲，不知父亲的墓地。〔母亲去世后〕孔子母亲的灵柩停放到五父衢这地方。见到这事的人，还都以为是在那里安葬呢。

（《礼记·檀弓上》）

太子及宾客知其事者，皆白衣冠以送之。	太子和知道这件事的宾客，都穿着白色衣服，戴着白色帽子送他。

（《史记·刺客列传》）

现代汉语定语在中心词（名词）之前，是名词的修饰和限制成分，表示人或事物的所属、性状和数量等。数量词的位置或前或后，有时与现代汉语词序也不相同。

总之，词序在古文今译中是值得注意的问题。上面所列举的几个方面，在翻译时不一定都要颠倒过来，当视上下文意需要而定。比如“太子及宾客知其事者”，译为“太子和宾客中知道这件事的”，也没有什么不好。

五、古诗的今译

古诗的今译是比古散文的今译困难得多的工作。它的难处在于：第一，诗歌这一种文学式样有它的特殊语言形式。诗的语言是一种特殊的艺术语言。它虽然遵守语言的一般法则，但是在某种情况下它又会有意地破坏这种法则，成为一种非常态的语言。这时，语言的一般规律对它就毫无约束力了。打个不恰当的比方，诗的语言和普通语言的关系，就好像盆景的花木和自然的花木的关系。清人龚自珍曾作《病梅馆记》，是一篇刺时弊的杂感。所谓病梅，就是庭院盆景之梅。它的生长受到人为的制约，它的形态受到人为的改造，而它的观赏价值正在于这种制约和改造形成的特殊艺术效果。诗歌的语言可以说是受到诗人的强力制约和改造的语言，在词语的运用上，它常常有一些出奇制胜的用字；在修辞手法上，它常常有一些令人扑朔迷离的比喻、借代、反诘和省略；在句法上，它常常有一些不可思议的词语搭配和颠倒；而它的用典，在不熟悉这一典故的人看来，就如同走进了一座迷宫。要使这样的艺术品，成为用白话写出的为今人所能懂得的东西，谈何容易！第二，古诗的今译不是古诗的今注，注释意在使人明了古人说了些什么；今译却必须使人感到诗的艺术——合乎原诗艺术风格的美、韵律的美。这就更加困难了。

这种困难的存在，是有的学者不主张以今诗译古诗的直接原因。正如我们读英国最负盛名的大诗人莎士比亚的诗、勃朗宁夫人的诗的汉译本那样，总觉得和读原诗应当感受到的兴味有距离。

译诗的一般规律，也就是译古文的一般规律。译诗的特殊规律，也就是古诗本身的特殊规律。因此我们在讨论译诗的特殊规律时，谈谈与译诗有关的问题。

什么是诗的特殊规律？诗的特殊规律就是用韵的规律、句式的规律、语法的规律，还有其他规律。这些规律因诗体的不同而又有区别。《楚辞》与《诗经》不同，乐府与《楚辞》不同，古体诗与近体诗不同，词、曲又与古体诗、近体诗不同。对于诗的格律，王力先生的《汉语诗律学》以七十余万言的巨制作了最为深入系统的阐述。他的极其丰富的诗例，从各个方面论证诗的特殊语言规律，对我们的阅读和古诗今译都有帮助。而他在《近体诗的语法上》一节所表述的观点对译诗最有参考价值。他写道：

> 古诗的语法，本来和散文的语法大致相同；直至近体诗，才渐渐和散文歧异。其所以渐趋歧异的原因，大概有三种：第一，在区区五字或七字之中，要舒展丰富的想象，不能不力求简洁，凡可以省去而不至于影响语意的字，往往都从省略；第二，因为有韵脚的拘束，有时候不能不把词的位置移动；第三，因为有对仗的关系，词性互相衬托，极便于运用变性的词，所以有些诗人就借这种关系来制造“警句”。例如韩愈的“暖风抽宿麦，清雨卷归旗”，“抽”或“卷”都是所谓使动词（或称“致动”）。因为有了暖风，所以使得宿麦都抽了芽；因为有了清雨，所以使得归旗都被卷起了。这种句法是散文里所罕用的。如果散文里用了诗的句法，我们可以认为那是以诗的格调来行文。

这一段文字提出了三个并不限于近体诗的问题：（一）诗句的省

略；(二) 词序的移动；(三) 词性的活用。

省略例：

明月松间照，清泉石上流。(明月照于松间，清泉流于石上。)

(王维《山居秋暝》)

菱蔓弱难定，杨花轻易飞。(菱蔓弱而难定，杨花轻而易飞。)

(王维《归辋川作》)

今日江南老，他时渭北童。(当年是渭北之童，今日是江南之老。)

(杜甫《秋日》)

空外一鸷鸟，河间双白鸥。(空外有一鸷鸟，河间有双白鸥。)

(杜甫《独立》)

故园犹兵马，他乡亦鼓声。(故园犹遭兵马，他乡亦闻鼓声。)

(杜甫《送远》)

三秋木落半年客，满地月明何处砧？(满地月明，何处之砧入耳？三秋木落，半年之客惊心！)

(薛能《秋夜旅怀》)

耳闻英主提三尺，眼见愚民盗一抔。(提三尺剑，盗一抔土。)

(唐彦谦《长陵》)

酒徒漂落风前燕，诗社飘零霜后桐。(有如风前之燕，恰似霜后之桐。)

(苏舜钦《沧浪怀贯之》)

以上各例，依次分别省“于”“而”“是”“有”，动词“遭”“闻”，名词“剑”“土”(歇后语)，动词“如”“似”(隐喻)。

倒置例：

柳色春山映，梨花夕鸟藏。（春山映柳色，夕鸟藏梨花。）

（王维《春日上方》）

绿垂风折笋，红绽雨肥梅。（风折之笋垂绿，雨肥之梅绽红。）

（杜甫《陪郑广文》）

香稻啄余鹦鹉粒，碧梧栖老凤凰枝。（鹦鹉啄余香稻粒，凤凰栖老碧梧枝。）

（杜甫《秋兴》）

片云天共起，永夜月同孤。（片云共天起，永夜同月孤。）

（杜甫《江汉》）

以上各例依次为目的语的倒置，主语和目的语都倒置，主语倒置目的语一部分倒置，介词性的动词倒置。倒置的原因是多方面的，有押韵的原因，有平仄的原因，有对仗的原因，这中间有的是故意的。如果是散文，是白话，有些是不通之至的，而在这些诗句，则显得特别新颖，妙不可言。正如王力先生所说："'鹦鹉粒'和'凤凰枝'妙在可解不可解之间；所啄余者已经不是普通的香稻，而是鹦鹉之粒，所栖老者已经不是普通的碧梧，而是凤凰之枝。"王力先生对杜甫"香稻啄余鹦鹉粒，碧梧栖老凤凰枝"这一联最受称道的妙语的分析本身也是妙不可言的。

词的变性：

云霞出海曙，梅柳渡江春。（云霞在曙色的海中升起，梅花柳絮在春日的江上飘飞。）

（杜审言《和晋陵陆》）

泪逐劝杯下，愁连吹笛生。（眼泪随着劝饮的酒杯落下，愁思连同吹奏的笛声发生。）

（杜甫《泛江送客》）

涧花轻粉色，山月少灯光。（涧花白极了，令人以粉色为不够白；山月明极了，令人以灯光为不够明。）

（王维《从岐王》）

以上各例依次为名词作形容词用，动词作形容词用，形容词作动词用。

我们据《汉语诗律学》作了如上的引述，意在说明诗的语言变体较古散文更多。因此在译诗时应比译古散文更加注意。上面所引的诗句括号中的译文有的是《汉语诗律学》中所有，有的是本书所加，目的在说明观点，不可当作诗译。知道诗歌语言的一些变体，有利于准确理解原诗，这样译诗才可能传达出原诗的含蕴。上面所列举的情况译古文已经说到，就不多说了。

那么古诗今译的特殊点又是什么呢？概括地说，应当是三个方面：一是诗的声韵；二是诗的节奏；三是诗的意味。鉴于目前我们所见到的诗译多为《诗经》和《楚辞》，而少有古体诗、近体诗和词，所以下面的举例分析主要是《诗经》和《楚辞》，律诗的今译只是附带提及而已。

先比较《诗经·周南·关雎》余冠英的《诗经选译》和陈子展的《国风选译》。

原 诗	余冠英译	陈子展译
关关雎鸠， 在河之洲。 窈窕淑女， 君子好逑。 参差荇菜， 左右流之。 窈窕淑女， 寤寐求之。 求之不得，	水鸟儿闹闹嚷嚷， 在河心小小洲上。 好姑娘苗苗条条， 哥儿想和她成双。 水荇菜长短不齐， 采荇菜左右东西。 好姑娘苗苗条条， 追求她直到梦里。 追求她成了空想，	关关叫着的雎鸠， 正在河里的沙洲。 幽闲贞静的好女子， 正是君子的好配偶！ 参差不齐的荇菜， 随手去打捞它。 幽闲贞静的好女子， 梦魂里也追求她。 追求她不得，

（续 表）

寤寐思服。	睁眼想闭眼也想。	梦魂里相思更切。
悠哉悠哉，	夜长长相思不断，	想她呀！ 想她呀！
辗转反侧。	尽翻身直到天光。	翻来覆去如何睡得？
参差荇菜，	长和短水边荇菜，	参差不齐的荇菜，
左右采之。	采荇人左采右采。	随手去采摘它。
窈窕淑女，	好姑娘苗苗条条，	幽闲贞静的好女子，
琴瑟友之。	弹琴瑟迎她过来。	用琴瑟去亲悦她。
参差荇菜，	水荇菜长长短短，	参差不齐的荇菜，
左右芼之。	采荇人左拣右拣。	随手去拣择它。
窈窕淑女，	好姑娘苗苗条条，	幽闲贞静的好女子，
钟鼓乐之。	娶她来钟鼓喧喧。	用钟鼓去欢乐她。

余译四句一段，分五段，陈译分三段，前四句一段，第二、三两段各八句。按我们所提出的诗的声韵、诗的节奏和诗的意味三方面衡量，余译是理想的。余译按今音五节诗分别押 ang 韵、i 韵、ang 韵、ai 韵、an 韵。每一节整整齐齐的四行，每行七字，节奏可以划分为三节，即 ×××——××——××，×××——××——××。因此，一首周代民歌的今译，读来使人感到节奏舒缓，音韵和谐，加以译者把握住了原诗的恋歌性质，使译诗也饱含着诗的意味，实在是难得的。

《卷耳》一诗，余译亦极有诗味，其节奏一如七言古诗。

采采卷耳，	东采西采采卷耳，
不盈顷筐。	卷耳不满斜口筐。
嗟我怀人，	一心想我出门人，
寘彼周行。	搁下筐儿大路旁。
陟彼崔嵬，	行人上山高又险，

“我马虺隤!	“我的马儿腿发软!
我姑酌彼金罍,	且把酒壶来斟满,
维以不永怀。”	好让心儿宽一宽。”
陟彼高冈,	行人过岗高难爬,
“我马玄黄!	“我的马儿眼发花!
我姑酌彼兕觥,	牛角杯儿斟满它,
维以不永伤。”	喝一杯儿莫想家。”
陟彼砠矣,	行人上山石头峭,
“我马瘏矣,	“我的马儿晃摇摇,
我仆痡矣,	我的伙计快累倒,
云何吁(忓)矣!”	这份儿忧愁怎得了!”

它的押韵 ang、an、a、ao，节奏 ××——××——×××，××——××——×××，诗的意味也是很浓的。

这两首诗的语法与古文无异，译诗除个别地方采用意译（如“关关雎鸠”“君子好逑”“云何吁（忓）矣”）外，基本上是直译。

陈子展的译诗，十分重视训诂，其立足点在于以训诂为基础，使《诗经》的今译起到帮助读者对照着读原诗，理解原诗的作用。因此陈译在诗的节奏和声韵上不似余译。但有的地方和原诗的密合程度却很可取，如“窈窕淑女，君子好逑”，译为“幽闲贞静的好女子，正是君子的好配偶”，与旧训正合。不过陈译过分求“信”，以至诗译语言别扭，如“窈窕淑女，钟鼓乐之”，译为“幽闲贞静的好女子，用钟鼓去欢乐她”。白话文决无以“欢乐”为动词，且带宾语的用法。“左右采之”“琴瑟友之”“左右芼之”“钟鼓乐之”虽结构无二致，今译却不能过直，以至成为不通的死译。陈先生研究《诗经》有素，深知译诗的艰难。他在《国风选译》书末《东山》一诗“解题”中写道：“自恨译文拙劣，同译《七月》和其他好诗一样，假如能够把原诗之美，存十一于千百，就算是大幸。”在上文指出陈译的不足处，不过是求全责备罢了。

《诗经》有风、雅、颂的分别，有的是民间歌谣，有的是贵族的诗。它们在格调上是有差异的。译诗要不要反映这种差异，是值得讨论的课题。从余译看，虽只涉及风和小雅，但各篇译诗的风格不尽相同却是事实。译诗不应千篇一律，应当注意原诗的内容、节奏、声韵的个性，在可能条件下作适当反映。

这样要求是苛刻的，译诗的作用在助人今读，是以今诗的形式来翻改古诗。在古诗，《诗经》和《楚辞》是诗史的两个不同时代，不同风格的诗，而一经今译，却可能十分接近。比如：

若有人兮山之阿，	有个女子在山崖，
被薜荔兮带女罗。	薜荔衫子菟丝带。
既含睇兮又宜笑，	眼含秋波露微笑，
子慕予兮善窈窕。	性情温柔真可爱。
乘赤豹兮从文狸，	赤豹拉，文狸推。
辛夷车兮结桂旗。	木兰车子旌旗飞，
被石兰兮带杜衡，	石兰做车盖，
	杜衡做飘带，
折芳馨兮遗所思，	手折香花送所爱。
	（《楚辞·九歌·山鬼》郭沫若译）

郭沫若《屈原赋今译》译文的风格因原诗的不同风格而异：

长太息以掩涕兮，	我哀怜着人民的生涯多么艰苦，
哀民生之多艰。	我长太息地禁不住要洒落眼泪。
余虽好脩姱以鞿羁兮，	我虽然是爱好修洁而自制花环，
謇朝谇而夕替：	在清早做成，晚上便已被人折毁。
既替余以蕙纕兮，	不怕他就毁坏了我秋蕙的花环，
又申之以揽茝。	我又要继续着用白芷花来替代。
亦余心之所善兮，	说到头是我自己的情愿心甘，

虽九死其犹未悔! 纵使是死上九回我也不肯悔改。

(《楚辞·离骚》郭沫若今译)

律诗和绝句的今译是一桩难度很大的事情。字句要不要整齐划一，是用原韵还是自由用韵，要不要对仗，都是问题。格律严格的诗、词，其醇美处正在于使耐人寻味的内容和感情浓缩于凝固的语言形式中，这种凝固的形式在声调、音韵和节奏上表现出了无穷无尽的音乐美，一旦用现代白话诗加以改造是不是有失去的可能？这种担心是许多学者不主张今译古诗，尤其是格律诗的原因。

诗人徐放的《唐诗今译》是一次可贵的尝试。徐放是新中国成立初期的诗人。1955年后一直处在困厄的环境中。在二十余年的逆境中，他完成了《唐诗今译》《宋诗今译》《杜甫诗今译》，还翻译了陆游、辛弃疾的词。

《唐诗今译》有鲜明的特点：

第一，准确地传达了原诗的含蕴。如王维《渭城曲》：

原 诗

渭城朝雨浥轻尘，客舍青青柳色新。
劝君更进一杯酒，西出阳关无故人!

今 译

渭城早晨的细雨
　　润湿了那满地的轻尘。
驿馆里的杨柳
　　绿蒙蒙一片
　　　　那颜色竟是那般清新。
呵
劝你再喝尽
　　这杯酒罢，朋友!
要知道

从此往西
　　等你出了那阳关
　　　　便将再没有——一个故人！

又如杜甫《春日忆李白》：

原　诗

白也诗无敌，飘然思不群；
清新庾开府，俊逸鲍参军。
渭北春天树，江东日暮云；
何时一樽酒，重与细论文？

今　译

李白写的诗篇
　　可以说是天下无敌，
那飘然的情思呵
　　简直能超出一切人。
论意境的清新
　　赶得上工致绮丽的庾开府，
论风格的俊逸
　　抵得住雄浑蕴藉的鲍参军。
分别许久啦
在这渭北的春日里
我常常对着你浪游的地方
　　在痴望着那一丛一丛的绿树，
而在江东日暮的时刻
我知道
你也将会天天在望着
　　我居住的这西方天际的片片彩云。
呵
要到哪一天

才能够重聚在一起喝上一杯酒，

好让我和你

再细细地

来谈论那诗与文?

这种今译，基本上起到了逐字逐句串释原诗的作用。就这两首诗的今译看，没有一字一词（字)，没有一层意思是不落实的，如以“润湿”释“浥”,以“驿馆”释“客舍”,以“绿蒙蒙”释“青青”。有的诗句十分含蓄，作者也能将含蓄的意思表达出来，如“渭北春天树，江东日暮云”，是诗人杜甫极富深情的诗句，将他与李白的相互思念用地域、时间和事物的差异作了形象的、巧妙的、委婉含蓄的描绘。对这一联诗的含蓄，不熟悉古诗的人是难以理解的。经译者的处理，使原诗的两行变成八行，将隐含的情意和内容一一揭示出来，那么一般的读者再读原诗也就没有困难了。

第二，有现代诗的语言美。徐译唐诗，不拘于原诗的字句形式，完全根据原诗的含蓄以流畅的现代诗的语言加以改造，读来如一首新诗的创造。译诗多用原韵，诗行是马雅可夫斯基、郭小川式的楼梯式，很能表现原诗的意境和思想感情的节奏。信、达、雅这三条翻译的标准在《唐诗今译》中能够和谐统一，是难得的。严辰为《唐诗今译》写的序中的一段话可以作为古诗今译的小结：

> 翻译古典诗词，并不是一件轻易的工作。它既要达意，又要传神；既忌曲解，更不能庸俗化；既要保持原诗的风格，又要显示译者的文采。不但要对诗人当时的历史背景、社会风貌有所了解，更要对诗人的身世、思想、创作意图等等有全面的研究，才能将原诗正确地、顺畅地译出来。我们也有这样的译诗，或简单草率，失去了原作的神韵；或者任意添油加醋，变得支离灭裂，面目全非。兑多了水会失掉酒的醇味，过分的涂脂抹粉反丑化了天然的美好。

当然并不能以这种今译的形式为唯一形式。译者在理解原诗的含蕴上会表现出差异，译文风格也不应当千篇一律。希望有更多的不同风格的译本，这是发展古诗今译学术，借鉴古诗创作，繁荣我国现代诗歌所需要的。

第十章　章句——段落划分和结构分析

一、章句——段落划分和结构分析的目的

章句之名及其特征，在注释的类型一章已作过简略介绍。我们既已知道传统章句之学实际上是一种十分细密的辨章析句之学，它包容了从点句、划段乃至词语训诂的古籍注释的全部内容；我们既已指出章句类的特点是："第一，以文字训诂为基础；第二，划分一篇之中的内容层次，逐层解说其大意；第三，对节与节、章与章之间的关系，也就是作品各层次之间的内在联系进行分析。"并已经对朱熹有名的《大学章句》作了分析，这里为什么还要提出这个问题来讨论呢？

章句一名的概念在刘勰时代已经缩小，《文心雕龙·章句》写道：

> 夫设情有宅，置言有位；宅情曰章，位言曰句。故章者，明也；句者，局也。局言者，联字以分疆；明情者，总义以包体，区畛相异，而衢路交通矣。

章是安排文章内容、思想感情的单位，句是安排言辞的单位。文章就是"因字而生句，积句而成章，积章而成篇"。它们互相间的关系是："篇之彪炳，章无疵也；章之明靡，句无玷也；句之清英，字不妄也。"做到了"字不妄""句无玷""章无疵"，才能达到"振本而末从，知一而万毕"的境地。他又写道：

> 章句在篇，如茧之抽绪，原始要终，体必鳞次。启行之辞，逆萌中篇之意，绝笔之言，追媵前句之旨；故能外文绮交，内义脉注，跗萼相衔，首尾一体。若辞失其朋，则羁旅而无友；事乖其次，则飘寓而不安。是以搜句忌于颠倒，裁章贵于顺序，斯固情趣之指归，文笔

之同致也。

这些安章的原则，是对文章结构层次的深刻说明。《文心雕龙》以《章句》《附会》两章专论结构问题，与汉儒曾经有过的极为繁琐的章句之学所反映的章句的概念已有很大区别。这是我们在此设立专章再讨论结构问题的原因。

“文字有意以立句，句有数以连章，章有体以成篇。”（《论衡·正说》）不能设想，不知章次的划分，不知章次的联系，能够说是读懂了文章。

一篇作品，不论文体性质和长短，总是由许许多多的局部组成的。作者写作的规律，总是由许多局部的认识和感受逐渐形成一个整体的感受。有了这一整体感受，作者又会回过头来把那些零散的东西，经过深思熟虑的构思过程组合起来，成为一个反映或说明某一事物、感情或观念的浑然天成的整体。局部——整体——局部——整体是作者的认识和构思过程，也是读者认识和理解作品的过程，注释学的“章句——段落划分和结构分析”的目的就是要说明和分析这一过程，这样我们才可以了解作品通过写些什么，表现或说明了什么。举几首小诗的例子：

送　别　　　　　　王　维

山中相送罢，（写送别处）日暮掩柴扉。（写别后归家之时）

春草明年绿，（有定期）王孙归不归？（未可卜也）

（章燮《唐诗三百首注疏》）

宿建德江　　　　　　孟浩然

移舟泊烟渚，（叙地）日暮客愁新。（叙时）

野旷天低树，（岸）江清月近人。（水）

（同上）

送灵澈　　　　　　刘长卿

苍苍竹林寺，（先叙地）杳杳钟声晚。（次叙时）

荷笠带斜阳，青山独归远。（承晚字。后写出灵澈，所以不直致）

（同上）

括号中字系章燮语。《送别》所表现的惆怅和期待，《宿建德江》所流露的旅途夜泊的乡思，《送灵澈》所描绘的惜别情景，注家之逐层分解，便于读者欣赏。

四首小诗的注语，是句与句的层次，并不是章次（仅此一章，不可言章次）。章次要比较复杂一点，这只要看看《诗经》毛传和郑笺所划分的章次就清楚了！

《关雎》五章，章四句。故言三章，一章四句，二章章八句。

《葛覃》三章，章六句。

《卷耳》四章，章四句。

《汉广》三章，章八句。

《麟之趾》三章，章三句。

《草虫》三章，章七句。

《小星》二章，章五句。

《君子偕老》三章，一章七句，一章九句，一章八句。

《淇奥》三章，章九句。

《氓》六章，章十句。

《卢令》三章，章二句。

《园有桃》二章，章十二句。

《七月》八章，章十一句。

《斯干》九章，四章章七句，五章章五句。

《节南山》十章，六章章八句，四章章四句。

《正月》十三章，章八句，五章章六句。

《宾之初筵》五章，章十四句。

《文王》七章，章八句。

《行苇》八章，章四句。故言七章，二章章六句，五章章四句。

《抑》十二章，三章章八句，九章章十句。

《桑柔》十六章，八章章八句，八章章六句。

《清庙》一章八句。

《烈文》一章十三句。

《时迈》一章十五句。

《雝》一章十六句。

《载芟》一章，三十一句。

《良耜》一章，二十三句。

《閟宫》八章，二章章十七句，一章十二句，一章三十八句，二章章八句，二章章十句。

以上所录，包括了《诗经》中各种不同的章节和句数的例子。章次本无一定，与诗文的长短和内容的容量密切相关。一章的句数，在《诗经》中虽有由二句到三十八句的不同情况，但章四句则是主要形式。四句一章（节），在《诗经》和《楚辞》以及以后的诗，除词曲外，基本上是主要形式这一点，大约反映了与人们生理有关的一种自然节奏要求。屈原的抒情长诗《离骚》亦“皆以四句为一小段，故用韵亦以四句为例，其有八句十二句者，亦四之累集”。(姜亮夫《屈原赋校注》)

复杂的章节意思的说明和上面所举几首小诗的例子在本质上没有区别。积句成章与积章成篇，在层次上仅有大小、数量之分。如《閟宫》八章，有的一章八句，有的十二句、十七句乃至三十八句不等。我们把几首小诗（绝句）的句意概括法扩而大之，运用于复杂的章节，则不论章八句、十二句、十七句、三十八句，浓缩到最后也就和归纳一句诗没有什么两样了。举一个例子：

硕 人

硕人其颀，	美人那样的高大而美丽，
衣锦褧衣。	穿的锦服加上麻纱单衣。
齐侯之子，	她是齐侯的女，
卫侯之妻。	卫侯的妻。
东宫之妹，	齐太子的妹，
邢侯之姨，	邢侯的姨；
谭公维私。	谭公是她的姊妹的夫婿。
一章。言其亲族之贵。	
手如柔荑，	她的手好像又软又白的嫩茅，
肤如凝脂，	皮肤又滑又白好像凝结的油膏。
领如蝤蛴，	颈子好像又白又长的蝤蛴虫儿，
齿如瓠犀，	牙齿整齐洁白好像瓠瓜的子儿，
螓首蛾眉。	有小蝉似的方额、茧蛾似的长眉。
巧笑倩兮，	巧笑的笑涡呵，
美目盼兮。	美眼的眼波呵！
二章。言其仪态之美。	
硕人敖敖，	美人是那样昂昂地高，
说于农郊。	停车理好服饰在近郊。
四牡有骄，	四匹大马这样肥镳，
朱帻镳镳，	马口外缠的红绸扇汗镳镳，
翟茀以朝。	乘着插了野鸡尾的轿车来朝。
大夫夙退，	大夫前来朝见的早退，
无使君劳。	不使新婚的女君过劳！
三章。言其车服之备。	
河水洋洋，	黄河的水势洋洋，
北流活活。	北流河流的活活。
施罛涉涉，	张设的渔网大眼儿豁豁，

鳣鲔发发，	鳣鱼鲔鱼触网了尾儿泼泼。
葭菼揭揭，	芦荻杆挺立揭揭，
庶姜孽孽，	许多姜家的姑娘们首饰叠叠，
庶士有朅。	许多武士们都这样壮健敏捷！

四章。言其国俗之富，随从之盛。按阳湖派古文家恽敬以旧注有未是处，乃作《硕人说》，谓三章宜与四章易置，文势方顺。是也。

（陈子展《国风选译》）

这是赞美卫庄公夫人庄姜的诗。《左传·隐公三年》说："卫庄公娶于东宫得臣之妹曰庄姜，美而无子，卫人所为赋《硕人》也。"《诗序》据此以为："《硕人》，闵庄姜也。庄公惑于嬖妾，使骄上僭，庄姜贤而不答，终以无子，国人闵而忧之。"从诗中似看不出与有子无子有何干系。或谓此诗为庄姜傅母所作。《列女传·齐女傅母篇》曰："傅母者，齐女之傅母也。女为卫庄公夫人，号曰庄姜。姜交好（交、姣古今字），始往，操行衰惰，有冶容之行、淫泆之心。傅母见其妇道不正，谕之云：子之家世世尊荣，当为民法则；子之质聪达于事，当为人表式。仪貌壮丽，不可不自修整。衣锦絅裳，饰在舆马，是不贵德也。乃作诗……砥厉女之心以高节，以为人君之子弟。为国之夫人，尤不可有邪僻之行焉。女遂感而自修。君子善傅母之防未然也。"这些解释可供理解本诗主旨的参考。但不论隐含深义若何，全诗二十八句的四个章次及其各章大意都是十分明白的。陈子展先生的四章大意的简洁表述，至少使人对庄姜之美有了十分明晰的印象。

《硕人》的结构仍然是简单的，只不过是稍微涉及到了段落而已。但不论简单或复杂，只要能对一个完整的作品进行合理的分解，就可以使读者易于理解整个作品。这是为什么要重视结构分析的原因。

二、段落划分和结构分析的方法

（一）段落的划分

段落划分的方法决定于划分对象的文体性质。记事者以时间或事件顺序为划分依据，抒情者以感情的发生发展为依据，论说者以论点为依据。记事者如《左传》，论说者如诸子散文，抒情者如历代抒情诗。除论说文必须以论点为划分层次的依据，界限十分清晰外，记事、抒情的时间、事件、情感诸因素往往不一定能截然分开。

作品的段落划分并不会那么简单，古人作文对于布局谋篇，也就是结构问题是十分注意的。《文心雕龙·附会》专门论述了文章的结构之术：

> 何谓附会？谓总文理，统首尾，定与夺，合涯际，弥纶一篇，使杂而不越者也。若筑室之须基构，裁衣之待缝缉矣。
>
> 凡人体文章，类多枝派，整派者依源，理枝者循干，是以附辞会义，务总纲领，驱万途于同归，贞百虑于一致，使众理虽繁，而无倒置之乖，群言虽多，而无棼丝之乱；扶阳而出条，顺阴而藏迹，首尾周密，表里一体，此附会之术也。

刘勰的这一论述为后人所采纳，明人王冀德的《曲律·章法》，清人李渔《闲情偶寄·结构》、崔学古《学海津梁》都本刘勰“若筑室之须基构”之喻作了发挥，而以李渔说得最为透彻：

> 至于结构二字，则在引商刻羽之先，拈韵抽毫之始，如造物之赋形，当其精血初凝，胞胎未就，先为制定全形，使点血而具五官百骸之势。倘先无成局，而由顶及踵，逐段滋生，则人之一身，当有无数断续之痕，而血气为之中阻矣。工师之建宅亦然，基址初平，间架未立，

先筹何处建厅，何方开户，栋需何木，梁用何材，必俟成局了然，始可挥斤运斧。倘造成一架，而后再筹一架，则便于前者不便于后，势必改而就之，未成先毁，犹之筑舍道旁，兼数宅之匠资，不足供一厅一堂之用矣。故作传奇者，不宜卒急拈毫。袖手于前，始能疾书于后。

要之，注家对于作者的构思、结构的安排，非深入作品本身的思想内容含蕴，把握注释对象的构造艺术，是断不能与作者的思路沟通，揭示其布局谋篇的内部规律的。因此，熟悉文章做法的一般规律，了解起、承、转、接、伏、应、断、续的技巧就十分必要了。

黄侃《文心雕龙札记》讨论章句较为详备："一释章句之名，二辨汉师章句之体，三论句读之分有系于音节与系于文义之异，四陈辨句简捷之术，五略论古书文句异例，六论安章之总术，七论句中字数，八论句末用韵，九词言通释。""论安章之总术"说：

安章之法，要于句必比叙，义必关联。句必比叙，则浮辞无所容；义必关联，则杂意不能属。章者，合句而成，凡句必须成辞，集数字以成辞，字与字必相比叙也；集数句以成章，则句与句亦必相比叙也。字与字比叙，而一句之义明；句与句比叙，而一章之义明……凡篇章立意，虽有专主，而枝分条别，赖众理以成文，操毫时既有牵缀之功，脱稿后复有补苴之事，文不加点，自古所稀，易句改章，文士常习，是以舍人复有《附会》之篇，以明修润之术，究其要义，亦曰总纲领、求统绪、识腠理、会节文而已。

了解安章之术，把握其专主者为何，枝条为何，对于文籍段落划分的意义是十分显著的。吕思勉《文字学四种》，有《章句论》一篇，亦可一读：

古代之章句，既已失传，后人欲读古书，非将已失

> 者恢复不可。从事于此者，莫如宋儒之勤。朱子为宋学大宗，其注《大学》，即以己意分别经传，颠倒次序。注《中庸》虽未颠倒次序，亦不依郑注分章……世人每訾宋儒凭臆见以正古书，殊不知正当否是一事，古书之当正与否，又是一事；况宋儒之所正，未必无可采邪？

这里有三点值得注意：1. 章句失传者应当恢复，也就是说没有划分章次的应当划分；2. 古人划分不当者应当纠正；3. 古书章次因时代久远，于流传中发生混乱者应予调整。不过对古籍的章句的调整是一项非常严肃的工作，不宜轻率行事，在一般情况下应当维持古书的原貌，只是在注释中说明即可。

下面谈谈古书分章的歧说问题。

俞樾《古书疑义举例·分章错误例》：

> 《诗·关雎》篇："《关雎》五章，章四句。故言三章，一章四句，二章章八句。"《释文》曰："五章，是郑所分，故言以下，是毛公本意。后放此。"按《关雎》分章，毛郑不同，今从毛不从郑。窃谓此诗当分四章，每章皆有"窈窕淑女"句。凡四言"窈窕淑女"，则四章也。首章以"关关雎鸠"兴"窈窕淑女"。下三章皆以"参差荇菜"兴"窈窕淑女"。惟第二章增"求之不得，寤寐思服，悠哉悠哉，展转反侧"四句，此古人章法之变。"求之不得"正承"寤寐求之"而言。郑分而二之非是。毛以此章八句，遂合三四两章为一，使亦成八句，则亦失之矣。

今人注释《关雎》者，从郑笺"五章章四句"者有余冠英《诗经选译》、高亨《诗经今注》，从毛传"三章，一章四句，二章章八句"者有陈子展《国风选译》、北京大学中国文学史教研室选注《先秦文学史参考资料》。陈子展谓"一章感彼关雎，求爱之始；二章求而不得，哀而不伤；三章得之为欢，乐而不淫"。《参考资料》谓"第一章，诗人固见洲上一对对的雎鸠，而联想到淑女是君子的佳偶；

第二章，写男子追求女子而未能达到目的时的苦闷心情，而以求取荇菜起兴；第三章，写男子想象求得女子以后美满亲爱的情况”。概括大意二者不尽相同，陈子展的概括最为简洁精当。前俞说似更多地注意了“窈窕淑女”三次出现的表象，而没有看到末八句与他所说的第二章在内容上的相似性质。以一己之见下断语，也不是审慎态度。

俞氏又说：

> 《论语》分章，亦有可议者，如“子曰，雍也可使南面”为一章，“仲弓问子桑伯子”以下，又为一章。必谓仲弓闻夫子许己，因问子桑伯子以自质，则失之泥矣，此古注是而今非也。“子谓颜渊曰：用之则行，舍之则藏，惟我与尔有是夫”为一章，“子路曰”以下，又为一章。子路之问，乃是自负其勇，必谓因夫子独美颜渊而有此问，则视子路太浅矣。此古注与今本俱失者也。

古书分章可议者多，凡文字较长，内容层次较为复杂者，分段分节多有分歧。今人译《古文观止》，分章不同处处可见。文学名著分章的不统一已成为学术争论的一个方面。比如《离骚》，全文2490字，373句，段落划分就没有统一过。姜亮夫《楚辞今译讲录》有一段很好的注释：

> 《离骚》分段问题：自汉以来读《离骚》的人，都觉得是反反复复，说得好听一点是一唱三叹，就连朱熹这样一个读书很细心的人都有此感。其实文艺的分析是“后出转精”，宋、元以前都有点混混沌沌，到明代，尤其是明代末期的人才认真考虑，细腻推敲。我曾搜集包括近世几个日本学者在内略近百人的分析资料，到现在《离骚》一文的脉络才渐见清楚，各段含义也渐见明晰，我在《离骚章句大义分析》一文里选了七八家的分段法，（见《楚辞学论文集》，上海古籍版）已很能启发我们。我将此文

分为三大段，每大段里又分为若干小节，细心去读，是可以明白的。这三大段中第一段是自道身世与志愿。第二段是欲辅国而求贤，(求女这颇有《诗经·关雎》乐得淑女的心情）求女不得，去国不可能，然后订出第三段神游西土求以寄怀念宗邦的情思。每大段都扣合主要含意，认真切实地上下左右前后的考虑其反复之处，总不离宗子忧国一念。

（见该书《〈离骚〉析疑》注释①）

姜亮夫先生研究了95家的分段，最后定为三大段，不失为一种好的分法，但是不是可作定论就难说了。北大《参考资料》也是三段分法，三段起讫并不与姜先生一致。

有一个问题是很自然地提出的：分段有没有绝对的标准，有没有必要定于一尊，结构复杂的作品又有没有可能使段落划分统一。

著名楚辞家刘永济《屈赋音义详解》分《离骚》为五节九段，并逐节逐段作了详解。他的一段话对于回答上面的问题很有意义：

我在《屈赋通笺》中，曾引了清代七家的分节法，作成一表，比较他们的是非同异，略加说明。七家者，龚景瀚的《离骚笺》，叶树藩的《文选评注》，戴震的《屈原赋注》，张惠言的《七十家赋钞》，姚鼐的《古文辞类纂》，梅曾亮的《古文词略》，吴汝纶的《古文辞类纂评点》也。我现在所分的五节、九段，也就是择这七家所同的，再加以自己的体会而成。从前解说佛学的经典著作，有所谓“科段”，或称“总科”。这种“科段”是将全书的重要论点，分段提出，列成一表，然后按表分别解说。这一来，虽旨意繁重、条理细密的内容，就更加清楚了。这种方法，正与韩愈所说的“提要钩玄”的方法相同。近来编写讲义的也有先拟定大纲，然后按大纲去写的做法。但须知任何对本篇分析节段的，都是为了要明了作者的思想在全篇中如何运行，作者的情感在各节中如何变化。作者本人原系出于自然地抒写，不是先拟定节段，再动手写作的。因此，所分析的不能不随各人的认识的不同而生差别。

这一段文字与姜亮夫先生的说明性质相近，一个据95家之言，择其七八家而归纳之，划分为三大段；一个选择七家而归纳之，分为五大段。这原因就是“各人的认识不同而生差别”。

作者本人的自然抒写与注家的认识差异是不可克服的矛盾。（当然并不是所有的文章都是自然的抒写。这里所说的是文学作品。）因此我们可以说，划分段落的标准是相对的，有些作品不可能统一，因而也不需要定于一尊。划分层次、进行结构分析，能够起到“提要钩玄”的作用，做到相对的合理也就行了。

段落层次的划分还与读者赖以划分的依据、选择的划分角度不同有关。清人吴世尚《楚辞疏》说：

一篇《离骚》止有三个字，前文“不去”二字也；乱词一个“死”字也。

这是二段划分法，当然“不去”又可以分出若干的层次。

总之，我们划分层次，一定要把握住全文的主旨以及作者表达这一主旨的脉络，先着眼于大处，然后再考虑细节。加上我们对文章布局谋篇的基本规律的了解，划分起来就不会有太大的困难。对前人的划分不要轻易批评，也不要以为自己的划分绝对正确。我们既承认有不同的划分角度，对作品的认识可以不同，那么对有助于理解作品的任何一种严肃的划分，都应当肯定其合理的有参考价值的因素然后作出自己的判断。若自己并无新的、超过前人的见解，不如主一家之说。这是古籍整理中应有的态度。下面是《先秦文学史参考资料》所划分的《离骚》的段落：

一、总述己志

（一）（帝高阳之苗裔兮～来吾导夫先路）自叙世系皇考、生辰名字与及时自修、辅佐楚君之志。

（二）（昔三后之纯粹兮～伤灵修之数化）引古帝王以为鉴戒，并言己忠诚无二，竟不为楚君所谅。

（三）（余既滋兰之九畹兮～愿依彭咸之遗则）写自己引拔群贤，励精图治，而与谗佞之党人各异其志趣。

（四）（长太息以掩涕兮～固前圣之所厚）言虽为群小所排挤，而矢志不屈。

（五）（悔相道之不察兮～岂余心之可惩）设想独善其身而终不肯，然而志意亦终不能屈。

二、极写己之不见容于君，不获知于世

（一）（女媭之婵媛兮～夫何茕独而不予听）作者设为女媭劝责之词。

（二）（依前圣以节中兮～霑余襟之浪浪）列举亡国之主与贤圣之君，说明自古以来得道则兴，失道则亡之理，以见己之不敢一日忘忠正之忱而阿谀媚世，并希望从舜那里得到指示。

（三）（跪敷衽以陈辞兮～好蔽美而嫉妒）写上下求索，欲见天帝而不得。

（四）（朝吾将济于白水兮～余焉能忍与此终古）写求女之无所获，归结到楚君之不悟。

三、写通过灵氛、巫咸之比喻劝导，欲去国远行，而到底不忍离开故国；终乃以“从彭咸之所居”一语，明己必死之志	（一）（索藑茅以筳篿兮～谓申椒其不芳）写屈原问卜于灵氛，灵氛指出当时党人之不辨贤愚，劝其去国远逝。 （二）（欲从灵氛之吉占兮～使夫百草为之不芳）写巫咸举前世之事为例，劝屈原姑待明时贤主。 （三）（保琼佩之偃蹇兮～周流观乎上下）写屈原答巫咸之词，言所以不可留之故。 （四）（灵氛既告余以吉占兮～蜷曲顾而不行）写欲去国而终不忍之矛盾心情。 （五）（乱曰～吾将从彭咸之所居）直陈本意，以明己志。

段下有节，节下有层。目前这方面的术语还很不统一，刘永济《屈赋音注详解》以节为大目，节下含大段，大段下分层。《参考资料》的划分不一定可视作的论，我们抄录下来，仅提供分段的方法而已。若节〔小段（一）（二）（三）等〕内容复杂，还可以细分。如：“乱曰：已矣哉！国无人莫我知兮，又何怀乎故都！既莫足与为美政兮，吾将从彭咸之所居！”刘永济析之曰：

此四语的意思：1. 己无人知；2. 未忘祖国；3. 美政无实现之望；4. 惟有以死自誓而已。

（二）结构的分析

段落划分和结构分析是一个过程的两个步骤。划分段落只是化整为零，将完整的文章划成若干意思各自相对独立的块；块与块如同一事物的部件与部件，在整体中是互相有机地衔接的。结构分析的任务在于说明它的衔接、相互关系和在整体中所起的作用，这就是结零为整。段落的划分是分，结构的分析是合。

那么应当怎样进行结构分析呢？

1. 明确源与流、干与枝的关系

理解一篇文章的主旨是分析结构的基础。所谓“整派者依源，理枝者循干”，源、干就是贯串全篇的主导思想。把握住了主导思想，就较容易理解作者是通过描写、叙述或论证什么来表现主题了。比如《荀子·天论》，它的主题思想是想说明天行有常，与社会的治乱是无关的，国家的治理必须是“制天命而用之”。这是贯串全篇的主干。为了论证这一命题，荀子分别论证了五个问题：(1) 天道只是自然现象而不是有神在主宰，且与人事无关；人类应利用自然而不应依赖自然迷信天命；(2) 治乱之形成皆由人事，因此君子应努力尽人事而不依靠天命；(3) 对自然灾异不必重视而应注意有关人事的妖异理象；(4) 求雨、卜筮之类的举动并非真是有求于天，不过是用以顺适人意，作为政事的文饰罢了；(5) 因此治国应以礼义为本，并须以人力控制自然，以不失万物之情。荀子的目的不在论天，而在论人，尤其是论统治社会的人。他希望有一个治理得很好、生产十分发达的社会。这个社会的实现，在于统治者实行美政，所谓“礼义不加于国家，则功名不白。故君人者，隆礼尊贤而王，重法爱民而霸，好利多诈而危，权谋倾覆幽险而尽亡矣”，这是他写作本文的目的，也就是本文的主旨之所在。他主张什么，反对什么是十分清楚的。他所写作的五点内容，正是表现这一主题不可缺少的几个方面。

说明结构的源与流、干与枝的关系是在段落划分后对于段意的概括。以上五项内容是《先秦文学史参考资料》归纳的，各段大意的措辞都紧扣主题，天人对举，恰到好处地说明了各具体内容与主题的关系。由此可见段落大意的归结，在对一般所含的各个层次的内容分析后，应能做到“乘一总万，举要治繁”（《文心雕龙·总术》），“驱万途于同归，贞百虑于一致”，把那些与主题紧密相合的最重要部分提炼出来。否则即令是段落划分不错，而段意的概括却不能起到应有的作用。

2. 揭示各层次之间的相互联系

这个问题是极为复杂的。写作学在讨论文章技法时，要谈“题理”和“题窍”。所谓“题理”，就是文章的内在逻辑，即文章各部分之间的内在联系；“题窍”，则是体现这一内在联系的关键。把握了这个关键，就可以做到胸有成竹，从容按节，使文章思路清楚，血脉贯通。（见《古代文章学概论·谋篇》武汉大学出版社）揭示各层次之间的互相联系，就需要掌握这两个方面的基本知识。《概论》对《史记·项羽本纪》进行了简要的分析。《项羽本纪》的主旨是写项羽的兴衰过程，给后人以教训，而结构的关键在“东”“西”二字。清人邵作舟《论文八则》评论说：

> 《史记·项羽本纪》，全以东、西两字作眼目，随时指画，汉楚形势，宛如掌上螺纹。

所谓“东”“西”二字，是项羽起兵西进，节节取得胜利，队伍由八千发展到数十万，使秦军望风披靡。鸿门设宴、分封诸侯、定都彭城是项羽势力的顶峰，楚汉相争，强在楚。而自彭城大战之后，项羽军力每况愈下，由西向东节节败退，直到垓下被围，乌江自刎，楚汉相争，胜在汉。这样一位叱咤风云的英雄，以失败告终，其由东向西，复又由西向东的原因是有深刻教育意义的。因此本篇的各层次，首先是抓住由东向西，然后是由西向东这个大的关键，然后再在向西和向东这两个部分按照历史事件的发展变化，作细密的分析。这样才有助于理解项羽先向西，何以能取得胜利，后向东，何以遭到了失败。

一篇结构谨严的文章，总是“首尾相援”，段与段、节与节弥合得天衣无缝的。刘勰以为“首尾相援”是结构的最高水准，他说：

> 若夫绝笔断章，譬乘舟之振楫；会词切理，如引辔以挥鞭，克终底绩，寄深写远。若首唱荣华，而媵句憔悴，则遗势郁湮，余风不畅。此《周易》所谓“臀无肤，

其行次且”也。惟首尾相援，则附会之体，固亦无以加于此矣。

清人纪昀说：“此言收束亦不可苟。诗家以结句为难，即是此意。”(《文心雕龙辑注》附纪评）联系开始所引“启行之辞，逆萌中篇之意；绝笔之言，追媵前句之旨”，可以看出刘勰对作品的首尾的一贯性、前后呼应的艺术是相当重视的。而对于各层次之间的衔接(即“合涯际”)，他指出应“如胶之粘木，石之合玉”。刘勰的这些反映了优秀作品的结构艺术的理论，正是注释学进行结构说明和分析时的理论武器。在结构艺术上的首尾一贯、前后呼应、伏笔的设置、衔接和转折，都是结构分析时应予注意的。

屈原的著名诗篇《离骚》，起始为“帝高阳之苗裔兮”，何以要这样开始？清张德纯《离骚节解》说：“首溯与楚国同源共本，世为宗臣，便有不能传舍其国（把祖国当旅舍）、行路其君（视国君为路人）之意。”（见清陈本礼《屈辞精义》引）马其昶《屈赋微》说：“同姓之臣，义无可去，死国之志，已定于此。”诗中屡提到死，如：“亦余心之所善兮，虽九死其犹未悔”，“宁溘死以流亡兮，余不忍为此态也”；“伏清白以死直兮，固前圣之所厚”；“虽体解吾犹未变兮，岂余心之可惩”；“阽余身而危死兮，览余初其犹未悔”；“怀朕情而不发兮，余焉能忍与此终古”；“既莫足与为美政兮，吾将从彭咸之所居”。屈原正道直行，决意以死报效祖国，是从“帝高阳之苗裔兮”起，就有所流露，埋下了伏笔。其后贯串全诗的坚持真理、不惜以死殉国的思想感情不断表现出来，愈后愈加强烈，这种前后一贯、首尾相援的结构特征，正是我们在说明段落大意后，应予指出的。

《离骚》一诗，两次出现彭咸：“虽不周于今之人兮，愿依彭咸之遗则”；“既莫足与为美政兮，吾将从彭咸之所居”。彭咸，相传为殷时贤大夫，谏其君不听，投水而死。“遗则”，留下的榜样。前为“依彭咸之遗则”，是表示不随同俗流，一心正道直行；结尾

“从彭咸之所居”，明确以死报国。这种前后感情的照应和递进的层次，也给人以结构谨严的感受。

诗的第一大段每间隔几句即有一恐字：“汩予若将不及兮，恐年岁之不吾与”；“惟草木之零落兮，恐美人之迟暮”；“岂余身之惮殃兮，恐皇舆之败绩”。第一恐自己，所恐者，光阴易逝，修治德才不易；第二恐国君，所恐者，为人君不在盛壮年富之时行美政；第三恐国家，所恐者，国事败坏，不是怕己身有何危险。其思想内容和感情的递进亦是十分清晰的。“美人”一词，自王逸、朱熹以来，皆以为喻人君，即指楚怀王；清朱冀则以为屈原自喻（《离骚辨》）；朱骏声、马其昶则以为泛指贤士（朱说见《离骚补注》）；戴震又以为喻壮盛之年。游国恩曰：“美人，自《章句》谓指怀王，笺注家多宗之，而各异其说。然按上下文意皆非也。”游氏特以美人自喻为说（详见《离骚纂义》）。三恐之后，复有“伤”“哀”“恐”“哀”“怨”诸字，反复表明心态。屈原每一分量很重、感情成分极浓的字，都与所写的内容一致，如前有“长太息以掩涕兮，哀民生之多艰”，后即有“亦余心之所善兮，虽九死其犹未悔”；前有“怨灵修之浩荡兮，终不察夫民心”，后即有“宁溘死以流亡兮，余不忍为此态也”。一小节之中，语词的运用表现出内容、感情的关联，完全是“启行之辞，逆萌中篇之意；绝笔之言，追媵前句之旨”。这都是分析结构极好的例子。

注释不同于赏析，结构分析说到这个程度，能够帮助读者理解原文也就算完成了任务。若要进一步作深入的内容分析，写作艺术和技巧的探讨，不仅应涉及更多的内容，还应说得更为细致、深透。这已不是本书的任务了。

第十一章　义　　理①

一、义理和义理的解读

（一）何谓义理

何谓义理？义是意义，理是道理，言论和文章含蕴的意义和道理就是义理。古人所谓训诂义理之学，就是从字词句的意义入手，探求其深层的含义和道理的学问。

我们知道，古人为文写诗，是为了“补察时政，泄导人情”，所谓“文章合为时而写，歌诗合为事而作”，唐代诗人白居易在《与元九书》中所提出的创作准则，对于我们理解古人注释为什么往往在字词表面义之外，还要深求其内在含蕴，是有启发意义的。不知道内在含蕴，就没有读懂那篇诗文。白居易又说：“感人心者，莫先乎情，莫始乎言，莫切乎声，莫深乎义。”“始乎言”，说的是诗文的语言文字；“深乎义”，说的是作品通过语言文字表达的思想感情，即含蕴。《尚书·舜典》曰：“诗言志，歌永言。”孔传：“谓诗言志以导之，歌咏其义以长其言。”这个“志”和“义”就作者说是思想感情，而就读者说，则是需要探求的义理。

只要是学中文、学历史出身的人，对我国第一部诗歌总集是不会陌生的，如果读的是《毛诗》，即《十三经》中的那种有毛（亨）传、郑（玄）笺的诗，总不会不注意诗序，如《周南·关雎》序：“《关雎》，后妃之德也，风之始也。所以风天下而正夫妇也。故用之乡人焉，用之邦国焉。”大序又说：“《周南》《召南》，正始之道，王化之基。是以《关雎》乐得淑女以配君子，爱在进贤，不淫其色，哀窈窕，

① 本章与第二章注释的种类“义理类”的论述和举例略有重复，讨论的角度、侧重点和详略不同罢了。

思贤才，而无伤善之心焉：是《关雎》之义也。”

《诗》序有所谓大小序之分。毛诗各篇之前解释此诗主题者为小序，在《关雎》小序之后概论全书者为大序，即从“用之邦国焉”之后“风，风也，教也，风以动之，教以化之”起，至“是《关雎》之义也”止，是《诗经》的大纲，即基本理论。唐孔颖达疏曰：“诸序，皆一篇之义也。诗理深广，此为篇端，故以《诗》之大纲并举于此。”这段话对我们了解什么是义理是很重要的提示。所谓“诗理深广”，这个“深”且“广”的理，就是我们要透过诗文字句表面去深求的含蕴，亦即义理。下面我把《周南》的十一篇小序抄录如下：

> 《关雎》，后妃之德也，风之始也，所以风天下而正夫妇也。故用之乡人焉，用之邦国焉。(雎：jū，雎鸠，即鱼鹰。)
>
> 《葛覃》，后妃之本也。后妃在父母家，则志在于女功之事，躬俭节用，服浣濯(濯：zhuó，洗涤。浣濯：洗涤。)之衣，尊敬师傅，则可以归安父母，化天下以归妇道也。(覃，读为藤。)
>
> 《卷耳》，后妃之志也。又当辅佐君子，求贤审官，知臣下之勤劳，内有进贤之志，而无险诐(诐：bì，谄佞。险诐：险恶谄佞。)私谒之心。朝夕思念，至于忧勤也。(卷耳：一种野菜。)
>
> 《樛木》，后妃逮下也。言能逮下而无嫉妒之心焉。(樛：jiū，高木。逮下：恩惠及于下人。)
>
> 《螽斯》，后妃子孙众多也，言若螽斯子孙不妒忌，则子孙众多也。(螽：zhōng，蝗虫。)
>
> 《桃夭》，后妃之所致也。不妒忌，则男女以正，婚姻以时，国无鳏民也。
>
> 《兔罝》，后妃之化也。《关雎》之化行，则莫不好德，贤人众多也。(罝：jū，捕兔的网。)

《芣苢》，后妃之美也。和平则妇人乐有子矣。(芣苢：fúyǐ，车轮菜。)

《汉广》，德广所及也。文王之化被于南国，美化行乎江汉之域，无思犯礼，求而不可得也。

《汝坟》，道化行也，文王之化行乎汝坟之国，妇人能闵其君子，犹勉之以正也。

《麟之趾》，《关雎》之应也。《关雎》之化行，则天下无犯非礼，虽衰世之公子，皆信厚如麟趾之时也。

现在抄录这些似乎是不合时宜的。自宋欧阳修、朱熹以降，对《诗经·国风》中多有男女相悦的恋歌和里巷之作的性质的认定，使《诗经》三百篇的研究发生了质的变化。不论是欧阳修的《诗本义》还是朱熹的《诗集传》，好些人都不再以诗序为圭臬，于是出现了尊序派和废序派的纷争。而现代学者几乎是没有人再相信诸如《周南》各序之类的诗说了，这只要看一看高亨的《诗经今注》就可以明白。

这里不是要尊序，相反在本书的最后一章，还将以《宋——注释学的变古、革新和〈诗〉的解放》为题介绍宋人的注释。抄录《周南》十一篇小序意在表明，不论正确与否，其动机在于探求各篇的义理或可以申发的义理以及十一篇安排的深义。我们在探求什么是义理时是不能不了解我国文化典籍的源头作品的注释情况的。至于为什么小序有的可从，而如《周南》各篇的小序和后人的理解有那么大的差异？是不是《周南》各篇的序无一可取？是不是有某种深层的内涵还不为今人所认识，倒是值得思考的：难道小序的作者是要愚弄后人吗？为什么大序所论成为后世研究诗歌理论的经典，不少小序能够准确地揭示主题，而唯独十五国风的许多序却如此荒唐？

毛诗的这十一篇小序按其内容提示是一个相互联系的整体，“后妃之德”“后妃之本”“后妃之志”“后妃之化”以及歌颂文王的“德广所及”“道化行也”和《麟之趾》与《关雎》的首尾关联、呼应，都说明毛传在探求各篇义理上是有深入思考的，值得后世学者借鉴。

从以上所引《诗经·周南》十一篇小序中我们又可以作出如下的结论：义理是作者写作的动机和欲指示给人的道理，也是读者从中可以悟出的道理。

（二）义理的不同解读——探求义理的多种可能性

作者和读者是一对对立统一、相互依存的矛盾。作者创作的目的在“补察时政，泄导人情”，读者阅读作品的目的在获得知识、陶冶性情，而研究者的目的在揭示义理、评价得失。这只是大致的区分，有局限。

注释学所关注的是义理，是诗文所隐含的深义或阅读研究时可以领悟的深义，而这种领悟往往是因人而异，这就是解读的多种可能性。

多种可能性也就是不确定性，是受解读者个人的观察体验角度、立场和学养、识断制约的。作者创作的主观意愿含蕴在作品中，这是客观存在。而人们的领悟、注释则是主观解读。主客观的理想境界是一致，但有时主客观之间的距离竟是如此之大，同出一源的学者有时会形成不同的派别，如同出于儒家的孟子和荀子，他们的哲学思想和政治主张就很不相同。中国的哲学思想、政治思想的历史与注释义理之学有极为密切的关系。

上面我们提到《诗经》，欧阳修之子欧阳发在《先公事迹》中说：“其于经术，务明其大本，而本于情性。其所发明，简易明白。”“其于《诗》《易》，多所发明。为《诗本义》，所改正百余篇，其余则曰毛、郑之说是矣。”（《欧阳修全集》附录卷五）所改正的百余篇，就是否定了毛传、郑笺对这些诗的迂曲怪异之说，是超越汉唐的。欧阳修对《易》《诗》《春秋》的诠释，影响了他的门生苏轼、苏辙、曾巩等一代学人，开启了自由解经、自由议论之风，导致了义理学派的诞生。

这里我们试以北宋思想家、政治家、唐宋八大家之一的王安石的《诗义》(见邱汉生辑校《诗义钩沉》，中华书局1982年9月第1版）和南宋思想家、教育家朱熹的《诗集传》(上海古籍出版社1980年2月第1版）对《周南》义理诠释的歧说来讨论解说义理的多种可能性问题。

这是一个很有趣的现象：作为北宋著名革新派代表人物的王安石，在《诗经》的诠释上却是尊序派，在《周南诗次解》中对十一篇诗次的解说就是诗序的发挥：

王者之治，始之于家。家之序，本于夫妇正。夫妇正者，在求有德之淑女，为后妃以配君子也。故始之于《关雎》。夫淑女所以有德者，其在家本于女工之事也。故次为《葛覃》。有女工之本，而后妃之职尽矣，则当辅佐君子，求贤审官。求贤审官者，非所能专，有志而已。故次之以《卷耳》。有求贤审官之志，以助治其外，则于其内治也，其能有嫉妒而不逮下乎？故次之以《樛木》。无嫉妒而逮下，则子孙众多。故次之以《螽斯》。子孙众多，由其不妒忌，则致国之妇人亦化其上，则男女正，婚姻时，国无鳏民也。故次之以《桃夭》。国无鳏民，然后好德，贤人众多。故次之以《兔罝》。好德，贤人众多，是以室家和平，而妇人乐有子，则后妃之美具矣。故次之以《芣苢》。后妃至于国之妇人乐有子者，由文王之化行，使南国江汉之人，无思犯礼，此德之广也。故次之以《汉广》。德之所及者广，则化行乎汝坟之国，能使妇人闵其君子，而勉之以正。故次之以《汝坟》。妇人能勉君子以正，则天下无犯非礼，虽衰世公子，皆能信厚，此《关雎》之应也。故次之以《麟之趾》。(《临川先生文集》四部丛刊本卷六十六)

南宋朱熹说诗则与小序有明显不同：

《关雎》，孔子曰："《关雎》乐而不淫，哀而不伤。"愚谓此言为此诗者，得其性情之正，声气之和也。盖德如雎鸠，挚而有别，则后妃性情之正固可以见其一端矣。至于寤寐反侧、琴瑟钟鼓，极其哀乐而皆不过其则焉。则诗人性情之正，又可以见其全体也……然学者姑即其词而玩其理以养心焉，则亦可以得学诗之本矣。

《葛覃》，此诗后妃所自作，故无赞美之词。然于此可以见其已贵而能勤，已富而能俭，已长而敬不弛于师傅，已嫁而孝不衰于父母，是皆德之厚而人所难也。小序以为后妃之本，庶几近之。

《卷耳》，此亦后妃所自作，可以见其贞静专一之至矣。岂当文王朝会征伐之时，羑里拘幽之日而作欤？然不可考矣。（羑，yǒu，羑里，殷代地名。）

……

《麟之趾》，序以为《关雎》之应，得之。

以下是对十一篇的通释和各篇编排次序的分析：

周南之国十一篇，三十四章，百五十九句。按此篇首五首皆言后妃之德，《关雎》，举其全体而言也。《葛覃》《卷耳》，言其志行之在己；《樛木》《螽斯》，美其德惠之及人，皆指其一事而言也。其词虽主于后妃，然其实则皆所以著明文王身修家齐之效也。至于《桃夭》《兔罝》《芣苢》，则家齐而国治之效。《汉广》《汝坟》，则以南国之诗附焉，而见天下已有可平之渐矣。若《麟之趾》，则又王者之瑞，有非人力所致而自至者，故复以是终焉，而序者以为《关雎》之应也。

不论是王安石的尊序，还是朱熹的废序，和毛传、郑笺一样，都是在探求诗的义理以及排序的深义。义理是作者在遣词造句、布局谋篇中所赋予的，毛序把这些诗与后妃之德、文王之化联系起来，这个原因我们已是很难理解了。现代学者高亨所著《诗经今注》(上海古籍出版社 1980 年 10 月第 1 版) 所揭示的各篇主题(亦即义理的一个方面)，展示的是完全不同的景象：

《关雎》 这首诗歌唱一个贵族爱上一个美丽的姑娘，最后和她结了婚。

《葛覃》 这首诗反映了贵族家中的女奴们给贵族割葛、煮葛、织布及告假洗衣回家等一段生活情况。

《卷耳》 这首诗的主题不易理解，作者似乎是个在外服役的小官吏，叙写他坐着车子，走着艰阻的山路，怀念着家中的妻子。

《樛木》 作者攀附一个贵族，得到好处，因作这首诗为贵族祝福。

《螽斯》 这是劳动人民讽刺剥削者的短歌。诗以蝗虫纷纷飞翔，吃尽庄稼，比喻剥削者子孙众多，夺尽劳动人民的粮谷，反映了阶级社会的阶级实质，表达了劳动人民的阶级仇恨。

《桃夭》 这是女子出嫁时所唱的歌。

《兔罝》 这首诗咏唱国君的武士在野外打猎。

《芣苢》 这是劳动妇女在采车轮菜的劳动中唱出的短歌。

《汉广》 一个男子追求一个女子而不可得，因作此歌以自叹。

《汝坟》 西周末年，周幽王无道，犬戎入寇，攻破镐京。周南地区一个在王朝做小官的人逃难回到家中，他的妻很喜欢，作此诗安慰他。

《麟之趾》 ……这首诗很像是孔子的《获麟歌》……意在以贵族打死麒麟比喻统治者迫害贤人（包括孔子自己)。

不同的时代，不同的注家，对同一注释对象的解读有如此大的分歧，上引《诗经·周南》十一篇是非常典型的例子。

（三）诠释义理反映政治立场

个人的政治立场不同，诠释义理的目的不同，会影响到解读，如王安石的《诗义》处处表现了他的政治思想倾向：

国以民为本，民居既奠之后，方事营建，先王之重民如此。

（释《緜》）

君之剥削于民，而至于尽，犹人之侵伐林木，以至薪蒸者也。

（释《正月》）

瓶，譬则民也；罍，譬则君也。瓶之罄，则罍之耻；民之穷，则君之羞。

（释《蓼莪》）

乱出乎上，而受患常在下。及其极也，乃适归乎其所出矣。

（释《四月》“乱离瘼矣，爰其适归。”）

宣王之民，劳者劳之，来者来之，往者还之，扰者定之，危者安之，散者集之。

（释《鸿雁诗序》）

邱汉生在辑校《诗义钩沉序》中对王安石的训诂所反映的政治思想倾向作了深入分析，上引诠释是王安石在《诗》义的探求中表现的民本思想、爱民感情。“君之剥削于民，而至于尽，犹人之侵伐林木，以至薪蒸也”，甚至可以看作是站在民众的立场痛斥国君的残酷剥削，和现当代所说的阶级分析法没有多大差别。

曾著《字说》的王安石精于字义训释，在训释中也注重字义之中所含的义理，往往不同于毛传、郑笺，而独抒己见，表现出他的政治思想感情。如《陈风·宛丘》：“坎其击鼓，宛丘之下。

无冬无夏，值其鹭羽。”王安石以“值”为“遭”。“曰‘值’者，百姓厌苦之言。”《小雅·蓼莪》：“瓶之罄矣，维罍之耻。”王安石“皆以瓶喻民，罍喻王”。“值”的词汇义为“遭”，遭逢，而表达的感情却是“厌苦”；瓶、罍的词汇义为酒器，而比喻义则为民和君。朱熹则释“值”为“植”，高亨释为“持”，与朱熹相近。“瓶”“罍”的比喻义，朱熹以为“瓶资于罍而罍资瓶，犹父母与子相依为命也。故瓶罄矣乃罍之耻，犹父母不得其所乃子之责”。高亨以瓶喻人民，以罍喻统治者：“比喻人民穷了，是统治者的耻辱。”

《豳风·七月》是《诗经》中一首较长的诗，八章，章十一句。这首诗写了一年中的劳动生活，每一月的气候怎么样，物候如何，农事怎样安排，生活怎样料理，细细品味，是一幅周代农村生产生活的生动图卷。小序说：“《七月》，陈王业也。周公遭变故，陈后稷先公风化之所由，致王业之艰难也。”王安石说：“仰观星日霜露之变，俯察昆虫草木之化，以知天时，以授民事。女服事乎内，男服事乎外。上以诚爱下，下以忠利上。父父子子，夫夫妇妇。养老而慈幼，食力而助弱。其祭祀也时，其燕饷也节。此《七月》之义也。”这种理想农业社会的解说还反映在对诗句的解说中。朱熹《诗集传》完全采用了王安石对《七月》的解说。

二、微言大义和《春秋》笔法

（一）微言大义

微言大义就是精微的言辞中包含深刻的意义。其实就是义理，所不同的是所强调的是言辞的精微，一个字或一个词往往都含有深义。

古代教育对圣人的微言大义是相当重视的，《论语·学而》：“曾子曰：‘吾日三省吾身，为人谋而不忠乎？与朋友交而不信乎？传不习乎？’”“传”，《鲁论》作“专”，《齐论》作“传”，康有为注：“《广雅·释诂》：‘专，业也。’《吕氏春秋》曰‘所专之业不习则堕’是也。

盖忠信以立德，专学以成才。戒浮华，去泛骛，专门之学不敢不习也，皆对人而立其诚也。何休曰：'忠信所以进德，所以远于巧言令色矣。传，六经之微言大义也。习，温习也。何休不从古文，而亦解作传。或《齐论》作传，专当为传之省文。'"（《论语注》中华书局1984年1月第1版）曾子所反省的"传不习乎"，就是指对老师所传授的知识和六经的微言大义是不是温习过，是否领会了。

古代重要典籍，如《周易》《老子》《论语》等，差不多都是微言大义的作品，几句话所含蕴的意义，都可以写成不短的文章，这只要随便翻阅那些传注笺疏就可以明白。有些句子，往往被诠释者写成长篇论文。如《老子》一书，贯穿全书的"反"的范畴，比比皆是：道与名，一与万，变与常，有与无，虚与实，阴与阳，刚与柔，动与静，进与退，往与复，终与始，得与失，盈与虚，牝与牡，雌与雄，强与弱，难与易，长与短，高与下，前与后，开与合，敝与新，洼与盈，大与小，少与多，行与随，歔与吸，载与隳，歙与张，废与兴，取与与，明与昧，损与益，福与祸，善与恶，利与害，以及其他等等，均以反对的双方，去说明"道"及其现象。詹剑峰在《老子其人其书及其道论》（湖北人民出版社1982年9月第1版）一书中指出，老子所用"反"这一范畴，实涵三义：一是"反者道之动"；二是"相反相成"；三是"物极必反"。用现代术语说，即是一切事物的运动与变化均由于它们本身包含着矛盾，故曰，"反者道之动"；而所谓"相反相成"，即对立面的统一；所谓"物极必反"，凡有限的事物必然发展到相反的方面，亦即"对立转化"。这三种意义有区别，然而又是互相联系着的。

深入的哲学分析不是本书的任务，我们所讨论的是"微言大义"，而就上列各种对立面而言，也就是探求这些范畴的哲理。因为各个范畴都是一两句话，一个哲学命题，可以申发出长篇大论，所以也就放在"微言大义"中来介绍了。

"微言大义"和诗文创作中的"隐含"和"含蓄"的关系是十

分密切的，刘勰的《文心雕龙·隐秀》对我们理解“微言大义”有参考意义：

夫心术之动远矣，文情之变深矣，源奥而派生，根盛而颖峻，是以文之英蕤，有秀有隐。隐也者，文外之重旨者也；秀也者，篇中之独拔者也。隐以复意为工，秀以卓绝为巧：斯乃旧章之懿绩，才情之嘉会也。夫隐之为体，义生文外，秘响旁通，伏采潜发，譬爻象之变互体，川渎之韫珠玉也。

这里最为重要的是两个概念：一是“文外之重旨”，即文字直接表明的意义之外丰富的含意，亦即“复意”；一是“义生文外”，亦即现代所说的作者应当重视“含蓄”，使作品“耐人寻味”。刘勰又说：“若篇中乏隐，等宿儒之无学，或一叩而语穷。”意思是说，如果诗文过于显露，缺乏含蓄，那就像老书生没有学识，他写的东西一读就什么都明了了，没有思索、寻味的余地。他又举出《古诗十九首》中的“行行重行行”、乐府古辞的《饮马长城窟行》、曹植的《野田黄雀行》和嵇康、阮籍、陆机、陶渊明的某些诗，称赞他们写得文辞优美，境界深远，意旨深厚。这深厚的意旨则是注家和诠释者应当努力探求的。

从以上的文字中我们可以知道，那些深含哲理的范畴或命题是“微言大义”，那些“深文隐蔚”（《文心雕龙·隐秀》）的文词也是“微言大义”。还有一点必须强调：古人所说的“《春秋》笔法”，更是“微言大义”。

（二）《春秋》笔法

《春秋》笔法是指鲁国史官或孔子在作《春秋》时所采用的记事和遣词造句的方法，即在记事和遣词造句中隐含褒贬义的方法。

《春秋》是中国上古六部经典文献之一，记载了从鲁国隐公元年（前722年）到哀公十四年或十六年（前481或前479）的历史事件，内容包括政治、军事、经济、文化、天文气象、物质生产、社会生活等各个方面。依据鲁国的年代，记载鲁国和全中国的重大事件，是中国第一部编年史，在中国史学上具有重要地位。

春秋各国，如晋、齐、楚、宋等都有这样的史书，是由史官世袭相承，集体编录而成，并非只有鲁史一家，只是有的名称不同罢了。如晋名“乘”、楚名“梼杌”。“春秋”是共名、大名，“乘”、“梼杌”是别号。

注释《春秋》而成为经典的有《左传》《公羊传》和《谷梁传》三种。《左传》以大量史实补《春秋》之不足，《公羊》和《谷梁》则更重文字训诂和经文的政治意义。《左传》属古文经学，《公羊》和《谷梁》属今文经学。三传侧重点不同，但在探求经文“微言大义”上却是共同的。

春秋各国史书的“书法”大体一致，后世广为传授的据说是孔子所修的鲁史《春秋》，所以就有了“《春秋》笔法”一说，说得具体明白的是《左传·成公十四年》：

> 经十有四年……秋，叔孙侨如如齐逆女……九月，侨如以夫人归姜氏至自齐。
>
> 传十四年……秋，宣伯如齐逆女，称族，尊君命也……九月，侨如以夫人妇姜氏至自齐，舍族，尊夫人也。故君子曰：“《春秋》之称，微而显，志而晦，婉而成章，尽而不污，惩恶而劝善，非圣人谁能修之？”（译文：秋，宣伯去到齐国迎接齐女，《春秋》称他的族名，这是由于尊重国君的命令……九月，侨如领着夫人姜氏从齐国来到，不称族名，这是由于尊重夫人。所以君子说：“《春秋》的记述，用词细密而意义显明，记载史实而含蓄深远，婉转而顺理成章，穷尽而无所歪曲，警戒邪恶而奖励善良。如果不是圣人，谁能够编写？”[①]）

所谓“称族”“舍族”，就是在“侨如（即宣伯）”前加或不加

① 见沈玉成《左传译文》，中华书局，1981年，第1版。

族姓、姓氏“叔孙”。周代礼制的这些讲究，今人已经难以理解了。

对《左传》所述的五种义例，杜预在《春秋左氏传序》中逐一作了解说：

一曰微而显：文见于此，而起义在彼。称族尊君命，舍族尊夫人，梁亡城缘陵之类是也。二曰志而晦：约言示制，推以示例，参会不地，与谋曰及之类是也。三曰婉而成章：曲从义训，以示大顺，诸所讳避，璧假许田之类是也。四曰尽而不污：直书其事，具文见意，丹楹刻桷，天王求车，齐侯献捷之类是也。五曰惩恶而劝善：求名而亡，欲盖而章，书齐豹盗、三叛人名之类是也。推此五体，以寻经传，触类而长之，附于二百四十二年行事，王道之正，人伦之纪备矣。

上述“称族”“舍族”“参会不地”“与谋曰及”都是《春秋》义例（亦即“书法”）所定的规则，孔颖达《春秋左传正义》也都有详细说明。

《春秋》记事，处处有褒贬。当时或后世史官的基本品质就是秉笔直书，君臣、大人的一举一动，都在他们的观察、监视之下。在《公羊传》《谷梁传》中，褒、贬、讥字样时有所见：

仪父者何？邾娄之君也。何以名字也？曷为称字？褒之也。

（《公羊传》卷一）

无骇帅师入极。无骇者何？展无骇也。何以不氏？贬。

（《公羊传》卷二）

五年春，公观鱼于棠。何以书？讥。何以讥？远也。

（《公羊传》卷二）

四年春，正月，公狩于郎。狩者何？田狩也。春曰苗，秋曰蒐，冬曰狩。常事不书，此何以书？讥。何讥尔？远也。

（《公羊传》卷四）

何以褒，何以贬，何以讥，《公羊传》有简略说明。看看《左传》所记事实，我们就可以更清楚地明白事情的原委：

> 传五年春，公将如棠观鱼者，臧僖伯谏曰："凡物不足以讲大事，材不足以备器用，则君不举焉。君将纳民于轨物者也。故讲事以度轨量谓之轨，取材以章物采谓之物，不轨不物，谓之乱政，乱政亟行，所以败也……"（下略）

"公观鱼（渔）于棠""公狩于郎"，在《春秋》只是如实记下了事情，而或褒或贬或讥，却隐含其中，这就是史官或孔子的秉笔直书，春秋笔法：无关国计民生的事，非礼制所允许的事，你兴师动众，跑那么远去干什么？这样的褒贬，在现代还有借鉴意义。

春秋各国史书既有这些记事上的义例，而鲁史《春秋》既为孔子传授学业的教材，又传为孔子所作，所以后世学人对《春秋》的顶礼膜拜就无以复加了。孔子的至高无上地位，《春秋》的至高无上地位，使《春秋》的义例和遣词造句披上了一层神秘的色彩。杜预《左传序》说《春秋》"一字为褒贬"，范宁《谷梁传序》以十分优美的文字表达了他的赞美："一字之褒，宠逾华衮之赠；片言之贬，辱过市朝之挞。"而刘勰在《文心雕龙》的《征圣》和《宗经》篇中，对《春秋》笔法也是称颂再三。

（三）《春秋》三传探求"微言大义"的比较

《春秋》一书，略有缺失，总共才一万六千多字，而《公羊传》也不过二万七千多字，《谷梁传》二万三千多字。最早出现的是《左传》，是一部洋洋洒洒的历史著作，它把《春秋》所记载的史实纲目作了具体详细的补充，是一部极有价值的编年史。

三传的性质，上已说明，下面仅以隐公元年的经文"元年，春，王正月"一句来作比较：

> 元年，春，王周正月。不书即位，摄也。
>
> （《左传》）
>
> 元年者何？君之始年也。春者何？岁之始也。王者

孰谓，谓文王也。何为先言王而后言正月？王正月也。何言乎王正月？大一统也。公何以不言即位？成公意也。何成乎公之意？公将平国而反之桓。曷为反之桓？桓幼而贵，隐长而卑。其为尊卑也微，国人莫知。隐长又贤，诸大夫扳隐而立之。隐于是焉而辞立，则未知桓之将必得立也。且如桓立，则恐诸大夫之不能相幼君也。故凡隐之立，为桓立也。隐长又贤，何以不宜立？立適（嫡）以长，不以贤；立子以贵，不以长。桓何以贵？母贵也。母贵则子何以贵？子以母贵，母以子贵。

（《公羊传》）

虽无事，必举正月，谨始也。公何以不言即位？成公志也。焉成之？言君之不取为公也。君之不取为公，何也？将以让桓也。让桓正乎？曰不正。《春秋》成人之美，不成人之恶，隐不正而成之，将以恶桓也。其恶桓，何也？隐将让而桓弑之，则恶桓矣。桓弑而隐让，则隐善矣。善则其不正焉，何也？《春秋》贵义而不贵惠，孝子扬父之美，不扬父之恶，先君之欲与桓，非正也，邪也。虽然，既胜其邪心以与隐矣。已探先君之邪志，而遂以与桓，则是成父之恶也。兄弟，天伦也。为子受之父，为诸侯受之君。已废天伦，而忘君父，以行小惠，曰小道也。若隐者，可谓轻千乘之国，蹈道，则未也。

（《谷梁传》）

“元年，春，王正月。”三传所释大不相同。《左传》在“正月”前加一“周”字，以别夏殷。传文仅“不书即位，摄也”六字。而《公羊传》196字，《谷梁传》213字。

按《春秋》之例，每一代君主的始年记事都从“元年春”开始，且必记事，如“即位”或重大事件。而隐公元年却无事，也不提即位事。即位事记载于桓公元年。于是三家就“元年，春，王正月”

六字作了各自的解读。《左传》除在“王正月”中加一“周”字以别夏殷外，仅对“不书即位”的原因以一“摄”字说明。“摄”是代理的意思，即隐公是代理君主治理政事，所以不书即位。

《公羊传》和《谷梁传》的解读却要复杂得多。《公羊传》一连提出“元年者何”“春者何”“王者孰谓”“何为先言王而后言正月”“何言乎王正月”“公何以不言即位”“何成乎公之意”“曷为反之桓”“隐长又贤，何以不宜立”“桓何以贵”“母贵则子何以贵”计 11 个问题，层层问答，对《春秋》这六字作了深入阐释。

《谷梁传》的阐释角度与《公羊传》不同，所提的问题只有“何以不言即位”“焉成之（指‘成公志’）”“君之不取为公，何也”“让桓正乎？”“其恶桓，何也”“善则其不正焉，何也”六个，对隐公、桓公和他们的父亲惠公都进行了贬责。

在对经文“夏，五月，郑伯克段于鄢”的解读中，三传又是另一种情况：

> 初，郑武公娶于申，曰武姜。生庄公及共叔段。庄公寤生，惊姜氏，故名曰寤生，遂恶之。爱共叔段，欲立之。亟请于武公，公弗许。及庄公即位，为之请制。公曰：“制，岩邑也，虢叔死焉，佗邑唯命。”请京，使居之，谓之京城大叔。
>
> 祭仲曰：“都城过百雉，国之害也。先王之制，大都不过参（三）国之一，中五之一，小九之一。今京不度，非制也。君将不堪。”公曰：“姜氏欲之，焉辟害！”对曰：“姜氏何厌之有？不如早为之所，使无滋蔓。蔓，难图也。蔓草犹不可除，况君之宠弟乎？”公曰：“多行不义必自毙，子姑待之。”
>
> 既而大叔命西鄙、北鄙贰于己。公子吕曰：“国不堪贰，君将若之何？欲与大叔，臣请事之；若弗与，则请除之，无生民心。”公曰：“无庸，将自及。”大叔又收贰以为己邑，

至于廪延。子封曰："可矣！"公曰："不义不暱，厚将崩。"

大叔完聚，缮甲兵，具卒乘，将袭郑，夫人将启之。公闻其期，曰："可矣！"命子封帅车二百乘以伐京。京叛大叔段，段入于鄢。公伐诸鄢。五月辛丑，大叔出奔共。

书曰："郑伯克段于鄢。"段不弟，故不言"弟"；如二君，故言"克"。称郑伯，讥失教也；谓之郑志，不言出奔，难之也。

(下略)　　(《左传》)

克之者何？杀之也。杀之，则曷为谓之克？大郑伯之恶也。曷为大郑伯之恶？母欲立之，已杀之，如(即不如)勿与而已矣。段者何？郑伯之弟也。何以不称弟？当国也。其地何？当国也。齐人杀无知，何以不地？在内也。在内，虽当国，不地也。不当国，虽在外，亦不地也。(不地，不录其地。)

(《公羊传》)

克者何？能也。何能也？能杀也。何以不言杀？见段之有徒众也。段，郑伯弟也。何以知其为弟也？杀世子母弟目君。以其目君(《春秋》凡诸侯杀世子和同母弟的，便视为国君)，知其为弟也。段，弟也，而弗谓弟，公子也。而弗谓公子，贬之也，段失弟子之道矣。贱段而甚郑伯也。何甚乎郑伯？甚郑伯之处心积虑，成于杀也。于鄢，远也。犹曰取之其母之怀中而杀之云尔，甚之也。然则为郑伯者宜奈何？缓（缓慢）追逸贼，亲亲之道也。

(《谷梁传》)

三传的区别是明显的，《左传》重在以《春秋》的简略记载为题，写成一篇篇史料翔实的文章，以补《春秋》的不足。"郑伯克段于鄢"六字，《左传》以五百多字加以叙述，介绍了郑武公、姜氏和他们的两个儿子郑伯（即庄公）、共叔段兄弟之间的感情纠葛和权力斗争。姜氏溺爱、纵容共叔段，共叔段的扩张、图谋和郑伯深沉有谋，挫败共叔段的叛乱，一一叙述得清清楚楚，从而解释了《春秋》六字所含的褒贬。而《公羊传》和《谷梁传》却重在对《春秋》措辞的政治分析，逐层揭示六字隐含的深义。虽不免有穿凿附会之论，迂阔陈腐之辞，但其大体是可取的。从《春秋》的作者说，“元年，春，王正月”和“郑伯克段于鄢”的措辞隐含着深义，是“《春秋》笔法”和“微言大义”。而从注家、解读者说，则是通过对这种笔法的解析，揭示所含的义理。这是同一事物的两个方面。

正如“义理的不同的解读——探求义理的多种可能性”所说：“作者创作的主观意愿含蕴在作品中，这是客观存在。而人们的领悟、注释则是主观解读。”这种解读“是受解读者个人的观察体验角度、立场和学养、识断制约的”。因此对同一作品、同一措辞的分析，有时就产生了歧异。如《公羊传》，对隐公褒扬有加，而《谷梁传》对隐公、桓公却加以贬责。《公羊传》解说《春秋》所记史事，着重从政治而非从历史角度谈论是非，又因有大一统思想，深受汉武帝推崇。《谷梁传》虽与《公羊传》同调，且同出孔门，但在对史实的解说上常有歧异，有时更为深刻，受到汉宣帝的重视。

（四）“《春秋》笔法”、“微言大义”和史实

《春秋》是史官所记，义例有五，在何种情况下用哪一种措辞，各诸侯国当有相类似的规定。孔子既与《春秋》的编修有密切关系，又以《春秋》为教材教授学生，必然是将《春秋》措辞隐含的史实以及相应义例作了透彻的讲析。承继孔子《春秋》学说最有成就者是子夏，《公羊传》和《谷梁传》均传自子夏。

在春秋时代，历史故事以史官口述为主，《春秋》所记，有时间、地点、人物，虽极简，却赋予史官口头讲述以信史的价值，那些口述历史的具体内容就成为了解读《春秋》、了解“《春秋》笔法”与“微言大义”的唯一依据。而这些依据，在现代注释中是必须重视的。不明史实就不明《春秋》，也不明《公羊传》和《谷梁传》，甚至也不明《左传》。

隐公元年“元年，春，王正月”六字，上引三家注释作了说明。《左传》关于“不书即位”仅以一“摄”字作解，而《公羊传》和《谷梁传》却层层设问自答，全都涉及史实。但是今人读起来，对包含在每一句，甚至每一个字里面的史实，若不看注疏，仍然是不甚明白的，只能得到大致的印象。假若我们看了《史记•鲁周公世家》的记载，再来看三传，对《春秋》笔法、微言大义，对三传各自的解读就不会有什么困难了：

二十七年，孝公卒，子弗湟立，是为惠公……四十六年，惠公卒，长庶子息摄当国，行君事，是为隐公。

初，惠公適（嫡）夫人无子，公贱妾声子生子息。息长，为娶于宋。宋女至而好，惠公夺而自妻之，生子允。登宋女为夫人，以允为太子。及惠公卒，为允少故，鲁人共令息摄政，不言即位。隐公五年，观渔于棠。八年，与郑易天子之太山之邑祊及许田，君子讥之。

十一年冬，公子挥谄谓隐公曰：“百姓便君，君其遂立。吾请为君杀子允，君以我为相。”隐公曰：“有先君命，吾为允少，故摄代。今允长矣，吾方营菟裘之地而老焉，以授子允政。”挥惧子允闻而反诛之，乃反谮隐公于子允，曰：“隐公欲遂立，去子，子其图之，请为子杀隐公。”子允许诺。十一月，隐公祭钟巫，齐于社圃，馆于芳氏。挥使人杀隐公于芳氏，而立子允为君，是为桓公。

本来，注释古代文籍，探求字义词义，扫除语言障碍，使今人能与古人沟通，已属不易。而典籍所涉史实和名物典章制度，要能一一弄清，则更为困难。在一定历史背景下简略记录历史事件，又寓褒贬于遣词造句中，要能透彻理解“《春秋》笔法”和史官的良苦用心，就非弄清事件的来龙去脉和前因后果不可。探求义理、微言大义，决不仅仅是词义训诂的问题。正如没有语言障碍的现当代作品，在教学时有时也要先提供时代背景材料一样，对"《春秋》笔法"、对古诗文的解读、对历史典籍的注释和整理，是一定要重视这个问题的。

三、义理和哲学

（一）儒家经典训诂章句之学的总结

在中国学术史、思想史上，儒家经典始终占有至关重要的地位，六经的思想以及儒家著作只言片语中所含蕴的哲理和伦理，一直是古代知识分子立身处世的准则和指导思想，而注释经典则成为广大知识分子所追求的崇高事业。所谓"敷赞圣旨，莫若注经"（刘勰《文心雕龙·序志》），这是"君子处世，树德建言"的重要途径。但是"马（马融）、郑（郑玄）诸儒，弘之已精"，到了唐代，孔颖达等作《周易》《尚书》《毛诗》《礼记》《春秋左传》正义，贾公彦作《周礼》《仪礼》疏，徐彦作《春秋公羊传》疏，杨士勋作《春秋谷梁传》疏，作为注释经典的训诂章句之学以及以训诂为基础的对义理的探求已经是总其成了。时代的发展、社会的进步对注释学提出了更多的要求。把儒家经典及其传注笺疏、先秦哲人散见于各个篇章中的哲学伦理思想加以系统化，使训诂升华为哲学，已成为必然趋势。以宋人周敦颐、程颢、程颐为代表的濂洛之学促成了儒学的哲学化发展。

（二）义理和哲学

陆九渊曾说："学苟知本，六经皆我注脚。"（见《象山语录》卷一）这是一个既反映时代精神，又蕴含着唯心论的重要思想。对六经的诠释主要表现为训诂章句，即"我注六经"，是解释性的；"六经皆我注脚"是"六经注我"，其侧重点已是援引六经来阐发自己的思想了。

我们知道，儒家经典、先秦诸子提出了许多哲学和伦理学的概念和命题，并在那些典籍中形成了哲学、伦理学思想体系。这种思想体系就是先秦哲学、伦理学。诸子哲学、伦理学有着博大精深的内涵。但是这种思想体系广阔而松散，在章句训诂的诠释中也是这样。

儒家哲学、伦理学最为重要的范畴是礼和仁。礼是社会的等级制度，是人们必须遵守的行为规范和准则；仁是人的内在美质，思想修养、施政和社会治理的最高境界。孔子强调“道之以德，齐之以礼”（《论语·为政》），指出“不学礼，无以立”（《论语·季氏》），要求“非礼勿视，非礼勿听，非礼无言，非礼无动”（《论语·颜渊》）。而要使社会秩序合于礼的规范，则必须以“仁”为先决条件。孔子说：“人而不仁，如礼何？人而不仁，如乐何？”（《论语·八佾》）又说：“克己复礼为仁。一日克己复礼，天下归仁焉。”（《论语·颜渊》）

“仁”从人从二，本义是相偶而亲，因此孔子高举“仁”这面旗帜展示了他的学说和政治主张。由血缘之亲的“孝悌”，到“泛爱众而亲仁”（《论语·学而》）、推及爱天下之人的“四海之内皆兄弟也”（《论语·颜渊》子夏语），以及“知者乐水，仁者乐山（因为山水充满生机，为百姓提供了丰富的食物和财用）”（《论语·雍也》）的“爱物”，使我们感受到了一位伟大先哲的博爱胸怀。而孔子政治理想的实现，是必须从自身的修养做起的，这就是“克己”“修己”“正身”。其修养方法之一，便是“己所不欲，勿施于人”，（《论语·卫灵公》）、“己欲立而立人，己欲达而达人”（《论语·雍也》），这是至高的天下为公的大同境界。

然而将分散的哲学、伦理学的概念和汉唐的解读加以升华，形成具有体系的哲学论述，宋人作出了突出贡献。北宋周敦颐（1017—1073）针对汉唐儒学“溺于章句训诂之学”“汩于五霸功利之习”，在《易传》《中庸》的哲学思想基础上，发挥儒家人性论的思想，作《太极图说》和《通书》，确立了“中正仁义”的人学原则，引导人们注意自身的人格修养，奠定了宋代理学的基石。（参见韩钟文《中国儒学史》宋元卷，广东教育出版社 1998 年 6 月第 1 版）他在《太极图说》中阐释的物质和生命起源的观点，他的动静观、阴阳观、人性观在哲学思想史上占有重要地位。所说“阳变阴合而生水火木金土，五气顺布，四时行焉”“乾道成男，坤道成女。二气交感，化生万物，万物生生而变化无穷焉”“立天之道，曰阴与阳；立地之道，曰柔与刚；立人之道，曰仁与义”，从天道到人道，把儒家的本体论、人性论作了充分的发挥。在《通说》中又说：“二气五行，化生万物。”“圣人之道，仁义中正而已矣。”朱熹在比较了《通书》与《论语》《孟子》后说：“比《语》《孟》较分晓精深，结构得密。《语》《孟》说得较阔。”（参见韩钟文《中国儒学史》宋元卷）

《通书》在内容上与《论语》《孟子》的内容是可以比较的，在结构上并没有可比性。本书的任务不在讨论哲学思想史，只是想说明，源自儒家经典和其他经典的注释学由于对某些哲学、伦理学概念的深入探讨，并使之系统化、哲学化，在宋代是一种什么样的状态。

哲学是关于自然界、人类社会和思维的普遍规律的科学，是在对自然界和人类社会的观察与思考中产生和发展的，在我国也是在对儒家经典和其他各家经典的注释申发中发展演变的。周敦颐以后，有二程（程颐、程颢）承其学而光大发扬之，以“理”（亦即“道”）作为哲学的最高范畴，至南宋朱熹继承和发展二程学说，成为集大成者。故宋代理学又被称为程朱理学。

哲学思想从来都是唯物主义与唯心主义对立的。先秦哲学思想和宋明哲学思想是中国历史上最活跃的两个时期的学术思想现象。宋代具有唯物主义思想的思想家有李觏、王安石，在自然观方面表现为唯物主义思想的有张载以及陈亮、叶适，具有唯心主义思想的思想家有周敦颐、邵雍、司马光、程颢、程颐、朱熹、陆九渊。唯心主义哲学又有客观和主观之分。客观唯心主义哲学以周敦颐、二程、朱熹为代表，主观唯心主义哲学以陆九渊为代表。到了明代，王守仁发展陆九渊的思想体系，成为宋、明时期主观唯心主义哲学的集大成者，他的哲学思想一度成为我国封建社会的支配思想。(详见任继愈《中国哲学史》第三册第十章《王守仁的主观唯心主义哲学思想》)

陆、王和朱熹都把“心”作为天地万物的本源，把仁、义、礼、智等伦理概念作为宇宙的本体，就是“理”。在《二程遗书》中又提出了存天理去人欲的主张：

> 视听言动非礼不为，即是礼，礼即是理也。不是天理，便是私欲，人虽有意于为善，亦是非礼。无人欲即皆天理。
>
> (卷十五)

这是把一切封建等级制度如三纲五常等的礼当作“理”“天理”、不合于礼的人欲必须去之的宣言。在哲学体系上和濂洛学说针锋相对的是李觏、王安石、张载建立的唯物主义的理学。而宣告理学终结的是清代的王夫之、颜元和戴震。

我们概述这一段思想历史，无非是要说明：注释学决不仅仅是文字训诂问题，对微言大义的探求，对义理的探求以及这种探求升华为哲学，并且形成不同的流派，则从更深的层次上反映了注释学的任务还在于诠释自然界、人类社会以及人本身的种种现象和规律，以促使人自身修养品德的完善，社会的治理和发展。没有历史、思想史的知识，仅凭语言文字训诂，是不能使文籍注释达到一个较高的层次的。

(三) 王夫之的《读四书大全说》和戴震的《孟子字义疏证》

《读四书大全说》是明末清初思想家王夫之（1619—1692）的重要著作。南宋理学家朱熹将《论语》《孟子》和《礼记》中的《大学》《中庸》合编成《四书》，并分别作注，合称为《四书章句集注》。一方面解说四书，阐释其义理，另一方面宣扬自周敦颐、二程以来的道学思想，在当时和以后很长的一段时间里产生了很大影响，成为科举考试的必读教材。到了明代，把程朱学派对《四书》的解释汇集起来，编成《四书大全》，进一步扩大了程朱道学亦即理学的影响，使维护封建统治的唯心主义哲学思想成为社会的主导思想。王夫之有感于明代之亡，通过《读四书大全说》和其他著作，给予儒家经典以不同于原意的训诂和发挥，批判了程朱理学思想。

《读四书大全说》是按照《四书》原来的篇章次序，以读书札记的形式写作的，在对经典的诠释中，常引佛家、道家以及俗儒之说进行批判，在一些重大的思想主张上，与以程朱为代表的唯心主义道学的解释是针锋相对的。

上文曾已指出，程朱理学的一个重要主张是“存天理，灭人欲”。朱熹曾说：“孔子所谓‘克己复礼’……圣人千言万语，只教人存天理，灭人欲。”（《朱子语类》卷十二）《读四书大全说》在《里仁篇》札记中对这一观点给予了系统的尖锐的批判。

《里仁篇》是《论语》的第四篇，较多地谈到了“仁”，也谈到了“欲”：

子曰：“里仁为美。择不处仁，焉得知（智）？”

子曰：“不仁者，不可以久处约，不可以长处乐。仁者安仁，知（智）者利仁。”

子曰：“唯仁者能好人，能恶人。”

子曰：“苟志于仁矣，无恶也。”

子曰：“富与贵，是人之所欲也；不以其道得之，不处也。贫与贱，是人之所恶也；不以其道得之（应为“去之”），不去也。君子去仁，恶（wū）乎成名？君子无终食之间违仁，造次（匆忙；仓促）必于是，颠沛必于是。”

子曰：“我未见好仁者，恶不仁者。好仁者，无以尚之；恶不仁者，其为仁矣，不使不仁者加乎其身。有能一日用其力于仁矣乎？我未见力不足者。盖有之矣，我未之见也。”

子曰：“人之过也，各于其党。观过，斯知仁矣。”

子曰：“朝闻道，夕死可矣。”

（下略）

王夫之针对《四书大全》的注释，分25节进行了讨论，表达了他的思想，而重点在“天理”和“人欲”，兹摘录如下：

到得“君子无终食之间违仁”，则他境界自别：赫然天理相合为一，视听言动，出门使民，不但防人欲之渐侵，虽人欲不侵，而亦唯恐天理之不现前矣。

（《读四书大全说·论语·里仁篇》三）

人自有人欲不侵而天理不存之时……盖当天理未存之先，其诱人以去仁者，莫大于富贵、贫贱之两端；而于私欲既遏之后，其无所诱而亦违仁者，不在富贵、贫贱，而在终食之积与造次、颠沛之顷。所以《集注》说“不但富贵贫贱之间而已”。

（同上）

曾子见夫子所以贯之者（指“吾道一以贯之”），欲合乎理，性通乎情，执大中而于礼皆实，随万化而于情皆顺。

（《里仁篇》一〇）

圣人有欲，其欲即天之理。天无欲，其理即人之欲。学者有理有欲，理尽则合人之欲，欲推即合天之理。于此可见：人欲之各得，即天理之大同；天理之大同，无人欲之或异。治民有道，此道也；获上（获得上司的信任）有道，此道也；信友有道，此道也；顺亲有道，此道也；诚身有道，此道也。故曰“吾道一以贯之也”。

（《里仁篇》一一）

于天理达人欲，更无转折；于人欲见天理，须有安排：

只此为仁恕之别。

（《里仁篇》一二）

只理便谓之天，只欲便谓之人。饥则食，寒则衣，天也。食各有所甘，衣亦各有所好，人也。

（《里仁篇》一三）

二程及朱熹的“存天理，灭人欲”的实质上文已有说明，王夫之则阐明了“天理”和“人欲”相统一的观点，他认为没有欲也就无所谓理，人人有欲，欲就是理。虽然他强调的是圣人，但是却把欲和理从绝对对立上改正过来了。他指出：只要“人欲之各得”（人们的欲望各如其分地得到满足）就是“天理之大同”。他在“人欲”和“天理”辩证统一关系的论述上是和宋代道学有本质区别的，而且他的这一论述的终极目的又在治国和处事。即令是用今天的观点分析，王夫之的理论对我们仍是有启发意义的。

王夫之所关心的是国家的治理，人民的生活。他的欲望观反映在社会财富的聚散上与道学家也是有区别的。朱熹说：“人君以德为外，以财为内，则是争斗其民，而施之以劫夺之教也。盖财者人之所同欲，不能絜矩（絜矩：法度）而欲专之，则民亦起而争夺矣。”（《大学》“德者本也，财者末也。外本内末，争民施夺”注）又说：“外本内末故财聚，争民施夺故民散。反是则有德而有人矣。”（《大学》“是故财聚则民散，财散则民聚”注）而王夫之在解释这两句时，不赞成仅给民以小惠，而应“务制民之产”；他反对“豪强兼并”“渔猎小民”；他认为“得众得国”“失众失国”。这就不仅仅只是从“得道失道”的层面看问题了，而是有了更深刻的内涵。（见《读四书大全说·大学传》第十章）

王夫之还十分重视字义的阐释：

凡释字义，须补先儒之所未备，逐一清出，不可将次带过。一部《十三经》，初无一字因彼字带出混下者。如此章“亲爱”等十字，其类则五，而要为十义。亲者相洽相近之谓，爱则有护惜而愿得之意。畏者畏其威，敬者敬其仪。畏存乎人，敬尽乎己。哀则因其有所丧而悼之，矜则因其未足以成而怜之。贱以待庸陋，恶以待顽恶。近取之家，自不乏此十种。或以人别，或以事别，其类则有五，其实凡十也。

（《读四书大全说·大学传第八章》）

所说五类，是“亲爱”“畏敬”“哀矜”“贱恶”以及上文已说的“敖惰”，每一类是两个相关联、相对应的字（概念），故说“要义为十”。

不论是朱熹还是王夫之，他们在对儒家经典的诠释，并申述自己的哲学和政治思想中，都是重视从训诂入手的。王夫之关于释字义的这一段话有代表性。

王夫之又说：

经传之旨，有大义，有微言，亦有相助成文之语。字字求义，而不顾其安，鲜有不悖者。

（《读四书大全说·大学传第九章》）

重视字义，重视微言大义而又不必字字求义，是很重要的注释观点。

以上介绍《读四书大全说》，把宋代理学置于王夫之的对立面，是从唯物和唯心的对立和斗争的层面上立论的。其实，朱熹的《四书章句集注》并不是等闲之辈的一般著作。朱熹注《四书》，从三十岁开始，六十七八岁还“改犹未了”，七十一岁临死的前一天，还在修改《大学·诚意章》的注。《四书章句集注》点校说明说：“朱熹较之清朝的汉学家，更多地注意从整体上去探求与把握原书的思想体系，而不斤斤于字义、名物、制度等的孤立繁琐的考证，这使他对古代儒家思想的理解较之汉学家往往有更深入之处，加上他的文字很洗练，因此《四书章句集注》特别是《论》《孟》的注在旧注本中仍不失为较好的读本之一。”这是客观的评价。王夫之在《读四书大全说》中，对朱熹的许多注释的思想见解也取肯定的态度。

《孟子字义疏证》是清代汉学家和思想家戴震（1724—1777）最重要的哲学著作。和王夫之一样，戴震的哲学思想也是以儒家经典为载体，通过注释表述的。

《孟子字义疏证》一书，中华书局于1961年出版，分为三个部分。卷首为《孟子字义疏证》，次为《原善》上中下三卷、《绪论》和《孟子私淑录》，第三部分为散篇论文，有《法象论》《读易系辞论性》《读孟子论性》《答彭进士允初书》等。1982年版增补《与段若膺论理书》、《与段若膺书》和《中庸补注》。

《孟子字义疏证》在写法上与常见的训诂著作不同，也与《读四书大全说》不同。戴震讨论的是《孟子》一书中的“理”（十五条）、“天道”（四条）、“性”（九条）、“才”（三条）、“道”（四条）、“仁、义、礼、智”（二条）、“诚”（二条）、“权”（五条）。其论述先释字义，再以自问自答（即“问”和“曰”）的形式展开。如“理”：

> 理者，察之而几微必区以别之名也，是故谓之分理；在物之质，曰肌理，曰腠理，曰文理（汪按：亦曰文缕。理、缕，语之转耳）；得其分则有条而不紊，谓之条理。孟子称“孔子之谓集大成”曰：“始条理者，智之事也；终条理者，圣之事也。”圣智至孔子而极其盛，不过举条理以言之而已矣……天下事情，条分缕析，以仁且智当之，岂或爽失几微哉！《中庸》曰：“文理密察，足以有别也。”《乐记》曰：“乐者，通伦理者也。”郑康成注云：“理，分也。”许叔重《说文解字序》曰：“知分理之可相别异也。”古人所谓理，未有如后儒之所谓理者矣。
>
> （戴震《孟子字义疏证》）

释字义以后，作者以问答的方式论述了14个问题：如“古人之言天理，何谓也？”“情与理之名何异？”“理又以心言，何也？”“《乐记》言灭天理而穷人欲，其言有似于以理欲为邪正之别，何也？”之类。

在问和答中，戴震对程朱理学进行了针锋相对的批判，指出

“欲出于性”，“物者，事也；语其事，不出乎日用饮食而已矣；舍是而言理，非古圣贤所谓理也”。他说：“孟子言‘养心莫善于寡欲’,明乎欲不可无也,寡之而已。”“天理者,节其欲而不穷人欲也。是故欲不可穷，非不可有；有而节之，使无过情，无不及情，可谓之非天理乎！”他又说：“饮食男女,人之大欲存焉。”无欲则“生生之道绝”，他甚至指斥理学家的“存天理，灭人欲”是“以理杀人”，比王夫之更加深刻尖锐。

（四）注释古书的探求义理不同于写作论文

注释学讲义理，与就经籍的某些概念和论述写作论文是不同的。上文列举王夫之《读四书大全说》、戴震《孟子字义疏证》进行介绍分析，也不是从写作学术论文的角度立论的。《读四书大全说》和《孟子字义疏证》二书虽有明显区别,且后者已近于写作论文,但总体上还是依附于原著立论的注释或训诂，只是这种注释和训诂已经哲学化，是以注释为基础的哲学著作罢了。

依附于经籍的探求义理，有一点值得注意：不可置经籍原文于不顾，另发长篇大论，使注释离开原文原义而成为注家自己的学说。

我们知道,经籍的注释有汉学和宋学之分,汉学以郑玄为代表,宋学以朱熹为代表。清人李兆洛说：

> 治经之途有二：一曰专家，确守一家之法，尺寸不敢违越，唐以前诸儒类然。一曰心得，通之以理，空所依傍，惟求乎己之所安，唐以后诸儒类然。孔子曰：“述而不作，信而好古。”专家是也。孟子曰：“以意逆志，是谓得之。”心得是也。能守专家者，莫如郑氏康成。而其于经也，泛滥博涉，彼此会通，故能集一代之长。能发心得者，莫如朱子。而其于经也，搜采众说，惟是之从，故能为百世之宗。
>
> （《养一斋文集》）

汉学和宋学的这种区别是相当明显的。但是若各自走向极端，则重家法、师法者会流于“拘隘”，重心得者会流于“悍肆”。正如张舜徽先生在《中国文献学》中所说：“这就形成了两派末流的大弊病。”就探求义理而言，陆九渊的“六经皆我注脚”是有很大片面性的，实在是一种有害的理论，而朱熹的主张却是可取的：

> 凡解释文字，不可令注脚成文。成文，则注与经各为一事，人惟看注而忘经。不然，即须各作一番理会，添却一项功夫。窃谓须只似汉儒毛、孔之流，略释训诂名物及文义理致尤难明者。而其易明处，更不须贴句相续，乃为得体。盖如此，则读者看注，即知其非经外之文，却须将注再就经上体味，自然思虑归一，功力不分，而其玩索之味，亦益深长矣。
>
> （《朱子文集》卷七十四《记解经》）

对那些脱离经文“令注脚成文”的现象，朱熹提出了尖锐的批评：

> 本文不过数语，而所解者文过数倍。本文只谓之“性”，而解中谓之“太极”。凡此之类，将使学者不暇求经，而先坐困于吾说，非先贤谈经之体也。
>
> （《朱子文集》卷三十一《答敬夫〈孟子说·疑义〉》）

朱熹是理学的集大成者，而宋代理学发端于周敦颐，周敦颐的重要著作是《太极图说》和《通书》，用以阐扬孔孟之道，从天道到人道，把儒家的本体论、人性论作了充分的发挥。而朱熹却有“本文只谓之‘性’，而解中谓之‘太极’”之语，不知所指何人。

第十二章　考　　据

一、考据和考证

（一）考据和考证的正名与异名

考据和考证异名同实而又有别，词典注释有三种情况：

《辞海》《辞源》《古今汉语词典》以“考据”为正名，“考证”为异名：

考证　即考据。姚鼐《复秦小岘书》：“天下学问之事，有义理、文章、考证三者之分，异趋而同为不可废。”

考据　也叫“考证”。研究历史语言等的一种方法。根据事实的考核和例证的归纳，提供可信的材料，作出一定的结论。考据方法主要是训诂、校勘和资料蒐辑整理。清代乾隆、嘉庆两朝，考据之学最盛，后世称为考据学派或乾嘉学派。

（《辞海》）

考证　根据文献资料核实说明。《元诗百一钞·五·刘因〈夏日饮山亭〉》：“人来每问农桑事，考证床头种树篇。”

考据　也称考证。指对古籍的文字音义及古代的名物典章制度等进行考核辨证。清代学者厌宋明理学的空疏，主张学习汉代学者，以实事求是阐明古义为主，名为朴学、汉学，以别于宋学。其渊源出于清初顾炎武，自阎若璩、胡渭而后，至乾隆、嘉庆时，有惠栋、戴震、钱大昕、段玉裁、王念孙及其子引之等，达于极盛。考据之法，大致以校勘厘正本文，以训诂贯通字义，以积累资料供研究者的应用。

(《辞源》)

考证 ①根据文献、文物等资料来考核论证。例 天下学问之事，有义理、文章、～三者之分。(清姚鼐《复秦小岘书》)｜而～工夫一般也是后来居上的。(报) ②考查验证。例 从自己的经验中～这些结论。(毛泽东《中国革命战争中的战略问题》)

考据 也说考证。根据事实或资料来考核论证。特指研究文献、历史的一种方法。例 按历代甲子，自鲁隐公元年己未以下，载籍皆可～。(清黄宗羲《历代甲子考》)｜〔他〕十分像一个终身研究～之学的学者。(曹禺《蜕变》)

(《古今汉语词典》)

《现代汉语词典》《现代汉语规范词典》以“考证”为正名，以“考据”为异名：

考证 （动）研究文献或历史问题时，根据资料来考核、证实和说明。

考据 （动）考证。

(《现代汉语词典》)

考证 ① 动 根据资料，考核证实文物、文献中有关史实、文字、语言等方面的问题，并作出一定的结论 ▷～了这本书的成书年代。② 名 陈述考证情况和结论的文章 ▷鲁迅写的一段～。

考据 动 考证①。

(《现代汉语规范词典》)

《汉语大词典》《国际标准汉字词典》分别注释“考证”“考据”，不分正名和异名：

考证 ①考查验证。《元典章·刑部二》：“仍每季依前备牒官医提举司更为考证，若有差错，具由回报。”②根据资料考核、证实和说明文献或历史等问题。清姚鼐《复秦小岘书》：“余尝论学问之事有三端：曰义理也，考证也，文章也。”

考据 ①根据事实查考证实。宋王安石《答韶州张殿丞书》：“盖其所传，皆可考据。”②研究历史、语言等的一种方法。通过考核事实和归纳例证，提供可信材料，从而作出结论。

（《汉语大词典》）

考证 根据文献或文物资料来考核、证明和说明▷～作者的生卒年代。

考据 考核辨证古籍文字音义和古代名物制度等。参见“考证”。

（《国际标准汉字词典》）

（二）考证和考据的异同

或以考证为正名，或以考据为正名，或分别释义，无所谓正名和异名。应当如何判定上述分歧的是非呢？

据《四库全书》统计，“考证”一词凡5716见，“考据”1019见，可同义互用者多为“考核、证明和说明”的动词用法，如“～精核”“～旧文”“足资～”“疏于～”“长于～”“难以～”“不可～”“无所～”“无裨～”等，“～”既可用“考证”，亦可用“考据”。

所不同者一为“考证”的释文表示的是方法和过程，“考据”则具有学术术语特征；二为“考证”可用为书名，“考据”则用为学术、学科名。用为书名者如《周易经传原目考证》《周易注解传述人考证》《周易正义序考证》《论语集注考证》《孟子集注考证》《汉书艺文志考证》《四库全书考证》等。凡书名单用“考”者，亦即为“考证”。又有用“考异”“考略”“考纂”名书者，而独不见“考据”。至于学科，则多用“考据”，清乾嘉学派又称汉学、朴学、考据学派，而不叫考证学派。

从上述比较中可知，《汉语大词典》和《国际标准汉字词典》的处理是较为妥当的，词义注释也简洁明晰。

二、考据的运用

凡是涉及到古籍整理、文献注释和对历史、语言的疑难问题进行辨证解释的，都会征引各种有关材料进行分析，求取正确的结论，这个方法就是考据或考证。考据或考证在求得正确的结论中是一个学术研究过程。考据的运用十分广泛：

（一）运用于校勘

本书第四章讲校勘方法，列有对校、本校、他校、理校四种。他校法和理校法就是考证。对校和本校也涉及考证。从本质上讲，校勘和考证重依据，校勘是属于考证的。所不同的是校勘的目的在还原文籍的历史本来面貌，达到“正本清源”“不诬古人”的目的；而考证则不限于此，还需要解释疑难问题，求得对难知或未知问题的答案，以“不误今人”。第四章所举阮元《十三经注疏校勘记》、朱熹《大学章句》、陈垣《校勘学释例》都关涉考证。历代校勘名家、名著所运用的考证方法都应给予足够重视。

（二）运用于辨伪

1. 古代文献辨伪概述

古代文献有不少伪书、伪篇。所谓伪，就是假托、伪托、假冒，就是非真。伪书、伪篇，就是假托他人之名所写的书或文章，如三国·魏王肃伪造《孔子家语》《孔丛子》，用以驳难郑玄。郭沫若曾说：“中国的历史上，有两个时代的学者，发挥过造伪的大本领：一在春秋战国，一在王莽时代。”（见《郭沫若全集·历史编3·史学论集·论古代社会》）王莽时代指的主要是刘歆，说他伪造了《周礼》和《左传》。但这并不是确论。现代史学家罗尔纲 1934 年秋在《大公报》发表《读〈太平天国诗文钞〉》，考辨伪诗，著名诗人柳亚子说，世传石达开诗，什九是他的亡友高旭所作，目的在鼓吹革命，激发民气。中国古代图书约十万种，其中伪书据张心澂《伪书通考》（商务印书馆 1939 年初版）考证，达 1104 种。其后又有郑良树的《续伪书通考》（台湾学生书局 1984 年版）和其他新的伪书考证著作出版，数字更大。

托名写书，古今皆然。明人胡应麟在《四部正讹》中罗列 21 条作伪原因、动机，梁启超分为两条，即客观作伪和主观作伪。客观作伪是无意作伪而逐渐成伪；主观作伪则有托古、邀赏、争胜、炫名、诬善、掠美诸种原因。

伪书掩盖真相，于认识历史本来面貌不利，不可不辨。中国古代伪书的发现和考辨历史已久，从汉至清出现了许多取得了卓著成就的辨伪学者和著作，梁启超曾系统评述自司马迁至刘知幾、柳宗元、欧阳修、吴棫、朱熹、宋濂、胡应麟、姚际恒、阎若璩、胡渭、崔述、直至康有为等人的辨伪成就。康有为以后，梁启超、余嘉锡、胡适、傅斯年、顾颉刚、钱穆、冯友兰、郭沫若、罗根泽、张心澂、岑仲勉、马叙伦、杨伯峻、屈万里、张岱年等人也都有卓越的建树。而且 20 世纪 30 年代、40 年代还形成了以顾颉刚为代表的“古史辨”派。

从秦汉至今，辨伪的学术成果极为丰富，这是充分运用考据方法的结果。把辨伪作为一门学术进行研究的第一人是唐代柳宗元。

在辨伪取得巨大成就的同时，对辨伪方法和理论的研究也取得了很大成绩，明胡应麟的《四部正讹》、近人梁启超的《中国历史研究法》（1921 年）、《中国近三百年学术史》（1924 年）、《古书真伪及其年代》（1927 年）等系列著作，郑良树的《古籍辨伪学》（台湾学生书局 1986 年出版）和其他一些学者的论著，都是值得重视的作品。

2. 辨伪方法和考据

梁启超以胡应麟《四部正讹》提出的辨伪八法为基础，扩展为十二法：

①其书前代从未著录，或绝无人征引，而忽然出现者，十有九皆伪。

②其书虽前代有著录，然久经散佚，乃忽有一异本突出，篇数及内容等与旧本完全不同者，十有九皆伪。

③其书不问有无旧本，但今本来历不明者，即不可轻信。

④其书流传之绪，从他方面可以考见，因而以证明今本题某人旧撰为不确者。

⑤真书原本，经前人征引，确有佐证，而今本与之歧异者，则今本必伪。

⑥其书题某人撰，而书中所载事迹在本人后者，则其书或全伪或一部分伪。

⑦其书虽真，然一部分后人窜乱之迹既确凿有据，则对于其书全体须慎加鉴别。

⑧书中所言确与事实相反者，则其书必伪。

⑨两书同载一事绝对矛盾者，则必有一伪或两俱伪。

⑩各时代之文体，盖有天然界画，多读书者自能知之。

⑪各时代之社会状态，吾侪据各方面之资料，总可以推见崖略。

⑫各时代之思想，其进化阶段，自有一定。

内容较全，而表述似不全具有说方法的特征。同时梁启超又将胡氏方法按“注重书的来历”和“书的本身”归纳为两个系统，即：甲、按传授统绪上辨别。乙、就文义内容上辨别。含五个方面：（1）从字句缺漏处辨别；（2）从抄袭旧文上辨别；（3）从佚文上辨别；（4）从文章上辨别；（5）从思想上辨别。

辨伪方法就是考据运用于判断古书真伪的方法，也就是考据方法，是每一位参与辨伪的学者都会自觉不自觉运用的。学习文献、训诂专业的人，在实践过程中还会在继承乾嘉和近现代考据传统时，利用现代学术和科技手段，创造自己的方法，把辨伪学术研究提高一步。20 世纪 40 年代至 60 年代，我国曾发生《李秀成自述》和《兰亭序》真伪问题的论战，罗尔纲《忠王李秀成自传原稿笺证》（中华书局 1951 年版），从笔迹、词汇、用词、语气和内容等方面进行了长期、细致的考证，确认了《自述》是李秀成亲笔供词。这一结论还可以从曾国藩的曾孙曾约农于 1963 年在台湾公布的《原稿》全部影印件得到支持。而辨驳方年子敏、束世澂《关于忠王自供原稿真伪问题的商榷》（《华东师大学报》1956 年第 4 期）则称经过了司法部法医研究所的笔迹鉴定，《原稿》系曾国藩伪造。这个争论关涉到太平天国忠王是否变节，是不是“忠王不忠”“真投降”的大是大非问题，在动辄扣上政治帽子的当时，参与论战的文章竟达 300 篇之多。罗尔纲等因持苦肉计，不是真变节投降的观点受到了政治迫害。罗尔纲得到的《自述原稿》是广西通志馆从曾国藩后人家中抄录的《原稿》材料和部分照片，进行的是严肃的学术研究，遭到迫害是很不正常的。

这个事例涉及到辨伪方法的具体层面和笔迹的法医鉴定，是有参考价值的。

3. 对待古书和辨伪的正确态度

（1）不可妄疑

辨伪产生于疑古。疑古之风始于唐而盛于宋，至近现代“古史辨”派的出现形成高潮。刘重来在《中国 20 世纪文献辨伪学述略》（《历史研究》1999 年第 6 期）一文中曾对历代对待古书和辨伪的情况作了生动的描述：魏晋南北朝“作伪甚于辨伪”，隋、初唐“信伪甚于辨伪”，中唐质疑辨伪形成风气，宋代文献辨伪广泛深入发展。那么，明清应当说是取得了集大成的成果，并开始产生辨伪学理论。而近现代，则辨伪学已形成科学体系，并曾产生古史辨派。

宋人和“古史辨”派既以疑古辨伪为时尚，很自然地出现了一些奇谈怪论，所谓“逢书必假”“每辨必伪”，钱玄同甚至认为“经”“不过是古代留下的断烂朝报”。这种鄙视古代文献，“怀疑一切”的偏激态度是不可取的。他们的疑古辨伪虽然推动了文献辨伪的发展，取得了成就，但以真为伪，反而造成了学术的混乱，是要不得的。司马光在《传家集·论风俗札子》一文中说：“新进后生，口传耳剽，读《易》未识卦爻，已谓《十翼》非孔子之言；读《礼》未知篇数，已谓《周官》为战国之书；读《诗》未尽《周南》《召南》，已谓毛、郑为章句之学；读《春秋》未知十二公，已谓《三传》可束之高阁。”是对那些读书未遍就妄自怀疑否定的现象的尖锐批评。陆游还批评了排诋《系辞》的欧阳修，诋毁《周礼》的欧阳修、苏轼、苏辙，质疑《孟子》的李觏、司马光，讥刺《尚书》的苏轼，贬黜《诗序》的晁说之。李学勤和宋健提出“走出疑古时代”“超越疑古”的口号是正确的。“对古老的说法多一些承认，给现行的文献多一些信任，重写古代中国学术史”，是以出土文献和严谨的学术研究为基础的肺腑之言。

（2）不可妄信

不可妄疑，其对象是古书。不可妄信，其对象是辨伪的结论，即某人所说的伪书的论点论据。抽象地、笼统地提出“不可妄信”这一口号，和“怀疑一切”一样，是不科学、不负责任的提法。

上文所说《李秀成自述原稿》的真伪问题的辩论和根据出土文物提出的《兰亭序》真伪问题的辩论，只是两个小小的例子而已。辩论的双方所持的论点和论据都不可以轻易否定。

最能说明这个问题的是出土文献。20 世纪 70 年代先后出土的《晏子春秋》残简（1971 年安徽阜阳西汉汝阴侯夏侯灶墓出土），《孙子》《六韬》《尉缭子》《管子》《晏子春秋》《墨子》《孙膑兵法》等残简（1972 年山东临沂银雀山汉墓出土），《老子》《战国纵横家书》《易经》等十余种帛书（1972年长沙马王堆汉墓出土），《晏子春秋》《论语》《儒家者言》《哀公问五义》《文子》《太公》等八种残简（1973年河北定县汉墓出土），《编年纪》《日书》等十种秦简（1975年湖北云梦出土）与《孙子》有关的竹简（1978年青海大通县上孙家寨汉墓出土），对辨伪形成了很大的冲击，使历来被怀疑或断言是伪书的《文子》《尉缭子》《鹖冠子》《晏子春秋》《六韬》《孙子兵法》等洗刷了不白之冤，真书的地位得以重新确认。刘重来在列举了上述材料后说，对前人的疑古辨伪要重新审视，是很重要的意见。刘建国《先秦伪书辨证》（陕西人民出版社2004年出版）论定先秦49部伪书原来不伪，是反疑古的总结。

不仅仅是出土文献提出了对古书的真伪须持重新审视态度的问题，有些翻案文章，也是值得高度重视的，如《古文尚书》历来都认为是伪书，在训诂考证征引材料时常用《伪古文尚书》和伪孔（安国）传之名。就是这样一部众口一词称之为孔安国所造的伪书，也有翻案文章。王保德《古文尚书非伪作的新考证》（《文坛》124—129期，1970年10月—1971年3月）及《再论〈古文尚书〉非伪作的新考证》（《建设》26卷8期—27卷3期，1978年1月—8月）对推进辨伪学术的发展是很有价值的。

轻率怀疑、妄下结论，是研究古文献的大敌，把胡适的“大胆假设，小心求证”的治学方法和态度变成“大胆怀疑，大胆结论”是应予反对的学风。

（3）要正确对待伪书的价值

一说“伪”，人们自然会产生一种厌恶情绪。假冒伪劣，人人喊打，名牌商品、重要品牌，还要贴上防伪标志。那么伪书呢？读者和学术界的情况也大体一样，必欲揭露之而后快。

其实伪和真是就作者而言，至于托他人之名所写之书所提供的材料，所反映的历史或思想的价值是不可轻易否定的。陈寅恪在《冯友兰〈中国哲学史〉上册审查报告》中曾说：“伪材料亦有时与真材料同一可贵。”“能考出其作伪时代及作者，据以说明时代及作者之思想，则变为一真材料矣。”

（三）运用于考证古史

考据用于古书，则为考辨古书，用于古史，则为考辨古史，二者相互为用，有时密不可分，只是一重书，一重事罢了。重书者考出了许多伪书，或者将一些众口一词的伪书翻案为真书，事例一如上述；重事者则考明了一些历史真相，使一些远古的传说变成了信史，如王国维的《古史新证》。

1. 王国维的《古史新证》和“二重证据法”

王国维(1877—1927)，字静安，一字伯隅，号观堂，浙江海宁人。是清末民初的杰出学者，在戏曲、甲骨、简牍文字和古史的研究中取得了巨大成就。郭沫若曾说：“我们要说殷墟的发现是新史学的开端，王国维的业绩是新史学的开山，那是丝毫也不算过分的。”(《中国古代社会研究》(下))

20 世纪初，甲骨文的发现和殷墟大量甲骨文的出土，是中国考古史上最重大的事件，出土的有刻辞的甲骨达 15 万片之多。王国维利用甲骨文进行考证，于 1917 年写成《殷卜辞中所见先公先王考》及《续考》，以卜辞印证《史记·殷本纪》和《世本》所载殷王世系，证明了商王朝的存在。

这个考证的意义是巨大的，它使人们对《史记》等文献所载历史增加了信心。1925 年，王国维在清华国学研究院讲授《古史新证》(1925 年出版，1994 年清华大学出版社再版)，讲授他利用甲骨文、金文考辨《尚书》《诗经》《左传》《史记》和殷商历史，利用简牍和敦煌遗书进行其他方面的考证，力倡“二重证据法”，开一代风气，产生了深远影响。

“二重证据法”是把文献资料和文物资料结合起来，相互印证的方法，是把西方实证主义的方法和我国清代朴学的文献考据方法结合起来的方法，也是现代史家广泛运用，行之有效，取得了重大成就的方法。

2. 郭沫若的《中国古代社会研究》

郭沫若（1892—1978）原名郭开贞，又名郭鼎堂。四川乐山人。在古史的研究中郭沫若是一位极负盛名的学者，他的古史研究、甲骨文研究、考古和文学创作的等身著作，使他成了现代当之无愧的文史学术的领袖。他生前出版过的著作均收在《郭沫若全集》中。全集分为《文学编》《历史编》《考古编》，共38卷。他的中国古代社会研究就是建立在深入考证的基础上的。例如，他把古史和古文字研究结合起来，把文献资料和文物资料结合起来，论证中国奴隶社会的存在，就是他运用考据所取得的卓越成就。他的"《中国古代社会研究》是中国第一部运用马克思主义观点解释中国历史的著作"。(《中国大百科全书》简明版)

苏联有学者曾认为，中国由原始氏族社会建设封建社会，再由封建社会发展到近代的社会，就是说，中国历史没有经过奴隶制度。还有人认为，中国奴隶制度没有完全形成，中途变质了。换句话说，中国只有家内奴隶制度的阶段，生产奴隶制还没有形成，就进入了封建社会的阶段。要解决中国古代社会是不是有生产奴隶制问题，就得拿地下发现的材料来和文献资料相印证进行研究。他所进行的考据利用了铜器里面的《大盂鼎》《夨(zè)令簋(guǐ)》和《书经·大诰》。《大盂鼎》的铭文说："锡汝邦司，人鬲自驭至于庶人，六百又五十又九夫，锡汝夷司之臣十又三伯，人鬲千又五十夫。"《夨令簋》的铭文说："王姜赏令贝十朋，臣十家，鬲百人。"《书经·大诰》说："民献有十夫。"又引《逸周书·世俘解》："遂征四方，凡敦国九十九，馘磿亿有十万七千七百七十九，俘人三亿万有三百三十，凡服国六百五十有二。""亿"为十万之名，"亿有十万"之"十"应为"七"。郭沫若考证"鬲"("磿"就是"鬲")即"人鬲"，亦即"民献"，就是从事生产的最下等的"庶人"，就是从战败国俘虏过来当猪牛宰杀祭神、衅鼓、衅钟，当牛马从事生产的奴隶。同时又考辨“民”和“臣”等字，从而有力证明殷代已有大规模使用生产奴隶制的存在。郭沫若说：“我们根据真实的史料——甲骨文、金文，再参考旧有的文献，斟酌损益，然后研究中国古代社会，才有基础，才能迈步前进。”（上引材料均见《郭沫若全集·历史编3·史学论集·论古代社会》）

3. 陈寅恪的“以诗证史”

考据之用于证史，我们必须论及陈寅恪，这是一位20世纪百年一遇的学者。

陈寅恪（1890—1969），江西义宁（今修水）人。著有《隋唐制度渊源略论稿》《唐代政治史述论稿》《元白诗笺证稿》《柳如是别传》等，学术论文辑入《寒柳堂集》和《金明馆丛稿》（初编、二编）中。又有《陈寅恪诗集·附唐筼诗存》出版。1980年上海古籍出版社出版了《陈寅恪文集》七卷。

1925年，他任职清华国学研究院，和王国维、梁启超等同为导师，年仅35岁。陈寅恪早年以“考据”知名，1940年完成的《隋唐制度渊源略论》和次年完成的《唐代政治史述论稿》，奠定了他在隋唐史研究领域的权威地位。1945年，55岁的陈寅恪双目失明，他凭借惊人的记忆力和无与伦比的对资料的占有，艰难地进行研究，在四五十年代写成《元白诗笺证稿》，六七十年代写成《论再生缘》和《柳如是别传》，再次显示了他“精深的考据功力，并写出了永恒的‘人与文化’的深刻内容”。（见陆键东《陈寅恪的最后二十年》526页）

陈寅恪写作《柳如是别传》为一些史家所不理解。但是他开辟了一条“以诗证史”的途径，在注释学和考据学中的意义是深远的。他说：“此稿既以释证钱柳因缘之诗为题目，故略述释证之范围及义例。自来诂释诗章，可别为二。一为考证本事，一为解释辞句。质言之，前者乃考今典，即当时之事实。后者乃释古典，即旧籍之出处。”《柳如是别传》以钱（谦益）柳（如是）因缘诗为线索，通过按语的形式“以诗证史”“借传修史”，细致而深刻地反映了明清之际的社会生活和知识分子的思想和精神状态。

郭沫若被公认为新史学的权威，而陈寅恪则被认为是旧史学的权威。他们所持守的指导思想不一样，但在实事求是研究历史、考证历史方面却是相同的。1961年郭沫若曾拜访陈寅恪。1959年，郭沫若写作剧本《蔡文姬》，又写出替曹操翻案的文章；1960年又写作《武则天》一剧，替武则天翻案；1962年，郭沫若在海南岛点校《崖州志》时，又对曾被贬到海南的唐代名相李德裕产生兴趣，进行了研究。而他的观点，陈寅恪已分别于三年前、二十五年前和二十六年前就阐发过了。有的文章说，陈寅恪也是一位思想家，不是没有道理的。考据不只是旁征博引，罗列材料，还要有思想，有识断。旁征博引，严密的考证和超越常人的思想见解是我们在阅读陈寅恪的著作时应当留意的。

（四）运用于辑佚、古文字研究和训诂

只要是需要征引文献或实物材料说明问题，辨论是非，作出某种结论者，都是考据，其研究过程就是考证。考据不仅仅是只用于校勘、辨伪和古史研究，还可用于辑佚和古文字考证和训诂（即词义辨析）。辑佚和古文字研究与文籍注释相去甚远，本书将不予讨论，但从事文献整理和注释的人对这两个领域涉及的考据，却是应予关注的，尤其是征引大量文献材料，考释古文字的论著。

至于运用于训诂，亦即典籍的词义注释，凡属有疑难、有歧说，需要旁征博引、分析比较、进行论证的，都离不开考据。在本书前若干章节，已有对这个问题的说明。下面我们将以清代朴学的代表人物高邮二王的著作来作具体的分析。

三、王念孙、王引之对古文籍的考证

王念孙（1744—1832），字怀祖，号石臞，江苏高邮人。师从戴震。著有《广雅疏证》十卷、《读书杂志》八十二卷。又著有《方言疏证补》《释大》和《毛诗群经楚辞古韵谱》。他分古韵为21部，认为“训诂之旨，本于声音，故有声同字异，声近义同”。他就古音以求古义，不限于字的形体，趋向于字族、词族的研究，取得了巨大成就。

王引之（1766—1834），字伯申，号曼卿。王念孙之子。少承庭训，著有《经义述闻》十五卷，《经传释词》十卷，另著《字典考证》三十六卷，《春秋名字解诂》二卷。善于因声求义，发前人所未发。

王念孙、王引之父子，世人称为“高邮二王”。他们在著述上略有分工，互相征引。在王念孙的《读书杂志》中“引之曰”时有所见。如《管子第八·小问》“仁也”条：

> “非其所欲，勿施于人，仁也。”尹注曰：“仁者忠于人也。”引之曰：“仁字后人所改，此承上文信忠严礼而分释之，论忠非论仁也。《中庸》曰：‘忠恕违道不远，施诸己而不愿，亦勿施于人。’故曰：‘非其所欲勿施于人，忠也。’不得改为仁字。尹所见本已误。”

王引之《经义述闻》和《经传释词》则处处可见“家大人曰”。所谓“经义述闻”，王引之自序尝说：“述闻者，述所闻于父也。”又说：“既又由大人之说触类推之，……辄取一隅之见附于卷中。”如《尚书·金滕》“予仁若考”条：

> 家大人曰：“《金滕》：‘予仁若考’，《史记·鲁周公世家》作‘旦巧’。考、巧古字通，若、而语之转。‘予仁若考’者，予仁而巧也。（顾懽《老子义疏》曰：“若，而也。《夬（guài）·九三》：‘遇雨若濡’，言遇雨而濡也。《庄二十二年左传》：“幸若获宥”，言幸而获宥也。）惟巧，故能多材多艺也。若如传曰：周公仁能顺父，则武王岂不顺父者耶？且对三王言之，亦不当独称考也。”

下面我们来简略介绍王氏父子的代表作——也是清代乾嘉学派的考据代表作《广雅疏证》《读书杂志》《经义述闻》《经传释词》。中国训诂学研究会主编《高邮王氏四种》，1985年由江苏古籍出版社出版，四种著作分别有徐复、赵振铎、许嘉璐等先生写的“弁言”，即序文、前言，对这四种著作作了全面的介绍，深入的分析，宜认真阅读、领会。同时还要注意阅读一些批评、补正的论著。

(一)《广雅疏证》

《广雅疏证》是王念孙为《广雅》所作的注释。《广雅》是魏人张揖所作，体例与《尔雅》同。篇目为释诂、释言、释训、释亲、释宫、释器、释乐、释天、释地、释邱、释山、释水、释草、释木、释虫、释鱼、释鸟、释兽、释畜，分为上中下三篇，唐以后的传本为十卷。所谓“广雅”，就是扩大收词范围，扩充《尔雅》，所以体例和篇目与《尔雅》相同，而所收录的词语都是《尔雅》以外的，如《尔雅·释诂第一》：“初、哉、首、基、肇、祖、元、胎、俶、落、权舆，始也。”《广雅·释诂第一》：“古、昔、先、创、方、作、造、朔、萌、芽、本、根、櫱、鼃、䔲、昌、孟、鼻、业，始也。”各条下的注都是相同的，如始也、君也、大也、有也、至也、往也、赐也、善也，即在每一义统领若干字词。不见于《尔雅》的先秦两汉经传子史诗赋医书字书的字大都搜罗在内。

由于《广雅》涉及群书，阅读、注释难于《尔雅》。王念孙经十年而成《疏证》，校定文字错乱、考证字义、疏通古训，使《广雅疏证》一书成为了清代训诂学的代表性巨著。兹举二例如下：

嗟、叹、呻，吟也。

嗟、叹者，《释名》云：“嗟，佐也，言之不足以尽意，故发此声以自佐也。”《文选》苏武诗注引《仓颉篇》云：“吟，叹也。”《说文》：“叹，吟也。”郑注《檀弓》云：“歎，吟息也。”歎，与嘆（叹）同。《乐记》：“长言之不足，故嗟叹之。”郑注云：“嗟歎，和续之也。”是古谓吟为嗟叹也。

歔、欷、咣哓、恻、怆、愁、慼，悲也。

歔者，《说文》："歔，欷也。"欷者，《说文》："欷，歔也。"《方言》："唏，痛也。凡哀而不泣曰唏，于方则楚言哀曰唏。"《成十六年公羊传》"悕矣"何休注云："悕，悲也。"《楚辞·九辩》云："憯悽增欷。"《淮南子·说山训》云："纣为象箸而箕子唏。"欷、唏、悕并通。合言之则曰歔欷。《众经音义》卷五引《仓颉篇》云："歔欷，泣馀声也。"《楚辞·离骚》云"曾歔欷余郁邑兮"，枚乘《七发》云"嘘唏烦酲"，歔与嘘亦通。歔，各本讹作戲(戏)，惟影宋本不讹。咣哓者，《方言》："自关而西，秦晋之间，凡大人少儿泣而不止谓之咣，哭极音绝亦谓之咣。平原谓啼极无声谓之咣哴。"哴与哓同。

(二)《读书杂志》

《读书杂志》是王念孙继《广雅疏证》后写成的又一部校读古籍的巨著，有《逸周书杂志》四卷、《战国策杂志》三卷、《史记杂志》六卷、《汉书杂志》十六卷、《管子杂志》十二卷、《晏子春秋杂志》二卷、《墨子杂志》六卷、《荀子杂志》八卷补遗一卷、《淮南内篇杂志》二十二卷补遗一卷、《汉隶拾遗》一卷，计 10 种。王念孙死后，王引之又从他的遗稿中整理出《读书杂志余编》二卷。上卷为《后汉书》二十一条、《老子》四条、《庄子》三十五条、《吕氏春秋》三十八条、《韩子》十四条、《法言》八条，下卷为《楚辞》二十六条、《文选》一百一十五条，计 261 条。王念孙父子关于史部、子部及集部书的研究成果都收录在《读书杂志》中。

这部著作有校勘、有训诂，是清代考据学的代表作之一。王念孙用力最勤的是《淮南子》，并且总结出古籍出现错讹的 64 种现象。

王念孙学识渊博，能够把他深厚的古音韵知识、古文字知识和其他丰富的文化知识运用到考据中来，提出了许多精彩的论断，有一些考证还为后代的考古发现所证明。兹抄录一例如下：

触詟　揖之

“太后明谓左右，有复言令长安君为质者，老妇必唾其面。左师触詟愿见太后，太后盛气而揖之。”吴曰：“触詟，姚云：‘一本无言字，史亦作龙。’按《说苑》（敬慎篇）：‘鲁哀公问孔子，夏桀之臣，有左师触龙者，谄谀不正。’人名或有同者，此当从詟以别之。”念孙按：“吴说非也。此策及《赵世家》皆作‘左师触龙言愿见太后。’今本龙言二字误合为讋(詟)耳。（汪按：古书竖写，故龍、言上下二字误合而为讋。）太后闻触龙愿见之言，故盛气以待之。若无言字，则文义不明。据姚云，一本无言字。则姚本有言字明矣，而今刻姚本亦无言字，则后人依鲍本改之也。《汉书·古今人表》正作‘左师触龙’。又《荀子·议兵篇》注曰：‘《战国策》赵有左师触龙’，《太平御览·人事部》引此策曰：‘左师触龙言愿见’，皆其明证矣。又《荀子·臣道篇》曰：‘若曹触龙之于纣者，可谓国贼矣。’《史记·高祖功臣侯者表》有‘临辕夷侯戚触龙’，《惠景间侯者表》有‘山都敬侯王触龙’，是古人多以触龙为名，未有名触詟者。“太后盛气而揖之”，吴曰：“揖之，《史》云‘胥之’，当是。”念孙按：“吴说是也。《集解》曰：‘胥犹须也’。《御览》引此策作‘盛气而须之’。隶书‘胥’字作‘㫏’，因讹而为‘咠’，后人又加手旁耳。下文言‘入而徐趋’，则此时触龙尚未入，太后无缘揖之也。”

（《读书杂志·战国策第二》）

这是一则考据名例，1973年马王堆汉墓出土的帛书正作“触龍言”，“揖”也正作“胥”。

(三)《经义述闻》

《经义述闻》王引之撰，三十二卷，包括《周易》二卷、《尚书》二卷、《毛诗》三卷、《周官》二卷、《仪礼》一卷、《大戴礼记》三卷、《礼记》三卷、《春秋左传》三卷、《国语》二卷、《春秋名字解诂》二卷、《春秋公羊传》一卷、《春秋谷梁传》一卷、《尔雅》三卷、《太岁考》二卷、《通说》二卷。王引之在道光本《自序》中说："引之过庭之日，谨录所闻于大人者，以为圭臬，日积月累，遂成卷帙。既又由大人之说触类推之，而见古人之训诂有后人所未能发明者，亦有必当补正者，其字之假借有必当改读者，不揆愚陋，辄取一隅之见附于卷中，命曰《经义述闻》，以志义方之训。"

王引之以"述闻"名书，其实并不全是述闻。全书考证计2045条，父子大约各占一半。注释学最为关注的是词义训诂，可以说《经义述闻》所考证的词义，为从事古文献注释的学人提供了最好的范例。兹举二例如下：

以此毒天下而民从之

《释文》引马注曰："毒，治也。"《集解》引虞注曰："毒，荼苦也。"王注曰："毒，犹役也。"引之谨按：《广雅》："毒，安也。""毒天下"者，安天下也。《孟子·梁惠王篇》曰："《诗》云：'王赫斯怒，爰整其旅，以遏徂莒，以笃周祜，以对于天下。'此文王之勇也。文王一怒而安天下之民。"是其义。《广雅》训毒为安，盖《周易》旧注也，视诸说为长。《老子》曰："亭之毒之"，亦谓平之安之也。

(《经义述闻》卷二《周易》下)

秣马蓐食

《七年传》："训卒利兵，秣马蓐食。"杜注曰："蓐食，早食于寝蓐也。"《汉书·韩信传》："亭长妻晨炊蓐食。"张晏曰："未起而床蓐中食。"引之谨按："'训卒利兵秣马’，非寝之时矣。‘亭长妻晨炊’，则固已起矣。而云‘早食于寝蓐’，云‘未起而床蓐中食’，义无取也。《方言》曰：‘蓐，厚也。’食之丰厚于常，因谓之蓐食。‘训卒利兵秣马蓐食’者，《商子·兵守篇》曰：‘壮男之军，使盛食厉兵，陈而待敌。壮女之军，使盛食负垒，陈而待令。’是其类也。两军相攻，或竟日未已，故必厚食乃不饥。亭长妻，欲至食时不具食以绝韩信，故亦必厚食乃不饥也。《成十六年传》‘蓐食申祷’，《二十六年传》‘秣马蓐食’，并与此同。”

（《经义述闻》卷十七《春秋左传》上）

《通说》二卷（第三十一卷、三十二卷）是理论性较强的两个部分，第三十一卷《通说上》除一部分词语的考释外，还有“古韵二十一部”一节。第三十二卷《通说下》列十三事，论述一些带规律性的问题：经文假借、语词误解以实义、经义不同不可强为之说、经传平列二字上下同义、经文数句平列上下不当歧异、经文上下两义不可合解、衍文、形讹、上下相因而误、上文因下而省、增字解经、后人改注疏释文。读者尤需措意。

阮元在《经义述闻序》中写道：“凡古儒所误解者，无不旁征曲喻而得其本义之所在，使古圣贤见之必解颐曰：‘吾言固如是，数千年误解之今得明矣。’”不为过誉。

（四）《经传释词》

《经传释词》王引之撰，十卷，共解释经传中虚词（字）160字，是古代汉语虚词研究的重要著作，在考据学上有重要价值。王氏父子的例子前面的章节已多次引用，此处仅以“为”“其”二字的注释作一些分析：

《经传释词》的注释方法与词典相类。“为”字有“曰也”“以也”“用也”“将也”“如也”“使也”“於也”“则也”“与也”“有也”“谓也”“语助也”12个义项。“其”在qí音下有“指事之词也”“状事之词也”“拟议之词也”“殆也”“将也”“尚也；庶几也”“若也”“乃也”“之也”“宁也”“更端之词也”“语助也”“拟议之词也”13个义项。“为”“其”各义有实有虚。每一义下都有确凿的例证加以证明。如：

> 为，曰也。桓四年《谷梁传》：“一为乾（干）豆，二为宾客，三为充君之庖。”《公羊传》“为”作“曰”是也。

此以同句异文证明。

> 为，犹“以”也。《诗·十月》曰：“胡为我作，不即我谋？”隐元年《公羊传》曰：“曷为先言王而后言正月？”四年《谷梁传》曰：“何为贬之也？”《论语·先进》篇曰：“由之瑟，奚为于某之门？”高诱注《吕氏春秋·期贤》篇曰：“於，犹在也。”言由之瑟，何以在我之门也。“胡为”“曷为”“何为”“奚为”，皆言“何以”也。《隐三年公羊传》曰“先君之所为不与臣国而纳国乎君者”，《僖十年谷梁传》曰“里克所为弑者”，《赵策》曰“所为见将军者”，皆言“所以”也。故《史记·楚世家》曰“秦之所为重王者”，《鲁仲连传》曰“秦所为急围赵者”，《秦策》、《赵策》并作“所以”。

此义既有排比资料以常语“所以”为释，又有以同句异文证明，和现代词典编写方法相似。

在“词义注释中的若干问题”章中已较多地引用了《经传释词》和王氏父子的其他著作，究其原因，是他们的考证辨析，每每能“发明旨意，涣然冰释”（王引之《经传释词》自序）。阮元在序中说：“元读之，恨不能起毛、孔、郑诸儒而共证此快论也。”就是今天读起来，我们也会为王氏父子的精辟考证折服。

四、从事考据的修养

在文籍注释和古代文献乃至古史的研究中，考据作为一种重要手段和方法，受到学人的重视。从文籍注释、文献整理、古史研究说，没有考据就没有学术，历代的这些领域的学术成果，往往也是考据的学术成果。那么，从事考据应当具备什么条件，应有怎样的修养呢？

（一）广博的学识

这样提出问题，似乎是多此一举，谁都知道的道理有提出的必要么？既然是从事古代文献的整理和研究，没有广博的学识那怎么能行！

不论是阅读或整理研究，只要是一涉足古代文献，就会随时遇到障碍和疑难。“书到用时方恨少”，只有在这种时候才会有切身体会。

我在20世纪60年代初，曾迷恋《楚辞》，二十来岁就做起屈原《九歌》《九章》和《离骚》的注、译、释来。小子简狂，每常仰屋以思。然而吾尝终日而思而不得其解者何？学识不足也。例如《离骚》的开头：“帝高阳之苗裔兮，朕皇考曰伯庸。摄提贞于孟陬兮，惟庚寅吾以降。”这是屈原提到的家世和出生时间。这个时间不过是提出了一个天文历法的思考题。参与考证的学者清代主要有刘梦鹏《屈子纪略》、曹耀湘《屈子编年》、邹汉勋《屈子生卒年月日考》、陈玚《屈子生卒年月考》，现代主要有刘师培《古历管窥》、郭沫若《屈原研究》、浦江清《屈原的生年月日推算问题》、林庚《屈原生卒年考》、汤炳正《历史文物的新出土与屈原生年日月的再探讨》、陈久金《屈原生年新考》、胡念贻《屈原生年新考》，结论在10种以上。考证的前提是要懂得古天文历法。而卒年的确定，必须考证《哀郢》的“忽若不信兮，至今九年而不复”和《史记·屈原列传》所说“顷襄王怒而迁之”，“屈原至于江滨，被发行吟泽畔，形容枯槁。渔父见而问之……乃作《怀沙》之赋……于是怀石，遂自投汨罗以死”几种模糊的材料。而旁证则有“自屈原沈汨罗后，百又余年，汉有贾生，为长沙王太傅，过湘水，投书以吊屈原”。郭沫若据王夫之说推断屈原卒年，而误将王说《哀郢》作于顷襄王三十一年为二十一年，其结论的不可信可想而知。生年涉及的是古天文历法，而卒年涉及的顷襄王流放屈原、秦将白起破郢、楚都东迁、屈原晚年的流放路线以及作《怀沙》和“百有余年”贾谊投书吊屈原的时间的准确性等问题。章培恒在《关于屈原生平的几个问题》一文中指出：若取王夫之“东迁”为“迁陈”，则“必须承认屈原死于顷襄王三十年之后”，而这样一来，“屈原生平中的许多事情都要重新做出结论”。(以上材料见汪耀楠《哲人的悲歌》中国文史出版社 1992 年 6 月第 1 版)

知识的积累是一个漫长的过程，仅靠现代科学技术手段获取研究资料是不成的。我们不妨了解一下乾嘉诸儒和王国维、郭沫若、陈寅恪一类的学者，哪一位不是学富五车的呢？我尝读竺可桢的《物候学》，对唐诗写北方之竹才有了清楚的了解。没有广博的知识基础是读不懂古书的，更谈不上去做考证。现今学术分工很细，在一个领域做成一篇论文可以获得硕士、博士学位，但是要能对重大课题进行深入研究、考证，却往往力不从心。

从事古籍整理研究、注释古代文献，所涉及的知识面是极其宽广的，社会科学的、自然科学的、文学艺术的，无所不包，仅名物典章制度方面的知识，就需要我们付出许多精力才能掌握。前人有“一事不知，儒者之耻”的说法，意在说明具有广博学识的重要性。但这大约是只限于经史方面的知识，至于子部、集部的各种知识，恐怕就难以做到了。

能够汇集一切知识的，莫过于大型图书馆和电脑的数据库。但那是分散在一本一本书和一个一个需敲击的题目中，是供查阅参考用的。只有装进了人的大脑，融为一体，才能在文籍的注释、问题的研究和考辨中引起联想，产生灵感，才能使考证研究水平提高一步。

能从事古文献的注释的人，往往也在教育学生。学生常常会提出问题，对教师往往是一种考验。在乾嘉学派之后，在上个世纪之初又形成了章黄学派。从我所接触过的章太炎弟子和黄侃弟子中，没有不对他们的老师的渊博学识表示折服的。陆宗达先生曾回忆说，一个学生读《文选》有“交赊相倾”一语，经多方考索询问而不得其解，最后问到季刚先生，季刚先生不假思索，说“交赊”是远近的意思，此为六朝语，令该生惊服不已。

现代社会分工很细，学术也愈来愈专。对自然科学，这样也许没有坏处，而对社会科学、文史工作者而言，过细过专的分工怕是弊多利少的。“广营博涉，日知所无”，应当成为我们的座右铭。

（二）丰富的资料

这是什么问题，还值得提出么？

我们知道，资料是从事学术研究，进行考证的基础和必备条件，资料不足，是做不好学术研究，不能进行考证的。考据学所讲求的考证，或者说任何一个以考、考证、考辨名篇的文章，无不是以旁征博引为特征的。为了解释一个疑难，作出某一结论，或者推翻某一成说，没有对相关资料的掌握，就不可能提出有力的证据，仅靠一般的分析、推论那是苍白无力的。王念孙、王引之的著作为什么能取得那么大的成就？他们的考证和辨析为什么那样具有令人信服的力量？运用正确的训诂理论和科学的训诂方法是重要的原因，而其基础则是对经典材料做了索引式的整理。我曾以他们的某几个考释征引的材料和电子版《四库全书》《四部丛刊》做比较，可以说最关键、最能说明问题的资料他们都用上了。他们掌握资料之全，有时使人感到与《十三经索引》、“诸子引得”无异。《汉语大字典》是以两千多种资料为基础编纂的，对资料的选择是严格的，不少字头所引的注疏材料都取自二王的著作，如“为”字取自《经传释词》的就有11处之多。

谈论掌握资料，我们会很自然地想到陈寅恪。这是一位懂得十多种外语及古代其他民族语，百科全书式地占有资料，百年一遇的天才。他中年失明，所用考证资料全凭记忆，他会向助手准确说出某句话在哪一本书哪一部分甚至哪一页，曾任左联领导和中宣部副部长的文艺理论家周扬，在见过了陈寅恪以后，对他的渊博学识和对资料的准确记忆也惊叹不已。而在学术上造诣极深，成果少有其比的科学院院长郭沫若1958年甚至公开宣布“要在不太长的时间内在资料的占有上超过陈寅恪”。（见陆键东《陈寅恪的最后二十年》北京三联书店，1995年12月第1版第314页）

1904—1913年间，陈寅恪曾四次远游，先后留学于日本、德国、瑞士、法国，1918年又第五次远游，头三年在美国哈佛大学研究梵文，后几年转至德国柏林大学梵文研究所研究梵文。二十年代后期，陈寅恪在清华国学研究院开设的课程有“古代碑志与外族有关者之比较研究”“摩尼教经典与回纥文译本之研究”“蒙古文、满文之书籍及碑志与历史有关者之研究”。1988年，北京大学季羡林教授曾撰文谈及陈寅恪残存的早年留学德国期间的六十四本学习笔记情况：

一、藏文　十三本

二、蒙文　六本

三、突厥回纥文一类　十四本

四、吐货罗文（吐火罗文）一本

五、西夏文　二本

六、满文　一本

七、朝鲜文　一本

八、中亚、新疆　二本

九、佉卢文　二本

十、梵文、巴利文、耆那教　十本

十一、摩尼教　一本

十二、印地文　二本

十三、俄文、伊朗　一本

十四、希伯来文　一本

十五、算学 一本

十六、伯拉图（实为东土耳其文） 一本

十七、亚里斯多德（实为数学） 一本

十八、金瓶梅 一本

十九、法华经 一本

二十、天台梵文 一本

二十一、佛所行赞 一本

面对这些笔记本，作为当代中国东方语言研究大师的季羡林感叹道："先生治学之广是非常惊人的。"（见《陈寅恪的最后二十年》北京三联书店，1995 年 12 月第 1 版第 520—521 页）陈寅恪先生到底掌握了多少种语言，占有多少资料，读者不妨从他的留学经历、残存的笔记和在清华国学研究院开设的课程中去数一数，去体会。

我们在这里说的是从事考据要占有丰富的资料，而陈先生所开设的课程，所残存的笔记只能说是从他的广博学识中透露一些资料的信息。他潜心研究文史，他所掌握的资料不要说别人的评论，只要看一看《唐代政治史论稿》一书，或者读一读《柳如是别传》或《元白诗笺证稿》就会有深刻的感受。冯友兰教授在《怀念陈寅恪先生》一文中说："寅恪先生用近代史学的方法，研究他所掌握的丰富史料，使中国的历史学远远超过封建时代的水平，他是中国近代历史学的创始人或其中极少数人之一。"陈寅恪在《王静安先生遗书序》中曾写道："先生之学博矣，精矣，几若无涯岸之可望，辙迹之可寻。"而这也正是陈寅恪本人的写照。

广博的学识和掌握丰富的资料是有联系又有区别的。前者反映的是一个人的知识面，是从事学术研究，进行考证的前提，后者则反映进行学术研究考证的必备条件。现在科学技术发达，电脑里可储存的资料可与大型图书馆相比，输入一个信息一敲，则所欲知道的信息可以一览无遗地显现出来，这对于进行考证，会提供很大的方便。但是这在弥补作者的知识的不足，帮助作者很快掌握丰富的资料方面确实是很有意义的，却不能说明作者的知识是否广博。电脑里的资料和自己日积月累掌握的资料性质是不同的。依靠电脑的语料库成就不了一个优秀的学者。这一层是攻读硕士、博士学位，准备从事或已经从事古代文献整理和研究的青年应当注意的。

（三）实事求是的态度

这是做所有的学术研究、做所有的工作都应具备的态度。“汉人曾有‘读书者实事求是，千古同之’的说法，是言过其实的。汉儒家各一经，经各一师，训诂之学皆师所口授，门户之见是明显的。唐人、宋人乃至清人又何尝都做到了实事求是！”（汪耀楠《词典学研究·王念孙、王引之训诂思想和方法的探讨》）

《王念孙、王引之训诂思想和方法的探讨》一文，提出了要解决好两个问题：一是正确对待前人的研究成果，一是正确对待师承。

这两个不是问题的“正确对待”并不容易做到。清代训诂大家惠栋说：“汉人通经有家法，故有五经师……五经出于屋壁，多古字古言，非经师不能辨。”又说：“经之义存乎训……是故古训不可改也，经师不可废也。”（《九经古义·述首》）惠栋治学，主要是援古以正后，做的是钩沉与疏通的工作。当然，疏不破注，惠栋治《易》，就是对郑玄、虞翻、荀谞、京房之学一一为之疏通证明。而王氏父子则不然：“前人传注不皆合于经，则择其合经者从之；其皆不合，则以己意逆经义，而参之他经证以成训，虽别为之说亦无不可。必欲专守一家无少出入，则何邵公之墨守见伐于康成者矣。”王氏父子治经，“诸说并列则求其是，字有假借则改其读，盖孰（熟）于汉学之门户，而不囿于汉学之藩篱者也”。（见王引之《经义述闻·序》）

家法和师承在本质上是没有区别的，都是一种对待前人研究成果的态度，若走向极端，就会以本师、本学派的学说为圭臬，形成党同伐异的不良风气。该文又说："正确对待师承，甚至比正确对待古人更难。"梁启超对戴震、段玉裁和王氏父子在这一方面的表现大加赞扬："无足以起其信者，虽圣哲父师之言不信。"段玉裁、王氏父子都是戴门后学，他们的尊师却主要是发扬师长的优良学风。"吾爱吾师，吾更爱真理"，在段玉裁《说文解字注》中，可以看到"先生之言非也"、"先生之言非是"字样。王引之《经义述闻》《经传释词》也有与其父相左，或者补正父说处。戴震强调治学要达到"十分之见"，他的一段话对从事训诂和考据的人很有意义：

> 所谓十分之见，必征之古而靡不条贯，合诸道而不留余议；巨细必究，本末兼察。若夫依于传闻以拟其是，择于众说以裁其优，出于空言以定其论，据以孤证以信其通；虽溯流可以知源，不目睹渊源所导；循根可以达杪，不手披枝肄所歧，皆未至十分之见也。以此治经，失不知为不知之意，而徒增一惑，以滋识者之辨之也。
>
> （《东原集·与姚姬传书》）

（四）不偏于爱憎

这本是文学评论上要讲的问题。刘勰在《文心雕龙·知音》中曾感叹"知音其难"，他说："音实难知，知实难逢；逢其知音，千载其一乎！"他提出进行文学批评，要做到"无私于轻重，不偏于憎爱"。只有这样，才能达到"平理若衡，照辞如镜"的境界。这对从事考据是有参考意义的。

从事考据是可以"大胆假设，小心求证"的。胡适提出的这一方法在考据中有实用价值。但是若如宋代、20世纪二三十年代的疑古、辩古派一些学者变成"大胆怀疑"，那就会使考据误入歧途。在上文"不可妄疑"一节所说的宋人和"古史辨"派鄙视古代文献、怀疑古代文献的情绪和盲目迷信和崇尚古书，是两种相反的极端情绪。有这种情绪先入为主，则势必影响到对文献的诠释和考证材料的取舍，这样就不可能作出正确的结论。尤其是疑古，没有充分的根据就怀疑，就否定，其结果就必然是如长沙马王堆汉墓帛书，本来是古人留给我们的宝贵遗产，却在未见实物之前举出若干理由说不是真的，是“伪书”，这是很容易走入民族虚无主义的歧途的。

第十三章　辞书与文籍注释

一、辞书释义的特点和要求

（一）辞书的性质、注释对象和辞书释义的特点、要求

辞书是以字、词或条目为对象进行解释的工具书，通常是在一个划定的范围内汇集字、词或条目，并按一定的方式加以编排，使成系统，便于检索。如《说文解字》收字 9353 个，又重文 1163 个，按 540 部编排，逐字解释其构造原理，说明造字本义；《汉语大字典》收字 56 000 多个，按 200 部编排，逐字解释其本义、引申义、假借义，反映该字的形体、声韵和用法的历史源流演变。在《大型语文词典释义的特点和要求》（见汪耀楠《词典学研究》、四川辞书出版社 1990 年出版）一文中曾从四个方面进行了讨论：1. 描绘和总结词义的全貌，揭示词义发展演变的内部规律；2. 区别训诂义和词典义的界限，对不同语言环境中的字或词的繁多含义进行合理的概括与区分；3. 针对不同的字或词采用不同的释义方式，恰如其分地提供准确、明晰并尽可能丰富的知识信息；4. 提供充分的用语材料证明和训诂旁证。

我们讲注释学中的词典、辞书问题，除某些专门的辞书在文籍注释中具有重要参考意义之外，通常是指大型辞书。因此上面所说的四个方面，并不适用于小型字词典。

语言是随着历史的发展演变而发展演变的。一个字在造字之初的意义或一个复词、成语在构成之初的意义是单一的，但经过在不同作品中的运用，单一的意义往往会发生变化，用王力先生的话说，叫做概念的扩大、缩小或转移，是一个历史过程。大型语文词典的任务就是要把这种历史发展演变反映出来，为各个字

或词写出一篇篇或长或短的历史。例如“为”字：

“为”是古今常用字，义项繁多，《汉语大字典》作了全面描写，兹简录如下（用简体）：

（一）wéi《广韵》薳支切，平支云。歌部。

①制作；创作。《尔雅·释言》：“作，为也。”《周礼·春官·典同》：“典同掌六律六同之和，以辨天地四方阴阳之声，以为乐器。”郑玄注：“为，作也。”宋沈括《梦溪笔谈·技艺》：“庆历中，有布衣毕昇，又为活板。”

②治理。《小尔雅·广诂》：“为，治也。”《论语·为政》：“为政以德，譬如北辰居其所而众星共之。”《国语·周语上》：“是故为川者决之使导，为民者宣之使言。”

③治疗。《广雅·释诂一》：“为，瘉也。”《左传·成公十年》：“公疾病，求医于秦，秦伯使医缓为之。”杜预注：“为，犹治也。”

④学习；研究。《论语·阳货》：“人而不为《周南》《召南》，其犹正墙面而立也与？”

⑤种植；营作。《战国策·东周》：“东周欲为稻，西周不下水，东周患之。”鲍彪注：“为，谓种之。”《史记·五帝本纪》：“申命羲叔，居南交，便程南为，敬致。”司马贞索隐：“‘为’依字读，春言东作，夏言南为，皆是耕作营为劝农之事。”

⑥设置；建立。《商君书·君臣》：“民众而奸邪生，故立法制，为度量以禁之。”唐柳宗元《封建论》：“秦有天下，裂都会而为之郡邑，废侯卫而为之守宰。”

⑦取；谋求。《孟子·尽心上》：“鸡鸣而起，孳孳为利者，跖之徒也。”《荀子·王霸》：“将以为乐，乃得忧焉；将以为安，乃得危焉；将以为福，乃得死亡焉；岂不哀哉！”

⑧演奏；咏唱。《汉书·杨敞传附杨恽》："家本秦也，能为秦声。妇，赵女也，雅善鼓瑟。"北魏杨衒之《洛阳伽蓝记·法云寺》："有田僧超者，善吹笳，能为《壮士歌》、《项羽吟》。"

⑨干；搞；办。《书·益稷》："予欲宣力四方，汝为。"郑玄注："布力立治之功，汝群臣当为之。"汉枚乘《上书谏吴王》："欲人勿闻，莫若勿言；欲人勿知，莫若勿为。"

⑩充当；担任。《论语·雍也》："子游为武城宰。"唐黄巢《题菊花》："他年我若为青帝，报与桃花一处开。"

⑪成；变成；成为。《广雅·释诂三》："为，成也。"《诗·小雅·十月之交》："高岸为谷，深谷为陵。"《荀子·劝学》："冰，水为之，而寒于水。"《淮南子·本经》："是故上下离心，气乃上蒸；君臣不和，五谷不为。"高诱注："不为，不成也。"

⑫行为。《国语·晋语七》："诸侯之为，日在君侧，以其善行，以其恶戒，可谓德义矣。"韦诏注："为，行也。"

⑬用。清王引之《经传释词》卷二："为，犹'用'也。"《淮南子·主术》："为智者务于巧诈，为勇者务于斗争。"

⑭施；给予。《左传·襄公二十三年》："齐侯将为臧纥田。"杜预注："与之田邑。"

⑮有。清王引之《经传释词》卷二："家大人曰：为，犹'有'也。"《孟子·滕文公上》："夫滕，壤地褊小，将为君子焉，将为野人焉。"赵岐注："为，有也。虽小国，亦有君子，亦有野人。"《论衡·艺增》："太平之世，家为君子，人有礼仪。"

⑯通"谓（wèi）"（含2小项）⑰是，⑱使，⑲代词，⑳介词（含4小项），㉑连词（含5小项），㉒助词（含4小项），㉓语气词（含2小项），㉔姓，又（二）wèi音有4个义项，其中介词义含2小项，均从略。

总共 41 个义项，反映了“为”字义项的全貌。

这么多的义项，都不出“作”“治”“成”的范畴，这源于造字的本义。

“为”字繁体作“爲”，甲骨文作，泰山刻石（小篆）作，是很典型的图画会意文字。罗振玉《增订殷虚书契考释》说：“（爲）从爪，从象……卜辞作手牵象形……意古者役象以助劳，其事或尚在服牛乘马以前。”人的形体较诸象，是很渺小的。然而庞然大物的象却为人所驯服、役使，这就是有为，有作为。于是乎就慢慢引申出了这么多的用法，反映于词典，就有了这么多的义项，“为”的语义演变史因而得以展现。

若是一般的字词典，罗列若干义项，举上一两个例词或例句，也便罢了，而大型的古今兼收、源流并重的详解字词典却不能这样，它还担负着对文籍传注进行分析整理，并援引注疏以证明义项的可确立性和必然性的任务。因此，它在确定义项的时候会举出根据以及前人对此义的认识。这个认识来自两个方面，一是字韵书，一是文籍例句的随文释义，这种随文释义包括注和疏。如“为”字（一）wéi 义①《尔雅·释言》：“作，为也。”《周礼·春官·典同》“……以为乐器”郑玄注：“为，作也。”义⑪《广雅·释诂三》：“为，成也。”《淮南子·本经》“……五谷不为”高诱注：“不为，不成也。”义⑮清王引之《经传释词》卷二：“家大人曰：为，犹‘有’也。”《孟子·滕文公上》：“夫滕，壤地褊小，将为君子焉，将为野人焉”赵岐注：“为，有也，虽小国，亦有君子，亦有野人。”

这是字韵书和文籍传注措词相一致的情况，还有一些措辞不同而归并在一起的例子，如义③《广雅·释诂一》：“为，瘉也。”《左传·成公十年》“……秦伯使医缓为之”杜预注：“为，犹治也。”义⑤《战国策·东周》“东周欲为稻……”鲍彪注：“为，谓种之。”《史记·五帝纪》“申命羲叔……便程南为……”司马贞索隐：“‘为’依字读，春言东作，夏言南为，皆是耕作营为劝农之事。”有的传注语和义项用语完全不同，如义⑭《左传·襄公二十三年》“齐侯将为臧纥田”杜预注：“与之田邑。”而义项为“施；给予”。这种归并整理，使我们可以清楚看到字典义项和文籍注释的关系，增加了对义项的理解。

大型语文词典的义项反映词的多义，不是文籍注释的随文释义，而是概括的、可区分的，是按照历史、逻辑或其他顺序排列的，具有互相联系又各自独立，相互不可替代的性质，上举“为”字各义可以说明这个问题。除表示事物和行为的概念的实词之外，只表示语法功能的虚词的义项，也是概括的、可区分的各自具有相对独立性的。如“为”的义⑳：

⑳介词。1.引出动作行为的主动者，相当于“被”。《论语·子罕》：“出则事公卿，入则事父兄，丧事不敢不勉，不为酒困，何有于我哉？”《韩非子·五蠹》：“今有构木钻燧于夏后氏之世者，必为鲧、禹笑矣。”唐杜甫《有怀台州郑十八司户》：“从来御魑魅，多为才名误。”毛泽东《纪念白求恩》：“从前线回来的人说到白求恩，没有一个不佩服，没有一个不为他的精神所感动。”2.表示时间或处所，相当于“於（于）”“在”。清王引之《经传释词》卷二：“家大人曰：为，犹於也。”《晏子春秋·内篇杂下》：“为其来也，臣请缚一人过王而行。”《淮南子·氾论》：“今之时人，辞官而隐处为乡邑之下，岂可同哉！”3.表示对象或处所，相当于“於（于）”“对”“向”。《谷梁传·僖公二十年》：“五月，己巳，西宫灾，谓之新宫，则近为祢宫。”王引之释词：“言近於（于）祢宫也。”《竹书纪年》卷下：“秦穆公帅师送公子重耳，围令狐，桑泉、白衰皆降为秦师。”王引之释词：“言降于秦师也。”《战国策·秦策四》：“魏伐邯郸……乘夏车，称夏王，朝为天子，天下皆从。”王引之释

词：“言朝於（于）天子也。”《史记·五帝本纪》：“非好学深思，心知其意，固难为浅见寡闻道也。”晋陶潜《桃花源记》：“停数日，辞去。此中人语云：‘不足为外人道也。’”4.表示对象，相当于“与”“同”。《论语·卫灵公》：“子曰：‘道不同，不相为谋。’”

原文照录这一介词义，能反映《汉语大字典》的释义、举例和援引前人注释来佐证义项的概貌。以下是㉑连词义、㉒助词义、㉓语气词义、（二）wèi音的副词、介词义。从这些仅表示语法功能的虚词义也可以看出，各个细分的义项都具有概括性和可区分性、相互联系又相互独立的特征，这对语义史和文献注释的参考意义是十分明显的。

（二）词典释义方式、层次和名物字词的释义

词典释义方式因解释对象（也叫左项或目标词语）的性质不同而定。释义方式有多种，如语词式、说明式、描写式、定义式、综合式等等。以复音词释单音词，以现代汉语释古代汉语，以普通话释方言，是词典释义的一般原则，如“为”字所列举的十多个义项，大都是以复音词为释，这一层我们在第六章讲过。

凡多义单字各有复音词相对应者，释义有两个层次，第一个层次是释单字，第二个层次是释复音词。汉字单音词有时用法活，意义多，而复音词的意义则往往是单一的，有的复音词不止一个义项，也不过是两三个而已。单字义凡是有复音词对应的就应该以这个相对应的作释，而不应跳过这一层去揭示这个复音词的定义或使用其他方式揭示其内涵。如《战国策·东周》：“东周欲为稻，西周不下水，东周患之。”鲍彪注：“为，谓种之。”《汉语大字典》“为”字义⑤释为“种植”就已完成了任务，假若用复音词的释义“把作物的种子播种在土里，或把植物的幼苗移植在土里”（见《国际标准汉字词典》“种植”条）来直接释“东周欲为稻”之“为”，那就不伦不类了。复音词的释义往往是需要用定义或描写说明式的。

名物字的情况是不同的，有些古代名物字无现代复音名物词相对应，就必须以定义、说明等方式作释，如“爵”：

①古代酒器，青铜制，有流、鋬、两柱、三足，用于盛酒和温酒，盛行于商代和周初。《说文·鬯部》：“爵，礼器也。”段玉裁注：“古说今说皆云爵一升。《韩诗》说爵、觚、觯、角、散，总名爵。”《诗·小雅·宾之初筵》：“酌彼康爵，以奏尔时。”《左传·桓公二年》：“舍爵策勋焉，礼也。”杜预注：“爵，饮酒器也。”《礼记·礼器》：“贵者献以爵，贱者献以散。”郑玄注：“凡觞，一升曰爵，二升曰觚，三升曰觯，四升曰角，五升曰散。”

不仅释其形制、功用和盛行时代，还援引《说文》并段注、《礼记》郑注说明爵与觚、觯、角、散的关系以及它们在容积上的差别。

名物字的注释必然涉及义界，而相类事物的义界则必关涉语义差，如“凡觞，一升曰爵，二升曰觚，三升曰觯，四升曰角，五升曰散”之类。同类事物名的注释，若无义差，只有共名这个大概念，即“爵、觚、觯、角、散，觞也”。这和“初、哉、首、基、肇、祖、元、胎、俶、落、权舆，始也”“林、烝、天、帝、皇、王、后、辟、公、侯，君也”（《尔雅·释诂上》）无异，是不能给人以具体明晰的知识信息的。然而《尔雅·释器》的名物字注释则不同：

弓有缘者谓之弓，无缘者谓之弭，以金者谓之铣，以蜃者谓之珧，以玉者谓之珪。

同为弓，因所饰不同而名称各异。《尔雅》说明弓的区别性特征，清楚明晰地揭示了弓、弭、铣、珧、珪的内涵。《尔雅·释亲》对称谓的解释也是饶有趣味的：

父之考为王父，父之妣为王母；王父之考为曾祖王父，王父之妣为曾祖王母；曾祖王父之考为高祖王父，曾祖王父之妣为高祖王母。

母之考为外王父，母之妣为外王母；母之王考为外曾王父，母之王妣为外曾王母。

男子先生为兄，后生为弟；男子谓女子先生为姊，后生为妹，父之姊妹为姑。

妻之姊妹同出为姨，女子谓姊妹之夫为私。

男子谓姊妹之子为出，女子谓晜（昆）弟之子为侄，谓出之子为离孙，谓侄之子为归孙，女子子之子为外孙。

《尔雅》所录先秦的称谓，有些至今还在使用，有些已发生了较大变化。古人重视宗亲，在称谓上规定很细，而现代俗语有“一代亲，二代表，三代四代便拉倒”的说法，就是说到第三代、四代的表亲关系和称谓，人们已经不那么重视了。这种区分很细的称谓，用于词典释义就是定义里面的义差。

通常名物词或概念的释义是“种差 + 属”定义，即把某一概念包含在它的属概念中，以揭示同属的各个种概念之间的差别。如“人”，《国际标准汉字词典》给出的定义是：“具有最高智慧、能制造工具并使用工具进行劳动，创造物质财富和精神财富的高等动物。”“高等动物”是“属”，“属”前的释文是“种差”，这种释义方式是哲学著作和词典的常用方式。

二、文籍注释的特点和要求

文籍注释的特点和要求跟辞书注释是不同的。

（一）文籍注释的对象

文籍注释的对象在前面业已说明，这里是和辞书进行比较，看看他们有什么区别。

辞书的解释对象是某一规定的系统内相对集中的系统的词汇或条目，如语文词典在划定范围内的全部词汇，专科词典所汇集的某一学科的全部或部分词汇。现代辞书十分发达，各类专科或专门辞书词典到了令人眼花缭乱的地步，有的词典简直是闻所未闻，如秦砖汉瓦、古代书院都有词典。

收词最全的语文词典是《汉语大词典》和在编纂中的《现代汉语大词典》，收字最全的是《汉语大字典》《中华字海》等，专科词典收词最全的是专门学科的百科全书，如63卷的《中国医学百科全书》。而综合性的百科全书则有《中国大百科全书》。辞书不论大小，其解释对象或是一个一个的字、一个一个的词，或是一个一个的条目。解释对象是目标语，在现代横排的辞书中又称为左项。

文籍的注释对象是不同的，它是一本一本的书，一篇一篇的文章或一首一首的诗词。如王弼注《周易》、郑玄注《周礼》、杜预注《左传》、王逸注《楚辞》，又有以传注为对象的再度注释，这便是笺疏之类。《左传》《公羊传》《谷梁传》都是注《春秋》的，所以全名叫《春秋左传》《春秋公羊传》《春秋谷梁传》，而杜预注《左传》、何休注《公羊传》、范宁集解《谷梁传》就是再度或深度注释了。再度或深度注释的对象又多了一层，即为注作注。这一些在“注释的种类”章已有详细说明。

文籍注释范围极广，无所不包。按四部分类，经、史、子、集，只要是在历史上流传下来有一定影响的著作都有人作注，有些注还出自帝王之手，如曹操注《孙子兵法》，刘备注《商子》《商君书》，唐明皇注《孝经》《老子》（即《御注道德真经》），宋徽宗注《老子》（即《御解道德真经》），明太祖注《老子》（即《御注道德真经》）。《四库全书》是清代编成的历代图书总集，共3470种，79 018卷。其中注释类著作占有很大比例。如子部的兵书、医书、农书、刑法、天文算法、术数、艺术类著作的注，是极其丰富的。

（二）文籍注释的目的

文籍注释的目的和词典不同。词典以字词或条目为对象，逐一进行解释，而不问这个对象是否有这个需要。其目的在于描绘词义并力求以科学的排列梳理词义系统，如上面所列举的“为”字。有些字的义项甚至更多，如“道”字。但描绘字义全貌、梳理词义系统不是一件容易的事情，即如词义系统，举出典型字例，分析它的本义、引申义、假借义轻而易举，但是要对每一个字或者对一个义项繁多的字进行词义系统的分析却是很困难的，字词典多用逻辑方法来排列，分成若干层次，总会有一些勉为其难的地方。我在《汉语大字典通论》（见《汉语大字典论文集》，湖北辞书出版社、四川辞书出版社 1990 年 10 月第 1 版）中写有“序列论”一节，对字义排列的历史序列法、频率序列法和逻辑序列法都作过分析，对每一种单纯的序列法的局限都有说明。不拘于一法能做到相对的合理就够了。

文籍注释的目的是帮助读者阅读和理解，有时注家还要借助注释阐发自己的思想见解和政治主张。兹分述如下：

1. 排除阅读障碍

这一层在“注释学的功用”中，已经从“(1) 语言文字；(2) 史实名物；(3) 文言句法；(4) 写作背景”四个方面作了分析。这里要指出的是：字词典的解释对象是事先确定、没有选择的。凡收录的字头、词条，都必须按编写凡例、细则的规定注音、释义、举例，而不问难易；就《汉语大字典》而言，还包括那些音义不详或有音无义的字。字词典的收字和收词在编写解释之前，也就是说解释对象（即目标语）早已确定，容不得编写者自作主张增减或改换。

文籍注释的选择权完全在注家本人。注家所选择的注释对象是以自身的感受和对读者的判断以及注家认为阅读本文最应注意的问题为前提的。哪些当注，哪些不必注，只是在注释过程中才能确定，在排除“语言文字”障碍一节列举了“繁难”“异体”“假借”“讹误”“多音”“多义”“俗语”七个方面对注释对象作了说明（凡注家不认为是阅读障碍的字、词或其他内容，就不会作注）。

2. 揭示义理

揭示义理是文籍注释的重要任务，这包含两个方面的内容：(1) 告诉读者这篇文章、这首诗说的是什么，应当怎样去理解；(2) 揭示一些表面看起来并无深义的字词、句子所含蕴的深刻内容。第一方面讲析思想内容是相对容易的，第二方面则属于揭示微言大义，要困难一些。这一些问题我们在义理章已经谈过，就不赘述了。

3. 申发和宣传自己的哲学思想和政治主张

在义理章我们曾论及“我注《六经》”和“《六经》注我”。“我注《六经》”，《六经》是解释对象；“《六经》注我”，则《六经》就成了申发“我”的政治哲学思想的材料。儒家经典和先秦诸子的著作是中国哲学思想的源，而其注释及相关著作则是流（一部中国政治哲学思想史，在一定程度上就是经籍和注释经籍的历史）。

除排除阅读障碍中的部分内容文籍注释和词典释义二者有相同或有相同的因素外，其他方面二者是很不一样的。

三、词典释义和文籍注释的异同

（一）同

词典释义和文籍注释有相同的一面，这就是准确定义和准确的对译、转换。如“履”有践踏、鞋、经历诸义，又有“履行；实行”义。《诗经·小雅·大东》：“君子所履，小人所视。”郑玄笺：“君子皆法效而履行之。”《国语·吴语》：“夫谋必素见成事焉，而后履之，不可以授命。”韦昭注：“履，行也。”郑玄在释句意中以“履行”释履，韦昭以“行”释履，都是准确的对译转换，和字典建立的“履行；实行”义项是相同的。又如“姑”，《诗经·邶风·泉水》：“问我诸姑，遂及伯姊。”毛传：“父之姐妹称姑。”《公羊传·庄公三年》：“请后五庙以存姑姊妹。”何休注：“父之姐妹为姑。”这个定义和《汉语大字典》的“父亲的姐妹”相同。

词典释义和文籍注释所遵循的“以浅释深、以今释古、以雅言释方言”的原则也是相同的。

（二）异

不同点主要反映在两个方面：

1. 词典的释义是动态的、历史的、全方位的，而文籍注释则是静态的、非历史的、局限于一点的

上已说明，大型字词典释义的任务是描写解释对象的语义全貌，从这个字或词的本义、引申义、语法功能义到假借义，逐一展开这个字或词的语义发展演变历史，《汉语大字典》确定的“古今兼收，源流并重”的原则就是实现这一任务的保证。《汉语大字典》以极其丰富的文献材料为基础，以现代辞书学理论为指导，对每一个汉字进行严谨的动态的分析、描写，写出了一篇篇汉字的字形、字音、字义演变史，并使它们以分项的形式凝固起来，储存起来，是有很高学术价值的。例如“歸（归）”，列3个甲骨文形体，2个金文形体，1个籀文形体，1个小篆，3个隶书。音读收列“guī”“kuì”“kuí”三个，各有义项，其中“guī”音下有14个义项。又如“敦”，收列的音项有10个之多，如“dūn”“duī”“tuán”“diāo”“dùn”“dào”“zhǔn”“tūn”“duì”“tún”，且各有中古反切、调韵声和上古韵部。不借助《汉语大字典》这一类字词典，一般人是很难掌握这样全面的知识的。

文籍注释则不同，它既以扫除阅读障碍，帮助读者阅读为主要目的，就只能是按照文章的顺序有选择地注释下去，它不涉及文字史、音韵史和语义史，它不可能对注释对象进行全面描写，而只能是在局部的、静态的语境中解说这个字、这个词或这句话、这篇文章，关涉到人名、地名及写作背景，也会作必要的介绍和交代。如三国吴韦昭注《国语》：

> 穆王将征犬戎，（穆王，周康王之孙、昭王之子穆王满也。征，正也，上讨下之称。犬戎，西戎之别名也，

在荒服之中。）祭公谋父谏曰："不可"。（祭，畿内之国，周公之后，为王卿士。谋父，字也。传曰："凡、蒋、邢、茅、胙、祭，周公之胤矣。"）先王耀德不观兵。（耀，明也。观，示也。明德，尚道化也。不示兵者，有大罪恶然后致诛，不以小事而示威武。）夫兵戢而时动，动则威，（戢，聚也。威，畏也。时动，谓三时务农，一时讲武，守则有财，征则有威。）观则玩，玩则无震。（玩，黩也。震，惧也。）是故周文公之《颂》曰：（文公，周公旦之谥也。颂，《时迈》之诗也。武王既伐纣，周公为作此诗，巡狩、告祭之乐歌也。）"载戢干戈，载櫜（gāo）弓矢。（载，则也。干，盾也。戈，戟也。櫜，韬也。言天下已定，聚敛其干戈，韬藏其弓矢，示不复用也。）我求懿德，肆于时夏，（懿，美也。肆，陈也。于，於也。时，是也。夏，大也。言武王常求美德，故陈其功德，于是夏而歌之。乐章大者曰夏。）允王保之。"（允，信也。信哉武王能保此时夏之美。）先王之于民也，懋正其德而厚其性，（懋，勉也。性，情性也。）阜其财求（阜，大也。大其财求，不障壅也。）而利其器用，（器，兵甲也。用，耒耜之属也。）明利害之乡，（示之以好恶也。乡，方也。）以文修之，（文，礼法也。）使务利而避害，怀德而畏威，故能保世以滋大。（保，守也。滋，益也。）……

（《周语上》）

或释字词，或释句意，或释人物，或述史实；而注释方法或以语词对译，或作定义。115字，注释38处，是十分细致的。

词典对所确定的字头和词条以人们都不明白为假设前提，因此解释时毫无选择的自由；而文籍注释则以注家的判断为前提，哪些该注，哪些不必注，注释的详略，都有一定的伸缩性。

2.随文释义的具体性、单一性和词典义项的概括性、多义性这是文籍注释和词典义项的最大区别，是由上面所说的二者的性质、任务的不同决定的。王宁教授在《单语词典的性质与训诂释义方式的继承》（见《中国语文》2002年第4期）一文中对随文释义和词典义项的关系曾有深刻的分析。该文指出："随文释义是对存在于语言环境中的言语意义加以解释的工作。言语是语义存在的实际载体，语境中的词义特点是：单一性、具体性、经验性。"作者举例说明了有两种情况和词典释义不同，"不能搬到词典中去"：

第一种是显现言语具体性和经验性的文意注释。例如：

①谁谓鼠无牙，何以穿我墉。(《诗经·召南·行露》)戴侗说："穿，啮透。"

②乱今厚葬、饰棺，故扣也。(《荀子·正论》)注："扣，穿也，谓发冢。"

③其犹穿窬之盗也与！(《论语·阳货》)注："穿，穿壁也。"

文章指出：第一例中，显现了"穿"的方式"啮"（用牙咬），第二、三例中，显现了被穿通的物体"墓"或"壁"。而"三个'穿'同属一个义项，都是动词，当'穿通'讲。""啮透""发冢""穿壁"和"穿"的词典义项是不同的。

随文释义中，还有一种释义方式是不适用于单语辞书的，那就是单训的形式。单训就是以单词来解释另一个单词。例如：

④丧与其易也，宁戚。(《论语》)郑注："易，简也。"

⑤是子之易也。(《公羊传·襄公六年》)注："易犹省也。"

⑥士不可易。(《左传·昭十八年》)注："易，轻也。"

⑦易者使顺。(《易经·系辞下》传)陆注："易，平也。"

……

文章指出：④⑤的"易"是"省简"，⑥是"轻易"，⑦是"平易"。

“一旦离开语言环境，这种形式的局限是很明显的：首先，用甲训乙时，究竟采用的是甲的哪个义项，没有相关的标志可以显示，又没有语境可以补足……缺少了相互之间的区别特征。以甲训乙只能是不完全训释。”

我在几篇文章中都谈到过文籍随文释义与词典义项的区别。《多义词义项的概括与区分》（见《词典学研究》12—13页，四川辞书出版社1990年第1版）写道：

> 文籍注疏是词典释义的重要参考，但不是词典建立义项的直接根据……以训诂为宗旨的文籍注疏，主要是以特定语言环境中的语义现实为研究对象，以注释和疏通文意为目的，因此它可以只释一个词，有时在这个词下连带解释词组甚至句子，有时又加进语词义以外的其他因素。文籍注疏远比词典建立义项自由。它有时只述其所属语义范畴，有时又作具体细致的解释；有时用许多不同的语词解释完全相同的含义，有时又用同一个含义广泛的词来解释不同的概念。这类现象在《经籍籑诂》中反映得十分清楚。词典的义项要严谨得多。它以法典的形式来总结、描述语义现象，把每一种语义现象严格地放在这个词的总体中加以考察，从而在整体中解释局部，在局部中反映整体，使义项与义项之间既有联系，又有区别。

该篇还谈到了义项的概括性和可区分性（即多义性）：

> 义项的概括性要求这个义项具有普遍意义，即通过这个义项来解释一系列相类似有时又有细微差别的语义现象，人们在阅读过程中遇到与此义有关的语义，都应从这个义项得到满意的解释，或者从这个义项受到启示，去求得这个词的最确切的含义。义项的可区分性要求这个义项和与之相关联的义项，即同属于一个语义范畴的

各个义项之间界线清楚，泾渭分明，从而排除那些纠葛的因素，即把同义词、近义词的某些非本质的差别当作本质差别，并强调到了不恰当的程度，致使义项交叉，例句可此可彼。

上引两篇文章关于随文释义和词典义项的论述都能清楚说明随文释义的具体性、单一性和词典义项的概括性、多义性的区别。

随文释义的单一性和词典义项的多义性是再明白不过的事情，下面再举两个例子来谈谈随文释义的具体性和词典义项的概括性问题。

我在《〈汉语大字典〉通论》中曾就义项的“概括性特征”举《列子·仲尼》“东里多才”张湛注“有治能而参国政者”的例子进行分析：

郑之圃泽（圃田也，在中牟县）多贤（有道德而隐默者也），东里多才（有治能而参国政者）。……大夫不闻齐鲁之多机乎（机，巧也，多巧能之人）？有善治土木者，有善治金革者，有善治声乐者，有善治书数者，有善治军旅者，有善治宗庙者，群才备也。

这是很有意思的例子。“东里多才”和“齐鲁多机”的“才”“机”的性质是一样的，而张湛注却在内涵上有大的区别。“东里多才”注释得十分具体，不具备概括性，而“齐鲁多机”却是概括的注释。“才”就是人才，而“人才”因语境不同而有不同的所指，善治国者、善治土木者、善治金革者、善治声乐者、善治书数者、善治军旅者、善治宗庙者，都是人才，“群才备矣”是说的包括以上内容的各种人才都齐备了，“有治能而参国政者”是语境中的特定义，是不能进入词典义项的。《国际标准汉字词典》“才”的第三个义项为“人才”，举例为“育才｜群才｜唯才是举｜取贤敛才”；“人才”的第一个义项为“有才能的人”，举例为“人才难得｜科技人才”，和张湛注《列子》是不相同的。

区别语境义和词典义，是从事文献注释和词典编纂要特别留心的大事。弄不好，文籍注释成了词典释义，而无助于帮助读者扫清阅读障碍；词典释义成了罗列训诂，而不具备概括性特征。从理论上分清随文释义的具体性、单一性和词典义项的概括性、多义性，以及词汇概念意义和指称意义，对提高我们整理、注释古籍和词典编纂的水平都具有重要意义。

四、文籍注释和词典的相互利用

（一）词典编纂对文籍注释的利用

词典产生于训诂，并依附于训诂，没有训诂注释就不会有词典，这是毫无疑义的。中国最早的词典《尔雅》，就是秦汉间学者采集训诂注释，递相增益而成的。从《尔雅》到《康熙字典》，再到《辞源》《汉语大字典》《汉语大词典》，用例和训诂注释都是基础。

不要以为产生于训诂、依附于训诂，词典就掉了身价。这是因为词典只能反映词义（义项），而不能创造词义（义项）。也不要以为现代汉语词典与训诂无涉。如果我们把训诂仅仅局限于对古代文籍的注解，是可以这样提出问题的。但是如果我们考察一下训诂的本质，也许就不会作出这样的判断。

训诂和文籍注释在这一章和其他某些章节是交叉使用的概念，除却专门的训诂考证，本书讨论的主要是文籍注释。这种注释要揭示的是词在言语的运用中所产生的具体的、单一的含义。如上文所举“才”字，善治国者、善治土木者、善治金革者之类都是“才”“人才”，“人才”是以言语中表示精通或擅长某一方面或多方面含义的用例为基础概括而成的概念，其定义是“有才能的人”。而这一定义涵盖了各种类型的人才。若从语境上看，说治国，则是治国之才；说军旅，则是军旅之才；说书画，则是书画之才；说土木，则是建筑之才。这些具体的、单一的注释和我们作口头交流对言语中的词的具体、单一含义的理解是没有区别的，这种交流和理解若形诸文字，也便成了言语注释。

也有例外，如《说文解字》，有些地方虽引用书证，但许慎的本意在从造字原理上解开造字之谜。又如《释名》，刘熙的目的在从声音上探求事物的命名之由，有些有文献语言材料的根据，而有些则是个人的分析、推测。

词典编纂对文籍注释的利用，我在《大型辞书注疏材料的运用》和《〈汉语大字典〉对清以来训诂成果的利用》两篇文章（见《词典学研究》四川辞书出版社1990年版）中均有讨论。《大型辞书注疏材料的运用》指出："注疏材料是义项的书证的一个方面，它的作用在于证明和疏通，即证明义项的可确立性和说明义项的必然性。"下面我们将《辞海》和《汉语大字典》的"蒸"字的几个义项来作一比较说明：

> 蒸　③小的木柴。《周礼·天官·甸师》："帅其徒以薪蒸，役外内饔之事。"郑玄注："木大曰薪，小曰蒸。"④古时以麻秸、竹、木作成的照明物。《诗·小雅·巷伯》："成是南箕"毛传："放乎旦而蒸尽。"⑤通"烝"。众。《列子·仲尼》："立我蒸民。"按《诗·周颂·思文》作"烝"。
>
> （《辞海》）

> 蒸　②用麻秸、葭苇、竹、木作成的火炬。《广雅·释器》："蒸，炬也。"王念孙疏证："凡析麻榦（秆）及竹木为炬，皆谓之蒸。"《诗·小雅·巷伯》"成是南箕"毛传："颜叔子纳之而使执烛，放乎旦而蒸尽。"《文选·潘岳〈西征赋〉》"感市闾之蕃井"唐李善注："《说文》：'蕃，麻蒸也。'然蕃井即渭城卖蒸之市也。"③细小的薪柴。《广韵·蒸韵》："蒸，粗曰薪，细曰蒸。"《诗·小雅·无羊》："尔牧来思，以薪以蒸。"《管子·弟子职》："蒸间容蒸，然者处

下。”尹知章注：“蒸，细薪。著之蒸间，必令容蒸；然烛者必处下以焚也。”《淮南子·主术》：“秋畜疏食，冬伐薪蒸。”……⑮通“烝”。1. 众多。《孟子·告子上》：“《诗》曰：‘天生蒸民，有物有则。’”按：《诗·大雅·烝民》作“烝”。《汉书·伍被传》：“壹齐海内，泛爱蒸庶。”颜师古注：“蒸亦众也。”唐·杜甫《无家别》：“人生无家别，何以为蒸黎。”2. 美。《广雅·释诂一》：“蒸，美也。”王念孙疏证：“《大雅·文王有声篇》：‘文王烝哉。’《韩传》云：‘烝，美也’。烝与蒸通。”3. 君也。《玉篇·艸部》：“蒸，君也。”

（《汉语大字典》）

《辞海》和《汉语大字典》性质不同，不能一概而论。就文籍注释影响于词典编纂而言，“蒸”这个例子可以反映《汉语大字典》的全貌。义②③⑮都能说明《大字典》义项的建立是怎样利用训诂注释材料来证明该义项的可确立性，说明该义项建立的必然性的。《汉语大字典》这种援引训诂注释以为依凭之一的释义方法，在中国字典史上是做得最为出色的。文献语言的用例加上训诂注释和编纂者的判断处理，使《大字典》的这些义项达到了完美无缺的境地。日本有学者认为，《汉语大字典》《汉语大词典》是中国文化建设如修筑万里长城一样伟大的工程，（见《日本中国学会报》第39集《学界展望语言学》）不是没有道理的。

这只是从义项建立的依据上讨论了训诂注释对词典编纂的作用，下面我们来谈谈大型字典词典怎样援引训诂和文籍注释材料。

大型字词典援引训诂和文籍注释可以说是无所不包的。字或词的形、音、义，一切需要解释的方面都以书证为依据，书证由用例和训诂注释组成，就释义而言，包括了本义、引申义、假借义以及名物字的正名、异名和形貌性状的诸多内容。《〈汉语大字典〉对清以来训诂成果的利用》一文中曾谈到“释疑难”“明通假”“辨古今”“匡谬说”“订讹脱”“通声训”“立新义”等七个方面的问题，兹各举一例略作说明。

释疑难例：

> 朔　⑧北方。《尔雅·释训》："朔，北方也。"清·徐灏《说文解字注笺》："日月合朔于北，故北方谓之朔方。"《书·尧典》："申命和叔，宅朔方。"孔传："北称朔。"唐·杜甫《咏怀古迹五首》之三："一去紫台连朔漠，独留青冢向黄昏。"清·谭嗣同《六盘山转饟谣》："朔雁一声天雨雪。"

朔是月相名，何以北方称朔？月相之名有朔（夏历每月的初一不见月亮）、望（夏历每月的十五，有时是十六或十七日，月圆）、朏（fěi，夏历每月的初三，月光始见而不明）、霸（魄，夏历每月初始见的月亮）。朔日，月球运行到太阳和地球之间，地球上看不到月光，叫合朔，其方位在北方。《汉语大字典》“朔”字释义引《尔雅》《说文解字注笺》和《书·尧典》孔传，十分清楚地说明了“北方”义的根据，如果联系义①“月相名，夏历每月初一，月球运行到太阳和地球之间同时出没，地球上看不到月光，这种月相叫朔”、义②“朔日，夏历每月初一日”、义⑥“苏生，月复出”、义⑦“初始”，和建立这些义项的训诂注释和用例材料，我们就可以获得作为月相名的“朔”及其引申义的比较完备的知识。而朔、望、朏、霸是一个系列，《汉语大字典》均以训诂和文籍用例的注释材料为依据，作了很好的说明。没有这些训诂注释的说明，是难以解释清楚的。

明通假例：

> 有　⑱通“域（yù)。州域。清·朱骏声《说文通训定声·颐部》："有，叚借为或，即域字。"《诗·商颂·玄鸟》："方命厥后，奄有九有。"毛传："九有，九州也。"《老子》第十四章："执古之道，以御今之有。"刘师培注：

"有即或之叚字也，有通作或，或即古域字。"《荀子·解蔽》："此其所以代夏王而受九有也。"

"有"字通假义有通"域（yù）"、通"囿（yòu）"、通"友"、通"右（佑 yòu）"4个，各自都有足够的训诂注释依据。若无这样的依据，"奄有九有"、"以御今之有"是很难明白的。

辨古今例：

莔（二）①同"忙"。遽，急忙。《广韵·唐韵》："莔，遽也。"清段玉裁《说文解字注·明部》："莔即今之忙字。亦作茫，俗作忙。元应书曰：'茫，又作莔，遽也。莔人昼夜作，无日用月，无月用火，常思明，故从明。或云莔人思天晓，故字从明也。'按《方言》《通俗文》皆作茫。《方言》：'茫，遽也。'《通俗文》：'时务曰茫。'许书则有莔。"徐灏笺："今俗犹谓急遽曰狠莔。"

字有古今，音有古今，义有古今。义的古今，一般表现为引申，可以从用例的上下文中辨析，而字形和音读的古今则往往要利用前人的考辨成果才能明白。如"莔"的造字原理及其与"茫""忙"的关系，段玉裁作了透彻分析，减少了我们理解的困难。

订讹脱例：

朒《段注说文》："朒，朔而月见东方谓之缩朒。从月，肉声。"并注："各本篆作肭，解作内声，今正。"

朔 ②朔日，夏历每月初一日。《释名·释天》："朔，月初之名也。"毕沅疏证："今本脱此句，据《初学记》引增。"

在第四章讲校勘时，曾讨论这个问题。古籍的流传，鲁鱼亥豕的现象难以避免，有的典籍（如《墨子》）的讹脱还十分严重，前人的校勘成果不仅使词典的释义举例减少了差错，也为古籍的整理、注释提供了可资利用的材料。

通声训例：

期　③极，限度。《广雅·释言》："期，卒也。"王念孙疏证："期之言极也。"《庄子·则阳》："今计物之数，不止于万，而期曰万物者，以数之多者号而读之也。"成玄英疏："期，限也。"《吕氏春秋·怀宠》："上不顺天，下不惠民，征敛无期，求索无厌。"高诱注："期，度。"宋·苏轼《渔父四首》之一："酒无多少醉为期，彼此不论钱数。"

声训之法，刘熙《释名》有较为集中的反映，如："日，实也，光明盛实也"；"月，阙也，满则阙也"；"光，晃也，晃晃然也。亦言广也，所照广远也"；"暑，煮也，热如煮物也"；"霜，丧也，其气惨毒物皆丧也"。《释名》以声音释事物得名之由，可资参考。而从声音上求得训诂的真谛，找到字族、词族，从而使文籍训诂注释水平大大提高一步，则是清人的成就；所谓"训诂之旨，本于声音"，所谓"声近义通"，所谓"训诂声音明而小学明，小学明而经学明"，是清儒尤其是高邮二王的理论武器，王念孙的《广雅疏证》"期之言极也"，和《广雅》的"期，卒也"相较，更能使我们明白"期"的含义。义③"极，限度"综合了"卒也""极也""限也""度"几种解释，而"期之言极也"则从声音的联系上找到了一个很好的"极"字作释，《汉语大字典》建立"极，限度"义项，是恰到好处的。把语义有细微差别的用例和训诂注释杂糅起来，概括成一个义项，是《汉语大字典》的精彩之笔。

立新义例：

有　⑭相当于"以"。用，使用。《商君书·弱民》："故民富而不用，则使民以食出，各必有力，则农不偷。"高亨注："有，犹以也。"宋·王安石《上执政书》："言古之君子，於（于）士之宜左者左之，宜右者右之，各因其才而有之。"

《汉语大字典》类似这样的新义很多，尤其是常用字，可以说是尽可能多地吸收了历代尤其是清以来的训诂注释成果，就数万个汉字的训诂注释而言，《汉语大字典》是前无古人，后启来者的集大成作品。

训诂注释作用于词典，主要列举了《汉语大字典》的字例，这是由于汉字单字义多，训诂注释和考辨材料丰富，而复音词词义单一，有的虽有多义，至多也不过三四个，因此训诂注释材料相对较少的缘故。

《汉语大词典》是《汉语大字典》的姊妹篇，其释义风格大体相同。如“翔”字，《大词典》字头有6个义项，引用了训诂注释材料计有7处。收词51条，引用训诂注释材料者仅10条13处，如：

〔翔泳〕①谓飞鸟游鱼。《文选·颜延之〈应诏宴曲水作诗〉之二》：“惠浸萌生，信及翔泳。”李善注：“翔泳，谓鱼鸟也。”……

〔翔阳〕太阳。《文选·木华〈海赋〉》：“若乃大明摭辔于金枢之穴，翔阳逸骇于扶桑之津。”李善注：“言日初出也。翔阳，日也。《淮南子》曰：‘日，阳之主也。’日中有乌，故言翔。”……

〔翔翔〕①庄敬貌。《礼记·玉藻》：“朝廷济济翔翔。”郑玄注：“庄敬貌也。”……②安舒貌。《穆天子传》卷三：“吹笙鼓簧，中心翔翔。”郭璞注：“忧无薄也。”《汉书·韦贤传》：“朝宗商邑，四牡翔翔。”颜师古注：“翔翔，安舒貌。”……③高飞貌。《楚辞·东方朔〈七谏·谬谏〉》：“众鸟皆有所行列兮，凤独翔翔而无所薄。”王逸注：“翔翔，一作翱翔。”

（二）文籍注释如何利用词典辞书

1.要重视利用词典、辞书

文籍注释和古籍整理离不开工具书的使用。清人张之洞在《輶轩语·语学》“读书不必畏难”中说：“国朝诸公最好著为后人省精力之书”，“诸公作室，我辈居之；诸公作器，我辈用之。士生今日若肯读书，真可不费无益之精神”。张之洞很生动地把工具书比喻为可居之室，可用之器，是很有启发意义的。

一个人的知识总是有限的，尤其是从事古代文献的整理，古籍的注释，会时时遇到不明白或不甚明白的问题。推己及人，从事古籍整理的人尚且如此，而一般的阅读者就会有更多的不明白或不甚明白的问题。而词典的功能在于满足人们思想交际、沟通古今的需要，帮助人们阅读和整理古籍，了解古代和现代的名物典章制度和各种专门术语的知识信息。因此，注释文籍就必然要利用词典、辞书。

上文我们讲“词典编纂对文籍注释的利用”所举各例，同样可以用来说明文籍注释应怎样利用词典、辞书。在第一章（二）“注释的产生”中曾举《尚书·盘庚》上篇孔安国传所包含的五个方面内容：释史实、释人物、释地名、释词语、释句意，如果加上别的篇目，还会涉及更多内容，如名物典章制度、民风习俗等。在一篇文章、一本书中所涉及的词语和百科知识是有限的，在若干篇文章、若干本书中所涉及的词语和百科知识可以说是大量的或者是无限的，以个人有限的知识来注释历代文献中所涉及的极为广泛的甚至是无限的知识，只有充分利用词典辞书才能事半功倍。例如杜牧《阿房宫赋》：“六王毕，四海一。”只要是知道秦灭六国，统一中国这段历史，就会知道这“六王”是秦所灭的齐、楚、燕、韩、魏、赵六国国君。查《辞源》，“六王”有两个义项，一是夏、商、周的六王，指夏启、商汤、周武王、成王、康王、穆王、二是战国时齐、楚、燕、韩、魏、赵六国诸侯。《阿房宫赋》写的是秦灭六国后大兴土木，修建阿房宫的事，此“六王”就是第二个义项无疑。这是再简单不过的例子。

然而注释古文古书，却并不是如注《阿房宫赋》“六王毕”那样简单。《通志·艺文略》说：“古人之言，所以难明者，非为书之理意难明也，实为书之事物难明也；非为古人之文言难明也，实为古人之文言有不通于今者之难明也。”这里所说的阅读或注释古籍的障碍一是历史文化知识、名物典章制度，一是历史语言知识。例如“五大夫”，是秦爵之第九级，秦始皇“上泰山，立石，封，祠祀。下，风雨暴至，休于树下，因封其树为五大夫”（见《史记·秦始皇本纪》）。而唐宋间，有人误以为是五棵树，因此在诗文中闹出笑话。宋·吴聿《观林诗话》：“五大夫，秦爵名也，封松为五大夫，非特为五株松也。近有题范文正所植鄱阳驿中六松曰：‘青青六大夫’，此殊可笑。”又，清梁绍壬《两般秋雨庵随笔》：“秦封泰山松为五大夫。桂未谷曰：‘五大夫，秦爵之第九级，《史记》曹参由七大夫迁五大夫是也。’唐宋人诗云：‘不羡五株封’，又云：‘堪笑五株乔岳下，肯将直接事嬴秦。’误以松之封大夫者五株。今泰山种五松，立石曰五大夫，沿而弗察也。”

现在我们来看一看《辞源》和《汉语大词典》的解释：

> 〔五大夫〕㊀官名。战国时楚魏有五大夫。……㊁松的别名。《史记·秦始皇二八年》：“（始皇）乃遂上泰山，立石，封，祠祀。下，风雨暴至，休于树下，因封其树为五大夫。”《艺文类聚》八八汉·应劭《汉官仪》说始皇所封的树是松树。后来就以五大夫为松的别名。
>
> （《辞源》）
>
> 〔五大夫〕①周代下大夫小宰、小司徒、小司空、小司寇、小司马的合称。……②爵位名。战国时楚魏始设，秦汉因之，为二十等爵的第九级。汉初以第七级公大夫以上为高爵，均有食邑。汉文帝以后，改以五大夫以上为高爵，仅得免役。……③秦始皇二十八年封禅泰山，风雨暴至，避于树下，因此树护驾有功，按秦官爵封为五大夫。事见《史记·秦始皇本纪》。汉应劭《汉官仪》谓始皇所封的是松树。后因以为松的别名。……后世有

人不明“五大夫”为秦官，而附会为五株松。参阅宋袁文《瓮牖闲评》卷五。

（《汉语大词典》）

“五大夫”既是官爵名，又是松的别称，《辞源》《汉语大词典》言之甚详。假若我们注“青青六大夫”或“不羡五株封”而不据词典指出此系典故的误用，那就是以讹传讹，贻误后学。《通志》所说阅读或注释古书的“事物难明”和“古人之文言有不通于今者”两大方面的困难多是可以查阅词典、辞书得到解决的。大型词典、辞书往往是举百千人之力，经过旷日持久的艰辛劳动，汇集丰富的文献材料，进行严谨的研究考证完成的，有的大型词典、辞书，如《辞源》《辞海》《汉语大字典》《汉语大词典》《中国大百科全书》等，甚至体现了一个国家、民族的文化科学水平。这样的词典、辞书是每一个从事古籍整理和学术研究的人必须具备的基本工具书。

2. 要有针对性地查阅词典、辞书

阅读或注释古籍，需要查阅的词典、辞书很多，但并不是每遇一个问题都需要查阅各种词典、辞书。查阅参考辞书应当是有针对性的，兹分述如下：

第一，考文字字形，求造字本义的辞书

《说文解字》，东汉许慎著。全书收篆文 9353 字，重文 1163 字，先秦至汉代所用的字大体具备。按“分别部居，不相杂厕”的原则，根据不同的偏旁，将所收之字分为 514 部，始一终亥。本书说解文字结构，分析造字原理，探求造字本义。“说文解字”的“文”和“字”是不同的概念。统言“文字”则不别，而析言“文”和“字”则有别。所谓“文”，是整体象形表意的字，如“日”“月”“山”“水”“上”“下”“天”“雨”等。章炳麟著《文始》，将《说文》独体之“文”称为“初文”；其他省变及合体象形指事与声具而形残及同体重复者谓之“准初文”，共 510 字。作者认为所有其他的字都是由这 510 字演变出来的，是一部重要的探求汉语语源的著作。

《说文解字》以“六书”的理论分析每一个汉字的构造原理。这并不是许慎的发明，春秋时期的《周礼·地官·保氏》即有“六书”之名，而最早的解释是西汉的刘歆。刘歆在《七略》中说：“古者八岁入小学，故周官保氏教养国子，教之六书，谓象形、象事、象意、象声、转注、假借，造字之本也。”在《说文解字》中则叫做指事、象形、形声、会意、转注、假借，各有界说。

许慎以降，解说“六书”者很多，有的遵许说，有的修改许说，形成学术派别，如清人戴震以前四书为“四体”，以后二书为“二用”，现代学者唐兰改“六书”为“三书”。历代研究《说文》的人很多，近人丁福保编有《说文解字诂林》，汇集了研究《说文》的成果，很有价值。研究《说文》最有名的著作是清代段玉裁的《说文解字注》、桂馥的《说文解字义证》、王筠的《说文句读》《说文释例》和朱骏声的《说文通训定声》四家，都是重要的参考文献。张舜徽先生所著《说文解字约注》，推崇桂馥《说文解字义证》，多有新义，是当代研究《说文》的重要著作。

《说文》对篆书结构的分析和对字的本义的解释有很高的学术价值，它是研究甲金古文字的基础和桥梁，也有助于研究隶变。假若没有《说文》，人们识别甲骨文、金文就会困难得多。如“雹”，小篆已变为“从雨，包声”。但《说文》保存了一个古文形体作，象雨水之形，而甲骨文有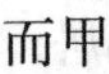，与《说文》古文相合，是“雹”字的最初形体，且有甲骨刻辞在字义方面的证明。又如“自”，《说文》：“，鼻也。象鼻形。”惜典籍无用例，而甲骨卜辞有“贞有疒自”，字作。《说文》“臭”作“”，甲文作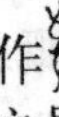。《说文》释曰：“臭，禽走臭而知其迹者犬也。从犬从自。”这是极为生动有趣的解释。尽管《说文》是以臭释臭，但意思表达得清清楚楚：禽兽一边走一边闻着气味而知道行迹的是犬。犬的这个特性可以用来侦破案件，追捕逃犯；它自己走时不时停下来撒尿，以留下气味，所以狗出远门也能一边跑，一边嗅着返回。由甲骨文的字形到《说

文》的字形，其演变轨迹一望可知，而且甲骨文的臭字形体简直就是一幅犬边行边嗅的漫画。

凡考释古文字，探求字的本义，没有人可以避开《说文》，王国维、郭沫若和其他古文字学家的甲骨文的考释，无不引《说文》作为论证的主要根据之一。杨树达《积微居小学述林》考释文字，或申发《说文》，或补正《说文》，篇篇不离《说文》。

认识造字本义，在字或词义辨析中有重要意义，凡从事古文献研究，为文籍作注，是必须以此为基本功底的。因此阅读《说文》和注释《说文》的著作，并进而研读甲骨文、金文的考释性论著，应当成为青年学者的必修课。

第二，反映汉字的形、音、义的历史源流和发展演变的辞书

《汉语大字典》，徐中舒主编，是国家“六五”规划的重点项目，由湖北、四川两省三百余人经过十年艰苦努力编纂而成。这是一部集古今字典之大成的巨著。该字典的概况在《前言》作了简括说明：“《汉语大字典》是汉字楷书单字的汇编，共收列单字五万六千左右。它在继承前人成果的基础上，注意汲取今人的新成果。它注重形音义的密切配合，尽可能历史地、正确地反映汉字形音义的发展。在字形方面，于楷书单字条下收列了能够反映形体演变关系的、有代表性的甲骨文、金文、小篆和隶书形体，并简要说明其结构的演变。在字音方面，它对所收列的楷书单字尽可能地注出了现代读音，并收列了中古反切，标出了上古的韵部。在字义方面，不仅注重收列常用字的常用义，而且注意考释常用字的生僻义和生僻字的义项，还适当地收录了复音词中的词素义。”

《汉语大字典》的具体字例及其分析，在上文已有介绍，这里就不再列举。对这部字典的研究评论，报刊上已有不少，而汇集成书者有《汉语大字典论文集》（湖北辞书出版社、四川辞书出版社 1990 年出版），汪耀楠的《汉语大字典通论》和《〈汉语大字典〉的编纂对词典学理论的贡献》以十余万言的篇幅从实践和理论两

大方面对《汉语大字典》进行了全面的论述。王粤汉著《汉语大字典考证》（四川辞书出版社2001年出版）考证了《汉语大字典》的编纂中出现的问题。

从事古文字、文献专业学习和研究的学人，《汉语大字典》已成为必备的工具书。为文籍作注，是没有不参考这部字典巨著的。每一个汉字字形的演变史、音读的演变史，字义的引申和通假史，都可以从这部字典中获得满意的解释。

第三，反映汉语词汇的全貌和词汇系统、词义系统的辞书

《辞源》，广东、广西、湖南、河南辞源修订组、商务印书馆编辑部编，商务印书馆1979年出版。《辞源》最初由陆尔奎、方毅等人提倡，于1908年（清光绪三十四年）至1915年，历时8年编成。1931年出版《辞源》续编，1939年出版合订本。1964年出版修订稿第一册，1976年由国家统一规划，组织修订，1979年分四册出版。

《辞源》收字1万多个，词目10万余条，始于先秦，止于鸦片战争（1840年）。《辞源》以旧有字书、韵书、类书为基础，吸收国外辞书的优点编纂而成。《辞源》以语词为主，兼收百科术语和人名、书名，详举书证，注重溯源，是我国现代第一部大型古代汉语辞书，也是从事语文教学、古文注释必备的工具书，有很高的实用价值和学术价值。如“佐”，收有17条，语词有“佐戎”“佐事”“佐酒”“佐理”“佐饔得尝”，余为人名、官名、书名等名物词，如“佐弋”“佐史”“佐治药言”等。各条均作简明注释，征引书证。

研讨《辞源》释义和书证得失的文章不少，而最为集中的是田忠侠所著《辞源通考》（福建人民出版社2002年出版）。作者积22年之精力撰成150万言的巨制，从立目、音项、释义、书证、引文、标点、行文、体例、技术处理等15个方面对《辞源》进行考订，是有参考价值的学术专著。

《辞海》，是一部大型兼收语词和百科词语的综合性辞书。最

初由舒新城、沈颐、张相等人主编，1936 年出版。1958 年成立中华书局辞海编辑所，1959 年成立“辞海编辑委员会”，由舒新城任主编，后由陈望道继任。1979 年由上海辞书出版社出版《辞海》3 卷本，夏征农任主编。1982 年出版《辞海·增补本》。全书（含增补本）收字 14 872 个，词目 107 436 条。

这是一项浩大的工程，1979 年版的《辞海》的编写、编辑的主要工作人员有 739 人之多，夏征农任主编，仅分科主编就有 124 人，囊括了上海、北京和华东地区的自然科学、社会科学、文学艺术和语言文字等各个学科的著名学者，如数学家苏步青、生物学家谈家桢、法学家张友渔、音乐家贺绿汀等等。

《辞海》所收语词与《辞源》大同小异，而现代百科知识条目为《辞源》所无。《辞源》重古，《辞海》重今，分工不同罢了。两书的语词释义各有千秋，如“激扬”，《辞源》仅释以“激动振奋”，举有《汉书》和《后汉书》二例，《辞海》则有三义：①激起之意。亦喻指感动奋起。②激励。③犹激昂。引有《后汉书》、江淹、魏征四例。而“激楚”一词，《辞源》有“声音高亢凄清”“曲名”“指心情悲愤”三义，引有《楚辞》《汉书》《聊斋志异》三例。《辞海》释以“古代歌舞曲名”“形容音调的高亢凄清。后亦用为愤激悲楚之意”。引例与《辞源》同，而引了传注，并又有独孤及诗例。

《汉语大词典》，罗竹风主编，由华东五省一市山东、江苏、安徽、浙江、福建五省和上海市共同完成，1986 年出版第一卷，1993 年出齐。收词三十七万五千余条，近五千万字。

《汉语大词典》和《汉语大字典》是姊妹篇，同为国家“六五”计划的重点项目。《汉语大字典》是研究汉字的集大成作品，《汉语大词典》则是研究古今语词的集大成作品。如“一”字，《辞源》17 页，《辞海》（缩印本）5 页，而《汉语大词典》竟有 115 页，31 万字的篇幅，是典型的“一字长编”。这相当于一部专著的一字长编，可以说，凡古今“一”字领头的复词、多音节词，收罗殆尽，而且逐一详释，列举书证。如“一切”后又收有“一切有情”“一切法”“一切万物”“一切智”“一切众生”“一切经”“一切种智”“一切诸佛”等八条佛教词语。又如“一日”，《辞源》有“一昼夜”“一旦，有一天”“昨日，不久前的某一天”三义，《辞海》释为“一天，一昼夜”“有一天”“一旦；有那么一天”“昨日；日前”四义，而《汉语大词典》则有八义计九项：①一昼夜；一天。②一个白天。③犹昨日。④某日，过去的某一天。⑤他日，指将来的某一天。⑥整天；成天。⑦副词。一旦。(1) 表示忽然有一天。(2) 表示如果有一天。⑧谓短时；一时。这许多义项也都有足够的书证作依据。如“②一个白天”，引《法苑珠林》卷四十六：“故一念来一念去，一日一宿有八亿四千万念。”又引《水浒传》第四十五回：“一个财主家，虽然十相俱足，一日有多少闲事恼心，夜间又被钱物挂念，到三更二更才睡。”

可以毫不夸张地说，有此一典，注释古代文籍就有了最为完备的参考书。

第四，辨析古籍中的通假词、词组和联绵字的异写的辞书

古籍中的通假词、词组和联绵字的异写，是阅读古籍、整理古籍的两个重要而又易被忽视的问题，而研究古籍中的通假词、词组的《辞通》和研究古籍中的联绵字的《联绵字典》，往往也不被重视。下面我们来介绍这两部内容不同而性质相近的辞书。

《辞通》，朱起凤撰。此书草创于 1896 年（清光绪二十二年），告成于 1930 年（民国十九年），1934 年开明书店出版，上海古籍出版社 1985 年重印。

讲通假，往往只注意到字，即古人写别字代替本字的现象。而对复音词和词组的不同写法（如“首鼠两端”和“首施两端”）进行专门研究的却相对较少。古代汉语复词双声相转和叠韵相转或同音异体的现象十分普遍，如“丘墟”又作“丘虚”“坵墟”，“须臾”又作“须摇”，“昌黎”又作“昌辽”，“菩提”又作“浮帝”，有的

是音义全同的异体（即异形词），有的是音变的通假。有时还有音变和形讹交织在一起的情况，如古西域国名“楼兰”，见于《史记》《汉书》《后汉书》，而《水经注·河水》作“牢兰”，《史记·大宛列传》正义引《括地志》作“穿兰”。“楼”“牢”双声，“穿”是“牢”的形讹。还有义同通用的例子，如《老子》第二十二章：“是以圣人抱一，为天下式。”《管子·形势篇》：“抱蜀不言，而庙堂自修。”扬雄《方言》云：“一，蜀也，南楚谓之蜀。”郭璞注：“蜀，独也。”“抱蜀”即“抱一”。一，指道。抱，持守。道家谓专精固守，不失其道为“抱一”。《辞通》用朱骏声《说文通训定声》的方法，专收连语，用同声假借的原则来整理他们，收罗宏富，引证详密。每一通假或讹变词都有书证（包括例句和注疏），使读者易于了解古代文献词语运用变化的全貌，对从事古汉语研究和文籍的注释都是极有益的，也有助于整理古汉语异形词。书前有章太炎、胡适、钱玄同、刘大白、林语堂、程宗伊等人六篇序文，很有学术价值。如胡适所谈的同声假借的理论问题，刘大白以首尾、首施为例所说的不同观点，都是有助于启发思维、提高认识的。如果以这些序所提出的问题进行深入的研究，定能把词的同声通假的研究大大提高一步。

《联绵字典》，符定一撰。1910 年开始收集联绵字，历时 30 年，于 1940 年编成，1943 年出版，有 400 万字，中华书局 1981 年重印，其书收集了六朝以前所有的联绵字，按部首排列。在每一个联绵字下分类集录古书注疏中的所有解释，间或作按语以作说明。

联绵词有的双声，有的叠韵，有的则是无双声或叠韵关系，是我们常说的双音节词。联绵字的字音、字形往往也不固定，不论是由音变而致形变，或者是俗写、形讹，本书皆一一收录，举以书证。如“委蛇”一词，释有 7 义，从⑧至⑧³全为“一作”“俗作”“转为”的变体，如“委它”“逶佗”“逶迤”“逶蛇”“倚移”“郁夷”“委随”“倚靡”之类，计有 74 种。本书收集联绵字的材料齐

全，按音转之理加以排列整理，“对我们正确理解古代文献中的联绵字有极大的便利”。（见《重版说明》）

符定一和毛泽东有师生之谊，其书名为毛泽东所手书。但对本书的评价分歧很大。黄侃以为“执符氏之书”可以“穷丽名之数，进窥苍雅扬许之学”（见《黄序》），又认为此书凡例，“妙至无以复加，转语条例，由斯创立，乾嘉儒者，未之有也”。（见《凡例》）王树枬认为本书是“广搜博采，集其大成”（见《王序》），中华书局编辑部则认为“本书在联绵字研究方面的成就远远超过了前人的有关著作”。（见《重版说明》）

和上述称赞相反，周祖谟认为该书“体系芜杂”，是据前人著作“杂纂而成”。“作者所谓的‘双声’指黄侃所立的古声19纽，所谓的‘叠韵’指古韵的22部”。又说：“作者昧于声韵通转之学，所加按语多有不当。又称古无重唇音而有轻唇音，与语言事实不符，尤为荒谬。”其措辞之尖锐，在学术批评中少见。周评见于《中国大百科全书》，到底有无可取，周先生以“此书可作为一种材料书供检查之用”作结。

研究联绵字的还有早于符定一的《联绵字谱》，王国维编。书中所收之联绵字只限于先秦两汉的经传、诸子、楚辞以及《尔雅》《方言》《说文解字》等书所有，其他不录。按“双声之部”（声母分23类，跟章炳麟《新方言》所定21组相近）、“叠韵之部”（据王念孙所定21部）和“非双声叠韵之部”分别排列。每一条下均注明出处。周祖谟说：“这是研究联绵词很有用的一本资料书，根据本书可以因声以求义，解决其中一些音义相关的问题。”（见《中国大百科全书》语言文字卷）

第五，辨释诗词曲、敦煌变文语词的辞书

文籍注释涉及范围极广，古代诗词歌赋的用词与经书、史书、和诸子文集大不相同，注释这类作品需要参考、查阅各种专门辞书，如《诗词曲语词汇释》《戏曲语词汇释》等。

《诗词曲语词汇释》，张相撰。其书汇集唐宋金元明人诗词曲中习用的特殊词语，详引例证，解释其意义用法。张相博通文史，治学谨严，探求词义，必经过体会声韵、辨认字形、玩绎章法、揣摩情节、比照意义的过程。如“比照意义”，作者从六个方面进行探索：甲、有异义相对者，取相对之字以定其义；乙、有同义互文者，从互文之字以定其义；丙、有前后相应者，就相应之字以定其义；丁、有文从省略者，玩全段之文以定其义；戊、有以异文印证者；己、有以同义异文印证者。这些研究方法都有例证说明，如王维《燕支行》诗：“教战须令赴汤火，终知上将先伐谋。”赵殿臣注本云：“须，顾元纬本、凌本俱作雖（虽）。”又如陈师道《寄泰州曾侍郎肇》诗：“是处逢人说项斯。”脱胎于杨敬之《赠项斯》诗之“到处逢人说项斯”。这种“异文印证”“同义异文印证”的例证足以确定“须”可释为“虽”，“是处”即是“到处”。征引丰富，辨析细微，这本辞书对研究近代汉语词汇和口语以及诗词曲的注释和研究极有益处，是一本学术性和实用性都很高的著作。

《戏曲词语汇释》，陆澹安撰。1981 年上海古籍出版社出版。专收金元戏曲词语，以见于院本杂剧为主，诸宫调亦予收入，而不收明清传奇词语。所收词语均作解释，并举出例证。有些与普通词语不同的行话、土语和少数民族语都一一注明，有些词语元明小说中也习用，则引元明小说用例作为旁证。如“兀自，还是。小说中亦有之。”“兀那，‘兀’是发声词，无义。‘兀那’即‘那’。小说中亦有之。”“兀的（兀底），这。小说中亦有之。”书后有《诗词曲成语汇纂》，只列条目，说明见于何处，而不释义举例，如“不官半职（《冻苏秦》楔子）”“一不做，二不休。(《救风尘》二)”。

陆澹安还撰有《小说词语汇释》，收入清代以上通俗小说 64 种，8000 多条目。释义举例，对阅读古代话本小说颇为有用。

《敦煌变文字义通释》（增补定本），蒋礼鸿著，上海古籍出版社1997年新3版。专释唐五代变文词义。变文是当时流行于民间的文学作品，保存了不少口语材料。作者将《敦煌变文集》的词语分为称谓、客体、名物、事为、情貌、虚字六类。联系唐五代人的诗词、笔记、小说，进行综合比较，相互证发，释义准确可靠。如“惭愧”，义为“感谢”；“伴涉、伴换”，义为“陪伴、追随”；“落荒”，义为“乱说”；“纸笔”义为“字据”；“作家、作者”，义为“内行，高手”。每一释义后都列举了大量材料进行分析。本书对汉语词汇史、唐以后口语语汇和诗词、戏曲的研究有重要参考价值，可以和张相的《诗词曲语词汇释》相媲美。

类似的专门辞书和专书辞书很多，这里就不一一介绍了。

第六，汇辑和整理古书训释的辞书

《经籍籑诂》，清阮元主编，臧镛堂、臧礼堂等60余人纂校。嘉庆三年（1798年）刊行。全书收13 349字，按平水韵分韵编排。文字训释取材于唐以前典籍，采录的古书达100多种。字义按本义或较早的意义、引申义顺次编排。举凡经传本文的训诂、文籍传注、以训诂代正文者、假借、异体，《说文》《尔雅》《广雅》等书的训释均一一收录。同一训释而分见于各书，虽数十见亦一一采录，依次罗列，以证字有定诂，义有同训。王引之序所谓“展一韵而众字毕备，检一字而诸训皆成，寻一训而原书可识，所谓握六艺之钤键，廓九流之潭奥者矣”，不为过誉。

古代传注训诂依附于经学，有许多说解是非语词义的，如“仁”字有126条解释，绝大多数都不是严格意义上的训诂，而只是作者或传注者为表达某种思想观念的需要而作的解说，如“仁者义之本，顺之体也。《礼记·礼运》”“仁，信之器也。《大戴礼记·四代》”，说的是“仁”与“义”“信”等的关系；“夫水淖弱以清而好洒人之恶，仁也。《管子·水地》”“鸡见食相呼，仁也。《新序·杂事五》”，是《管子》和《新序》的作者在举例说明什么是“仁”；“仁者，爱也。《汉书·公孙弘传》集注”“仁，爱人以及物。《周礼·大司徒》

'知仁圣义忠和'注"，这才是释"仁"的语词义。以非语义的训诂作义项单位，是使用本书应当注意的。本书规模宏大，疏漏也不少。我曾作《纂集派训诂著作〈经籍籑诂〉》(见《词典学研究》，四川辞书出版社 1990 年出版）一文，评价其得失，可资参考。

《故训汇纂》，宗福邦、陈世铙、肖海波主编，商务印书馆 2003 年出版。该书征引宏富，列目书共 220 余种，是《经籍籑诂》的两倍多。新增书目主要是唐宋元明清时期的文籍注疏和训诂专书。这样就使这部著作的资料涵盖了从先秦至晚清两千多年训诂史的内容。其书按《康熙字典》214 部排列，另附拼音索引和难检字笔画索引，检索很方便。本书用《汉语大字典》的方法，先引《说文》说解字形构造和造字之义，再注现代读音，并标注《广韵》或《集韵》反切、调韵声和上古韵部，并按以音领义的原则分列注项，与《经籍籑诂》的方法大体相同。复音词的故训亦一并收录，列于单字义后。

本书是对《经籍籑诂》的继承和发展，篇幅为《经籍籑诂》的四倍，达 1300 万字，每一字头下所征引的故训材料更为丰富，分项也更为细密。如"仁"字，《经籍籑诂》126 条，而《故训汇纂》达 205 条，兹摘录如下（用简体）：

> 仁《说文·人部》："～，亲也。从人，从二。忎，古文～，从千、心。𡰥，古文～，或从尸。
>
> rén《广韵》如邻切，平真日。真部。
>
> ①～，亲也。《说文·人部》。②亲即是～。《孟子·尽心上》"仁之而弗亲"焦循正义。③～，亲也，谓仁恩相亲偶也。《大戴礼记·曾子制言中》"虽行不受必忠，曰～"王聘珍解诂。④亲亲，～也。《孟子·尽心上》。⑤～，爱也，故亲。《荀子·大略》。⑥～，爱也。《墨子·经说下》；《公孟》"翟甚不～"孙诒让间诂引《经说下》。……㊲～者，义之本也，顺之体也。《礼记·礼运》。㊳～，信

之器也。《大戴礼记·四代》。……⑬⑥夫水淖弱以清，而好洒人之恶，~也。《管子·水地》。⑬⑦夫玉温润以泽，~也。《管子·水地》。……⑮④鸡见食相呼，~也。《新序·杂事五》。……⑱⑧~义，性也。《申鉴·杂言下》。……⑲④夫~义者，忧天下之害，趋一国之患，不避卑辱，谓之~义。《韩非子·难一》。……⑲⑥~义，五德之行也。《庄子·秋水》"长而明~义之行"成玄英疏。……⑳⑤~兽，麟也。《文选·刘桢〈公谦诗〉》"~兽游飞梁"刘良注。

上录各项大致可反映本书的概貌。

和《经籍籑诂》相较，在引书格式的规范和引文的准确可靠方面，本书也做得更好。

也有值得注意的问题。本书在规定的引书范围内对异体字"原则不作整理和归并"，这是对的，但有些同文异字现象若不酌加按语说明，则不利于读者。如"楗"和"揵"，本书"楗"字⑮引《史记·河渠书》"而下淇园之竹以为楗"之"楗"，裴骃集解本从"木"作"楗"，而张守节正义本从"扌"作"揵"；"楗"字③引《老子》第二十七章"善闭无关楗而不可开"之"楗"，《四部丛刊》本从"扌"作"揵"；"楗"字⑮《史记》裴骃集解引如淳曰作"树竹塞水决之口，稍稍布插接树之，水稍弱，补令密，谓之楗"，而"揵"字⑰《汉书·沟洫志》颜师古注引如淳曰作"树竹塞水决之口，稍稍布插按树之，水稍弱，补令密，谓之揵"，一为"接"，一为"按"，孰是孰非，编者是应予说明的。

《尔雅诂林》，朱祖延主编，湖北教育出版社 1997 年出版。

《尔雅》是中国最早的一部训释词义的书，是词典之祖，被列为《十三经》之一。《尔雅》有释诂、释言、释训、释亲、释宫、释器、释乐、释天、释地、释丘、释山、释水、释草、释木、释虫、释鱼、释鸟、释兽、释畜 19 篇。

《尔雅》据传为孔子门人或周公所作，后人大都认为是秦汉间学者采集训诂注释，递相增益而成。注释和研究《尔雅》音义的著作很多，汉魏时就有樊光、李巡、孙炎等人的注本，晋有郭璞的《尔雅注》，一直为人所重，宋有邢昺著《尔雅疏》，清有邵晋涵著《尔雅正义》，郝懿行著《尔雅郭注义疏》（亦叫《尔雅义疏》）。中国古代研究文字训诂的学术叫“仓雅之学”，至清代达到鼎盛。

《尔雅诂林》，搜集雅学著作 140 种，按《尔雅》条目剪辑各种资料汇集而成。全书千余万字。有关《尔雅》各条字词的解释，可以从中查得。如《释诂第一》：“初、哉、首、基、肇、祖、元、胎、俶、落、权舆，始也。”“始也”条所领各字，若无注疏，则区别性含义不能显示，一般学人难以明了。但若看了注疏，如郝懿行《尔雅义疏》，就会明白：“初者裁衣之始，栽者草木之始，基者筑墙之始，肇者开户之始，祖者人之始，胎者生之始……”

《尔雅诂林》和《说文诂林》一样，通过资料的汇编，反映历代研究的学术成果，是很有价值的。但是对前人的研究或注释，我们却不可盲从。如“初，裁衣之始也”，是很难明白的。“裁衣之始”是《说文》的解释，段玉裁注说：“衣部曰：‘裁，制衣也。’制衣以针，用刀则为制之始。引申为凡始之称。此说从刀衣之意。”

《尔雅》的“初”“首”“祖”“元”“胎”是一组意义相关连的字。初的甲骨文作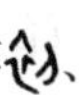、作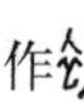，、即“衣”。而甲文又有、诸形，像一人在“衣”中，而“衣”又有作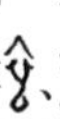、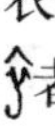者，则“衣”更象衣胞之形，义为衣胞，衣服义是引申的。这样看来，“裁衣之始”应当是胎儿出母体剪去脐带，为人生之始。甲文还有一个“産”字，作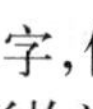，从初，彦声。“産（产）”就是生产，就是生之初，其字形构造和意义可为初为人生之始的旁证。

我不研究甲金文字，以上材料取自于已故友人武汉大学夏渌教授《学习古文字散记》（武汉大学印刷厂 1979 年印制）。如果我们把与“初”相关的一组字联系起来，就更有意思了：祖是人类之始，胎是生命之始，初是人生之始。元甲文作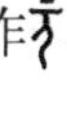、作，皆从二（上）

从人会意,义为首。首,甲文象人首之形,《说文》即释为头。则元、首都是人身之始。而“始也”之始,《说文》:“始,女之初也。从女,台声。”按:始训初,又训生。《礼记·檀弓下》:“丧礼哀戚之至也,节哀顺变也,君子念始之者也。”郑玄注:“始犹生也。念父母生己,不欲伤其性。”而刘熙《释名·释言语》:“始,息也,言滋息也。”也是说的生育。这样看来,《说文》的“从女台声”可以怀疑了。考“台”字,《马王堆汉墓帛书·老子甲本·德经》用作“始”:“百仁(仞)之高,台于足(下)。”《老子》第六十四章作“千里之行,始于足下”。明人杂剧又有以“台”为“胎”者。《说文》之“从女,台声”当如何理解,似还有可思索之处。

“诂林”之类的书,属纂辑派训诂著作,其目的在汇集材料,加以合理编排,汇编者不必断以己意。因此我们使用《尔雅诂林》,一方面要重视前人的研究成果,一方面又要多参考其他著作,以广闻见,求得更为深入的理解。这对注释古文献是十分必要的。

《广雅诂林》,徐复主编,江苏教育出版社1992年出版。

《广雅》是魏人张揖所作,他依《尔雅》体例,补其未备,是研究汉魏以前语言不可或缺的著作。但是《尔雅》主释经,多正训,而《广雅》则博采群书,多异义,多难字,这就使治《广雅》有了相当难度,在清以前研治者仅隋曹宪音释一家。直到清王念孙著《广雅疏证》、钱大昭著《广雅疏义》,情况才略有改变。

治《广雅》难于治《尔雅》。《广雅诂林》所汇集的资料仅19家。由于王念孙的《广雅疏证》是六十余万言的大著,征引赅博,识断精到,是研究《广雅》的登峰造极之作,而钱大昭的《广雅疏义》所征引的经籍材料又十分丰富,所以虽只19家,却足可使读者获得全面、深入的知识。《诂林》所辑入材料分列于《广雅》各条下,使用十分方便。

从事古籍整理,文献注释涉及语言文字和文史百科知识的方方面面,上面仅介绍了六个方面的词典、辞书。而有关宗教、法律、土木建筑、文物典章制度、草木虫鱼、药物食品、农具兵器等等的词典辞书还未一一介绍，到进行注释、研究的时候，随时都可能需要查考。有一些与辞书相类的专门著作，如《齐民要术》《天工开物》《营造法式》《本草纲目》之类，随时都有可能派上用场。这里我想以胡适的几句幽默的话来结束本章的讨论："劝君少买几亩田，定要买部好词典"，买一部好词典，"胜似请几个先生。这种先生跟着你，终身享受不尽"。(《胡适文存》三集卷二《读书》)

第十四章　古代注释史

一、注释史与经学史

我国注释学的历史几乎和文籍本身的历史一样悠久。

中国古代的重要典籍，首先是儒家经典，即六经：《易》《书》《诗》《春秋》《礼》《乐》。这是从殷至周流传下来的上古最重要文献。古代的注释史，就是由注经产生和发展的。注释史在一定程度上说就是经学史。

《易》即《周易》，亦称《易经》。相传系周人所作，其内容包括《经》和《传》两部分。《经》主要是六十四卦和三百八十四爻，卦、爻各有说明（即卦辞、爻辞），作为占卜之用。郑玄《易纬·乾凿度》说："《易》一名而含三义：所谓易也，变易也，不易也。"又说："易者，其德也，光明四通，简易立节，天以烂明，日月星辰布设张列，通精无门，藏精无门，不烦不扰，澹泊不失，此其易也。变易者，其气也。天地不变不能通气，五行迭终，四时更废，君臣取象，变节相移，能消者息，必专者败，此其变易也。不易者，其位也。天在上，地在下，君南面，臣北面，父坐子伏，此其不易也。"《传》即《易传》，又称《十翼》，旧传为孔子所作（实系战国末期或秦汉之际儒家学者对《易》的《经》文所作的各种解释，与孔子的传授有关）。是由《彖》（上下）《象》（上下）《系辞》（上下）《文言》《序卦》《说卦》《杂卦》十篇组成。《传》对《经》来说是注释，而对后世注家来说，又与经文相类。《经》和《传》反映了我国古代若干朴素辩证法的观点，认为阴阳两种势力的相互作用是产生万物的根源，自然和社会的变化是无穷尽的，是由矛盾趋向调和的往复循环过程，强调了"天尊地卑"和社会等级制度的合理性和永恒性。

《书》亦名《书经》《尚书》。尚就是上，《尚书》就是上古之书。《汉书·艺文志》说："《易》曰：'河出图，雒出书，圣人则之。'故书之所起远矣，至孔子纂焉。上断于尧，下讫于秦，凡百篇，而为之序，言其作意。"今《十三经注疏》本《尚书》五十八篇是《今文尚书》与伪《古文尚书》的合编。"书者，古之号令。"（《汉书·艺文志》）它保存了商周特别是西周初期的一些重要史料，是儒家宣扬"二帝""三王"及周公、孔子的修身、齐家、治国、平天下思想的圣典，儒家所倡导的"道统"就是由《尚书》所记载的史实和它所反映的思想建立起来的。

《诗》就是《诗经》，是我国最早的诗歌总集，编成于春秋时期，共三百零五篇，又有六篇仅有篇名，而无诗文。由"风"（十五国风）、"雅"（分《小雅》《大雅》）、"颂"（《周颂》《鲁颂》《商颂》）三部分组成。《风》大部分是民间歌谣，反映了民间的生活、男女的爱情，并在一定程度上揭露和鞭笞了当时政治的黑暗，贵族统治者对人民的压迫和剥削。《雅》多属周王室贵族统治者所作，有的是歌功颂德，有的是宴会乐歌，有的反映时弊、表示对政治的忧虑，还有的反映了民间生活，有很高的史学价值。《颂》就是歌颂、颂扬，是西周、鲁国和宋国的最高统治者用于祭祀和国家大典的乐歌，所颂扬者为周王、鲁侯、宋公或其他祖先的功德。《孔丛子·巡狩篇》说："古者天子命史采诗谣，以观民风。"《汉书·艺文志》说："《书》曰：'诗言志，歌咏言。'故哀乐之心感，而歌咏之声发。诵其言谓之诗，咏其声谓之歌，故古有采诗之官，王者所以观风俗，知得失，自考正也。"孔子说："小子何莫学夫诗？诗，可以兴，可以观，可以群，可以怨，迩之事父，远之事君，多识于鸟兽草木之名。"（《论语·阳货》）又说："不学诗，无以言。"（《论语·季氏》）"诵诗三百，授之以政，不达，使于四方，不能专对，虽多，亦奚以为？"（《论语·子路》）可见诗与了解民情、观察时弊，与个人休养、国家治理以及与外交活动的关系都是很密切的。因此《诗》不仅受到儒家和后代统治者的重视，由于它的文学和史学价值，也受到历代文学家、史学家的重视。

《春秋》本为古代史书的通称，如《墨子·明鬼》所引有周之《春秋》、燕之《春秋》等等。列为六经之一的《春秋》相传为孔子依据鲁国史官所编编年体《春秋》加以整理修订而成。《史记·十二诸侯年表序》说："是以孔子明王道，于七十余君莫能用，故西观周室，论史记旧闻，兴于鲁而次《春秋》。上记隐，下至哀之获麟。约其辞文，去其烦重，以制义法，王道备，人事浃。七十子之徒，口受其传指，为有所刺讥褒讳挹损之文辞，不可以书见也，鲁君子左丘明，惧弟子人人异端，各安其意，失其真，故因孔子史记，具论其语，成《左氏春秋》。"《汉书·艺文志》说："《春秋》所贬损大人、当世君臣，有威权势力，其事实皆形于传，是以隐其书而不宣，所以免时难也。及末世口说流行，故有公羊、谷梁、邹、夹之传。四家之中，公羊、谷梁立于学官，邹氏无师，夹氏未有书。"《春秋》文辞简短，每于记事中一字以褒贬，世称"春秋笔法"，范宁《春秋谷梁传序》说："一字之褒，宠逾华衮之赠；片言之贬，辱过市朝之挞。"故《春秋》向为史家所重，为之注释者亦多。今传《左传》《公羊传》《谷梁传》就是最著名的几种注释。这几种注释由于它们的史学、文学、训诂学的价值，也成为后世学者研读的经典，成为《十三经》中的经书。

《礼》在《十三经》中系指《周礼》《仪礼》《礼记》三书，"六经"中之《礼》即《仪礼》。《史记·儒林列传》说："诸学者多言《礼》，而鲁高堂生最。《礼》固自孔子时而其经不具，及至秦焚书，书散亡益多，于今独有《士礼》，高堂生能言之。"《士礼》即《仪礼》。《汉书·艺文志》著录《礼经》，亦仅指《仪礼》。其书一说周公所制，一说孔子订定，是春秋战国时代一部分礼制的汇编。今《十三经注疏》本中，《周礼》《礼记》与《仪礼》合称"三礼"。"三礼"之名始于东汉之末。《周礼》亦称《周官》《周官经》。其书在诸经中出现最晚，其来历众说纷纭。古文经学家认为系周公所作，今文经学家认为出于战国，又有人以为系刘歆伪造，还有人以为系孔安国所献。此书是周王室官制和战国各国制度以及儒家政治思想的汇编。《礼记》即《小戴记》或《小戴礼记》，是秦汉前各种礼仪论著的选集。有《曲礼》《檀弓》《王制》《月令》《礼运》《学记》《乐记》《中庸》等四十九篇，为孔子弟子，再传、三传弟子所记，是研究中国古代社会情况、儒家学说和文物典章制度的参考书。

《乐》，早佚。

"经"在中国近三千年的封建社会生活中处于极为显要的地位，中国封建时代的主导思想是由经学奠定的。刘勰曾说："经也者，恒久之至道，不刊之鸿教也。"（《文心雕龙·宗经》）又说："君臣所以炳焕，军国所以昭明，详其本源，莫非经典。"（《序志》）这样就使讲析、注释经书词义和义理不仅为统治者所提倡，也为知识分子所追求。这是我国注释学在秦汉之际就已十分昌盛，并且一直绵延不绝，到清代甚至达到极盛的重要原因。因此我们说，我国的注释学史，首先是经学的发展史。经书以外的文籍注释是在经学注释后发生的。

这个情况和西方的解释学相似。解释学是现代西方的重要学术流派，它的研究对象是"本文"，如研究《圣经》理解问题的"释义学"（exegesis），研究古典文献理解问题的"文献学"或"语文学"（philology）。解释学在 19 世纪上半叶已由研究具体文献、经典的解释方法和规则问题而进入到各个领域一般性问题的理解，成为哲学的范畴，这又和我国宋代由注经而发展成的理学相似。但是不论解释的对象和所属范畴如何变化，它的基础和重点是研究和分析言语意义这一层都是不会改变的。这是因为："本文"是话语的著作，是由语言符号构成的。"语言是存在的寓所"，也是理解存在的媒介。德国哲学家海德格尔等人表述的这个观点和我国注释学以语言的注释为基础又是一致的。从这一意义上说，注释学历史又是文献语义的研究史。

二、经籍的传授与早期的注释——注释基础的奠定

（一）经籍的传授和子夏在早期注释中所起的作用

孔子以《诗》《书》《礼》《乐》教弟子，又为《易》作《十翼》，

在经籍的整理和传播史上有着不可泯灭的功绩，而他的弟子卜商（即子夏）在经籍的注释中更起到了奠基的作用。《后汉书·徐防传》曰："《诗》《书》《礼》《乐》，定自孔子，发明章句，始于子夏。"于《易》则有传（《隋书·经籍志》《唐书·艺文志》均有《周易卜商传》二卷。其书不传，惟唐李鼎祚《周易集解》引之，其书实系伪托）；于《诗》则有序，毛公之学，出自子夏；于《礼》则有《丧服传》；于《春秋》，则《公羊》《谷梁》二传亦子夏所传授。《书》的传授不详，与子夏亦似有关。《尚书大传》："六《誓》可以观义，五《诰》可以观仁，《甫刑》可以观诫，《洪范》可以观度，《禹贡》可以观事，《皋陶》可以观治，《尧典》可以观美。子夏读书毕，见夫子，夫子问焉：'子何为于书？'子夏对曰：'书之论事也，昭昭如日月之代明，离离如参辰之错行，上有尧舜之道，下有三王之义。商所受于夫子者，志之不敢忘也。'"子夏既能闻孔子所授"七观"之义，则秦汉之际的《尚书》注释，极可能亦与《诗》《春秋》一样，与子夏有密切关系。

郑鹤声、郑鹤春著《中国文献学概要》，据梁启超说制六经（《六经》失《乐》，实为五经）传授师承表，可以反映经籍的早期注释情况，兹转录如下：

《五经》传授师承表

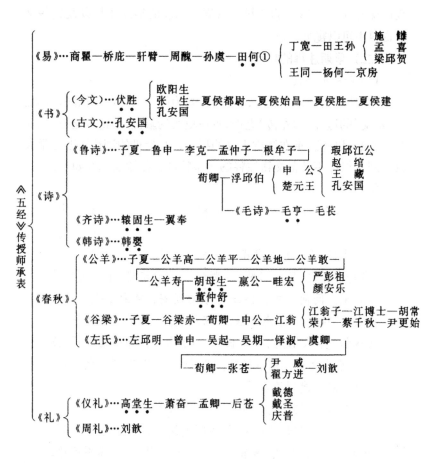

- 《易》…商瞿—桥庇—轩臂—周醜—孙虞—**田何**①
  - 丁宽—田王孙
    - 施雠
    - 孟喜
    - 梁邱贺
  - 王同—杨何—京房
- 《书》
  - (今文)…**伏胜**
    - 欧阳生
    - 张生—夏侯都尉—夏侯始昌—夏侯胜—夏侯建
    - 孔安国
  - (古文)…**孔安国**
- 《诗》
  - 《鲁诗》…子夏—鲁申—李克—孟仲子—根牟子—荀卿
    - 浮邱伯
      - 申公
        - 瑕邱江公
        - 赵绾
        - 王臧
        - 孔安国
      - 楚元王
    - 《毛诗》—**毛亨**—毛苌
  - 《齐诗》…**辕固生**—翼奉
  - 《韩诗》…**韩婴**
- 《春秋》
  - 《公羊》…子夏—公羊高—公羊平—公羊地—公羊敢—公羊寿
    - **胡母生**—嬴公—眭宏
      - 严彭祖
      - 颜安乐
    - **董仲舒**
  - 《谷梁》…子夏—谷梁赤—荀卿—申公—江翁
    - 江翁子—江博士—胡常
    - 荣广—蔡千秋—尹更始
  - 《左氏》…左邱明—曾申—吴起—吴期—铎淑—虞卿—荀卿—张苍—
    - 尹威—刘歆
    - 翟方进—刘歆
- 《礼》
  - 《仪礼》…**高堂生**—萧奋—孟卿—后苍
    - 戴德
    - 戴圣
    - 庆普
  - 《周礼》…刘歆

① 加着重号表示汉初第一本师。

从上表可以看出，子夏和荀子在经籍的注释与传授中有着至关重要的作用。

早期的注释已不可尽晓，而《春秋》三传和《诗》毛传却为我们保存了十分珍贵的资料。从周至西汉的早期注释以及这些文献资料中可以窥见一斑。

（二）早期注释的特点

1.《春秋》三传

《春秋》为经，左氏、公羊、谷梁为传。三传各不相同，都是对“本文”的诠释。《左传》之作，重在史实的叙说，是记事之史；《公羊传》《谷梁传》重在微言大义的探求，与后世的训诂义理之学大致相同，但都不具备文籍注释的典型特征，兹抄录二例如下：

例一：

十年，春，王正月，公败齐师于长勺。二月，公侵宋。

（《春秋·庄公十年》）

十年，春。齐师伐我。公将战，曹刿请见。其乡人曰：“肉食者谋之，又何间焉？”刿曰：“肉食者鄙，未能远谋。”遂入见。问何以战，公曰：“衣食所安，弗敢专也，必以分人。”对曰：“小惠未遍，民弗从也。”公曰：“牺牲玉帛，弗敢加也，必以信。”对曰：“小信未孚，神弗福也。”公曰：“小大之狱，虽不能察，必以情。”对曰：“忠之属也，可以一战。战则请从。”

公与之乘，战于长勺。公将鼓之，刿曰：“未可。”齐人三鼓，刿曰：“可矣。”齐师败绩。公将驰之，刿曰：“未可。”下视其辙，登轼而望之，曰：“可矣。”遂逐齐师。

既克，公问其故。对曰：“夫战，勇气也。一鼓作气，再而衰，三而竭。彼竭我盈，故克之。夫大国，难测也，惧有伏焉。吾视其辙乱，望其旗靡，故逐之。”

（《左传》）

十年，春，王正月，公败齐师于长勺。二月，公侵宋。曷为或言侵，或言伐？觕（粗）者曰侵，精者曰伐。战不言伐，围不言战，入不言围，灭不言入：书其重者也。

（《公羊传》）

十年，春，王正月，公败齐师于长勺。不日，疑战也，疑战而曰败，胜内也。

二月，公侵宋。侵时，此其月，何也？乃深其怨于齐，又退侵宋以众其敌，恶之。故谨而月之。

（《谷梁传》）

例二：

三月，庚戌，天王崩。

（《春秋・隐公三年》）

三年，春，王三月，平王崩，赴以庚戌，故书之。

（《左传》）

三月，庚戌，天王崩。何以不书葬？天子记崩不记葬，必其时也。诸侯记卒记葬，有天子存，不得必其时也。曷为或言崩，或言薨？天子曰崩，诸侯曰薨，大夫曰卒，士曰不禄。

（《公羊传》）

三月，庚戌，天王崩。高曰崩，厚曰崩。天子之崩，以尊也。其崩之何也？以其在民上，故崩之。其不名，何也？大上，故不名也。

（《谷梁传》）

《左传》除对经文本身的表达方式作某种解释外，主要是就经文所记之事作史实的详细叙述。“公败齐师于长勺”在经只一句七字，在《左传》则用洋洋数百言，记述这一事件的全过程。《公羊》《谷梁》未作注释，而仅讲析“公侵宋”何以用“侵”字。“天王崩”一事，《左传》只述“书之”的原因，而《公羊》《谷梁》却对周代礼制有关天子、诸侯、大夫、士的死的不同称谓作了说明，“三传”的区别十分明显。

《公羊》《谷梁》与《左传》的对立，《公羊》与《谷梁》在诠释上往往也表现出严重对立。因此后世学者或宗《左传》，或宗《公羊》，或宗《谷梁》，与朝廷的意旨和经籍的古文今文之争搅在一起，形成不同学派。

《春秋》三传虽都不具备完备的注释形态，但能给后世注释以参考和启发。后世学者对经籍的词语的解释，史实的补充，微言的探求，义理的分析，都可以从三传中找到渊源。

2.《诗》毛传

早期的注释，以《诗》毛传最为完备。试以《魏风·伐檀》为例作一分析。

《伐檀》，刺贪也。在位贪鄙，无功而受禄，君子不得进仕尔。

（以上《小序》）

坎坎伐檀兮，寘之河之干兮，河水清且涟漪。（坎坎，伐檀声。寘，置也。干，厓也。风行水成文曰涟。伐檀以俟世用，若俟河水清且涟。）不稼不穑，胡取禾三百廛兮？不狩不猎，胡瞻尔庭有县貆兮？（种之曰稼，敛之曰穑。一夫之居曰廛。貆，兽名。）彼君子兮，不素餐兮？（素，空也）

坎坎伐辐兮，寘之河之侧兮，河水清且直猗。（辐，檀辐也。侧，犹厓也。直，直波也。）不稼不穑，胡取禾三百亿兮？不狩不猎，胡瞻尔庭有县特兮？（万万曰亿。兽三岁曰特。）彼君子兮，不素食兮？

坎坎伐轮兮，寘之河之漘兮，河水清且沦猗。（檀可以为轮。漘，厓也。小风水成文，转如轮也。）不稼不穑，胡取禾三百囷兮？不狩不猎，胡瞻尔庭有县鹑兮？（圆者

为困。鹑，鸟也。）彼君子兮，不素飧兮？（熟食曰飧）

（以上正文并注释）

《伐檀》三章，章九句。

（以上毛传章句划分）

每篇诗前小序，意在揭示主题，正文后括号中为词语注释。章句划分置于篇末。郑玄笺与毛传不合者，均有说明，如“《关雎》五章，章四句。故言三章，一章四句，二章章八句。”“故言”，即《毛诗故训传》。凡不出“故言”者即郑与毛同。

《伐檀》的注释重在释词，并非毛传的典型。毛亨传《诗》，十分注重经义的揭示。在释词语后揭示义理是最为典型的形式。如《邶风·静女》：

《静女》，刺时也。卫君无道，夫人无德。

（以上《小序》）

静女其姝，俟我于城隅。（静，贞静也。女德贞静而有法度，乃可说也。姝，美色也。俟，待也。城隅，以言高而不可逾。）爱而不见，搔首踟蹰。（言志往而行正。）

静女其娈，贻我彤管。（既有静德，又有美色，又能遗我以古人之法，可以配人君也。古者后夫人必有女史彤管之法，女史不记过，其罪杀也。后妃群妾以礼御于君所，女史书其日月，授之以环，以进退之。生子月辰则以金环退之；当御者以银环进之，著于左手；既御，著于右手。事无大小，记以成法。）彤管有炜，说怿女美。（炜，赤貌。彤管，以赤心正人也。）

自牧归荑，洵美且异。（牧，田官也。荑，茅之始生也。本之于荑，取其有始有终。）匪女之为美，美人之贻。（非为其徒说美色而已，美其人能遗我法则。）

（以上正文并注释）

《静女》三章章四句。

（以上章句划分）

毫无疑义，毛传已具备了早期注释的完整形态。而毛传的注释方法也是丰富多彩的。唐人孔颖达撰《毛诗正义》，清人陈奂撰《诗毛氏传疏》都注意到这一层，对毛传的训诂条例作了分析。

注释方法，不外乎释词义、释句义、揭示义理、概括主题几种方法。从所录二例可以看出，毛传内容的完备、方法的科学与灵活，堪称古代注释的楷模。章太炎先生曾给《毛诗故训传》很高的评价，不是没有道理的。

毛传释词，或以单字为释，如："干，厓也。""素，空也。""俟，待也。"其释语单字比被释字浅显。或以复词为训，如："静，贞静也。""姝，美色也。""辐，檀辐。"所用复词，有时为迭字，如："洸洸，武也；溃溃，怒也。"（《邶风·谷风》"有洸有溃"传）有时用连语，如："写，输写其心也。"（《小雅·蓼萧》"我心写兮"传）或作定义，如："风行水成文曰涟。""万万曰亿。""兽三岁曰特。""熟食曰飧。"或状形貌，如："炜，赤貌。""小风水成文，转如轮也。"或释句意换字以释词，如："又能遗我以古人之法。"或为声训，以点明含义，如："盗，逃也。"（《小雅·巧言》"君子信盗，乱是用暴"传）或释所指，如："归有德也。"（《邶风·北风》"惠而好我，携手同归"传）或释喻意，如："城隅，以言高而不可逾。"或释寓意，如："彤管，以赤心正人也。"

毛传释句子，有时用翻译，如："扬，激扬也。激扬之水，可谓不能流漂束楚乎？"（《郑风·扬之水》"扬之水，不流束楚"传）"石虽坚，尚可转；席虽平，尚可卷。"（《邶风·柏舟》"我心匪石，不可转也；我心匪席，不可卷也"传）"非为其徒说美色而已，美其人能遗我法则。"（《邶风·静女》"匪女之美，美人之贻"传）有时说明原因，如："欲扫去之，反伤墙也。"（《鄘风·墙有茨》"墙有茨，不可扫也"传）"雄雉见雌雉飞而鼓其翼泄泄然。"（《邶风·雄雉》"雄雉于飞，泄泄其羽"传）有时不释句意，而只揭示其句子表面意思之外的内含，如："恐陨也。"（《小雅·小宛》"惴惴小心，如临于谷”传）毛传的翻译，有的顺其意而译，有的反其意而译，都能起到注释的作用。

毛传揭示每首诗的主旨，有多种情况，运用了多种方式：

《凯风》，美孝子也。卫之淫风流行，虽有七子之母，犹不能安其室，故美七子能尽其孝道，以慰其母心而成其志尔。

《雄雉》，刺卫宣公也。淫乱不恤国事，军旅数起，大夫久役，男女怨旷，国人患之而作是诗。

《旄丘》，责卫伯也。狄人迫逐黎侯，黎侯寓于卫。卫不能修方伯连率之职，黎之臣子以责于卫也。

《式微》，黎侯寓于卫，其臣劝以归也。

《泉水》，卫女思归也。嫁于诸侯，父母终，思归宁而不得，故作是诗以自见也。

（以上《邶风》）

《蝃蝀》，止奔也。卫文公能以道化其民，淫奔之耻，国人不齿也。

《载驰》，许穆夫人作也。闵其宗国颠覆，自伤不能救也。卫懿公为狄人所灭，国人分散，露于漕邑，许穆夫人闵卫之亡，伤许之小，力不能救，思归唁其兄，又义不得，故赋是诗也。

（以上《鄘风》）

《河广》，宋襄公母归于卫，思而不止，故作是诗也。

（以上《卫风》）

《采葛》，惧谗也。

（以上《王风》）

《凯风》《雄雉》《旄丘》是一种类型。小序或用“美”（即赞美、歌颂），或用“刺”（即讥刺、批判或揭露的意思），或用“责”（即指斥、谴责），或用“闵”（即表示怜悯同情）。于“美”“刺”等字样后指明所歌颂或批判的对象（人或事），再说明具体事实或原委。《载驰》又是一种类型，和《凯风》等不同的是指出了作者。《式微》《河广》又是一种类型，仅说明作诗的原由。《泉水》《蝃蝀》与《凯风》等性质相似，先揭示诗的性质，再作具体说明。《采葛》仅三字揭示其主旨。

《小序》对诗的主旨的揭示与对诗句义理的阐发有密切关系，毛传对主题的概括与对诗句义理的阐发为后世学者的理解提供了可贵的参考。不过牵强附会、妄说义理处不少，因此对《小序》以及句义（经义）的分析应取分析态度，不可盲从。据宋以后学者考证，《小序》乃汉人注家所为，不可尽信。但从注释体例的完备和揭示主题的方法上看，《小序》所保存的材料仍然是很珍贵的。

《春秋》三传和《毛诗诂训传》是我国早期注释的代表，反映了我国的注释学从一开始就在内容的完备、方法的科学方面达到了可观的水平。

三、东汉——注释的繁荣

（一）东汉注释发展的一般情况

西汉之时，注释经书的基础已经奠定；到了东汉，由于政府的提倡，注经很快进入到蓬勃发展阶段。永平（公元 58—75 年）时，明帝亲自讲析经书。章帝建初四年（公元 79 年）大会诸儒于白虎观，考详五经异同，连月乃罢。

东汉以注释名家者，著名的有二十余家，兹列表如下：

姓名、生卒年代	生平事迹	学术渊源及著作流传情况
卫宏，字敬仲。	东海（今山东郯城西南）人，光武帝时任议郎。	先从九江谢曼卿学《毛诗》，作《毛诗序》，后随大司空杜林学《古文尚书》，作《训旨》。二书皆佚。又集西汉杂事，编《汉旧仪》四篇，今有辑本。
牟长，字君高。	临济（今山东高青）人。建武初拜博士，后迁河内太守，官至中散大夫。	学欧阳《尚书》,著《尚书章句》，俗称《牟氏章句》，佚。为诸生讲学，常千余人，弟子前后达万人。
李育，字元春。	扶风漆（今陕西彬县）人。曾任侍中。	治《春秋公羊传》。参加白虎观经学讨论，以《公羊》经义同古文经学家贾逵相辩难。著《难左氏义》四十一事，佚。
杜林，字伯山（？—47）。	扶风茂陵（今陕西兴平）人。官至侍御史、大司空。	治古文《尚书》,曾得漆古文《尚书》一卷,传于卫宏。林受学于张竦，为《仓颉篇》作训诂,佚,清马国翰《玉函山房辑佚书》有辑本一卷。
杜子春（约公元前30—约公元58)。	河南缑氏（今河南偃师南）人。	从刘歆学《周礼》，郑众、贾逵皆从其受业，始传《周礼》之学。郑玄注《周礼》多采用其说。《玉函山房辑佚书》有《周礼杜氏注》三卷。

（续 表）

姓名、生卒年代	生平事迹	学术渊源及著作流传情况
郑兴，字少赣。	陈留浚仪（今河南开封）人。曾任太中大夫。	初治《公羊传》，后治《左传》，兼治《周礼》。著作已佚。《玉函山房辑佚书》辑有《周礼郑大夫（兴）解诂》一卷。
郑众，字仲师（？—83）。	郑兴子，曾任大司农，世称“郑司农”，以别于宦官郑众。	传其父郑兴《左传》之学，兼通《易》《诗》，世称“先郑”，而称郑玄为“后郑”。著作已佚，《玉函山房辑佚书》辑有《周礼郑司农（众）解诂》六卷，《郑众春秋牒例章句》一卷。
杜抚，字叔和。	武阳（今山东郯城）人。建初时为公车令。	受业于薛汉，定《韩诗章句》，教授弟子千余人。所作《诗题约义》，后人称为“杜君法”。
贾逵，字景伯（30—101）。	扶风平陵（今陕西咸阳）人。贾谊九世孙。和帝时官至侍中。	永平中，献《左氏传解诂》三十篇，《国语解诂》二十一篇，明帝重其书，写藏秘馆。又著《经传义诂》及《论难》百余万言。其书皆佚。《玉函山房辑佚书》、黄奭《汉学堂丛书》均有《左氏传解诂》《国语解诂》辑本。
王逸，字叔师。	南郡宜城（今湖北宜城县南）人，安帝时为校书郎，顺帝时官至侍中。	著《楚辞章句》，为《楚辞》注释之祖，为后世所重。又有赋、诔、书、论等二十一篇，汉诗百二十三篇，今多不存。为悼屈原所作《九思》，存《楚辞章句》中。明张溥辑《汉魏百三家集》有《王叔师集》。

（续　表）

姓名、生卒年代	生平事迹	学术渊源及著作流传情况
许慎，字叔重（58—约147）。	汝南召陵（约今河南郾城）人，曾任太尉南阁祭酒、洨长等职。	师事贾逵，攻古文经学。著有《五经异义》十卷，已佚，清陈寿祺辑有《五经异义疏记》，辑注较备。又著《说文解字》，以“六书”推究文字本义，兼及声音训诂，为中国第一部系统分析字形和考究字源的专著，对后世影响很大。
服虔，初名重，又名祇，字子慎。	荥阳（今属河南）人，灵帝中平时曾任九江太守。	信古文经学，著有《春秋左氏传解谊》，以《左传》驳难今文学家何休。南北朝时北方盛行服注。唐孔颖达撰《五经正义》专用杜（预）注，服注遂亡。《玉函山房辑佚书》辑存四卷，李贻德辑有《左传贾服注辑述》。
马融，字季长（79—166）。	扶风茂陵（在今陕西兴平）人。曾任校书郎、议郎、南郡太守。	遍注《周易》《尚书》《毛诗》《三礼》《论语》《孝经》，使古文经学达到成熟境地，生徒常有千余人，郑玄、卢植皆出其门。兼注《老子》《淮南子》。著作已佚，《玉函山房辑佚书》《汉学堂丛书》均有辑录。另有赋颂二十一篇，《长笛赋》较有名。
赵岐，初名嘉，字邠卿、台卿（约108—201）。	京兆长陵（今陕西咸阳东北）人，曾任并州刺史、议郎、太常等职。	著有《孟子章句》，为今存最早的《孟子》注本。（《后汉书·儒林传》：“程曾，字升秀，豫章南昌人，作《孟子章句》，建初三年，举孝廉，迁海西令。”程在赵前，其书不传。《玉函山房辑佚书》辑有《孟子程氏章句》一卷。）

（续 表）

姓名、生卒年代	生平事迹	学术渊源及著作流传情况
杨终，字子山(?—100)。	成都（今属四川）人。明帝时拜校书郎。	著《春秋外传》十二篇，《改定章句》十五万言。
郑玄，字康成(127—200)。	北海高密（今属山东）人。东汉末著名经学家、教育家。	初习今文《易》和《公羊》学，又从张恭祖学古文《尚书》《周礼》《左传》等；从马融学古文经。年四十聚徒讲学，弟子数千。因党锢事被禁，潜心著述，以古文经说为主，兼采今文经说，遍注群经，成为汉代经学之集大成者，世称“郑学”。今通行本《十三经注疏》中《毛诗》《三礼》注，即采用郑注。又作《发墨守》《箴膏肓》《起废疾》以反驳何休。自西汉始，各以著书以相诘难，始自何休与郑玄。另注《周易》《论语》《尚书》，撰《六艺论》《驳许慎五经异义》等，已佚，清袁钧《郑氏遗书》，《玉函山房辑佚书》均有辑本。
荀爽，一名谞，字慈明(128—190)。	颍川颍阴（今河南许昌）人，献帝初任司空。	治古文费氏（直）《易》，注《周易》十一卷，已佚。《玉函山房辑佚书》辑《周易》荀氏注三卷，孙堂《汉魏二十一家易注》辑荀爽《周易注》一卷。张惠言撰《周易荀氏九家义》对他的易学有所阐发。

（续　表）

姓名、生卒年代	生平事迹	学术渊源及著作流传情况
何休，字劭公（129—182）。	任城樊（今山东曲阜）人。曾任司徒。	精研今文经学，著《春秋公羊解诂》，为《公羊传》制定“义例”，使其成为一部有条理的今文经学著作。另撰有《公羊墨守》《左氏膏肓》《谷梁废疾》，已佚。清王谟《汉魏遗书钞》辑有各一卷。
卢植，字子干（？—192）。	涿郡涿县（今属河北）人，东汉大臣。	著《尚书章句》《三礼解诂》，今佚。
高诱	涿郡涿县（今属河北）人。任司空掾，旋任东郡濮阳令（今属河南）。后迁监河东。	少时受学于卢植。著有《孟子章句》《孝经注》（均佚）、《战国策注》（今残）、《淮南子注》（今与许慎注相杂）、《吕氏春秋注》等。
张遐	余干（今属江西）人，建宁时为五经博士。	著有《五经通义》《易传》《筮原》《龟原》《吴越春秋》等。
应劭，字仲远。	汝南南顿（今河南项城西南）人，献帝时任泰山太守。	著《汉官仪》十卷，《风俗通义》三十卷。所著《汉书集解音义》，唐颜师古注《汉书》多有征引。

（二）东汉注释的特点

1. 注释范围的扩大。东汉的注释仍以五经为主，但后出之书也开始引起重视，成为注释对象。如《论语》《孟子》《老子》《楚辞》《淮南子》《国语》《汉书》《战国策》《吕氏春秋》的注释都先后出现，注释对象已扩展到子书、史书、文集。

2. 注释的深入。在西汉以前，我们所能见到的注释只是经书，对同一经的不同注释不多。东汉的情况发生了很大变化。西汉以前经师所重视的是师法，是传经之原。到了东汉，注家蜂起，出同一源者，往往自立门户，聚徒讲学，成为一家之祖，家法代替了师法。

自刘歆以后，今古文之争激化，这种论争一方面引起学术的混乱，另一方面推动学术的深入，与战国时代的百家争鸣有相似之处。

今文经注重视“大义微言”，古文经注重视名物训诂，其目的都在保存经籍原貌，求得经义真谛。同一经书，不论派系如何不同，只要注释合于经文本义，就应当肯定。今文经注流传下来的不多，但从何休《公羊解诂》看，其探求“大义微言”和训诂的价值是不可低估的。

注释深入的最主要标志是经注之注，如《毛诗故训传》郑笺，或释其未详，或补其未备，对后世读者都极有帮助。如：

> 君子于役，不知其期，曷至哉？（笺云：曷，何也。君子于往行役，我不知其反期。何时当来至哉？思之甚。）鸡栖于埘，日之夕矣，牛羊下来。（凿墙而栖曰埘。笺云：鸡之将栖，日则夕矣，羊牛从下牧地而来，言畜产出入尚使有期节，至于行役者乃反不也。）
>
> （《王风·君子于役》）

又如《春秋公羊传》何休解诂：

> 妇人谓嫁曰归。（妇人生以父母为家，嫁以夫为家，

故谓嫁曰归，明有二归之道。……《礼》：男之将取，三日不举乐，思嗣亲也；女之将嫁，三夜不息烛，思相离也。)

(《隐公二年》)

何休补释“妇人谓嫁曰归”之义，至为明晰。

注释深入的另一标志是驳难的出现、论争的激化。白虎观会议今文学家李育与古文学家贾逵的对立，郑玄的《发墨守》《箴膏肓》《起废疾》与何休的《公羊墨守》《左氏膏肓》《谷梁废疾》的对立；同属古文经学家的郑玄的《驳许慎五经异义》与许慎的《五经异义》的对立，都是注释学在探求经文义理方面升华和学术发展的生动反映。

从封建时代整个注释史和经学史看，古文经学虽占很大优势，但今文经学的贡献亦不可低估。我们不能如汉人的古今对立，更不能如康有为全面反对古文经学。今人注释古书，应实事求是，不主一家，兼采各家之长。事实上古文经学家许慎著《说文解字》，郑玄注《三礼》，对今文经学家的注释成果并不一概排斥，吸取其可取者，是正确的态度。

3. 集注的出现。集注的出现是注释学的一大进步，集众说于一书，客观地反映各家注释的情况，然后考辨异同，断以己意，定其取舍，使注释与论断建立在有充分依据的基础上，以提高其注释的可信程度，为读者提供丰富的可资参考的见解和材料，这个功绩是不小的。

汉人的集注已不可知其原貌，应劭的《汉书集解音义》只能在颜师古《汉书》注中见到零散材料，是十分可惜的。一书之出，注家蜂起。《史记》在《汉书》之前，今所见古注，唯南朝宋裴骃《史记集解》，唐司马贞《史记索隐》、张守节《史记正义》三种。裴骃去汉未远，其书采诸家史记音义，并参证以经传，故名集解。那么诸家史记音义，在应劭之前是否有集解是难以定说的。《汉书集解音义》的出现，为注释开辟了一条新路，也为类书的编纂提供了参考。其意义是深远的。

4. 集大成者的产生。汉世学术空气浓厚，经注宏富，加之西汉末刘歆以来今古文之争激化，推动了学术的深入和发展，为集大成者的产生准备了条件，于是出现了遍注群经，熔古今学术于一炉，继往开来的学者，成为一代宗师。当之无愧者有马融、郑玄。

马融遍注群经，兼注《老子》《淮南子》，使古文经学达到成熟境地，生徒常有千余人，培养了郑玄、卢植等一代大师。郑玄师承张恭祖、马融，其著述之富不让马融。说经虽宗古文，而能兼采今文之长。因此郑学在当世及后世影响极大，为马融所不及。《文心雕龙·序志》篇说："敷赞圣旨，莫若注经，而马郑诸儒，弘之已精，就有深论，未足立家。"马融、郑玄已使刘勰于注经望而却步，以为他们的成就不可逾越，可见其地位的崇高，影响的深远。

此外，"五经无双"的许慎所作的《说文解字》，也是集大成的著作。不过《说文》为字书之属，虽为注经而作，与注释究竟性质不同。

（三）汉世注释的流弊

1. 繁琐寡要。汉代章句之学，至西汉末，繁琐寡要已成风尚。据《汉书·艺文志》载："古之学者，耕且养，三年而通一艺，存其大体，玩经文而已，是故用日少而畜德多。三十而五经立也。后世经传既已乖离，博学者又不思多闻阙疑之义，而务碎义逃难，便辞巧说，破坏形体，说五字之文，至于二三万言。后进弥以驰逐，故幼童而守一艺，白首而后能言。安其所习，毁所不见，终以自蔽。此学者之大患也。"顾实《汉志讲疏》说："此指章句鄙儒而言也。发明章句自子夏，汉世利禄之路既开，一经说至百余万言，直与后世科举时代之八股经义相去一间耳。"

2. 妄说经义。今经文学说经，掺杂不少讲灾异、讲谶纬的成分。董仲舒以阴阳五行、天人感应附会经义，开创了一代极坏的学风。

这种学风在宋代发展成为理学，在中国古代哲学发展史上占有重要地位。郑玄学宗古文，兼取今文学说，也未能摆脱以谶纬之怪异附会经说的流弊，所以后人有郑玄“不能推寻正经，专信纬候之书”之讥。

妄说经义在《毛诗诂训传》中也时有所见。毛传于每篇主旨以及某些诗句的解说和郑笺也都有这个弊病。

不过从总体看来，古文经学家的经注较今文学家质朴、实在得多。古文经学以名物训诂为基础，以解释文字语言为根本，在这个基础上分析义理，这是注释的正宗，对后世注释起了良好作用。汉唐旧注为后世注家所推重是必然的。清代注释学的杰出成就正是继承和发展汉代古文经学的良好传统的结果。

总之，汉代注释学已臻于成熟。注经以语言文字的注释为基础；释字词，已开始综合运用形训、声训、义训的方法；注释范围已不限于经书；注释形式已出现集众注为一注；实事求是，不主一家，自许慎、马融、郑玄以后已成良好学风。这都为后世的注释树立了楷模，奠定了基础。中国注释学的优良传统就是以汉学为发端而逐渐形成的。

不过中国经学、注释学的畸形发展，对国家的发展并不有利。历代统治者从各自的政治需要出发，提倡注经；许多知识分子则以研读经书为阶梯摄取功名，使绝大多数儒生老死章句，于国家的进步略无裨益，这是令人痛心的。中国近现代革命志士反对读经，反对尊孔，这是重要的原因。

四、魏晋南北朝至隋——注释的深入和全面发展

自汉末郑玄集古文经学与今文经学之大成，结束了古今之争的纷乱局面，注释学一度成为郑学的一统天下。从魏至隋凡 397 年，注释学又因王肃反对郑学，形成新的对立，以后又有北学和南学

的论争。这一时期社会混乱，战争频繁，经籍注释难以形成大一统的局面。这一现象从表面上看似乎于学术不利，而实际上却有利于注释的深入，并使知识分子能够放眼于经学之外的广阔世界，有了自我选择的天地，形成了经注之外多学科的发展。

（一）王学与郑学、南学与北学的对立

这一时期经籍注释的对立与论争，与汉代古今文学之争性质不同。首先是王肃反对郑学。王肃（195—256）三国时魏著名经学家，是晋武帝司马炎的外祖父。学宗贾逵、马融，注《尚书》《诗》《论语》《三礼》《左传》，不分古文今文，对各家之说有所综合，遗憾的是其书已佚，《玉函山房辑佚书》有辑本。王肃不喜郑学，郑从古文注释者，往往以今文攻之；郑从今文者，往往以古文攻之。在语言文字的训诂、在名物典章制度、自然现象的认识、史实及其他方面与郑玄相左处很多。王肃甚至不惜伪造《孔子家语》和《孔丛子》二书来作驳郑的依据。郑学王学各有传人，两派的对立从魏至晋，地位交替升降，持续了一段时间。

其后是南朝北朝学派的对立。《隋书·儒林传》谓："南北所治章句，好尚不同。江左《周易》则王辅嗣，《尚书》则孔安国，《左传》则杜元凯；河洛《左传》则服子慎，《尚书》《周易》则郑康成，《诗》则并主于毛公，《礼》则同尊于郑氏。大约南人简约，得其英华；北学深芜，穷其枝叶。"大体北方（河洛）学者宗两汉经学者多，南方（江左）学者宗魏晋经学多。但南北的分野并不是绝对的，南北渗透，北儒治南学、南儒治北学者亦不乏其例。

（二）援老庄入儒学，以玄理入注释

经籍注释本应以通过语言文字的训诂求得经籍本文的真谛为宗旨。然而自西汉始，"六经皆为我注脚"，借注释经籍，阐发自己的政治主张、哲学思想，甚至形成哲学派别者，代不乏人。《公羊传》释《春秋·隐公元年》"元年，春，王正月"："元年者何？君之始年也；春者何？岁之始也；王者孰谓？谓文王也；曷为先言王而后言正月？王正月也；何言乎王正月？大一统也。”处处表现了维护王权大一统的思想。西汉政权初立，需要有利于巩固政权的大一统思想，因此《公羊传》受到西汉朝廷的特别推崇，成为今文经学的代表。西汉今文经学的崇高地位就是由朝廷的政治需要而树立的。

魏晋南北朝时期，是中国社会大动荡、极混乱的时期。频繁的战争和政权的更迭，使文人士大夫消极厌世，斥儒道之无益于天下，寄心志于老庄之虚无，于是崇老庄，尚虚玄，清谈之风大盛。并借注释经典，阐发他们的思想，形成玄学。

首开玄学之风的是何晏、夏侯玄、王弼。

何晏（190—249），字平叔。三国时魏玄学家。南阳宛（今河南南阳）人。曾随母为曹操收养，娶魏公主，官至尚书。性轻佻，好傅粉，人称“傅粉何郎”。与夏侯玄、王弼等倡导玄学，竞事清谈，开一时风气。他“援老入儒”，宣称“天地万物以无为本”，主张君主“无为而治”，著有《道德论》《论语集解》。《集解》采孔安国、包咸、马融、郑玄、王肃及其他人注释，是当时一部注释《论语》集大成的著作，为后世学者所重视。

夏侯玄（209—254），字太初。三国时魏将。有《夏侯玄集》，今佚。

王弼（226—249），三国时魏玄学家，字辅嗣，魏国山阳（今河南焦作）人，少年即享高名，曾任尚书郎。卒时年仅二十四岁。与何晏、夏侯玄同开玄学清谈风气，为一代玄学大师，著有《周易注》《老子注》。王弼注《易》，尽弃汉《易》的象数，用老庄的玄理说《易》，对当世和后世说《易》影响很大。清人皮锡瑞《经学通论》以为王弼说《易》，颇得费氏之旨：

> 王弼尽扫象数，而独标卦爻承应之义，盖本费氏之以彖象系辞文言解经，后儒多讥其空疏，陈澧独取之，曰“乾元亨利贞，初九潜龙勿用”，王辅嗣注云：“《文言》

备矣。”“九二见龙在田”，注云：“出潜离隐，故曰见龙；处于地上，故曰在田。”此真费氏家法也。

王弼注《易》，常据彼以解此，十分谨慎。《文言》说：“潜之为言也，隐而未见。”潜为未见，则见为出潜；潜为隐，则见为离隐。这就是王弼“出潜离隐”的由来。唐孔颖达疏谓王注独冠古今，虽为过誉，却也不是妄言。

王弼以老庄思想注《易》，每舍经而自作文，文辞华美，意味隽永，成为格言：

> 《易·大有》：“六五。厥孚交如，威如。吉。”王弼注：“君尊以柔，处大以中，无私于物，上下应之。信以发志，故其孚交如也。夫不私于物，物亦公焉；不疑于物，物亦诚焉。既公且信，何难何备！不言而教行，何为而不威如？为大有之主而不以此道，吉可得乎？”
>
> 《易·颐》：“初九。舍尔灵龟，观我朵颐，凶。”王弼注：“……夫安身莫若不竞，修己莫若自保，守道则福至，求禄则辱来。居养贤之世，不能贞其所履，以全其德，而舍其灵龟之明兆，羡我朵颐而躁求。离其致养之至道，窥我宠禄而竞进，凶莫甚焉。”

皮锡瑞说：“弼注之所以可取者，在不取术数而明义理；其所以可议者，在不切人事而杂玄虚。”瑕瑜不掩，评价甚为公允。

谈玄者并不都“贵无”。魏晋之际，向秀和郭象注《庄子》，认为“无不能生有”，“物各自造而无所待焉，此天地之正也”。与何、王已有所不同。裴𬱟作《崇有论》，与“贵无”思想相对立。这些在经籍注释中都有反映。东晋以后，玄学与佛学合流，张湛《列子注》受佛学影响就十分明显。

（三）自然科学注释的兴起

注释学依附于经学，从周秦至两汉，几乎没有变化。东汉注释范围的扩大十分有限，魏晋以后，注释随着经学之外的社会科学和自然科学的发展，进一步扩大了范围，使注释学开始突破经学的藩篱，涉足到经典之外的广阔领域，是十分可喜的现象。如魏武帝曹操的《孙子略解》，东晋郭璞的《山海经注》、道士葛洪的《本草注》，南朝齐祖冲之的《九章算术义注》，北朝北魏郦道元的《水经注》、刘昞注魏刘邵《人物志》，三国吴陆玑的《毛诗草木鸟兽虫鱼疏》，南朝梁刘杳《楚辞草木疏》，北朝北魏信都芳自注《乐书》《器准图》《黄钟算法》《重差勾股》《周髀四术》，此外三国魏孙炎的《尔雅音义》，晋郭璞的《尔雅注》《尔雅音》《尔雅图赞》《方言注》《三苍解诂》，都是有价值的注释著作，对我国数学、动物植物学、医药学、地理学、音乐学、物理学、语言学、军事学的发展都作出了贡献。

（四）活跃的佛经注释

自汉武帝通西域后，印度佛教传入中国，佛经的翻译应运而生。从汉末至宋初，一千多年间的译经事业，以隋唐为鼎盛。随着佛经翻译和研究著作的大量涌现，对佛经的注释亦逐步兴盛。而注释佛经，则与注释儒家经典无异。北朝北齐高僧惠光著《胜鬘遗教室仁王般若等注释》《再造四分律疏》，隋高僧志念著《迦延杂心论疏》，智顗著《起华文句》《法华玄义》，昙迁著《摄论》《楱伽》《起信》《唯识》《如实》等疏、《华严明难品玄解》，佛教学者吉藏著《中观论疏》《百论疏》《十二门论疏》《三论玄义》，著作家、高僧灵裕著《十地疏》《维摩疏》《涅槃疏》《般若疏》《华严疏》《大集疏》《四分律疏》《大乘义章》等等，都是佛学的重要注释。和注释儒家经典一样，佛经的研究和注释也形成了若干派别。

（五）注释方法和体例的创新

这一时期的注释在方法和体例上较两汉注释有了明显发展，裴松之注《三国志》，郦道元注《水经》是其代表。

裴松之（372—451），南朝宋史学家，字世期。闻喜（今属山西）人。曾任国子博士、永嘉太守等职，后为中书侍郎。奉宋文帝命注陈寿《三国志》。他搜集传记，广增异闻，博采群书一百四十余种，保存了大量史料，注文较正文多出三倍，开创了作注的新例：

《三国志·魏书·武帝纪》："嵩生太祖。太祖少机警，有权数，而任侠放荡，不治行业，故世人未之奇也。"裴松之注："《曹瞒传》云，太祖少好飞鹰走狗，游荡无度，其叔父数言之于嵩，太祖患之。后逢叔父于路，乃阳败面㖞口，叔父怪而问其故，太祖曰：'卒中恶风。'叔父以告嵩。嵩惊愕呼太祖，太祖口貌如故。嵩问曰：'叔父言汝中风，已差乎？'太祖曰：'初不中风，但失爱于叔父，故见罔耳！'嵩乃疑焉。自后叔父有以告嵩，终不复信。太祖于是益得肆意矣。"

《三国志·魏书·方伎传·华佗》："华佗字元化，沛国谯人也，一名旉。"裴松之注："臣松之案：古敷字与旉相似，写书者多不能别。寻佗字元化，其名宜为旉也。"

郦道元（？—527），北朝北魏地理学家、散文家。字善长。范阳涿鹿（今河北涿县）人。曾任安南将军、御史中尉。著《水经注》四十卷，是富有文学价值的地理著作。

《水经》为汉桑钦所作，文辞极简。《水经注》征引资料极为繁富。明嘉靖原版黄省曾校本列书目一百六十四种，郑德坤考证为四百三十六种（见《水经注引得》），据陈桥驿《水经注文献录》考证，当为四百七十七种。此外还有碑铭等三百五十七种。所引地理文献，有全国性地理，有区域性地理和地方志，此外还有图籍和其他文献史料。

以大量的文献资料来注释经文，使读者能从注中了解到原作简短文字记载所涉及的各个方面的知识，这和以扫清语言文字障碍、揭示义理为主的普通文籍注释已有了很大区别。如《水经·江水二》："江水历峡。东径新崩滩。"郦注近六百字，其中"自三峡七百里中，两岸连山，略无阙处，重岩叠嶂，隐天蔽日，自非停午夜分，不见曦月”至“故渔者歌曰：巴东三峡巫峡长，猿鸣三声泪沾裳”，是一篇描写三峡风光的极为优美的散文。又如经文“又东过秭归县之南”，郦注据《地理志》《春秋》《楚辞·离骚》《宜都记》详释秭归故实，说明命名由来，既生动，又清楚。这种注释与《春秋》的《左传》有某些相似处。不过《左传》不是严格意义上的注释著作，而《三国志注》《水经注》却具有注释学著作的基本特征。

这一时期的注释在方法体例上渐趋成熟、完备。义疏的盛行即是其证。

义疏盛行于南北朝，其方法和体例是据一家之注逐字、逐句、逐章讲析经文和注文，是一种讲义体。南朝梁皇侃(488—545)撰《论语义疏》（清钟谦钧收入《古经解汇函》）及《礼记讲疏》《礼记义疏》（均佚。《玉函山房辑佚书》辑有《礼记皇氏义疏》）。这一体裁格局的完备在唐，我们将在下一节加以介绍。

五、唐——经典注释的统一与“文选学”的形成

（一）经典注释的整理与统一

自经魏晋至隋近四百年的战乱，到唐朝的建立，中国又出现了大一统的局面。这一时期经济繁荣，政治相对稳定，国力强盛，因此文化艺术事业发达。查考史籍，这一时期初期多军事将领，后则多诗人、书画家。而卓有成就的注释家却不比前代多。

注释学的成就一如国家的统一，唐太宗命孔颖达主编《五经正义》。孔与司马才章、颜师古等人融合南北经学家见解，结束注释纷争的局面，成为唐代颁行全国的经学教材，用以科举取士，形成了注释经书的统一。孔颖达(574—648)，字冲远，冀州衡水(今属河北）人。生于北朝，年少即有高才，曾向刘焯问学。隋大业初，选为“明经”，授河内郡博士。入唐，历任国子博士、国子司业。

唐代所行之经及注有:《周易》为《周易正义》, 王弼、韩康伯注,孔颖达疏;《尚书》为《尚书正义》,伪孔安国传,孔颖达疏;《诗经》为《毛诗正义》, 毛亨传, 郑玄笺, 孔颖达疏;《仪礼》为郑玄注, 贾公彦疏;《周礼》为郑玄注, 贾公彦疏;《礼记》为《礼记正义》, 郑玄注, 孔颖达疏;《春秋左氏传》为《左传正义》, 杜预集解, 孔颖达疏;《公羊传》为何休解诂, 徐彦疏;《谷梁传》为范宁集解, 杨士勋疏;《论语》为何晏集解;《孝经》为唐玄宗注, 元行冲疏;《尔雅》为郭璞注;《孟子》为赵岐注。这就是宋以后固定下来的"十三经"。宋人《论语》《孝经》《尔雅》取宋邢昺疏,《孟子》取宋孙奭疏。唐代只以"九经"取士,"九经"是《易》《书》《诗》"三礼""春秋三传"。唐文宗大和年间, 刻"十二经, 立石国学","十二经"是"九经"加上《论语》《孝经》《尔雅》。《孟子》的地位是宋代理学家确立的。

孔颖达义疏的体例本无一定, 如《礼记·月令》:"季秋之月, 日在房, 昏虚中, 且柳中。"郑玄注:"季秋者, 日月会于大火而斗建戌之辰也。"孔颖达疏:"季秋至柳中。正义曰……""正义曰"后即疏文,所疏为经文。《礼记·月令》:"鸿雁来宾,爵入大水为蛤, 鞠有黄华, 豺乃祭兽戮禽。"郑玄注:"皆记时候也。来宾言其客止未去也, 大水, 海也。戮犹杀也。"孔颖达疏:"注来宾至杀也。正义曰……"所疏为注文之一部分, 起讫前有"注"字。

经注作了整理, 使学子有所遵循。而所定经注本是有定评的善本,"疏"对这些好的注释起到详解的作用, 无疑对文化的普及有意义。但士人多以读经为敲门砖, 并不以历代注家的不同见解为意, 因此只求应试, 不求经注是非, 这样又造成了经学的停滞。即便是孔颖达这样的大家, 也不过是述而不作, 功在详析与整理而创造不多。

陆德明的《经典释文》是唐代注释学的重大收获。陆德明(556—627),名元朗,以字行。著名经学家、音韵训诂学家。苏州吴县(今江苏苏州）人。生于陈代，历仕陈、隋、唐三朝。唐初为国子博士，所撰《经典释文》，博采汉魏六朝音切，凡二百三十余家，又兼采诸儒训诂，考证各本音义及文字异同，是研究我国文字、音韵、训诂及经籍版本的重要参考资料。《经典释文》的“经典”，已不局限于儒家经典。《老子》《庄子》也在其中，是一大进步。

（二）开怀疑经传之风

唐代经注趋于因循保守，反其道而行者为啖助、赵匡、陆淳。

啖助（724—770），字叔佐。赵州（今河北宁晋）人。曾任丹阳主簿。考核《春秋》“三传”，以为《左传》叙事虽多，而解释“大义”则多妄谬。撰有《春秋集传集注》和《春秋统例》，《玉函山房辑佚书》有辑本。

赵匡，字伯循。河东（今山西）人。官至洋州刺史。曾订补啖助《春秋集传集注》和《春秋统例》，并自撰《春秋阐微纂类义统》。以为《春秋》文字隐晦，乃举例阐释，发明微言，又怀疑《春秋》经文有阙误。《玉函山房辑佚书》有辑本。

陆淳（？—约806），字伯冲。吴郡（今江苏苏州）人。后改名质。师事啖助，与赵匡同传其《春秋》学。著有《春秋集传纂例》十卷，《春秋微旨》三卷，《春秋集传辨疑》十卷。其书“以释其师啖助，其友赵匡之说。盖掊击‘三传’，自此发源。然大旨阴主《公》《谷》，故称‘左氏序事虽多，释经殊寡，犹不如《公》《谷》之于经为密。’”（《四库全书简明目录》）书今存，收入《古经解汇函》中。

此外韩愈作《论语笔解》《论语注》，也有与传统解释相左处，如释“宰予昼（昼）寝”，以为“昼”为“畫（画）”之讹，“画寝”意为在寝室墙上画图像，并非白日睡眠。

啖助等人开宋儒怀疑经传之风，使注释学更有生气，其意义是深远的。

（三）“文选学”的形成

梁昭明太子萧统选辑先秦至梁的诗文辞赋以及史书中文辞优

美的论赞，成为一书，名曰《文选》，世称《昭明文选》，是我国古代现存最早的诗文总集，为当世和后世学者所重视。

《文选》的注释在唐初有曹宪《文选音义》。曹宪，江都（今江苏扬州）人。仕隋为秘书学士，注《广雅》。入唐，拜朝散大夫，以《文选》教授诸生，是“文选学”的开创者，所撰《音义》为时人所重。他的弟子公孙罗，江都人，官至沛王府参军，著有《文选注》和《音义》。公孙罗与魏模、李善等人继承曹宪的学术，使“文选学”一度盛行，而成就最大者为李善。

李善（约630—689），江都人，曾任崇文馆学士、兰台郎等职，后寓居汴、郑之间，以讲《文选》为业，所注《文选》，流传极广。“李氏《文选》，有初注成者，有复注，有三注、四注者，当时旋被传写。其绝笔之本，皆释音训义，注解甚多。”（《四库全书总目提要》）“《文选》为文章渊薮，善注又考证之资粮。”（《四库全书简明目录》）其后又有吕向、吕延济、刘良、张铣、李周翰合注《文选》，名为“五臣注”。“五臣注”着重在解释字句，不及李善注精善。南宋时合五臣注与李善注为一书，称为“六臣注文选”。此外敦煌卷子本《文选集注》残卷，不知所出，恐亦是唐人著作。

《文选》既为文章之渊薮，善注又为考证之资粮，则“文选学”定然是促进唐代诗文发展的一个因素。

唐代注释在史书及其他方面也取得了成绩，如司马贞的《史记索隐》、张守节的《史记正义》、颜师古的《汉书注》。李贤招张大安等人注《后汉书》、尹知章的《管子注》、杨倞的《荀子注》、王冰注《黄帝素问》，都是有影响的注释。此外，佛经的注释也取得了成绩，如道世的《金刚经集注》。

总之，唐代注释在经、史及其他方面多处于整理、集中和统一状态，继承了汉代注释的优良传统。近现代学者往往汉、唐并提，谓之汉唐旧注，说明唐人注释也是为后世学者重视的。

六、宋——注释学的变古、革新和《诗》的解放

（一）注释学渗透了理学

唐人注经，保存了东汉古文经学的朴学传统，重在字词句的训诂，然后在此基础上求得正确的经义。自啖助、赵匡、陆淳，既而韩愈、李翱开疑经改经之风气，至宋发展为疑经改经，一反汉唐训诂义疏传统，直接从经文中寻求义理的“性命义理”之学，则注经成了宋代学者用以阐发自己的哲学思想、政治主张的手段，经书成了学者手中的工具和材料。陆九渊提出的“学苟知本，六经皆我注脚”，生动地反映了这一现象。

宋人理学，一承韩愈，以朱熹为代表；一承李翱，以陆九渊（象山）为代表。

鉴于唐代佛教已达到鼎盛，在经济和政治上与朝廷发生矛盾。为维护唐王朝利益，韩愈针对佛教讲个人修身养性的出世原则，用《礼记》中的《大学》一篇所讲的修身、齐家、治国、平天下的理论来加以反对。韩愈以孔、孟的传人自居，举起了维护儒家道统的大旗，以“仁、义、道、德”为维护封建伦常关系的至高准则。韩愈的理论经北宋周敦颐、程颐到南宋朱熹，构成了一套完整的唯心主义理学体系，而其理论的核心是三纲（君为臣纲，父为子纲，夫为妻纲）五常（仁、义、礼、智、信）。

朱熹（1130—1200），字元晦，一字仲晦。徽州婺源（今属江西）人。侨寓建阳（今属福建）。历仕高宗、孝宗、光宗、宁宗四朝，宝庆中赠太师，追封信国公。学识渊博，遍注典籍，对经学、史学、文学、乐律及自然科学均有研究。主要著作有《四书章句集注》《诗集传》《楚辞集注》《周易本义》和《朱文公文集》《朱子语类》。这里仅举《四书章句集注》中的《论语·季氏》一例来介绍朱注所渗透的理学思想。

孔子曰：“君子有三畏：畏天命，畏大人，畏圣人之言，（畏者，严惮之意也。天命者，天所赋之正理也。知其可畏，则其戒谨恐惧，自有不能已者。而付畀之重，可以

不失矣。大人圣言，皆天命所当畏，知畏天命，则不得不畏之矣。）小人不知天命而不畏也。狎大人，侮圣人之言。”（侮，戏玩也。不知天命，故不识义理，而无所忌惮如此。尹氏曰：“三畏者，修己之诚当然也。小人不务修身诚己，则何畏之有？”）

陈亢问于伯鱼曰：“子亦有异闻乎？”（亢，音刚。亢以私意窥圣人，疑必阴厚其子。）对曰：“未也。尝独立，鲤趋而过庭。曰：‘学诗乎？’对曰：‘未也。’‘不学诗，无以言。’鲤退而学诗。（事理通达，而心气和平，故能言。）他日又独立，鲤趋而过庭。曰：‘学礼乎？’对曰：‘未也。’‘不学礼，无以立。’鲤退而学礼。（品德详明，而德性坚定，故能立。）闻斯二者。”（当独立之时，所闻不过如此，其无异闻可知。）

朱子注《大学》，区别经文和传文，重作安排，（详《注释的种类·章句类》）很典型地反映了宋儒疑经改经的风气。

朱熹注释经籍，治学十分谨严，如谓：“《春秋》义例，时亦窥其一二大者，而终不能自信于心，故未尝敢措一辞。”皮锡瑞说：“朱子学最笃实，故于《春秋》之义，但信其分明可据者，若其义稍隐，或不见经而但见传，则皆不敢信据。”（《经学通论·春秋》）朱熹对《诗序》也多有怀疑。皮锡瑞说：“今以朱子之说推之，则《序》所云刺某某者，多有可疑。虽未见朱说之必然，亦无以见其必不然也。”（《经学通论·诗经》）

理学家在注释中阐发他们的理学思想，而他们的理学著作又成为人们研究和注释的对象，于是又有了熊节撰熊刚大注的《性理群书句解》。其书录周敦颐、二程、邵雍、张载、朱熹、司马光以及其他理学家的文章加以注释，是有宋一代的性理大全。这就不是性理学对注释的渗透，而是编纂性理著作而为之作注了。

（二）还《诗》以本来面目——注释的革新

《诗经》在中国文学史上具有至高无尚的地位。自毛传、郑笺以降，说诗者多以诗序为准绳，迂曲附会小序所确定的主旨，把一部文学作品的诗歌总集当作了又一部含蕴极为隐晦的、寓褒贬（即美、刺）于其中的诗的《春秋》，乃至于当作一部圣经，这就使《诗》的注释和研究走上了歧途。《诗》学的革新乃至整个注释学的革新是宋代学者的普遍要求。

语言因素，注家的分歧一般不会很大。对诗中比兴的内涵、事件的理解、感情的分析以及这些与写作背景、写作动机和目的有关的思想内容诸因素的认识，自宋以后却有极大的不同。这里，研究和重新认识诗序就成了注家分野的关键。

首先对汉学《诗序》提出挑战的是北宋大文学家、诗人欧阳修和苏辙。

欧阳修（1007—1072），字永叔，自号醉翁，晚号六一居士。庐陵（今江西吉安）人。为官正直敢言，官至枢密副使、参知政事。以文章冠天下，为北宋诗文革新运动领袖。著有《欧阳文忠集》《新唐书》《新五代史》《毛诗本义》《集古录》《归田录》《六一诗话》等等。

《毛诗本义》是一部从诗的语言本身探求诗的本义的注释著作。在对《麟之趾》《鹊巢》《野有死麕》等篇的解释中批评了诗序的错误。《野有死麕》等篇的赤裸裸的性爱性质被揭示出来，使封建卫道士大惑不解，直至清末，钱大昕等人还对欧阳修表示了强烈的不满。《毛诗本义》善于从小序、毛传、郑笺中找出相互矛盾处来进行批驳，这就从根本上动摇了汉唐诗注的神圣地位。

欧阳修的《毛诗本义》对后世《诗经》的研究产生了深远影响。现代著名学者闻一多释《诗》的成就，为世所公认。其学术渊源就是欧阳修。蒋伯潜说："吾人读《诗》，当先扫除诗序之妄说，而后可以'以意逆志'，而得诗人之旨也。"（《十三经概论·毛诗概论》）欧阳修“作是书，本出于和气平心，以意逆志。故其立论，未尝轻议二家，而亦不曲徇二家。其所训释，往往得诗人之本志”（《四库全书总目提要》）。

否定诗序为圣贤之言的还有王安石、苏辙。王安石著《三经新义》，重新解释《书》《诗》《周礼》，以配合他推行的新政。《宋史·王安石传》说王安石《诗经新义》对“先儒传注，一切废而不用”。苏辙著《诗集传》，只取小序的首句，而删其以下的余文。对小序和毛郑传笺之失，皆一一注明。

至南宋郑樵、王质、朱熹，更形成废序派，与护卫汉学诗序的范处义、吕祖谦相抗衡。郑樵著《诗辨妄》，经过周密的考证，认为诗序是汉人比附书史，伪托欺世之作。王质注《诗》则干脆“去序言诗”，别出心裁，自成一家。而朱熹的《诗集传》则是宋学《诗》学注释的代表，是继《毛诗传笺》《毛诗正义》之后的“第三个里程碑”（夏传才《诗经研究史概要》）。

朱熹《诗集传》在注释研究方法上与欧阳修一脉相承。对于毛传、郑笺和诗序中的可取处一律加以吸收，而其基本立足点则是涵泳《诗》的本文，从诗的语言中去探求诗的本旨。他指出，《风》诗“多出于里巷歌谣之作”，多数诗篇是“男女相与咏歌，各言其情”的民歌。

《诗集传》的研究方法是正确的，作者以语言训诂为基础来理解本文，因此得出了一些正确的结论。它启发人们把文学作品和作品赖以产生的社会生活结合起来去分析问题，使《诗经》的注释从经学的桎梏中解放出来。欧阳修、朱熹等人解放《诗经》，把《诗经》的注释和研究推向了一个崭新的阶段，在学术史上留下了光辉的一页。

《诗集传》的局限性乃至于糟粕也是明显的。朱熹在《诗集传序》中过分强调了诗的教化和劝惩作用，对《周南》《召南》作了不合实际的评价。他写道：“惟《周南》《召南》亲被文王之化以成德，而人皆有以得其性情之正，故其发于言者，乐而不过于淫，哀而不及于伤，是以二篇独为《风》诗之正经。”而他最终又以修身、齐家、治国、平天下为读《诗》的目的。在注释中不忘阐扬理学思想，也是不足为训的。此外《诗集传》不知古今音变，创叶韵之法，也是十分错误的。

（三）对考据的重视

宋人怀疑经传的风气，表现了他们勇于独立思考，不迷信古圣贤，进行自由研究的学风。他们对汉唐旧注乃至经文本身的怀疑虽不可避免地掺杂着猜测、臆断的因素，但从总体看，却是把他们的怀疑建立在对各有关材料的比较研究基础上的。

通过对种种材料的辨析，探讨经传的错讹，判定其是非，这便是考据。郑樵作《诗辨妄》抨击《诗序》，称《诗序》为“村野妄人之作”，就是以考证为基础的。他在校勘学上的成就也是这样取得的。程大昌的《诗论》，考证研究《诗经》的体制、大小序、入乐等问题，对后世的影响也很大。司马光在主修《资治通鉴》后又作《资治通鉴考异》《通鉴释例》《资治通鉴目录》。《考异》一书，系据《通鉴》所采正史及杂史三百三十二种，考辨异同，明其去取之意。

通过考据明其是非，这是好的一面。然而宋儒往往表现出过于自信、不信古人的倾向，因此在他们的考证还不充分时就窜改古书，这对学术的发展是十分有害的。如鲍彪注《战国策》“于《战国策》篇帙先后，皆以己意改移，实为窜乱古本之始”（《四库全书简明目录》）。至于朱熹注《大学》，完全打乱原文的顺序，区分经文和传文，重作编排，也是很典型的。皮锡瑞说：“宋儒体会语气胜于前人，而变乱事实不可为训。”对宋人注释得失的评价是很中肯的。

（四）金石书画的注释

中国封建时代的文化，到唐宋已发展到很高的程度。社会科学、自然科学、文学艺术、语言文字之学的著作极多。与之相配合的注释学的研究对象也在继续扩大范围，深入发展，金石书画的注释就是其中的一个方面。欧阳修的《集古录》、赵明诚的《金石录》、洪适的《隶释》、米芾的《画史》都是有价值的著作。

洪适(1117—1184),字景伯,南宋大臣,金石学家,饶州鄱阳(今江西波阳)人。官至同中书门下平章事兼枢密使。好收藏金石拓本，并据以证史传讹误，著《隶释》二十七卷。前十九卷，录所藏汉碑一百八十九通的全文，于假借通用之字，并一一疏通证明，其中有关史事者，亦一一辨订异同，对文字学、史学都有参考价值。又有《隶续》二十一卷（补《隶释》之所遗,体例与《隶释》相同)、《盘洲集》八十卷。

北宋杰出书画家米芾（1051—1107）所著《画史》《书史》《砚史》虽为史著，而其品题真伪，考订讹谬，一如文献注释（唐宋书画金石品评著作，多具有注释及义理分析性质），历代鉴赏家皆奉为圭臬。

（五）诗文集的注释

宋人注释已无所不包，无所不容，诗文注释流传至今者亦极多。李白诗、杜甫诗在宋代已均有集注。郭知达《九家集注杜诗》，即集王洙、宋祁、王安石、黄庭坚、薛梦符、杜田、鲍彪、师尹、赵彦材九家之注而为之。

韩愈、柳宗元诗文为宋人所崇,注释亦多。方崧卿用陆德明《经典释文》的体例，著《韩集举正》十卷、《外集举正》一卷，不载全文，但大字书写所正之字，而以辨证注其下。朱熹因方书重为校定，名为《原本韩文考异》。庆元六年有建安魏仲举刊刻《五百家注音辨韩昌黎先生文集》四十卷,采摭三百六十八家注释与论述，汇集和保存了丰富的材料。

注释柳宗元者有《诂训柳先生文集》韩醇的音释，据童宗说《柳文注释》、张敦颐《柳文音辨》、潘纬《柳文音义》合为一书的

《增广注释音辨柳集》，魏仲举刊刻《五百家注音辨柳先生文集》。魏书所引训释柳文诸家，以书称者有：集注、补注、音释、解义；以人称者有：孙氏、童氏、张氏、韩氏。宋人论韩文者多，论柳文者少。所谓“五百家”，不过是与《五百家注音辨韩昌黎先生文集》相配合而已。

七、元——宋学余波

元代学术，承两宋余绪，经典注释，或申发朱熹，或株守蔡沈。胡一桂《易本义附录纂疏》、胡炳文《周易本义通释》、王天与《尚书纂传》、刘瑾《诗传通释》、梁益《诗传旁通》、朱公迁《诗经疏义》皆宗朱说；陈栎《尚书集传纂疏》、陈师凯《书蔡传旁通》、朱祖义《尚书句解》皆主蔡传。熊朋来《五经说》也无非申发宋儒学说而已。

黄百家谓“有元之学者，鲁斋、静修、草庐三人耳。草庐后，至鲁斋、静修，盖元之所藉以立国者也”[①]。鲁斋，名许衡，字仲平，世祖时曾为国子祭酒，集贤大学士。“(许衡)出入经传，泛滥释、老，下至医卜、诸子百家、兵刑、货殖、水利、算数之类，靡不研究。所至，学者翕然师之”。[②]“数十年彬彬号称名卿材大夫者，皆其门人。于是国人始知有圣贤之学”。[③] 著述有《小学大义》《读易私言》《孟子标题》《四箴说》《中庸说》《语录》。静修，名刘因，字梦吉，有《四书集要精义》行于世。草庐，名吴澄，字幼清，一字伯清，号草庐，著有《书纂言》《礼记纂言》《易纂言》《春秋纂言》并《老子注》等。又精于校勘，校有《皇极经世书》《老子》《庄子》《太玄经》《乐律》《八阵图》和郭璞《葬书》。

元代义理之学，其文章风格、语录口气一如宋人：

① 见《宋元学案》卷九十一《静修学案》。

② 见冯从吾《元儒考略·许衡传》。

③ 见《宋元学案》卷九十一《静修学案》。

或问："心中思虑多，奈何？"曰："不知所思虑者何事，果求所当知，虽千思万虑可也。若人欲之萌，即当斩去，在自知之耳。人心虚灵，无槁木死灰不思之理，要当精于可思虑处。"

……

或曰："穷理至于天下之物，必有所以然之故，与其所当然之则，所谓理也。"曰："博学、审问、慎思、明辨，此解说个穷字。其所以然与其所当然，此说个理字。所以然者是本原也，所当然者是末流也；所以然者是命也，所当然者是义也。每一事，每一物，须有所以然所当然。"

（《宋元学案》卷九十《鲁斋学案》引《鲁斋遗书》）

重义理往往流于虚妄。明人学术空疏，经学式微，有元一代已见端倪：

文正（许衡）没，后之随声附影者，谓修辞申义为玩物而苟且于文章，谓辨疑答问为躐等而姑困其师长，谓无所猷为为涵养德性，谓深中厚貌为变化气质。外以聋瞽天下之耳目，内以蛊晦学者之心思。虽其流弊使然，亦是鲁斋所见，只是粗迹，故一世靡然而从之也。

（《宋元学案》卷九十一《静修学案》）

在文化史上，元代的天文、数学、医学、纺织技术，尤其是戏曲、绘画，都有成就。而于注释史，则马端临的《文献通考》、胡三省的《资治通鉴释文辨误》《资治通鉴音注》是颇有价值的。

马端临(约1254—1323)，字贵与，江西乐平人。宋相马廷鸾子。元初，任慈湖、柯山两书院山长。他以二十余年之力，著成《文献通考》凡三百四十八卷。其书有田赋考、钱币考、户口考、职役考、征榷考、市籴考、土贡考、国用考、选举考、学校考、职官考、郊祀考、宗庙考、王礼考、乐考、兵考、刑考、经籍考（以上以唐杜佑《通典》为蓝本）、帝系考、封建考、象纬考、物异考、舆地考计二十四门。自序谓引古经史谓之文，参以唐宋以来诸臣之奏疏，诸儒之议论谓之献，故名曰《文献通考》。《四库总目》曰："(其书）门类既多，卷繁帙重，未免取彼失此。然其条分缕析，使稽古者可以案类而考，又其所载宋制最详，多宋史各志所未备，案语亦多能贯穿古今，折衷至当，虽稍逊《通典》之简严，而详赡实为过之，非郑樵《通志》所及也。"

胡三省（1230—1302），字身之，浙江天台人，著《资治通鉴释文辨误》《资治通鉴音注》。

《资治通鉴》文繁义博，注者纷纷。至胡三省汇合群书，订讹补漏，积三十年之力，成此二书。"三省所释，于象纬推测，地形建置，制度沿革诸大端，极为赅备"，"所云音训之学，因文见义，各有攸当，不可滞于一隅。又云，晋、宋、齐、梁、陈之疆里，不可以释唐之疆里。其言实足为千古注书之法"。[①]

仁宗皇庆三年（1314）定制，专以宋儒《四书注》及《五经注》试士，宋学取汉学而代之。元代所做的工作，一如唐代的《五经正义》，对宋《四书》《五经》注释有总其成性质。其好处是使士子有所遵循，其流弊则是学术的停滞。元代学术既为宋代余波，故后世论学术源流者，仅以元学附于宋学之后。全祖望曰："有元立国，无可称者，惟学术尚未替。上虽贱之，下自趋之，是则洛、闽之沾溉者宏也。"[②] 此言得之。

八、明——经注的衰微

（一）经注的衰微

明代亦崇尚宋学，开科取士也以《四书》《五经》为考试范围，

① 见《四库全书总目》。

② 见《宋元学案》卷九十一《静修学案》。

所用注释与元代基本相同。至成祖永乐十二年（1414），命翰林院学士胡广、侍讲杨荣、金幼孜等主修《四书大全》《五经大全》（《五经》为《易》《书》《诗》《礼记》《春秋》），则明人的经注又在元人注释成果的基础上做了一次统一的工作。

这几种“大全”多系杂糅元人注释而成。《四库全书简明目录》一一作了批评：

（《周易大全》二十四卷）其书卤莽而成，仅割裂董楷、董真卿、胡一桂、胡炳文四家之书，饾饤成编。

（《尚书大全》十卷）是书亦剿袭陈栎《尚书集传纂疏》、陈师凯《书蔡传旁通》。然栎书义理为长，师凯书考核亦备，故在《五经大全》之中，尚为差胜。

（《诗集传大全》二十卷）是书即刘瑾《诗传通释》，稍为点窜，惟改“瑾案”二字为“刘氏曰”，又改其分冠篇首之小序，并为一卷而已。

（《礼记大全》三十卷）所采诸儒之说凡四十二家，而以陈澔集说为主。

（《春秋大全》七十卷）大抵因汪克宽《胡传纂疏》，而稍点窜之。

朝廷颁布统一教材，取其成说，似无可厚非，而名之曰“大全”，则与实不符。《明史·儒林传》说：“有明诸儒，衍伊、雒之绪言，性命之奥指，锱铢或爽，遂启歧趋，袭谬承讹，指归弥远，至专门经训，授受源流，则二百七十余年，未闻以此名家者。经学非汉唐之精专，性理袭宋元之糟粕，论者谓科举盛而儒术微，殆其然乎？”批评过于绝对。黄宗羲《〈明儒学案〉发凡》说：“有明文章事功，皆不及前代，独于理学，前代之所不及也。牛毛茧丝，无不辨晰，真能发先儒之所未发。”持论较为公允。比如《春秋》，明人注释研究的成绩就很可观：《春王正月考》（张以宁）、《春秋书法钩玄》（石光霁）、《春秋经传辨疑》（童品）、《春秋正传》（谌若水)、《左传附注》(陆粲)、《春秋胡氏传辨疑》(陆粲)、《春秋明志录》(熊过)、《春秋正旨》(高拱)、《春秋集传》(王樵)、《春秋亿》(徐学谟)、《春秋事义全考》(姜宝)、《春秋胡传考误》(袁仁)、《左传属事》(傅逊)、《左氏释》(冯时可)、《春秋质疑》(杨于庭)、《春秋孔义》(高攀龙)、《春秋辨义》(卓尔康)、《读春秋略记》(朱朝瑛)、《春秋四传质》(王介之),其中不乏有价值之作,而质疑、考辨尤多,可证明黄宗羲所评“牛毛茧丝,无不辨晰,真能发先儒之所未发”是信而有征的。刘师培亦谓“明儒经学亦多有可观”(《国学发微》)。不过从整个经训的发展历史看,至明代是处于衰微时期,明人学问空疏,在注释史上没有出现有较大影响的名家。《明史》作者的批评是有道理的。

(二)《尚书考异》和《毛诗古音考》的成就

魏人王肃好作伪书,《古文尚书》及孔安国传,都是王肃一手所造。《隋书·经籍志》和唐孔颖达《尚书正义》都已有所怀疑。至宋吴棫、朱熹,怀疑更多。朱熹明言孔安国传是伪书,不过朱熹并不怀疑经。到晚明梅鷟《尚书考异》,对伪孔传《古文尚书》的怀疑才进入实质性的有根有据的研究。梅鷟从《史记》《汉书》《后汉书》和汉代学者注释引证情况说明,晋人所谓伏生失其本经,孔安国承诏作传都是妄说;东晋梅赜所献古本篇数与马融、郑玄所注《尚书》篇数不合,因此梅本不可信。同时又从文体、文义和其他方面指出孔传《古文尚书》的不可信,这就从最重要的几个方面把伪《古文尚书》的疑点揭露出来了。

梅鷟并未得出作伪者是谁的正确结论,而他的考证也还有不完备处,但是他的考释为清人阎若璩的《尚书古文疏证》、崔述的《古文尚书辨伪》、段玉裁的《古文尚书撰异》、王鸣盛的《尚书后案》、丁晏的《尚书余论》的考释奠定了基础,使清人能够以无可辨驳的事实和有力的考辨,证明所谓孔安国传《古文尚书》实系王肃所为。

明人对《诗经》的注释，其突出成就在对《诗》韵的考证。宋人朱熹对《诗》注的解放作出了很大贡献。而他的以宋代音读来理解《诗经》押韵而对宋已不押韵的现象，创“叶韵”之说，却是不明古音所作的主观推测。明人的注释在这一点上是向前跨越了一步。陈第作《毛诗古音考》，完全推翻了宋人的“叶韵”说，启发了晚明至清的古音韵研究，使音韵学成为清代成绩卓著的一门独立的学科。明人的功绩是不可抹杀的。

（三）中药学的集大成著作——《本草纲目》的注释学价值

明代医学著作很多，成就卓著的有自古经方的大汇编，四百二十六卷的《普济方》，有被誉为医学之渊海一百二十卷的《证治准绳》（王肯堂撰）和五十二卷的《本草纲目》（李时珍撰）。

李时珍（1518—1593），字东壁，号濒湖。蕲州（今湖北蕲春）人。他继承家学，深入实践，以二十七年完成《本草纲目》巨著。其书据神农以下诸家《本草》，删繁除复，补漏订讹，共收药物一千八百八十二种。每药先列正名，次以释名集解，辨疑正误，再介绍药物气味性能主治功效及方剂，总结了我国16世纪以前人民群众丰富的药物经验，对后世药物学的发展作出了重大贡献。

《本草纲目》既是医药学专著，又包含了注释的各种因素，而它的排列层次和对异名正名的整理又可视为词典。比如《草部》“芍药”一条，先有注音（芍，音杓，又音勺），在“释名”目下列“将离”“梨食”“白术”“铤”“馀容”“白者名金芍药”“赤者名木芍药”等异名，并一一指明出处，加以解释。在“集解”目下博引诸家之说，再作考证。“气味”“主治”“发明”写法与上同。“附方”列十五种病症和方剂，并指明所本。

《本草纲目》对药物正名的确定和异名的整理于注释学和辞书编纂是极有意义的。古今异言、方俗殊语、同物异名和同名异物的现象在上古时代已经十分严重。这一现象固然可以从积极方面看作是语言的丰富多彩的反映，也可以从消极方面看作是语言的不够统一、缺乏规范化的表现。这种现象造成的阅读障碍是自不待言的。因此，在《尔雅》时代，我们的先民就已经注意到并已着手解决这个问题。到陆玑撰《毛诗草木鸟兽虫鱼疏》、郭璞注《尔雅》，名物词的研究，尤其是正名和异名的整理和沟通才有了深入的发展。李时珍的《本草纲目》从药物学这一方面对近两千种药物的正名的确定和异名的收列、考释，则是自陆玑以来的名物词研究的继续发展。

李时珍于“释名”目的正名异名之后所作的考释，比所罗列的异名更为丰富：

〔时珍曰〕芍药。犹绰约也。绰约，美好貌。此草花容绰约，故以为名。罗愿《尔雅翼》言：制食之毒，莫良于勺，故得药名，亦通。《郑风》诗云：伊其相谑，赠之以芍药。《韩诗外传》云：勺药，离草也。董子云：勺药，一名将离，故将别赠之。俗呼其花之千叶者为小牡丹，赤者为木芍药，与牡丹同名也。

其考释命名由来的两种说法，与牡丹的部分同名现象和所引文献材料，都提供了丰富生动的知识信息。《本草纲目》是一部价值很高的药物集注，熔注释、考辨和词典于一炉的医药学著作，它的注释学价值和它的药物学价值具有同等重要的意义。

九、清——经学的复兴和注释学理论的发展

（一）经学的复兴和注释指导思想的端正

经学在封建社会经历了两汉的繁荣，魏晋南北朝的纷争，隋唐的统一，宋代的变古和明代的衰微，至清又得到了复兴。所谓经学的发展、衰微与复兴，无不是以注释经典的情况为其标志。清人经学著作，仅阮元于道光年间编选的名著就有一百八十多种，名曰《皇清经解》；王先谦于光绪年间辑乾嘉以后经学名著和乾嘉

之前阮元《经解》所遗者又有二〇九部，名曰《续皇清经解》。两书共收录三百九十余部，计二千八百三十卷。这一些著作都以经典的语言、义理和条例为研究对象，从广义上说，全都是注释学著作。清儒经典注释之宏富是无与伦比的，而其探讨经义及其语言的广度和深度也是前代所不可比拟的。

清代最著名的经典注释有：

《易》 惠栋《周易述》、张惠言《周易虞氏义》、姚配中《周易姚氏学》。

《书》 江声《尚书集注音疏》、孙星衍《尚书古今文注疏》、段玉裁《古文尚书撰异》、阎若璩《古文尚书疏证》、王鸣盛《尚书后案》。

《诗》 陈奂《诗毛氏传疏》、马瑞辰《毛诗传笺通释》、胡承珙《毛诗后笺》。

《周礼》 孙诒让《周礼正义》。

《仪礼》 胡承珙《仪礼古今疏义》、胡培翚《仪礼正义》。

《左传》 刘文淇《春秋左氏传旧注疏证》。

《论语》 刘宝楠《论语正义》。

《孝经》 皮锡瑞《孝经郑注疏》。

《孟子》 焦循《孟子正义》。

清人注经一主古文经学，重视对语言文字名物的推求。这一派以顾炎武、戴震、惠栋为代表。

顾炎武（1613—1682），清初杰出思想家、语文学家。初名绛，字宁人，昆山（今属江苏）人。居亭林镇，学者称亭林先生。具有崇高的民族气节和爱国感情，学识渊博，于国家典制、郡邑掌故、天文仪象、河漕、兵农以及经史百家、音韵训诂之学，无不探究原委。他以“经世致用”为研读经籍的出发点，反对明人空疏的理学最力。他说：

> 今人清谈，谈孔孟，未得其精而已遗其粗，未究其

本而先辞其末。不习六艺之文，不考百工之典，不综当代之务，举夫子论学论政之大端一切不问，而曰一贯，曰无言，以明心见性之空言，代修己治人之实学，股肱惰而万世荒，爪牙亡而四国乱，神州荡覆，宗社丘墟。昔王衍……将死，顾而言曰："呜呼！吾曹虽工如古人，向若不祖尚浮虚，戮力以匡天下，犹可不至今日。今之君子，得不有愧乎其言？"

（《日知录》卷七）

顾炎武尖锐地指出，明代的败亡，与这种凿空妄说理学的不良学风，与不脚踏实地去研究经学有极大关系。因此他"晚益笃志六经，谓古今安得所谓别有理学者，经学即理学也。自有舍经学以言理学者，而邪说以起，不知舍经学，则其所谓理学者禅学也"（全祖望《亭林先生神道表》）。

明朝的灭亡，有复杂的阶级矛盾和民族矛盾原因，也有不良学风影响到政治的原因。顾氏强调要研究经籍本身，指出"读九经自考文始，考文自知音始，以至诸子百家之书亦莫不然"（《答李子德书》）。从而把经籍义理的推求建立在文字音韵训诂的基础之上，这就从根本上解决了注释学的指导思想问题。有清一代的学术的极盛在乾嘉时代，乾嘉汉学派之鼻祖则是亭林先生。是顾炎武举起了一面旗帜，引领了乾嘉汉学的发展。

乾嘉汉学主古文经学，而戴震、段玉裁、王念孙、王引之父子（皖派）之重语言文字训诂，发明新义，与惠士奇、惠栋父子（吴派）之墨守汉唐旧注不同。惠栋说：

汉人通经有家法，故有五经师……五经出于屋壁，多古字古言，非经师不能辨……是故古训不可改也，经师不可废也。

（《九经古义述首》）

王引之说：

大人又曰：说经者期于得经意而已。前人传注不皆合于经，则择其合经者从之。其皆不合，则以己意逆经义，而参之他经，证以成训，虽别为之说亦无不可。必欲专守一家无少出入，则何邵公之墨守见伐于康成者矣。故大人之治经也，诸说并列则求其是，字有假借则改其读，盖孰（熟）于汉学之门户，而不囿于汉学之藩篱者也。

（《经义述闻·序》）

他批评惠栋说：

惠定宇先生考古虽勤，而识不高，心不细，见异于今者则从之，大都不论是非。

（《焦氏丛书》卷首王伯申手札）

两派对古注的态度不同，而重视语言文字训诂则一。因此他们的成就虽有高下之分，而对于清代经籍注释的发展作出了贡献却是无疑的，这是注释的正宗。

道光以后，今文经学崛起，其代表人物有庄存与、刘逢禄、宋翔凤、魏源、龚自珍、廖平，集大成者是康有为。他们也以“经世致用”为治经目的，反对戴震等人的文字、音韵、训诂之学，以为是“务琐碎不知道理”，埋没了孔子的“微言大义”。这一派学者对清王朝持批判态度，在注释中宣传他们的历史哲学和政治哲学。在思想史上，应给他们以应有的地位，对经籍的注释的功绩也不能一概抹杀。但从注释的指导思想和方法论上看，这一派是不可取的。试看康有为《论语注》释“子曰：‘学而时习之，不亦说乎？’”一句：

马融曰：“子，孔子也。”《白虎通》曰：“学者，觉也。”文从爻，杂物撰德，有所交效，包内外，兼人己，合知行，而成其觉者也。先觉觉后觉，后觉效先觉，故人物之异全视所觉，知觉之异全视所学。但时势不同，则所学亦异。时当乱世，则为乱世学；时当升平太平，则为升平太平之学。礼时为大，故学亦必随时而后适。孔子为时圣，学之宗师也。时亦兼数义，日知月无忘，则时时为学，循年而进，无时过而难成，亦是也。习，鸟数飞也，假借为贯，言熟习也。说，乐之内也，凡学至熟习，则观止神行，怡然理顺，逢源自得。况圣人之学通天人，神明精熟，阖辟往来莫不自在，安得不欣喜欢爱耶？人道贱愚而贵智，所以异于物；轻野而尚文，所以异于蛮。此言修己以自得为先，不得冥心坐废；以时为中，不得守旧泥古。此为开宗明义第一旨，故上《论》一书以时始以时终，以明孔子之道全达于时，学者不可不察也。

康氏既以孔学为孔教，以孔子为教主，又谓："《论语》本出今学，实多微言，所发大同神明之道，有极精奥者。"故极简单的一句竟发掘出那么多的"精奥"，真是不可思议的。这种漫无边际的议论，与汉人的繁琐的章句之学，与他所批判的古文经学的某些繁琐考据，同样是一种极端。

（二）考据学的成就和流弊

明人学术的空疏和清廷政治的高压，造成了考据之学的发展。由理学而趋于考证，在清初已经开始。顾炎武、黄宗羲、王夫之、颜元、方苞和梅文鼎，在朴学（经学）、史学、哲学、教育学和文学、科学等方面各自举起一面旗帜，成为文化学术的领袖，务实际，重考证，以便从各自的学术中去找到治国的道理。清代文化学术的发展并不纯粹是屈服于政治的高压。

考据之学自乾嘉以后盛极一时。于经传，则逐字逐句爬梳，重为考订，如前列各书；于史书，则比较各书所记之异同，以辨证其真伪，如赵翼《廿二史札记》、王鸣盛《十七史商榷》、钱大昕《二十一史考异》、洪颐煊《诸史考异》、惠栋《后汉书补注》、梁玉绳《史记志疑》《汉书人表考》、钱大昕《汉书辨疑》《后汉书辨疑》、陈逢衡《逸周书补注》、朱右曾《逸周书集训校释》、洪亮吉《国语注疏》。于伪书，则发伏擿奸，不遗余力，使所定真赝，多成信谳，如阎若璩《古文尚书疏证》、张惠言《易图条辨》、胡渭《易图明辨》、姚际恒《古今伪书考》(附《补正》《重考》《古今伪书考考释》)。

清代考据学的成就在注释史上占有重要的地位。还古书以本来面目，给古书以正确解释，这才是注释的理想境界，这样我们才能够不被扭曲的材料迷惑，以历史唯物主义和辩证唯物主义的思想和方法研究历史所留给我们的文化遗产，作为现代科学文化的借鉴。

在众多的考据论著中，阎若璩的《古文尚书疏证》和胡渭的《禹贡锥指》受到至高评价。《古文尚书疏证》在宋元诸儒怀疑和考证的基础上，以确凿的事实、充足的证据、严密的论证，考辨一百二十八条，揭示了东晋梅赜所献《古文尚书》系王肃所伪造。《禹贡锥指》博考群书，以辨九州山川形势及古今郡国分合异同，考证极为精密，对汉唐伪孔安国和孔颖达的注疏，对宋蔡沈的集传的谬误，一一为之订正。郑鹤声、郑鹤春谓“此二书出，乃为经学开一新纪元”(《中国文献学概要》)，不为过誉。

清代文化学术繁荣昌盛，注释考辨几乎无所不包，无所不容，著作之多，可谓汗牛充栋。其流弊有二：一、与顾炎武等人的愿望相反，广大的学者终身埋头于故纸堆中，不问国事，于社会的进步与发展无所补益；二、像今文学家所说，支离破碎，过于繁琐。学术可以因考证的深入而发展，也可以因考证的风行而死亡。这也如同汉人繁琐的章句之学，今文学家漫无涯际的探求微言大义直至发展成为玄学、心性义理之学，都在历史的长河中淘汰。这些弊病对我们现在的注释和研究古籍也是一种教训。

（三）注释理论和方法的进步以及基础研究的深入

清人的学术成就与他们的治学理论和方法的进步密切相关。

刘师培作了这样的总结：

> 江戴之学，兴于徽歙，所学长于比勘，博征其材，约守其例，悉以心得为凭，且观其治学之次第，莫不先立科条，使纲举目张，同条共贯，可谓无征不信者矣。即嘉定三钱于地舆天算，各擅专长，博极群书，于一言一事，必求其征。而段王之学，溯原戴君，尤长训故，于史书诸子，转相证明，或触类而长，所到冰释，即凌陈三胡或条例典章，或诠释物类，亦复根据分明，条理融贯，耻于轻信，而笃于深求。征实之学，盖自是而达于极端矣。
>
> （《近代汉学变迁记》）

梁启超对高邮二王的治学方法尤其称道：

> 然则诸公曷能有此成绩耶？一言以蔽之曰：用科学的研究方法而已。试细读王氏父子之著述，最能表现此等精神。
>
> （《清代学术概论》）

清人注释考证，往往对各有关资料做索引式的整理，然后逐一辨析，作出科学的判断，如此占有翔实的第一手材料，就有了治学的基础，王念孙的《读书杂志》《广雅疏证》，王引之的《经义述闻》《经传释词》被誉为训诂学的高峰，原因就在这里。这些著述的实例已在本书有关章节谈到了，这里不再细述。

如果说清儒注释方法的科学首先取决于他们有前人众多的成果可资借鉴，而他们又多能采取兼收并蓄的态度因而值得赞许，那么他们在理论认识和在注释的基础科学——语言文字声韵之学的研究上所表现出的探索求实的精神及其所取得的辉煌成就就更值得称赞。

注释的目的在于沟通古今，解决疑难，揭示义理。语言文字是唯一的媒介，在许慎时代，就已经从理论上认识了这一点：

盖文字者经艺之本，王政之始。前人所以垂后，后人所以识古。故曰本立而道生，知天下之至啧而不可乱也。

（《说文解字叙》）

而自觉地进行语言文字音韵之学全面的理论研究则在清代。顾炎武所说“读九经自考文始，考文自知音始，以至诸子百家亦莫不然”，就从注释的角度把问题表述得清清楚楚。王念孙、阮元等人也都有过类似的论述：

训诂声音明而小学明，小学明而经学明。

（段玉裁《说文解字注》王念孙序）

阮元分析某些注释错误的原因是“皆由于声音、文字、假借、转注未能通彻之故”（《经义述闻》阮元序）。

在注释典籍的理论和方法上有唯物论和唯心论之分。王力先生在讨论训诂学理论时曾尖锐提出“从思想上去体会还是从语言上去说明”的问题。他指出：“我们只能通过他的书面语言去了解他的思想，不能反过来，先主观地认为他必然有这种思想，从而引出结论说，他既然有这种思想，他这一句话也只能作这种解释了。”今文学家的求微言大义，魏晋玄学家、宋元明理学家以及清人康有为都有这种弊病。清代朴学在这一方面是唯物的，因此差不多所有的注释家对语言文字声韵之学都有深厚的功力，进行了卓有成效的研究。

清人对语言文字声韵的研究以《说文》《尔雅》《广雅》和古音的研究为中心，而同时在虚词的研究上取得了长足的进步。段玉裁《说文解字注》、桂馥《说文义证》、王筠《说文句读》《说文释例》、朱骏声《说文通训定声》、邵晋涵《尔雅正义》、郝懿行《尔雅义疏》、王念孙《广雅疏证》、钱绎《方言笺疏》、王先谦《释名疏证补》、王引之《经传释词》都是十分重要的作品，为文籍注释提供了重要参考，因此注家广为采用。继明人陈第《毛诗古音考》《屈宋古音义》，顾炎武撰写的《音论》《诗本音》《易音》《古音表》，奠定了清代音韵学的基础。音韵的研究促进了词义辨析和注释研究的深入。

以上研究成果，反映在注释方法上就是：

第一，《说文》的研究促进了对词的本义和引申义认识的深入，因此对字在特定的语境中表现的意义能更好地把握；

第二，《说文》和古音的研究，促进了对假借认识的深入，因此对文籍中本字见存而不用，只用其音不用其义的现象有了更自觉的研究；

第三，对《释名》等的研究，提高了对音与义的关系和同源字的认识水平，促进了因声求义，在声同声近中找到同源字和同义字，因而也提高了对文籍疑难词义的理解能力；

第四，对《尔雅》和《广雅》研究的深入，提高了对相关联的词和名物字的认识，因此对文籍中的相关联而又有区别的词的概念，对名物字的同物异名、同名异物和同属异种现象进行了比较研究和系统整理，有利于提高注释的质量；

第五，对虚词认识的深入，促使文籍注释在纠正前人误虚为实的谬误上起了极为重要的作用；

第六，王念孙、王引之、朱骏声等人对连语的研究解决了联绵字和同义复合词的理论和注释问题，从而纠正了前人拆骈为单的错误注释。

正因为这些注释基础问题的研究，使清代出现了如王念孙《读书杂志》《广雅疏证》、王引之《经义述闻》《经传释词》这一类“分析条理，缜密严瑮，上溯古义，而断以己意”（章炳麟《检论·清儒篇》），“（高邮王氏）实足令郑朱俯首，汉唐以来，未有其比”（方东树《汉学商兑·中》）的不朽著作。

清代学术在俞樾、孙诒让之后，以章太炎为殿军，其后便是现代。

跋

这本书原名《注释学纲要》，1991年由语文出版社出版，1997年再版。在出版后的十多年中，我一直想作一些修订，增补一些章节，而苦于没有时间。最近我主编的《国际标准汉字词典》和《汉语成语学习词典》出版以后，有了一段可以自由支配的时间，于是又通读一遍，作些修改，并增补了“义理章”“考据章”和“辞书章”，算是了却了一个夙愿，有了些许轻松的感觉。

写作《注释学纲要》的缘起和构想，在第1版1986年9月21日后记中作了交代，我把它摘录如下：

> 我所在的单位由语言研究室改建为古籍整理研究所，并招收中国古典文献学研究生。朱祖延教授、舒焚教授和我组成了一个指导教师班子，朱先生讲授文献学，舒先生讲授古代文化通论，由我担任训诂学和古籍整理实践的课程。这使我萌生了一个想法：把训诂学和古籍整理实践结合起来开设一门新的课程——注释学。
>
> 古籍整理和研究的范围十分广泛，而其基础在注释。如果能将古今学人整理古籍所做的注释工作在理论上加以探讨，能够介绍有关的较为系统的知识，并能揭示其内部规律，为从事这一工作的同仁，为从事高等和中等语文和历史文献教学的同志以及大学中文系、历史系的学生提供一本有用的参考书，也许是一件有意义的工作。
>
> 注释古书，宜以认真阅读原书和好的注释本为基础，切不可以为只要了解了注释的原则和方法，就能够注释古书。没有感性的、实践的基础，理论就会落空。
>
> 本书的写作得到朱祖延师的关怀和古籍所的支持，语文出版社责任编辑冯瑞生先生和田树生先生、总编李

行健先生对本书的体系和修改先后提出了宝贵意见,《中国语文》副主编王伯熙先生又为之精心审阅,谨在此表示深切感谢。

1996年9月2日,在相隔整整10年后,我又写了《再版记》,一方面向语文出版社表示感谢,一方面介绍了有些章节在刊物发表后听到的一些反映的情况。现在出版的《注释学》,可以说是《注释学纲要》的第3版,主要的区别在增补。

增补的三章约8万字,有些地方还颇费斟酌,如"义理章"讲了"春秋笔法"和"微言大义"。这是今文经学或者说是公羊学最为关注的问题,注释、研究《春秋》都会重视这一点。康有为的《春秋笔削微言大义考》是近代今文经学的代表作之一。而在训诂学类著作中列出专门章节来讨论,我还未见。我想,这样做是可以起到抛砖引玉的作用的。

有了电脑、网络,做事会方便许多,我知道一点对《注释学纲要》的反映和征引这本书的情况,有的来自书信,有的来自电话,有的来自网络,有的来自书刊。

书,总是以为有价值才写的。我写《注释学》,自然是考虑了这个选题的价值。因此出版以后,希望能有人看,有人参考、引用,有人评论。

我这里用的是"评论",而不是狭义的"批评"这个词,大约也有点"春秋笔法"的意味。人们写作的东西若引来一片批评、指责,除非是刻意"反潮流",或是满纸胡言,那一定是令人沮丧的。

在我家乡,每每说某某人好听恭维的话叫做好"戴高帽子",我也不能免俗,听到几句好话,自然会高兴起来。华东师范大学臧克和教授在电话里说,他要求每一位博士生将《注释学纲要》放在床头,随时阅读;湖北人民出版社袁小楣编审来信说,这本书的体系令人心折;锐声先生以《融汇与创新》为题,在《古汉语研究》发表了专门评论,我把这篇文章作为代序列于书首。而

1997年第4辑《原道》(河南大象出版社出版)中有陈亚军教授二万言的长篇论文《训诂的产生及其发展变异》,以为20世纪训诂学向理论转化,较有代表性的著作有陆宗达、王宁先生的《训诂与训诂学》和汪耀楠的《注释学纲要》。他写道:

> 到了清代乾嘉时期,训诂工作已完全集中到对于一般的历史文献语言文字的意义的考据上面,传统训诂学臻于成熟。比较有代表性的著作有邵晋涵的《尔雅正义》、郝懿行的《尔雅义疏》、戴震的《方言疏证》、毕沅的《释名疏证》、王念孙的《广雅疏证》和段玉裁的《说文解字注》等。本世纪以来,传统训诂学通过自身的理论化、系统化而正在成为一门现代学术——理论训诂学。比较有代表性的著作有陆宗达、王宁先生的《训诂与训诂学》。而一般意义的注释(包括注释方法和体例)已经成为注释学(或可称为"实用训诂学")的研究对象,并且,有可能发展成为中国历史解释学的一个组成部分。比较有代表性的著作有汪耀楠的《注释学纲要》。

看到这样的在历史大背景下的评论,无疑会感到快慰,而我最为关注的是注释学"有可能发展成为中国历史解释学的一个组成部分"这一预测。事实上,我在《注释学纲要》出版以后,就制订了写作中国注释史的计划。我以为,中国的哲学、政治经济学、伦理学、教育学、军事学等等学术思想的源头都在先秦典籍,而其发展的一个重要途径则在注释,这就是历史解释学。这个设想引起了出版社和省主管部门的重视。但是我始终找不到充裕的时间,只得在开始写作不久而作罢。我希望有人能写出这样一部著作来。

1995年12月,西北师范大学黄亚平同志寄来他在甘肃教育出版社出版的《古籍注释学基础》一书,并写有一信,我征得亚平君的同意,抄录如下:

> 汪先生大鉴:
>
> 冒昧地给您写信,请多见谅!

晚生有幸认识您，是在读了您的大作《注释学纲要》之后。您的大作是我看到的第一本以“注释学”命名的著作，它不但明确提出了注释学的概念，第一次将注释从训诂学中区分出来，而且在注释类型的区分原则、注释与训诂的区别、注释与其他学科的关系等诸多方面都有独到的见解，令人深为敬服！

晚生不揣冒昧，狗尾续貂，从注释类型的角度分类讨论古注的特点，以期对前人旧注有一个总体的把握，撰成《古籍注释学基础》，今已面市，随信奉上，切盼先生多多指教。至于“如何作注”的问题，先生大作在前，晚生实不敢自作主张。先生学识广博，美名流传，晚生倾慕再三，但愿早日见到先生，亲聆教诲！

颛颂

师安！

后学　黄亚平上　1995.12.9

亚平同志曾师从北师大许嘉璐教授习训诂学、注释学，从复旦大学周斌武教授习音韵学，渊源有自，根底深厚，其说多有可取，有的章节可以补拙著之不足。

这封信谈的是学术问题，我在次年给他的信中曾征求意见，准备摘录引用，以广宣传。承亚平同志应允，我这次竟全文照录了。我想，论年岁，我们会有一代人的差距；论书信的内容，似乎掐去哪几句都觉得不妥，所以连同称谓、落款也一并录出。而引用陈亚军同志的评论，却未征得同意。我曾向《原道》的出版者和主编者河南大象出版社（即原河南教育出版社）和中国社科院宗教所询问作者的情况而未果。这是要说明的。

这次我将书名更改为《注释学》，除对《注释学纲要》作了一些修改，并通读校对过之外，主要是增补了三章，窃以为注释学的理论体系是基本完备了。但是增补和一开始就写这几章不同，《纲要》也谈到了义理、考据和辞书，形成重复，本书在论述和举例上尽量作了调整。这是要说明的第一点。需要说明的第二点是有些举例文字艰涩，曾考虑加以今译。但又考虑到本书主要是给专业工作者和研究生看的，只要有耐心看传注笺疏，不今译也不会影响阅读者使用，所以就图省事，成为现在这个样子。第三点是有的观点作了修改。在谈通假产生的原因时，我曾以为古人本有其字不用，而用假借之字是一种文字由象形表意向表音发展的尝试，有进步意义。而现在我却以为汉字这种形音义密合的文字是很科学的文字，不一定会走拉丁化的拼音文字道路，所以对“文字有三种类型”一段近500字作了改写。

注释学是湖北大学古籍所开设的一门课程，好些学校也把《注释学纲要》作为重要参考书目列出。现在出版《注释学》一书，是希望以这本书来补《注释学纲要》的不足，为阅读者提供更多的知识信息。

不足之处一定不少，在网上我看到一篇文章（当时未记下，后未查到）说，讲注释史未及法律著作的注释；傅荣贤同志在《从〈汉志〉看西汉解释学规范的建立》中指出：“将集注的出现视为东汉的注释特点之一，似失考。”（见《贵州师范大学学报》2004年第2期）都是很中肯的。“子路人告之以有过则喜”，我希望有更多的批评指正，以便集中起来斟酌修改。

前已说明，《注释学纲要》由语文出版社出版，《注释学》则由外语教学与研究出版社出版。语文出版社过去隶属国家语委，现在是教育部直属出版社，而外研社则是近十年来发展迅猛，实力强大，在国内外有广泛影响的出版社。近年来外研社确定了出版汉语工具书和学术著作、对外汉语教材的战略，对促进我国出版事业的繁荣和发展具有重要意义。我希望《注释学》这本书在这一繁荣发展过程中能起一颗螺丝钉的作用，更希望注释学在高等院校能受到更多的关注。

汉语分社辞书编辑室的编辑同志为本书的出版付出了艰辛劳动，在此谨表示衷心感谢。

汪耀楠

2009年9月21日

重印后记

1985年古籍所招收中国古典文献学硕士研究生，我趁可以不坐班的机会写成了《注释学纲要》一书，算是完成了一部应急教材的写作任务。那时的工作条件无法跟现在比，20多万字的手稿，得靠刻蜡版，然后油印出来，差错率之大不堪回忆。我校勘油印稿花了几个月时间，后来此书正式出版，又一版再版，仍会发现差错。这次《注释学》重印，湖北大学古籍所杜朝晖教授和她的研究生祁毅、董依文、栗心雨、王唐梦影、黄昱青、张玥、杨芷琪、顾瑶函等又校出了一些问题并改正过来，这样我就放心了许多。

这部书稿写作之初，我没有想过会引起什么样的反响，有的评论文章我是在好几年后看到的。北京大学教授周祖谟先生、人民大学现代汉语教研室主任梁式中先生看过油印本。此书出版以后我看到了几篇重要的评论文章，一篇是许嘉璐先生和朱小健先生的评论，指出《注释学纲要》（语文出版社1991年3月第1版）是“注释学的第一部著作”；一篇是陈亚军先生的评论，指出这是20世纪传统训诂学向理论化转化的较有代表性的两部著作之一，这评价在本书的跋文中已经提到了。

一方面是注释学的首部著作，一方面是20世纪这个百年背景下的较有代表性的著作，这都是做学术研究的人所难以获得的评价。还有一个让我欣喜的评价——我国台湾学者林淑贞先生在其著作《中国寓言诗析论》中，对注释种类的划分完全采纳了我的分法，她写道：汪氏所分注释之类别，详实而明确，用之于诗例，亦适其用。

我不大查阅评论，有时会看到有关这本书中通假问题、异体字问题、古诗的今译等的评论，都是称赞的。有的出版社的同志告诉我，《注释学》这本书，他们的古代文献编辑人手一册。

《注释学纲要》在国内有几个版本，有语文出版社的1991年3月第1版、1997年4月第2版。此外，外语教学与研究出版社2010年出版了《注释学》一书。此书在《注释学纲要》的基础上增补“义理”“考据”“辞书与文籍注释”三章计8万字，这样注释学的体例就比较完备了。

韩国翻译出版有三个版本：《文字校勘与注释异名释名》（《注释学纲要》一书的节选，朴在健译，2001年版）、《注释学概论》（辛承云译，分二卷，2014年版）、《注释学概论》（2018年版）。我的一位学生在马来西亚讲学，他告诉我，马来西亚书店有《注释学纲要》销售。这些都是好消息，希望这本书引起更多的关注。

汪耀楠

2021年7月29日